交通职业教育教学指导委员会推荐教材
高职高专院校港口物流设备与自动控制专业教

高等职业教育规划教材

Gangkou Shebei Guanli

港口设备管理

马乔林　主　编
顾海红　副主编
朱守国　主　审

人民交通出版社

内 容 提 要

本书是高等职业教育规划教材，由交通职业教育教学指导委员会交通工程机械专业指导委员会组织编写。全书共十一章，内容包括：概论、港口设备的前期管理、港口设备的使用和维护管理、港口设备的润滑管理、港口设备的安全管理、港口设备的维修管理、港口设备的备件管理、港口设备的防腐管理、港口设备状态监测与故障诊断、港口设备管理信息系统及几种典型的设备管理理论与维修模式介绍。

本书是高职高专院校港口物流设备与自动控制专业教学用书，也可作为职业技能培训教材，或供有关工程技术人员学习参考。

图书在版编目(CIP)数据

港口设备管理／马乔林主编. —北京：人民交通出版社，2008.12（2025.1重印）

ISBN 978-7-114-07392-2

Ⅰ.港… Ⅱ.①马… Ⅲ.港口设备—管理—高等学校：技术学校—教材 Ⅳ.U653

中国版本图书馆 CIP 数据核字(2008)第 143274 号

书　　名：港口设备管理
著 作 者：马乔林
责任编辑：戴慧莉
出版发行：人民交通出版社
地　　址：(100011)北京市朝阳区安定门外外馆斜街 3 号
网　　址：http://www.ccpcl.com.cn
销售电话：(010)85285911
总 经 销：人民交通出版社发行部
经　　销：各地新华书店
印　　刷：北京虎彩文化传播有限公司
开　　本：787×1092　1/16
印　　张：16.75
字　　数：420 千
版　　次：2008 年 12 月　第 1 版
印　　次：2025 年 1 月　第 8 次印刷
书　　号：ISBN 978-7-114-07392-2
定　　价：35.00 元

前　言

交通职业教育教学指导委员会交通工程机械专业指导委员会自1992年成立以来，对本专业指导委员会两个专业（港口机械、筑路机械）的教材编写工作一直十分重视，把教材建设工作作为专业指导委员会工作的重中之重，在“八五”、“九五”和“十五”期间，先后组织人员编写了20多本专业急需教材，供港口机械和筑路机械两个专业使用，解决了各学校专业教材短缺的困难。

随着港口和公路事业的不断发展，港口机械和公路施工机械的更新换代速度加快，各种新工艺、新技术、新设备不断出现，对本专业的人才培养提出了更高的需求。另外，根据目前职业教育的发展形势，多数重点中专学校已改制为高等职业技术学院，中专学校一般同时招收中专和高职学生，本专业教材使用对象的主体已经发生了变化。为适应这一形势，交通工程机械专业指导委员会于2006年8月在烟台召开了四届二次会议，制定了“十一五”教材编写出版规划，并确定了教材的编写原则：

1. 拓宽教材的使用范围。本套教材主要面向高职，兼顾中专，也可用于相关专业的职业资格培训和各类在职培训，亦可供有关技术人员参考。

2. 坚持教材内容以培养学生职业能力和岗位需求为主的编写理念。教材内容难易适度，理论知识以“够用”为度，注重理论联系实际，着重培养学生的实际操作能力。

3. 在教材内容的取舍和主次的选择方面，照顾广度，控制深度，力求针对专业，服务行业，对与本专业密切相关的内容予以足够的重视。

4. 教材编写立足于国内港口机械和筑路机械使用的实际情况，结合典型机型，系统介绍工程机械设备的基本结构和工作原理，同时，有选择地介绍一些国外的新技术、新设备，以便拓宽学生的视野，为学生进一步深造打下基础。

《港口设备管理》是高职高专院校港口物流设备与自动控制专业规划教材之一，内容包括：概论，港口设备的前期管理，港口设备的使用和维护管理，港口设备的润滑管理，港口设备的安全管理，港口设备的维修管理，港口设备的备件管理，港口设备的防腐管理，港口设备状态监测与故障诊断，港口设备管理信息系统以及几种典型的设备管理理论与维修模式介绍。

参加本书编写工作的有：南通航运职业技术学院马乔林（编写第一、二、七章）、顾海红（编写第三、四、六、八、十章）、王结平（编写第五、九章）、刘善平（编写第十一章）。全书由马乔林担任主编，顾海红担任副主编，南通港口集团公司朱守国担任主审。

本套教材在编写过程中，得到交通系统各校领导和教师的大力支持，在此表示感谢！

编写高职教材，我们尚缺少经验，书中不妥和疏漏之处，敬请读者指正。

交通职业教育教学指导委员会
交通工程机械专业指导委员会
2008年8月

目　　录

第一章　概　　论

第一节　我国港口设备管理发展的三个阶段

港口是国家宝贵的资源和交通运输产业链的重要组成部分。它在国民经济中的作用举足轻重，尤其是在国家对外贸易经济的生产力配置中，发挥着极为重要的作用。港口是一个国家对外开放的门户和水路交通运输的枢纽，港口设备的技术水准、生产规模、机械化和专业化程度，可从一个特定的角度折射出一个国家的现代化水平。

在我国，自古以来，水路运输在促进社会进步、提高生产力发展水平方面一直具有举足轻重的地位。在源远流长的水路运输发展历程中，港口业逐步发展并日益兴旺发达。特别是在新中国成立后的50多年中，经过几代人的艰苦创业，我国港口业的发展突飞猛进，港口面貌发生了巨大变化，港口经济成为国民经济的重要组成部分。如今，在我国大陆，无论是沿海港口还是内河港口，其整体规模和技术发展水平都达到了前所未有的高度。随着港口建设的发展，港口设备的专业化和现代化程度不断提高。目前，我国港口在煤、炭、油、粮、化肥、木材、集装箱、钢材以及其他件杂货物的装卸系统中，已装备有相应的技术含量高、工艺先进、高效可靠的港口起重运输和装卸搬运设备，如翻车机、斗轮堆取料机、夹带提升输送机、岸边集装箱起重机、门座起重机、重型叉车、装载机等，并成为港口装卸生产现代化的标志。新中国成立以来，在港口生产规模不断扩大、技术水平不断提高、设备日益先进的过程中，港口设备的管、用、养、修工作大体上也经历了经验管理、科学管理、现代管理三个发展阶段。

一、经验管理阶段

从1949～1952年的几年间，共和国刚刚成立，国家面临着百业待兴、百废待举的艰难局面，国民经济处于恢复时期，港口企业面临的迫切而又繁重的任务是医治战争创伤、尽快恢复港口装卸生产。当时，全国主要港口的港口设备仅为200台左右，设备的技术状况极差，港口设备管理处于“三无”状态：无专职港口设备主管部门、无港口设备管理制度、无专职的港口设备检修人员。在这种特殊的困难条件下，对港口设备的管理和维修只能实行由港口设备操作人员边使用、边管理、边维修的过渡办法，一切均凭使用者与管理者的经验办事，基本上都是采用落后的事后维修方式。

二、科学管理阶段

自1953年起，我国国民经济在渡过了最初的恢复期后，进入大规模经济建设时期，港口企业也步入了快速发展时期。在此期间，我国的设备管理制度开始引进前苏联的设备管理理论和体制，使我国的设备管理，尤其是港口设备管理从认识上、管理制度上有了很大改变，主要表现为：从只重视设备的事后维修管理，逐步转为事前计划和预防性维修管理，逐步建立了较完整的计划预防维修管理体系，各港口企业开始建立了设备管理专职机构或部门，设置技术管理岗位，配备专职技术管理人员，并根据实际需要，成立了修理厂、维修站（车间）、配备专职的维修保养人员，使港口设备的管、用、养、修工作按计划预修制理论体系正常运行。除此之外，有关港口设备的技术资料、职工技术培训教育等基础性技术管理工作也有计划地开展并逐步完善，使港口设备的技术状况普遍提高，设备故障率明显降低，对促进港口装卸生产发展起到重要的保障作用，为我国从中央到地方的港口设备管理体系初步形成奠定了良好基础。

20世纪60年代初期，国家制订并颁发了一些设备管理方面的规章制度，其中，《设备计划预修和使用管理暂行制度》对当时全国的设备管理工作起到了很好的作用。在以预防为主、坚持实行维护和计划检修并重方针的指导下，工程技术人员和设备管理人员在管理实践中探索总结出了许多行之有效的设备管理和设备维修工作经验，在此基础上设立了专业管理与群众管理相结合的管理机构，创造出"专群结合、专管成线、群管成网"的管理组织形式；开始制订并实行"设备保养及大修制"（日常保养、一级保养、二级保养和大修）、推行"三好四会"（管好、用好、修好；会使用、会保养、会检查、会排除故障）、"润滑五定"（定点、定质、定量、定时、定人）以及"定人定机"（又称"专人专机"）等，一整套适应港口企业生产实际需要的规章制度，使我国港口设备的管理工作在学习前苏联计划预修制基础上又有了新的重大改进和发展，并初步建立与形成了符合我国国情需要的"科学管理，合理使用，定期保养，计划修理"的计划预修制。

三、现代管理阶段

党的十一届三中全会以后，在改革开放方针政策的指引下，我国的经济建设进入了一个快速发展的历史阶段。在改革开放的大环境下，国家加大了对港口的投入力度，港口发展步入了最快速、最具活力的历史新时期。在此期间，大量从国外引进或由我国自行研制的性能优异、技术先进、类别齐全的专用与通用的港口设备陆续投产使用，极大地提高了我国港口企业的生产能力与水平。更重要的是，全国主要港口企业不仅仅港口设备数量增加，而且港口设备总体技术素质有了很大的提高，进而对港口设备的管、用、养、修工作提出了更高的要求。为适应经济的快速发展，在引进大量新设备、新技术的同时，也引进了设备管理方面的新理论，如设备综合工程学、TPM、LCC 管理理论等。1982 年 12 月，国家经委在天津召开了全国设备管理和维修工作座谈会，交流、总结了我国各行各业设备管理工作的经验，同时成立了中国设备管理协会。1987 年，国务院正式颁发了《全民所有制工业交通企业设备管理条例》（简称《设备管理条例》），这表明国家已把设备管理工作上升到法制化高度。《设备管理条例》是我国企业，尤其是全民所有制工业交通企业必须遵循的法规，这不但表明设备管理工作在国家经济建设中的地位，也是我国企业设备管理观念和体制的一大进步。1989 年初，交通部（现更名为交通运输部）为贯彻国务院《设备管理条例》而颁发的《全民所有制交通企业设备管理办法》，进一步加强了港口企业的设备管理。进入 20 世纪 90 年代以后，港口建设得到了迅猛发展，全国港口新建泊位的数量和各类货物和集装箱的吞吐能力大大增加，在港口现代化装卸生产中港口设备发挥着越来越重要的作用。并要求不断地深化港口设备管理体制的改革，以适应从计划经济体制向社会主义市场经济体制的转变和从粗放型向集约型经济增长方式转变的需要。在此期间，交通部还组织制订了全国沿海港口企业、沿海水运企业两个行业的重点设备界定和管理规定，为港口企业加强和完善港口设备管理制度起到了积极的推动作用。1998 年 2 月正式颁发的《沿海港口重点设备界定及管理规定》，为规范和加强我国沿海港口重点设备的管理起了很好的指导作用。1997 年，交通部根据《港口大型装卸机械防风的暂行规定》的使用情况以及存在的问题，重新修订了《港口大型机械防台管理规定》（暂行）。1998 年交通部颁发了《港口装卸机械管理规定》，这些条例和规定为港口设备的现代化管理打下了良好的基础。

除此以外，沿海和内河各港口企业还结合各自的实际情况，因地制宜、因港制宜，制订了本港设备管理工作的实施细则。此间，交通部组织开展了交通行业设备管理评优活动，评出了一批全国及交通系统设备管理优秀单位和优秀工作者，使港口企业及其主管部门设备管理工作的积极性和管理水平有显著的提高，许多港口在总结经验和执行原来行之有效的设备管理制度基础上，又补充了一些与新形势要求相适应的规章制度，从此，我国港口企业的设备管理工作逐渐步入了法制化和制度化的轨道，着重表现在以下几个方面。

(1)解放思想、更新观念，确立全过程管理的设备管理理念。通过学习国外设备管理的经验和理论，不断探索和实践港口设备的综合管理和全员生产维修制等国外先进的设备管理制度和经济技术管理措施，对港口设备进行综合管理，不断改善和提高港口企业的技术装备素质，使港口设备始终保持良好的技术状态。建立健全设备管理综合体系，对港口设备的规划、选型、购置、安装、验收、使用、维护、检修、更新改造直至报废实行全过程管理。

(2)更新设备管理模式，建立设备预防维修制度。在改革开放的新形势下，港口设备管理人员认真学习国外先进的设备维修管理方法和技术，应用设备不断地探索和推行设备的状态维修制度和设备的针对性维修制度；推广设备的可靠性工程、ABC 分类法、系统工程、目标管理、网络技术等现代管理方法，提高了港口设备管理和维修的现代化水平；用计算机辅助港口设备管理，使管理工作逐步由静态向动态管理方向发展。采用修理与更新改造相结合的管理方式，努力使港口设备资产实现增值保值。

(3)重视人才的知识更新，大力开展培训教育，提高港口管理人才素质。改革开放以来，交通系统所属大中专院校举办了多期不同层次、不同类型的设备管理短期培训班、设备管理高级研讨班，各港口企业也自行举办设备管理人员培训班，学习《设备管理条例》，普及现代设备管理知识和先进技术等。1993 年有关高等院校开设了以港口设备为主要对象的“设备工程与管理”硕士研究生和工程硕士研究生学历、学位教育。所有这些培训活动对于加快我国港口企业的高、中级设备管理干部后续队伍的成长，起到了较好的作用，收到了良好的效果。

(4)开展各种形式的设备管理评比活动，树立设备管理方面的先进典型，使大家学有榜样，赶有目标。在交通部领导下，各港口企业参加了全国和交通系统的设备管理评比活动，促进了设备管理工作不断上台阶、上水平。

(5)充分发挥经济杠杆的作用。为适应港口企业经济体制改革不断深化的新需要，建立多种形式的设备维修组织体系和维修人员的经济责任制，提高了企业设备维修管理的经济效益。

第二节　港口设备管理的方针、原则和任务

一、港口设备管理的方针

1. 安全第一，预防为主

在港口设备管理中，要求港口设备使用和主管部门在管理工作中树立“预先防止”、“防重于治”的指导思想，并把它贯彻到设备一生的全过程中。从设备的规划、购置开始，就要注重设备的可靠性和维修性；在使用设备的过程中，要教育操作人员严格遵守设备的安全操作规程，加强日常维护，开展预防性的定期检查，掌握设备的故障征兆及发展趋势，及时采取维修对策，以消灭事故隐患和减少意外停机损失。另外，要求港机设计制造单位提供可靠性和维修性

高的产品，做好设备的售后服务工作，在听取用户意见的基础上不断改进设备的设计水平和制造质量，确保设备的使用安全。

2. 依靠技术进步

一是要采用高新技术改造现有老旧设备，提高设备的技术含量；二是要不断提高设备管理维修人员的技术水平，推广采用先进的设备管理模式、故障诊断技术和计算机辅助管理手段；三是在购置新设备时要注重设备的技术含量，确保购置的设备的科技含量处于当时的先进水平。

3. 促进生产发展

一是要积极推行设备管理体制的改革，建立和逐步完善设备管理的激励机制和约束机制，不断适应港口生产发展的需求，港口设备管理部门要从提高企业技术装备的整体素质、降低设备使用维修成本、提高港口企业的经济效益；二是港口企业经营者要充分认识到市场经济条件下设备管理工作的地位和作用，重视港口设备适时的更新改造和保值增值，为港口企业长远的发展目标奠定基础；三是要正确处理港口生产与设备管理之间的辩证关系。企业在日常装卸生产计划安排中，要兼顾港口设备的维护保养工作计划的实施要求。

二、港口设备管理的原则

1. 维护与计划检修相结合的原则

要保证设备经常处于良好的技术状态，必须加强设备的日常维护、保养、检查、润滑、测试、调整和防腐等措施，有效地保持设备的功能，保证设备的安全运行，延长设备修理间隔周期，减少修理工作量。对设备进行预防性计划修理，既可及时地恢复设备的技术状态和功能，有利延长设备的使用寿命，又可为设备的日常维护创造有利条件，减少维修工作量，降低维修费用。通过将维护和计划检修两者有机结合，可以最大限度地降低设备维持费用和充分发挥设备的效能。

2. 设计、制造与使用相结合的原则

为了克服设备的设计、制造与使用部门之间相互脱节的问题，要求设计、制造单位对产品用户的要求和使用条件进行认真的调查研究，在此基础上为港口提供先进、高效、经济和可靠的设备，同时应帮助用户正确使用和维护设备，认真做好售后服务工作。这也是应用系统工程理论对设备进行全过程管理的根本要求。同时要求使用单位应根据设计要求正确、合理地使用和维护设备，并及时向设计和制造单位反馈使用与维修过程中的信息，以利于改进产品的设计制造质量。

3. 修理、改造与更新相结合的原则

对设备进行合理修复，能够恢复设备在使用中局部丧失的功能，补偿设备的有形磨损。但长期采取原样修复，不仅会阻碍设备的技术进步，而且会大量增加设备修理费用，增加使用成本。正确的做法应该是结合修理，特别是设备大修进行设备改造，采用新技术来提高现有设备的技术水平，从而达到改善、提高和扩大原有设备功能的目的。对于那些难于修复或者虽可修复、但经济上不合算的设备，应及时采用技术先进的设备进行更新。港口企业应通过技术经济分析论证方法，进行设备大修、改造和更新的合理决策，建立资产效益良性循环机制。

4. 专业管理与群众管理相结合的原则

设备管理工作要群策群力，尤其是要调动广大设备操作和维修管理人员参与设备民主管理的积极性，改变只依靠少数专业人员管理设备的习惯做法，建立专业管理与群众管理相结合的组织体系，这样做有利于做好设备管理的各项日常工作。专业人员的管理有利于对设备管理中的技术问题进行深入的分析研究。只有两种管理方式的相互结合，才能够使设备管理工作收到良好的效果。

5. 技术管理与经济管理相结合的原则

所谓技术管理是指对设备的设计、制造、规划、选型、维护、监测、试验、修理、更新和改造等内容的技术活动，目的在于保持设备技术状态的完好，不断提高其技术素质，获得最好的设备性能；经济管理是指既要重视设备在规划、设计制造阶段投资的经济性，又要重视设备在维修使用阶段谋求停机损失和维修费用之间的最佳平衡，求得设备寿命周期费用最佳的经济效果。这就要求在设备管理中，既要重视设备物质形态运动管理，又要重视设备价值形态运动管理，这是提高设备投资综合效益的重要途径，两者结合，才能够保证设备管理工作取得最佳的综合效益。

三、港口设备管理的任务

(1)按照企业的近、中、长期发展规划，组织制订本企业港口设备的更新和技术改造计划和年度实施计划，不断改善和提高企业技术装备素质和现代化水平。

(2)根据企业的生产和设备使用情况，制订本企业设备的维修计划，选择适合本企业的港口设备维修方式。

(3)做好设备的前期管理和使用期管理工作。

(4)遵循“生产上适用、技术上先进、经济上合理”的原则，择优选购港口设备，为港口企业装卸生产需要和港口建设提供优良的技术装备。

(5)不断改进设备管理方法和手段，吸收和引进先进的管理理念和管理模式，大力推行计算机辅助设备管理工作，不断推行港口设备管理现代化。

(6)加强港口设备的故障管理，降低设备事故和故障的发生率，保证设备经常处于良好的技术状态。

(7)做好重点港口设备的管理，加强港口设备的现场管理。尤其要掌握引进港口设备的使用与维修技术，发挥好引进设备在生产中的作用。

(8)建立和完善港口设备维修技术资料和技术改造资料的归档管理，完善港口设备管理的基础性工作，推进管理工作标准化。

(9)定期开展管理与维修专业人员的技术培训，重点做好操作和维修工人的岗位培训，不断提高设备管理、操作和维修人员的技术水平和文化素质。

(10)加强行业、企业间的信息交流，积极开展港口设备维修的社会化协作工作。

总之，港口设备管理的最终目的，就是建立适应社会主义市场经济和集约经营的设备管理体制，通过技术和经济管理措施，对设备进行综合管理，充分发挥设备的投资效益，力求使港口设备在全寿命周期内费用最经济，提高港口企业生产经营效益和企业的市场竞争力。

第三节　港口设备管理的社会化、市场化和现代化

为了实现港口经济从粗放型增长模式向集约型增长模式的转变，港口设备管理必须赋予一些新的经济管理内容、方式和手段，应该按照社会主义市场经济体制的要求，在转换企业经营机制中积极改革原有的企业设备管理机制，促进港口设备资源的有效利用和优化配置，逐步

实现设备管理思想、管理组织、管理方法、管理手段和管理人才的现代化，开创设备管理的新局面。为此，对港口设备必须实行社会化、市场化和现代化管理。

一、港口设备管理的社会化

现代化的港口设备是技术密集型的产品，也是社会大协作的产物。随着港口设备专业化、现代化水平的不断提高，结构的复杂化和设备的社会化程度就会变得越来越高。在我国的一些大中型港口，近年来从国外引进的现代化的成套装卸设备，往往是世界范围内国际性生产大协作的产品。港口企业在使用、维修和更新改造这些设备等方面，有限的技术力量与设备的科学管理之间形成了很大的矛盾。所以港口企业必须要依靠社会提供的力量，在设备使用、维修、备件供应、更新改造等各方面对设备进行社会化管理。因此，港口设备管理的社会化就是指适应社会化大生产的客观规律，按照市场经济发展的客观要求，组织港口设备运行各个环节中的专业化服务，形成全社会的港口设备管理服务网络，使港口企业设备运行过程中所需要的各种服务由原先的自给转变为由社会提供的过程。

实现港口设备的社会化管理是要有一定的条件的，即设备的专业化管理达到了一定的水平。港口设备管理中的一系列工作让社会上的专业化企业去承担。专业化的设备管理企业遵循市场经济的行为法则进行专业化的运作，逐步成为合格的专业服务机构，并且不断完善社会化的服务体系和提高服务质量，在港口设备的社会化服务中实现设备管理的效能。

港口设备社会化管理有以下几方面的内容。

(1)设备制造企业要逐步向社会化协作大生产方式发展，为使用单位提供优良的售后服务，建立完善的售后服务体系，组织配备有经验的技术干部和专家及精良的服务设施承担设备的高质量维修，供应优质的备品配件，为用户培训维修人员和操作人员。

(2)港口设备的维修工作由社会上的专业化企业承担，由这些企业组成专业化的设备维修服务中心，为港口设备的修理、更新和改造提供规范化和标准化的服务。

(3)建立专门的中介机构为港口设备维修提供技术咨询服务，完善港口设备状态监测和故障诊断技术的服务机构以及相应人员的培训，尤其是为大型和成套的港口装卸设备提供先进的状态监测和故障诊断技术服务。

(4)实现备品配件和易损件的社会化供给，组织专业化的生产企业，为港口提供质量可靠、价格合理和快捷周到的服务，有利于减少企业配件占有资金。

(5)为企业提供周到的信息服务，如建立港口设备的技术信息市场，为港口企业提供设备经营维修管理、备品配件的供需、设备状态检测和诊断技术以及设备的更新改造技术等方面的信息，实现信息资源的社会共享。

(6)开展产、学、研合作，建立科研部门、大专院校与港口设备生产使用单位密切联系的渠道，使科研技术成果及时地转化为生产力。

二、港口设备管理的市场化

港口设备的市场化管理是现代化管理的必经之路。要通过建立完善的设备要素市场，为港口设备管理提供规范化、标准化的交易场所，以最经济合理的方式为港口企业优化配置港口设备资源和为设备有效的运行提供保障，促使港口设备管理由企业自我服务向市场提供服务方向转化，从而为设备管理的现代化做好准备。港口设备管理的市场化应该包括如下内容。

(1)要更新观念，逐步改革计划经济体制下形成的港口企业港口设备管理体制，做好对扩展和深化设备属性的认识，应该把过去设备管理的重点单一地放在生产现场逐步地过渡到开展设备资源经营、设备资产经营和设备资本经营，并且积极参与培育和发展建立包括设备维修、租赁、调剂、备品配件、信息在内的设备要素市场。

(2)要树立竞争观念、效益观念、法制观念、自主观念、社会大协作观念以及对外开放等新的设备管理观念。

(3)充分调动港口企业的广大职工参与设备管理的积极性，建立港口设备管理的激励机制，建立设备管理运作的动力源，保证设备管理的自我发展，增强设备管理的活力。

(4)转变设备管理部门在港口企业中的地位和功能，在保证生产现场港口设备正常运行的同时，要保证港口企业设备资源有效的运用，同时，要建立设备管理的约束机制，使设备管理沿着正确的方向和轨道运行，通过设备管理使企业取得良好的经济效益和社会效益。

(5)要把主要依靠上新项目、大量增加生产要素投入的经济增长方式重点转变到抓设备的挖潜、改造、充实和提高上，通过设备资源合理配置，提高装卸效率、提高装卸质量、降低装卸成本、提高产出效益来实现经济的增长，促使经济增长方式从粗放型向集约型的根本性转变。

①树立投入产出、资产增值等管理方面的新观念。设备管理应以效益为中心，向设备管理的各个环节和运用各种先进的管理手段和方法向设备管理要效益。

②要正确处理好下列关系：

a. 企业效益与社会效益、局部效益与整体效益、近期效益与长远效益之间的关系；

b. 设备完好率与设备利用率的关系；

c. 设备存量资产与盘活设备资产的关系；

d. 设备资产管理与设备资源管理的关系；

e. 设备素质与员工素质之间的关系。

三、港口设备管理的现代化

港口设备管理现代化的目标是将现代科学技术的理论和方法应用于港口设备管理，充分发挥设备的综合效能，创造最佳的设备投资效益。推行设备管理现代化是我国港口企业的一项长期艰巨的任务，也是在推进港口设备管理社会化、市场化的同时，必须坚持和稳妥推进的重要内容。港口企业必须根据我国设备管理有关的方针、政策，根据自身设备管理的现有基础、水平和条件，制订出具体的规划和实施步骤，积极创造条件，不断推进设备的现代化管理工作。实现港口设备的现代化管理，首先要实现以下几个方面的现代化。

(1)更新观念，实现设备管理思想和理念的现代化。把现代科学技术的理论和方法、手段综合应用于设备管理，充分发挥设备的综合效能。用现代的科学管理理论和管理思想指导设备管理的实践。如：系统工程学、摩擦学、可靠性工程、设备工程经济学、信息工程学；现代的管理思想包括设备的一生管理观念、市场观念、效益观念、竞争观念，安全观念和环保观念等。要建立设备价值形态与实物形态相结合的设备管理系统，以进行设备管理全过程的技术经济分析活动，体现设备管理的技术与经济效果。

(2)改革机制，实现运行体制和组织机构的现代化。设备管理与维修组织形式和结构应该与设备管理的现代化相适应。这就要求企业不断适应经济体制改革和现代化大生产的步伐，探索建立合理有效的设备管理运行体制和组织机构，最大限度地调动和发挥组织中每个成员及群体的积极性和创造性，逐步建立设备资源化管理的框架。

(3)引进先进装备，实现管理手段与管理工具的现代化。引进科学的管理手段和管理工具,不断提高设备的科学管理水平,逐步实现计算机辅助设备管理与决策。采用先进的设备诊断仪器和装置对设备连续的运行状态进行自动监控,应用状态监测和故障诊断技术,使设备维修逐步从以时间为基础的计划预修制过渡到以状态监测为基础的视情维修,使设备管理从静态管理过渡到动态管理。同时应采用现代科学技术成果和现代管理手段来不断地提高设备管理工作效率和扩展设备管理的功能。

(4)推广先进管理方法,实现设备管理方法的现代化。要积极推广应用先进的设备管理方法,更新设备管理的理论和观念,确保各项管理工作的标准化、规范化、系统化和科学化。要推广设备的全过程管理,把价值工程、网络技术、预测技术和ABC分析法等一系列现代化管理方法应用于企业设备管理工作的实践。

(5)重视设备管理人员的培养,实现设备管理人员素质的现代化。要实现设备管理的现代化,管理人员素质的提高是关键。提高设备管理人员的现代化素质包括两个方面。一是提高他们的个人素质,个人素质包括政治素质、文化素质、心理素质、群体意识、业务能力以及管理实践经验,对于不同设备管理层次的人员对他们的要求是不同的;二是提高设备管理人员的整体素质,整体素质包括管理人员群体应具有全面的、不同层次的知识结构、合理的年龄结构等。港口企业要大力开展形式多样的设备管理与技能的培训,不断开拓设备管理人员的视野,增长知识,提高素质,以适应设备管理现代化的需要。

第四节　港口设备管理的主要技术经济指标与考核

由于港口设备管理工作涉及港口企业资金、物资、劳动组织、业务技术及经营成本和经营目标等多方面、多部门、多环节的工作,因此,港口设备管理的技术经济指标是港口企业分析与评价港口设备管理水平的主要标志之一,也是考核、评价企业有关业务、技术、经济活动及其经济效益等方面工作的依据。对这些技术经济指标做好日常监测和统计分析工作,有助于港口设备主管部门及时掌握设备的技术状态、设备的维护与修理质量、使用管理水平等综合情况,以便及时采取技术与经济措施,及时调整港口设备的维护修理、更新、改造计划,确保港口企业技术装备处于先进、完好、适用状态,满足港口装卸生产的需要。

一、港口设备管理的主要技术经济指标

1. 港口设备完好率

港口设备完好率是指港口企业拥有的装卸设备的完好台时占日历台时的比值。该指标反映了港口设备的技术状态是否良好,它是衡量港口企业对港口设备管、用、养、修工作好坏的综合指标。

$$\begin{aligned}\text{港口设备完好率} &= (\text{设备完好台时}/\text{设备日历台时})\times 100\% \\ &= [(\text{设备日历台时}-\text{非完好台时})/\text{日历台时}]\times 100\% \qquad (1\text{-}1)\end{aligned}$$

(1)日历台时:在报告期内(年度、季度、月度)每台港口设备在册天数乘以24h所得积的总和,包括完好台时和非完好台时。在册的港口设备包括在用、修理中的所有设备,同一船体上安装有多台起重机的按实际台数计算。

(2)完好台时:技术状态良好的每台港口设备与可供使用小时数的乘积的总和,包括工作台时和停工台时。

(3)非完好台时:技术状态不良的每台设备与因之而不能从事装卸作业和其他工作小时

数乘积的总和，包括正常的修理、保养、待修、待报废、使用过程中超过规定时限（各港各机种的统计规定不尽相同）以上的故障修理和事故停车的台时数。

各类港口设备的完好率（平均）应该稳定在90%以上（大型固定装卸机械应在95%以上；专用机械应在98%以上）。

属于下列情况之一的港口设备不参加完好率指标计算统计：

（1）已批准封存的设备；

（2）已批准报废的设备；

（3）已批准出租一个月以上的设备；

（4）用于后勤、基本建设的设备；

（5）尚未列入企业固定资产管理的新购置设备。

2. 港口设备利用率

港口设备利用率是反映港口企业港口设备在报告期内数量、时间和生产能力等方面利用程度的指标。

1）台时利用率

它是指港口设备在报告期内的实际工作台时与日历台时之比值，用来反映港口设备在报告期内的繁忙程度。

$$\text{设备台时利用率} = (\text{报告期内设备工作台时}/\text{报告期内设备日历台时}) \times 100\%$$
$$= [(\text{日历台时} - \text{停用台时})/\text{日历台时}] \times 100\% \quad (1\text{-}2)$$

（1）工作台时：实际进行装卸作业的港口设备台数与其装卸作业小时和其他工作小时数（包括设备转移工作场地途中的行驶时间）的乘积；

（2）停用台时：（又称非工作台时）是指在用的港口设备在其技术状态良好（或处于停修期间）的情况下，而未从事装卸作业的台时总和。

2）设备平均台时产量

它是指平均每台港口设备作业一个小时所完成的作业量（起运吨数或自然箱数），是反映设备效率的指标。它的大小与劳动组织、装卸工艺和操作技术有关。

$$\text{设备平均台时产量} = \text{设备作业量}/\text{设备作业台时}(\text{起运吨}/\text{台时}) \quad (1\text{-}3)$$

或者

$$\text{设备平均台时产量} = \text{设备作业自然箱量}/\text{设备作业台时}(\text{自然箱数}/\text{台时}) \quad (1\text{-}4)$$

（1）设备作业量：港口设备在装卸作业过程中操作所完成的货物起运吨数或者自然箱数。

在计算作业量时，同一操作过程由几台设备联合作业，完成1t货物的装卸时，则每台设备分别各计一个设备作业量。在装卸集装箱时，不论空箱还是重箱，箱重一并计算货物吨数。各种尺寸的国际标准集装箱的自然箱数，可按各自的折算比例折算为20ft国际标准箱（TEU）的箱数。

（2）起运吨：表示港口设备完成装卸生产作业量的计量单位。对从事非装卸生产的作业，各港可根据考核要求制定相应的换算方法。

（3）作业台时：参加实际作业的港口设备台数与装卸作业小时数的乘积。作业小时数是指设备到达现场开始装卸作业时起至最后一次货物操作完毕时为止的全部时间。

3. 港口设备故障率

港口设备故障率是用来综合考核设备的保修质量和司机操作技术水平的一项指标。设备的故障率常用每100个使用小时内发生的故障影响设备完好的时间的比值来表示，也可用100个使用小时发生故障的次数（故障频率）来表示。

$$\text{港口设备故障率} = (\text{设备的故障小时}/\text{设备的使用小时}) \times 100\% \quad (1\text{-}5)$$

$$\text{或者港口设备故障频率} = (\text{设备的故障次数}/\text{设备的使用小时}) \times 100\% \quad (1\text{-}6)$$

各港口企业的故障率和故障频率统计时通常都有具体规定，其常见主要内容有：

(1)港口设备调派时，因为故障或者隐患机械不能参加作业，应计算一次故障次数。故障时间从调派时开始算到设备修复好报到为止；

(2)在现场港口设备因故障不能继续作业时，即计算一次故障次数。故障时间从发现故障停止作业时开始算到修复报到或开始作业时为止；

(3)港口设备故障停修时间在一个小时之内由司机自行修复者，只计算一次故障次数，不计算故障小时；

(4)港口设备等待作业(现场候工)时间内司机发现故障并自行排除的，不计算故障次数和故障小时。如需要保养站派人处理且影响作业时，则计算一次故障次数，同时计算相应的故障小时。

4. 一、二类港口设备的比重

一、二类港口设备的比重是反映港口装卸机械技术状态的一个指标，是一、二类港口设备的台数与港口设备总台数的比值。

$$\text{一、二类港口设备的比重} = (\text{一、二类港口设备台数}/\text{港口设备总台数}) \times 100\% \quad (1\text{-}7)$$

一、二类港口设备的分类标准如下：

(1)一类港口设备：各零部件完整无缺，零件磨损在允许范围之内，技术性能良好，符合安全运行和装卸作业的正常需求。

(2)二类港口设备：非主要零、部件欠完整，非主要零件的磨损虽超过允许范围，但对整机的技术性能影响并不大，仍能保证安全运行。

港机一、二类设备的比重指标由机械主管部门负责制订和考核。港口企业的一、二类港口设备比重的综合指标值一般要求保持在90%～95%以上。

5. 港口设备的固定资产创净产值率

港口设备的固定资产创净产值率是反映港口设备投资效益的经济指标，是指港口企业完全拥有的港口设备当年的总净产值(总净收入)与当年设备固定资产平均原值的比值。

$$\text{设备的固定资产创净产值率} = \frac{\text{当年港口设备的固定资产总净产值}}{\text{当年港口设备固定资产平均原值}} \times 100\% \quad (1\text{-}8)$$

$$\text{当年港口设备固定资产平均原值} = (\text{年初港口设备原值} + \text{年末港口设备原值})/2 \quad (1\text{-}9)$$

对于年初新购的设备，年初设备原值等于设备的原值；年末设备原值应由设备的原值扣去折旧的值。确定某一年度港口设备的固定资产创净产值率时，应把设备的原值按照一定的利率换算到该年度的现值以后再计算。

6. 港口设备新度系数

港口设备新度系数是反映港口装卸机械技术装备素质和设备新旧程度的指标，是指年末港口设备固定资产净值与年末设备固定资产原值的比值。由于设备大修理和部件的更新会改善设备的技术状况，故在年末港口设备固定资产净值中应加入当期的大修费和当期的部件更新费，在年末港口设备固定资产原值中也应加入大修理和部件更新这两部分的费用。

$$\text{港口设备新度系数} = \frac{(\text{年末港口设备固定资产净值} + \text{当期的大修费} + \text{部件的更新费})}{(\text{年末港口设备固定资产原值} + \text{当期的大修费} + \text{部件的更新费})} \times 100\% \quad (1\text{-}10)$$

$$\text{设备固定资产净值} = \text{设备原值} - \text{累计的折旧} \quad (1\text{-}11)$$

港口设备新度系数越低，表明设备的役龄越长，设备老化程度及无形磨损越严重，设备的故障率就越高。港口设备新度系数的平均值反映了港口企业港口设备的新旧程度。按照港口设备的不同类别、机型及设备总数分别进行统计计算。

7. 港口设备的保值增值率

港口设备的保值增值率是反映设备年末的资产总净值相对于年初的资产总净值变化的经济指标。计算公式如式(1-12)。

$$港口设备的保值增值率=\frac{港口设备年末的资产总净值}{港口设备年初的资产总净值}\times 100\% \tag{1-12}$$

港口设备的保值增值率根据企业财务报告中的设备年末和年初资产总净值进行计算，可以暂不考核货币的时间价值以及物价变动因素的影响，也可不单独考核设备的保值增值率，但需要考核有无特大、重大设备事故发生以及能源和环保方面的有关情况。设备保值增值率指标对于组织、发展企业的生产经营、加强设备管理，防止短期行为具有积极的作用。

二、港口设备技术经济指标的考核

港口企业应根据自身的条件特点，结合实际制订出客观反映企业设备管理水平的技术经济指标和相应的考核制度。港口设备的技术经济指标要定期进行考核，并列入企业厂长（经理）的任期责任目标。

要进行技术经济指标的考核，首先要制订和完善设备技术经济指标的评价标准，评价标准应具有实用性、先进性和可操作性。并且根据生产的发展和技术进步的要求，要对它们定期修订以保持指标的合理性和先进性。具体评价标准和考评方法，由本行业、本地区和港口主管部门制订，再由下属企业执行。评价标准采用交通行业、本地区的平均先进水平作为依据。并应根据生产发展和技术进步，在实践中适时进行调整和完善。另外，要做好统计工作，对港口设备应当分别按月、季、年度、机种、单机和综合进行统计。统计工作必须做到完整性、准确性、及时性和科学性。统计内容主要有：

(1)设备经济指标，主要包括设备的原值、折旧、净值；大修理费用、改造和更新费用以及维修费用、运行费用；设备固定资产的全年净产值等。

(2)设备技术状况指标，主要包括设备的技术状况类别和各类别的数量。

(3)设备运用情况指标，主要包括设备的完好台时、日历台时、停工台时和非完好台时；设备的工作台时、作业量(起运吨数和自然箱数)、作业台时；设备的故障次数、故障小时和使用小时等以及其他有关数据。

第五节　港口设备管理现行的主要法规和制度

一、《全民所有制工业交通企业设备管理条例》

1987 年 7 月 28 日，国务院颁发了《全民所有制工业交通企业设备管理条例》。这是我国建国以来政府制定的第一个设备管理法规性文件，是对我国设备管理经验的总结和在新形势下的发展纲领。

二、《全民所有制交通企业设备管理办法》

1989 年 3 月，为了全面贯彻国务院《全民所有制工业交通企业设备管理条例》，强化交通企业设备管理,交通部发布实施了《全民所有制交通企业设备管理办法》(以下简称《办法》),该《办法》既全面体现了国务院《条例》的精神,又结合交通企业的实际,使《条例》在交通企业中的贯彻实施更加具体化。《办法》推动了港口企业设备管理工作的全面提高,打下了港口设备现代化管理的基础。

三、《“九五”全国设备管理工作纲要》

1996年2月13日,当时的国家经济贸易委员会制订了《“九五”全国设备管理工作纲要》(简称《“九五”纲要》)。它是在新形势下对我国《全民所有制工业交通企业设备管理条例》的发展和补充。纲要在全面总结“八五”期间设备管理的成绩、问题和面临的新形势基础上,制订了“九五”设备管理的主要目标和基本任务,并且着重从转变政府管理职能和指导企业加强设备管理工作方面提出了明确要求。为促进国有企业设备管理工作健康发展,提高“九五”期间我国设备管理水平起到了重要的作用。

四、《港口大型机械防台管理规定(暂行)》

1997年1月1日,交通部发布了《港口大型机械防台管理规定》(暂行)(以下简称《防台规定》),用来替代1991年交通部颁发的《港口大型装卸机械防风的暂行规定》。《防台规定》总结了我国港口大型装卸机械长期以来的防风和防台工作经验,对港口大型机械机型范围作出了规定,对阵风和台风的含义作了说明。《防台规定》对加强我国港口大型机械的防阵风和防台风工作的管理,保障港口企业的生产和安全,保护国家和人民的生命财产有着重要的意义。

五、《港口装卸机械管理规定》

1998年1月22日,交通部发布了《港口装卸机械管理规定》(以下简称《管理规定》)。该《管理规定》是在全面总结我国港口企业贯彻了近20年的《港口装卸机械技术管理制度》(试行本)和近10年的《全民所有制交通企业设备管理办法》经验的基础上,结合《“九五”交通设备管理工作纲要》和港口设备技术的发展以及我国港口的实际情况而制订的。《管理规定》的实施,对保障港口企业的生产和安全,搞好港口设备的规范化、科学化和现代化管理发挥了重要作用。

六、《港口机械设备和港口装卸工艺的技术政策》

2000年9月12日,交通部发布了关于《港口机械设备和港口装卸工艺的技术政策》的通知(以下简称《技术政策》),代替交通部于1984年颁发的《沿海港口装卸工艺及机械技术政策》和1983年颁发的《内河港口装卸工艺及机械技术政策》。该《技术政策》是在全面总结我国十几年来贯彻沿海和内河港口装卸工艺及机械技术政策中取得的成绩和经验的基础上制定的。《技术政策》的制订,对提高我国港口在国内外市场中的竞争能力有着重要的意义。

思考题

1. 我国的港口设备管理经过了哪三个阶段?各阶段的特点是什么?
2. 港口设备管理的方针是什么?为什么在港口设备管理中要树立“预先防止”、“防重于治”的指导思想？

3. 长期采用原样修复的手段来恢复港口设备的使用功能有什么危害？正确的做法应该是怎样的？

4. 选购港口设备应遵循哪些原则？

5. 进行港口设备管理的最终目的是什么？

6. 具备怎样的市场条件才有可能实现港口设备的社会化管理？

7. 要实现设备管理以提高效益为中心，必须正确处理好哪几个方面的关系？

8. 实现港口设备管理的现代化，主要体现在哪些方面？

9. 什么是港口设备的完好率？哪些设备不参加港口设备完好率的指标计算统计？

10. 反映港口设备利用率的指标是哪些？如何计算？

第二章　港口设备的前期管理

第一节　概　　述

设备的前期管理是指从设备的规划、选型、购置(或制造)到安装调试、验收这一阶段的管理,是设备全寿命管理中的重要环节。因此,研究和重视设备的前期管理对企业提高装备技术水平和投资效益具有重要意义。无论哪种类型的企业,如果其设备的前期管理工作环节薄弱,必然会不同程度地导致设备引进失误、投资利用不当、不能按期投产使用、不能达到应有的生产效率、不能与设备使用期间的管理工作有机地衔接,给设备使用期的养护与维修工作带来后患。因此,设备的前期管理工作,对企业的生产经营与发展有着极为重要的影响。港口设备前期管理工作的主要内容有以下几方面。

(1)收集、分析、整理国内、外港口设备的信息资料,必要时可进行一定范围的市场调查,为港口企业设备的购置和更新提供依据。

(2)根据港口企业生产发展、港口设备技术性能与质量的升级换代、新技术、新工艺应用等需求进行港口设备规划前的调查研究、经济技术论证,在此基础上制订港口设备购置与更新工作规划。

(3)编制港口设备规划的阶段性实施方案及相应的投资计划。该项工作不仅涉及港口设备投资计划控制,而且是企业经营者合理安排资金、安排年度生产经营方针的重要依据之一。

(4)设备购置前的国际(国内)招标文件撰写、评标准备工作等。在实施港口设备规划,进行设备采购时,一定要遵循国家有关机电设备采购实行招投标制度的规定。其中,凡单台(套)设备投资额达500万元人民币以上(含500万元),利用外汇额度在100万美元以上(含100万美元)的基建(或改造)工程中配套的机电设备的购置项目,必须采取公开(国际、国内)招标或邀请招标的做法来确定港口设备生产厂家。

(5)港口设备的合同管理、设计审查、监造、运输等产品形成过程中和投产前的实际工作。

(6)港口设备的安装调试及试运转、组织质量验收、技术资料整理、安装与调试工作分析总结、签署验收文件等。港口设备前期管理以验收为界限,当现场验收工作结束,买卖双方代表签署验收文件后,即转为使用期管理。

随着设备管理现代化的进程,一个以追求设备寿命周期费用经济性为目的的设备综合管理体系正在形成,而设备的前期管理成为其中的重要环节,这是因为:

第一,设备的前期管理决定了设备全部寿命周期90%的费用,它直接影响着港口企业的运行成本和利润。

第二,设备前期管理的水平决定了企业装备的技术水平和系统功能,直接影响到企业生产的效率和产品的质量。

第三,设备的前期管理决定了装备的适用性、可靠性、维修性、先进性和经济性。

第二节　港口设备的规划

一、设备规划的涵义与工作程序

港口设备规划又称港口设备投资规划，是运用科学技术与经济分析、论证的方法，提出符合本企业生产经营与建设发展需要的港口设备购置、更新、重大技术改造等中、长期实施计划，它是港口企业中、长期建设与生产经营发展总体规划的重要组成部分。科学地制订和认真地贯彻实施港口设备规划，对港口企业扩大再生产、增强市场竞争能力起着有力的推动和保证作用。通常，港口设备规划制订的工作程序如下。

(1)港口企业的生产部门、港口设备管理部门、装卸工艺管理部门等，根据各自需要，编制本部门对各类港口设备购置计划或重大技术更新改造计划。

(2)港口企业生产与经营计划主管部门，将计划汇总并列入港口企业的中、长期规划总体方案，并组织港口企业有关部门进行可行性论证与审查。

(3)港口企业计划主管部门将修改与调整后的计划以书面报告形式报请港口企业领导审查批准，并报送上级主管机关批准或备查，待批复后再以正式文件下达至本企业各有关方面贯彻执行。

二、设备规划方案的可行性论证与分析

对港口设备规划方案进行可行性论证的目的是对规划所提出的项目是否能按既定要求兑现的探讨和分析，以便为企业领导决策该项目时提供科学依据。由于港口企业之间存在着差异，在进行港口设备规划方案的可行性研究时，其论证工作的具体方法和侧重点会有所不同。论证结束后，要形成论证报告，一般情况下，论证报告的主要内容应包括以下几个方面。

1. 前言

说明所制订的港口设备规划的目的、背景、前提和任务，完成该规划所具备的主观和客观条件及可能面临的困难、解决的办法，指出规划所涉及的范围和时间要求。

2. 技术方案选择的依据与论述

根据港口企业生产经营实际需求和企业总体规划目标，提出购置(制造)、更新改造港口设备的具体型号、规格、数量、主要技术参数，并同时提出因此所导致的港口设备管理机构和人员设置、辅助设施变化情况和实施方案，必要时亦可运用简图或表格等方式辅助说明。

3. 设备规划的实施计划与能源、环境管理等相关技术问题的评述

论证报告对港口设备规划的实施步骤应有明确的分阶段安排，对规划实施后而导致的港口企业在能源管理、环境管理等方面暴露的新问题也要逐项予以评述，必要时还应提出使之符合国家(或行业)有关规定的对策。

4. 港口设备市场情况、运输条件和现场安装条件评述

论证报告在掌握大量国、内外市场信息的前提下，对国内外市场情况、设备运输条件、设备安装条件、环境条件等进行多方面的全面分析，确认港口设备规划能够顺利执行。

5. 结论

结论的主要内容包括以下几方面。

(1)对港口设备规划各方面的可行性进行准确、客观、充分的评述。

(2)对港口设备规划在实施周期内可能会遇到的市场情况变动、港口企业经营效益变

化、国家经济政策调整、国内外金融市场波动等诸多有利或不利情况，提出其相应的应对措施。

(3)对港口设备规划执行过程中所涉及的人员调度、资金使用、进度控制、港口企业内部各主管部门之间的协调配合等重要事项，提出可操作性较强的意见。

(4)对港口设备规划实施过程中可能出现的不可预见的情况提出应对的预案。

三、港口设备规划的投资分析

对港口设备规划进行投资分析，是涉及港口企业经营方针、目标及建设发展的重大事项。投资分析报告必须建立在对市场调查、企业生产与经营现状的充分分析论证基础上。港口设备投资分析报告的主要内容包括以下方面。

1. 投资原因分析

港口设备的投资原因大体上可归类为：已有港口设备的类型、数量、技术状况等难以适应本港生产经营方针与目标、市场竞争能力以及港口建设与发展的需要；因港口企业装卸工艺水平的提高或工艺方案的变更而导致的港口设备需大幅度更新；为满足环保、安全等方面的要求需对原有设备进行大规模的技术更新改造等。

2. 技术性能分析

对所需购置港口设备的技术规格、性能、型号等主要技术参数的选择分析。通常是由港口设备技术主管部门牵头，会同生产调度等相关部门对拟购置新设备的技术参数与性能等进行分析论证，在充分讨论的基础上，由主管部门撰写书面报告向有关方面提供。

3. 综合经济性分析

对所配置的港口设备数量、规格型号、选择理由等提出具体方案并予以充分分析，要对各分项内容(如设备单价与购置数量、备件订购费、运输费、安装调试费等)逐项地论述，从中选择使用成本低、投资效益好的方案。值得注意的是，必须要从设备的使用寿命和产品质量等多方面进行综合分析论证，选择其中最有利于实现港口设备寿命周期费用最经济的方案。因此，不仅要分析比较港口设备购置价格，也要分析设备投入使用后的运行费用。

4. 资金来源分析

1)政府财政贷款

凡属对全社会发展有特殊意义的建设项目，可申请中央或地方政府贷款。

2)银行贷款

凡属独立核算企业的基本建设项目，只要符合规定的立项审批程序，银行将按有关规定准予办理贷款事项。

3)自筹资金

港口企业的自有资金、发行债券或股票、自收自支的业务收入等，均可用作港口设备购置投资。

4)利用外资

(1)国际贷款，主要是指国际金融组织贷款和国外政府贷款。联合国货币基金组织的无息或低息贷款，是我国近十几年来使用较多的国际贷款。凡符合有关国家及世界金融组织机构的要求，贷款国(或国际金融组织)可向用款国提供有针对性的贷款。此类贷款有使用期较长(10～20年)、利率低、项目建成投产后1～3年内不用还贷等特点，属于业务贷款范畴。

(2)吸收外商直接投资，主要是指中外合资或外商独资经营。各类合资企业中，通常是由中方提供厂房、码头、库场、设备、劳动力等资源，外方提供资金或成套设备而组合起来共同经营。如合资码头公司、合资仓储公司、港口设备维修(或制造)合资公司等。

(3)融资租赁和发行证券、发行股票等方式筹资。

(4)补偿贸易。出口国以其设备技术、专利服务等形式向进口国提供贷款，待进口国项目建成后，再以其产品或经双方商讨认可的其他产品用以偿还出口国的贷款。该类贷款的利率与出口信贷利率接近。

5. 港口设备租赁、外购和自制的技术经济分析

由于大型港口设备的技术含量高，价格昂贵，有些港口企业因资金短缺，或为了避免投资风险和压缩成本开支，常采用租赁方式来实现自身的使用需求。然而，采用租赁方式，其累积的租赁费用，要高于开始租用时购置同类型新港口设备的费用，尤其是当租用期间经营效果欠佳时，租金将会成为港口企业的沉重负担。财务管理政策与制度规定，港口设备的租赁费用可直接进入港口企业的经营成本，其现金流量的计算方法为：

$$\text{现金流量}=\text{装卸生产和其他营业性收入}-\text{港机使用总成本}-\text{港口设备租用金}\times\text{税率} \tag{2-1}$$

当采用购置设备的方案时，其现金流量的计算方法为：

$$\text{现金流量}=\text{装卸生产和其他营业性收入}-\text{港机使用总成本}-\text{已发生的设备购置费}-(\text{装卸生产及其他营业性的总收入}-\text{港机使用总成本}-\text{折旧})\times\text{税率} \tag{2-2}$$

一般来说，对于加工精度要求高、制造工艺或结构复杂或通用的标准件，适宜采用外购方式。对非通用件、非标准件，为了提高维修保养工作效率，以自行制造为宜。外购港口设备的经济技术论证方法及内容同前所述，而自制港口设备的经济技术论证方法，除要符合上述各项要求外，还要在成本分析中增加属企业固定开支及不因自制或外购而增减的费用，即所谓“沉没费用”，如企业的管理费等。

第三节　港口设备的选型

一、概述

1. 港口设备选型的工作程序

1)收集及筛选市场信息

通过各种渠道，广泛收集所需的港口设备及关键配套元部件的技术性能资料，全面掌握供方的销售价格、售后服务等相关信息。通过对所收集的信息资料进行分类比较，从中挑选出数个较好的制造厂家作为订购候选目标。在筛选分析过程中应侧重于产品的质量、技术性能、可靠性、维修性、技术寿命、安全性、能耗与环保等主要方面。对大型港口设备而言，还需考虑其防风安全性、各种状态下的轮压值等有关情况。需要注意的是，在收集产品信息的同时，也要注意了解产品销售者的信誉、商业道德等有关方面的信息。

2)编写调查报告

与候选的产品制造厂家进行技术与商务等有针对性的洽谈，分别就其产品质量、技术性能参数、运输安装、价格、配套件供应、售后服务等事项进行逐项查询，并作好记录，在此基础上经综合考察比较后撰写出书面选型调查报告。

2. 港口设备选型工作注意事项

(1)所选港口设备不仅能满足当前正常装卸生产需求,而且能适应本企业扩大生产规模的需要。

(2)所选港口设备其各项性能参数均保持先进水平,以利提高港口企业的装卸生产效率和延长使用寿命。

(3)所选港口设备不仅销售价格合理,而且要求其在使用期内能耗低、维护费用低、投资回收期短。

(4)在进行技术性能与主要技术参数选择时,以满足主要技术参数为主;对综合性能的分析要以使用期内的可靠性与维修性为主。

(5)设备主要零部件的标准化程度要高,易损件要有可靠的供应渠道。

(6)能耗指标与环保符合有关标准要求。

(7)制造商售后服务信誉良好。

二、港口设备主要技术参数

在港口设备选型工作程序中,对收集到的设备技术与经济信息资料进行多次筛选,主要是指对所收集到的各类港机产品的技术参数逐项进行深入细致分析比较的工作过程。港口设备的技术参数是决定其生产效率和影响企业经济效益的重要因素。在确定港口设备的具体参数值及性能要求时,要充分考虑本港口企业的生产实际需求和使用与管理方面的实际技术水平与维修装备条件,不要不切实际地苛求技术参数的先进性、超前性,否则将会导致所购置的港口设备在使用期内维护修理的费用支出较大,使用成本较高,生产效率低下。

选型中涉及的港口设备的技术参数主要有以下几个。

(1)决定港口设备工作范围的主要技术参数,如起升能力、起升高度、下降深度、工作幅度、外伸距、转弯半径、旋转半径、外形尺寸、生产率等。

(2)决定港口设备工作效能的主要技术参数,如各工作机构工作速度、输送效率、抓(铲)斗容量、牵引力等。

(3)决定港口设备安全性能的主要参数,如迎风面积、质心高度、制动力矩、防风能力、电压等级、各类安全保护装置等。

(4)相关性能指标,如噪声、所能适应的工作环境温度、能耗指标、质量、最大轮压等。

三、港口设备的性能分析

选型中要对拟购港口设备的各项性能进行分析比较,力求使所购港口设备在性能优越的前提下设备寿命周期费用最佳。

1. 可靠性

在日常工作中常用“可靠度”来表示港口设备的可靠性。所谓可靠度是指港口设备的主要零、部件,在规定的时间和条件下实现其预定功能的能力,它是时间的函数。在选购港口设备时,以选择那些主要零、部件的使用寿命周期长者为宜。

2. 安全性

港口设备的安全性是指港口设备在生产作业中所具备的保障安全运行的能力,即要求港口设备应具备必要的安全保护设计与相应的安全防护装置,以避免造成设备和人身伤害事故。在港口设备选型中,若遇有新设计首次投入使用的安全防护性装置,必须要求制造单位提供其可靠的试验检测报告等技术资料,以便购买者抉择。

3. 维修性

维修性是指当港口设备在使用中发生故障时,通过维修手段使其恢复功能的难易程度,一般从以下几个条件予以衡量。

(1)设备的整体结构和主要零部件结构设计合理,易于拆装、检查。零部件组合的标准化程度和互换性水平高,充分考虑了港口设备的现场维护保养和从事在线技术检测与诊断工作的实际需要。

(2)制造厂商为用户提供的图纸资料齐全详实,便于使用与维修人员了解设备结构和工作原理。

(3)制造厂商为用户提供了适量的随机备件,或常用的备件有方便可靠的供应渠道。

(4)港口设备所需的维修技术水平与要求,与本企业或当地设备技术市场情况相适应。

4. 操作性

对港口设备操作性的总体要求是方便、可靠、安全,符合人机工程学原理。操作机构设计要充分考虑操作者的生理限度,适合一般操作者的体型要求,不能使其在法定的操作时间内承受超过体能限度的操作力、活动节奏、动作速度、耐久力等。如操作手柄和操作轮盘的位置及操作力的大小、脚踏板的控制部位和节拍及其操作力大小,必须符合我国劳动保护法规的要求。港口设备及其操作室的设计必须符合有利于减轻劳动者精神疲劳的要求。例如,港口设备及其控制室内的噪声必须小于国家标准规定值;控制信号、油漆色调、危险警示等都应符合国家法规、惯例和绝大多数操作者的生理与心理要求。

5. 经济性

在进行港口设备选购的经济性分析时,通常要考虑以下主要因素:初期投资、生产效率、使用寿命、能源与原材料消耗及日常维护与修理费用。

港口设备的初期费用主要是指购置费、运输与保险费、安装费、调试费、辅助设施费、培训费、关税费等。在进行港口设备选型的经济分析过程中,切忌简单地寻求销售价格最低,而轻易地降低对质量与可靠度等指标的评定标准,尤其是要充分考虑在使用期内可能发生的停机损失维护费、能源与配件消耗费、管理费用等影响因素。

6. 环保与节能要求

对港口企业的环保要求主要是指装卸生产过程中对粉尘、噪声的控制以及对有毒有害物品的储存与装卸运输等。港口设备的运转噪声和有害气体排放应符合国家或所在地区环境管理法规的有关规定。港口设备的能源消耗主要是指其一次能源或二次能源消耗,通常用港口设备在单位时间内的能源消耗量来表示。港口企业还多用万吨装卸吞吐量的能源消耗来评价港口设备使用过程中的能耗情况。在港口设备选型时,要注重对其动力装置的单位功率耗能大小进行分析比较,在满足生产使用要求的前提下,优先选择其能耗低者。

第四节　港口设备的购置

目前,港口企业在购置港口设备时,对单机价格较低的小型通用设备,如小型牵引车、小型叉车、小型推扒机等,由于一次性购置批量不大,一般是由用户在市场调研、选型分析的基础上直接与选中的产品制造厂商洽谈并签署购买合同。而对大型、专用的港口设备如门座式起重机、岸边集装箱起重机以及价格昂贵的港口设备(人民币500万元以上,美元100万元以上),应采取公开招投标的方式进行采购。

一、港口设备购置的招标方式

在港口建设、大型技术改造等工程项目中，凡属全部或部分利用国有资金投资、国家融资、国际金融机构贷款、国外政府贷款或援助资金等所购置的港口设备，必须通过国内外公开招投标方式进行采购，否则即是违背《中华人民共和国招标投标法》。

1. 公开招标

招标人以招标公告的方式邀请不特定的法人或有关组织投标即公开招标，包括国际竞争性招标（ICB）和国内竞争性招标（LCB）。

2. 邀请招标（LIB 国际有限招标）

招标人以招标邀请书的方式邀请部分特定法人或有关组织投标即邀请招标。这种招标方式一般用于投资额度不大，或者属特种、专用的港口设备招标采购，在能够承担所需产品的设计与制造任务的厂商为数不多的情况下所采用的招标方式。

3. 议标（又称谈判招标或询价招标方式）

议标属非公开、非竞争性的招标方式，即由招标人事先物色几个厂商而直接询价或进行合同谈判，从中选择其认为合格满意者中标。对投资额较大（人民币 500 万元以上，美元 100 万元以上）的大型港口设备采购，国家一般不允许采用这种招标方式。

二、港口设备的购置合同

1. 国内采购合同的签署

合同是买卖双方在经济交往中经协商达成一致，且必须依法严格遵照执行的某项经济工作协议条款，经双方法人（或受其委托的代表人）签字后生效。通常情况下，合同应经过买卖一方所在地区的政府公证机关公证，以利强化合同双方履约力度。国内港口设备采购合同的签署，必须符合《中华人民共和国合同法》有关条款的规定。

1）合同的主要内容

（1）设备名称、规格、型号、数量、技术性能要求，详细具体的技术参数。

（2）质量要求和产品制造质量的检验及测试数据、文字报告等资料提供范围与要求。

（3）合同价格及付款方式要求，设备单价、合同总价、结算方法、结算银行、账号等均要逐项写明。

（4）交货期、交货地点、运输方式、运输包装要求、交货单位及收货单位注册名称、交（提）货检验方法等具体要求。

（5）违约责任划分要求。合同一方若出现违反合同条款要求时，违约者应承诺的责任内容与实施办法，如罚金细则与相应额度、赔偿损失的范围及弥补措施等。

（6）合同双方认为需要纳入合同的有关内容（条款），比如卖方应提供的随机配件品种与数量要求、随机技术图纸资料提供范围、整机或局部保质期界定、随机工具、专用工具的提供等。

2）合同签署时应注意的事项

（1）合同条款及其附件文本的所有内容均须符合国家法律、法规的规定。

（2）合同的签署必须是建立在签约前双方意向书和其他有关问题的书面文件往来基础上，经双方直接会谈所达成的最终协议和结果，不宜在无事前充分洽谈协商基础的情况下仓促签署。

（3）合同内容应体现双方意愿，文字表达应简练、准确、无疏漏，格式符合规范要求。

(4)对可能出现的不利于履约的变化因素(如自然灾害、政治变革、突发性经济崩溃等等)应有双方共同认可的处理办法。

(5)合同签署手续完备,必须依法加盖合同章(任何一级的行政章均无效)和法人签字(若委托其他人员在合同书上签字,则必须附有法人委托函件证明)。另外,正式合同条款文字内容应清晰,无文字遗漏或删改。

2. 国际采购合同的签署

国际性港口设备采购合同签署,必须遵循国际经贸商务合同文件的格式与要求,尤其是引用世界银行等国际金融组织机构的贷款进行港口设备采购,对合同签署更有严格的要求。通常情况下,港口设备国际采购合同签署可分为通用条款和专用条款两大部分。其内容和格式要求,除参照上述国内采购合同要求制订外,其他部分内容与要求可参照中华人民共和国财政部编印的世界银行贷款项目招标文件范本《货物采购国际竞争性招标文件》中的有关要求进行撰写。

签署国际采购合同时应注意的主要事项有以下方面。

(1)所采购的港口设备名称填写应规范,不得用某地区习惯的称谓取代。

(2)合同条款内容中不得出现与合同双方所在国家进出口贸易政策、法令、法规等不相符的条款。

(3)在采购合同中,应待所涉及的港口设备运输包装要求、保险、税务、供货方式等内容全部谈判落实后,方可进行合同总价签订,合同总价随供货方式及上述要求不同而异。

常见的港口设备国际采购供货方式有以下几种。

FOB——离岸价,这是实际使用中最普遍的采购供货方式之一,即由买方负责租船、交付运输费和保险费,卖方按合同中规定时间和装运地点,将所购港口设备装到买方所派遣的船上并办理其出口手续和缴纳有关税费。

CIF——到岸价,这是港口企业从事港口设备国际采购时广为使用的供货方式之一,即由卖方负责租船、装船、办理运输保险交费、交纳运输费,按合同要求将港口设备装船运至买方目的港口,并在设备装船后向买方提交装运单证,包括装船清单及提单、保险单和发票。

C&F——成本加运费价,即卖方负责办理租船、装船、交纳运费后,按合同的要求将港口设备运往买方指定港口,并及时地通知买方,由买方根据通知自行办理保险申请等业务事项。

(4)关于因自然灾害或其他特殊原因(如战争、暴动、罢工等)所造成的损失处理和风险承担事项,在合同中应有具体的条款规定。对视为产品质量原因而导致的合同双方的争端、赔偿等事项,其调解、仲裁的方法和地点亦必须在合同中有明确的规定。

(5)有关随机配件、工具、技术资料、测试仪器、特殊材料等,应逐项列出清单并列为合同附件执行。

(6)要签订好资金支付条款,特别注意发挥好合同总价5% ~10%的尾款条款的效用。

(7)对大型港口设备,有关其运抵安装现场后、实施安装调试工作前的现场管理,如保管、防盗、防火;现场调试人员在其调试过程中导致元部件损坏等损失的处理办法等事项,合同中亦必须有明确规定。

(8)有关质量保证期卖方提供技术服务的内容细则、设计与监造工作范围、管理办法等亦应写入合同条款,且要有较强的可操作性。

三、港口设备的设计审查与监造

一般情况下,只有在非标准型及大型专用港口设备采购时才需要履行设计审查工作程序。

因为通用的标准型港口设备,即便用户在订购时,对标准型产品有某些局部改进需求,通常只是事先向制造厂提出具体的更改内容,并写入合同条款,在设备出厂前和监造过程中再予以落实,无履行设计审查程序的必要。

1. 国内招标采购中的设计审查与监造

无论是邀请招标还是国内竞争性招标采购,凡涉及设计审查的有关事项均需在合同条款中予以明确规定,以利妥善处理设计审查阶段所需费用及其他相关事项。在设计审查工作过程中要注意以下主要事项。

(1)严格审查所提供的设计在总体性能、主要技术参数、配套件的选用等方面是否符合标书要求。

(2)设备的总体布局、细部结构设计、易损零部件的型号与规格选用,是否便于在使用中进行日常维护和检查,否则将不利于提高设备投入使用后的可靠性和降低维修成本。

(3)设备设计中涉及新技术、新材料、新工艺、新产品的选用是否提供了可靠的工业性试验报告,不准采用试验品作为配套件。

(4)为提高设计审查工作的综合质量,在设计审查的人员组成中,除各专业各层次的专业技术人员外,还应视情况需要选派既有丰富的实践经验,又有相当理论基础的港口设备操作人员、维修人员、管理人员参加。

(5)凡属在设计审查阶段中提出的各类问题,尤其是事关产品质量和技术性能方面的问题,尽管供需双方已经讨论协商并形成一致意见,但仍需列入设计审查后的会议纪要中,以利共同遵守和检查落实。

监造工作的主要目的是为了了解港口设备在制造过程中各个环节的工作质量状况,并监督制造者严格按设计图纸要求施工,以利提高所采购的港口设备的总体质量。同时也有利于锻炼和培养使用单位技术人员的工作能力,更有助于提高港口设备投入使用后的维修保养管理工作水平。监造工作的重点是掌握了解设备在制造过程中各工序的施工质量,及各局部安装与调试的实际状况,并及时作好现场施工考察情况记录。

要选派既有专业基础理论知识,又有丰富实践经验、责任心强、有一定组织协调能力的工程技术人员承担监造工作。监造人员应加强与制造厂的设计、质检、经营等部门的本产品主管人员间的工作联系,以利增强监造期间的实际工作效果。港口设备采购企业的各级设备主管部门,应坚持实行对从事港口设备监造人员的工作报告考核和监造工作记录检查考评制度,确保监造工作的各个环节都落实到位,不流于形式。

某些情况下,由于受各方面条件的制约,买方没有能力对复杂的大型设备承担监造任务,也可委托第三方对设备制造质量实行全过程监控,从而有效地保证产品质量。

2. 国际招标采购中的设计审查与监造

通常情况下,凡从国外采购的大型港口设备都要履行设计审查工作程序。国际招标采购中,外商中标的港口设备设计审查,通常均是买方赴卖方制造厂进行。国际招标采购中的设计审查工作与国内采购最大的不同之处是设计审查进行中的语言交流问题。因此,若条件允许,应选派既懂专业技术、又有所需外语语种表达能力的工程技术人员承担设计审查工作。否则,亦必须选派外语水平较高的翻译人员参加设计审查工作,以确保双方能准确无误地交流,提高设计审查工作质量和效率。

另外,要按国际惯例注意做好以下几项工作。

(1)严格按国际标准(ISO)的要求检查其所提供的设计图纸,防止有选用非国际标准配套件的情况出现，以免给使用与日常维护保养工作带来困难。

(2)凡经供需双方协商一致或暂时遗留尚待进一步研究解决的问题，都要以文字形式写入正式文件，以利事后双方共同遵照执行。

(3)对港口设备主要元部件的关键技术测试、装配工艺方法、技术标准、专用测试仪器和专用工卡具等，都应作相应审查，必需时可要求在随机技术资料和随机工具中予以提供，以利提高设备使用期的维修管理工作质量和效率。

国际采购的监造工作应按双方合同条款具体规定执行，监造的主要工作是了解设备在局部组装、总装、调试、检测、涂装等工作过程中的实际工况，促使制造商注重提高和确保上述各工作环节的施工质量。

四、港口设备的运输

1. 运输工具与运输方式

港口设备的运输方式可以有多种选择，设备类别、型号、规格的不同，所选用的运输工具和方法亦不相同。小型流动式装卸机械，如牵引车、装载机、轮胎式起重机、叉车等，多采用火车、汽车、船舶等运输方式，特别是沿海港口企业，以选用船舶运输方式最为方便。对大型装卸机械，如门座式起重机、岸边集装箱起重机、门式集装箱起重机、大型专用装卸机械等，为简化现场安装工作程序，一般情况下选用整机不解体运输方式，即在制造厂安装并经过初步试运转后实行不解体装船运输，当航行到目的港靠岸后，只需简单准备，便可自行完成整机卸载任务。

2. 运输业务内容

1)国内港口设备的运输业务

国内港口设备的运输方式和具体运输业务事项，一直是由买卖双方在签署购置合同时商定，并将商定结果列为购置合同内容共同遵照执行，其中运输业务的承担并无统一规定，由买方或卖方承担运输业务的情况都有存在。近年来的情况有些变化，在港口设备采购中，特别是在大型起重运输机械的采购中，以实行“交钥匙”工程为常见，即买方要求卖方对港口设备从制造、运输到安装、调试全过程实行总承包，买方只是在某些阶段派员参与其中某些方面的工作，直至所购设备在现场调试验收合格后，交给买方使用。因此，有关选择运输方式和租用运输工具等事项均由卖方承担。运输业务的主要内容是由需求方向车、船营运单位提前办理申请业务，待申请被接受后，需求方将按照车、船营运单位的要求，将港口设备运送至其指定场所待运。在上述业务活动中除运输价格协商外，有关待运期的保管、运输途中的安全及一旦出现损坏或丢失后的赔偿与处理办法等，双方均需有明确契约规定。

2)进口港口设备的运输业务

国外引进设备一般以海运方式为主。如前所述，其供货方式主要是“FOB”“CIF”“C&F”三种，其运输业务视合同条款中买卖双方商定的供货方式不同而异。“FOB”供货方式，设备出厂至指定港口的运输和装船作业由卖方承办，买方只要按规定提前办好租用船舶接运，支付设备购买费、运输费、保险费等。“CIF”供货方式，买方只要组织接卸，并按卖方提供的单证对到货进行清点、检查和负责堆存保管等。“C&F”供货方式与“CIF”供货方式的不同之处仅是海上运输保险应由买方负责办理并承担费用，若卖方将设备装船后未能及时通知买方，且设备已在运输途中，则因此而导致的风险仍应由卖方承担。其他有关业务事项均与“CIF”供货方式相同。如果买卖双方因受运输地点、接卸条件等实际因素制约，需要另行商定供货的辅助运输方式时，应在合同条款中作详细规定。

第五节　港口设备的验收、安装与调试

一、港口设备验收的主要内容

1. 到货时间验收

1）不允许提前过多的时间到货

大型港口设备通常情况下不希望其按合同要求提前过多（一周）的时间到达，因买方设备主管部门对其接卸、保管、泊位与航道申请等，均按合同规定的到货时间要求向港口生产指挥部门递交了申请计划，并严格按计划执行。若提前过多的时间到达目的港，势必影响港口生产计划，干扰正常生产秩序，导致压船、临时变更生产等经济损失。

2）不允许延期到货

合同中的交货期约定，是买方根据其生产与建设工程进度和生产工艺配套要求提出的，均出于企业生产计划或技术改造的实际需要。若延期交货，则影响买方建设工程总体进度或生产计划的落实；若属国外采购的设备，还会给买方造成因金融市场汇率变化所导致的风险。人力不可抗拒的原因导致交货期延误，按世界银行国际采购合同有关条款规定，发生上述情况的一方（尤其是卖方），需在事件发生后的 14 天内通知合同另一方（此后的具体交货期双方可另行约定）。

2. 完整性验收

1）到达地的验收

当订购的港口设备到达口岸后，买主应派员到所在口岸介入到货管理工作，主要检查和记录到货的名称、数量、有无运输途中导致的残损、伤害等，并从速办理报关审查手续。报关所需主要单证有提货单、正式发票、装运清单、订货合同、产品产地购运证明及其他海关认为有必要提供的文件。

2）入库检查验收

做好到货交接及存货现场或入库管理工作。按商务贸易惯例，所购置的港口设备到达业主口岸后的保管工作均由业主单位负责。对小型设备及时做好入库验收工作；对大型港口设备，业主单位应组织专人负责其现场保管工作。

3）组织开箱检验

国外进口的港口设备，开箱检验前必须向当地海关及商检部门递交检验申请，并经同意后方可开箱。到货开箱检验工作一般由业主、海关、商检三方人员共同进行，其检查内容主要有以下几方面。

（1）检查外观有无包装损坏，裸露设备有无刮、碰残留痕迹、破损、海水侵蚀、锈斑等。

（2）检查数量与品种规格是否齐全，箱内所提供的技术图纸、使用说明书、维修保养手册、备件目录、随机工具、检测仪器、通信设备、随机配件等，是否与合同要求相符。

（3）检查运输保管质量，对箱装的配件、仪器仪表、裸露部位的防护措施与效果逐项检查，若有残损、丢失、锈蚀等情况应作好现场记录（文字记录与实拍照片），并经检查成员鉴定签证后向有关部门申办索赔等事项。

（4）办理索赔。一旦出现到货有短缺和残损，应抓紧办理索赔事项。无论是国内采购，还是国际采购，其索赔工作均需在索赔有效期内（一般为 6 ~ 12 个月）通过国家商检部门经办方

为有效。若超过索赔期再申报索赔事项，商检部门可以拒绝受理，视为买方丧失索赔权。

二、港口设备的安装与调试

设备的安装调试工作是保证设备按期投产和设备运行质量的重要环节。通常情况下所指的港口设备的安装与调试，主要是指门座式起重机、岸边集装箱起重机、门式集装箱起重机、装卸船机等大型或专用机械的安装与调试。用户所购置的各类流动式装卸机械均在产品制造厂内装配调试合格后整体运抵用户，其最常见的现场安装内容是流动式起重机械类的臂架或大型叉车的门架安装等。由于此类港口设备的安装工作量小，技术难度相对较小，工艺简单，其现场安装工作一般均由用户自行承担。

1. 安装前的准备工作

大型港口设备的现场安装，是业主单位设备购置工程中的重要工作环节，因安装工程质量将对设备的整体性能有着重要影响。安装工作应交给那些具有良好安装施工资质的单位实施。

1）编制安装工艺流程和安装作业计划，使现场安装工作科学有序地进行

大型港口设备的安装工作现场是在使用单位的码头前沿或后方堆场，施工工作与港口日常装卸生产交叉进行，不仅存在安全管理方面的诸多问题，其工程进度还对该单位生产与经济效益有着直接影响。为保证现场安装科学有序，应编制详尽的安装工艺流程和切实可行的工程进度计划。

2）组织现场安装工作小组，进行安装现场的组织指导工作

尽管大型港口设备的现场安装工程一般由设备制造单位负责，但由于安装工作是在用户的生产现场进行，用户应竭力配合实施。通常情况下是由设备使用单位的主管领导牵头，以设备技术主管部门为主，吸收生产、安技、消防等有关人员组成现场安装临时工作小组，负责处理安装现场的具体事项。在组建该临时小组时，其中的技术人员安排，应充分考虑与其后的设备调试工作相结合。

3）做好安装施工前的技术、物质等准备工作

为保证安装工程能顺利实施和确保进度计划的落实，应做好安装前的技术资料准备、工作现场安全防范措施的落实和施工辅助设备的准备等。

4）做好安装现场的安全管理工作

安装工程是集起重运输、物资供应、安全监督、技术协调等为一体的多工种、多环节的综合性生产过程，安装施工现场还与日常生产交叉作业，必须强化安装现场安全管理工作。主要管理内容有现场安全人员值班、施工现场范围界定和屏障标志设置、夜间现场灯光照明设施落实、工具与施工材料的防丢失、落实现场临时工作小组负责人现场值班制度等。

2. 整机调试工作

安装工程结束后，进入整机的调整试验阶段，港口设备各工作机构由静态进人动态运转。

港口设备的调试工作均由制造厂负责主持，用户应选派机械和电气技术主管人员参与工作，从中深入了解设备的调试工作细节，以利做好使用期的维护保养工作。为保证调试工作的顺利进行，应由制造厂负责组建临时试车小组，专门负责港口设备的调试工作。调试小组人员应由制造厂的技术、检验、电工、钳工、起重工、电气焊工、安全管理、司机等人员构成，并邀请使用单位的设备主管人员、维修与操作人员代表参与工作。要组织试车小组及用户设备管理部

门的有关人员，学习讨论由制造厂商制订的试车大纲，熟悉设备安装现场工作环境，其中特别要注意学好安全知识和调试过程中的安全防范措施。

要特别重视调试现场的安全防范工作，对现场的起重砝码、吊重工具、检测仪器、消防器材、试车区域标志、警示标志设置等情况进行检查，组织专人检查设备各连接部位、传动机构、电控装置、各部位润滑情况、金属结构件及梯子平台安装情况、钢丝绳首尾端固定状况、制动间隙、各紧固连接及码头动力电缆连接、各类安全装置状况，做到万无一失。

1）国产港口设备的调试

大型港口设备的调试必须在风力不大于6级，环境温度在－20℃～40℃范围，无雨雪的前提下才可以进行，调试工作的步骤如下。

（1）空载调试，主要目的是检查、及时发现并排除装配中的遗留问题，为有载调试做好准备工作。空载试车应是各机构、各部位分别进行，并按设计要求调整各项技术数据，调试过程中要做好真实记录，为进行有载调试提供技术上的依据。

（2）部分载荷调试，通常是取1/3～1/2额定载荷进行调试。其目的是进一步检查和调整各动力装置、传动机构、支承构件、电控系统的运行状况，调整各制动器的工作间隙，观察结构件的强度与刚度。一般情况下各机构在部分载荷调试后，可在额定载荷状态下持续运转2～4h，进行进一步的观察和试验，再继续以下各项调试程序。

（3）静载荷试验。按试车大纲要求对各工作机构分别进行125％倍额定载荷（当用户有特殊要求时，还可以按140％倍）的超载试验，并做好各项试验记录。其目的是为了进一步检查钢结构的强度和刚度、各传动部件连接强度、制动装置和安全保护装置的工作可靠情况，检测控制系统、动力装置等技术数据。

（4）动载荷试验。动载荷试验必须是在静载荷试验结束后，按试车大纲要求对设备进行全面检查，确认设备各机构质量合格，各技术参数达到预期要求的前提下方可进行。动载荷试验的目的，主要是检验港口设备在额定载荷下，各工作机构及结构件、控制系统及辅助装置的正常性能和承受能力。试验时应严格按试车大纲的要求进行，即先在额定载荷情况下，模拟现场装卸作业操作，先进行各机构单独试验，然后再进行联合运转试验。此后，还要在110％倍额定载荷的超载荷状态下重复以上操作试验。每项试验情况均应作好现场记录并附在试车报告文件中存查。

（5）其他各项目的试验。

①照明系统的调试，主要内容有：安装状态检查、防水防潮检查、插座电压检查、整机照明灯及防空灯检查等。

②空调、通风系统调试检查；通信广播装置、防雷装置的测试检查。

大型港口设备出厂时，制造厂在从事现场安装、调试工作前，均已制订出试车大纲，并提供给用户。只是由于所在地区的环境与具体条件不同，需对其安装与调试工作内容作出相应的具体规定，并无调试内容一成不变的试车大纲范本。上面所述港口设备试车工作程序，是实际工作中需要遵循的基础性内容。

2）进口港口设备的调试

进口港机设备安装与调试工作内容和程序，与上述国产港口设备基本相同，但在组织实施过程中应注意以下主要事项。

（1）安装与调试工作必须在设备报关检验等事项办理完毕后，方可进行。

（2）安装与调试工作应有外语水平较高的专业技术人员或专职翻译参加，以利深化对设备调试过程中技术细节的了解。

(3)在外方邀请(或雇用)我方司机、技术工人参加其调试工作时,双方应事先以书面形式明确规定在调试过程中一旦出现设备损坏时的责任划分和经济赔偿等诸多事项,以免在施工过程中发生争端。

第六节　港口设备的交付验收

一、港口设备交付验收的工作程序与主要内容

1. 国产港口设备验收工作的程序和主要内容

大型港口设备,如岸边集装箱起重机、大型门座式起重机、轮胎式集装箱门式起重机等的验收,必须是在现场安装、调试工作结束并确认合格后,在卖、买双方现场工作人员协商一致的前提下进行。其验收工作程序是:现场安装与调试竣工——申请验收——验收合格——交付使用。经验收合格,用户同意接收使用后,在使用过程中若再出现技术质量问题,应按其合同中有关质量保证期条款进行处理。

验收工作主要内容有:听取现场工作小组负责人对港口设备安装与调试工作情况的汇报;查阅试车过程中的主要技术性能参数及试运转测试情况资料;参观安装现场与演示,考查重要部位的焊接、高强度螺栓连接;检查现场供电、防风、照明、安全防护辅助设施配置情况;召开验收工作座谈会及进行验收文件签字等。在设备验收时,对空载及有载试验,亦要按既定要求作好现场测试的记录,并经负责验收测试工作的主管技术人员签字后随同验收报告一并存档。在某些大型新建工程或重大技术改造工程中,港口设备作为其中的工艺配套项目,有时需按整个工程的子项目进行单独验收,但无论其配套的规模大小,其验收工作程序应与上述要求类同。

2. 进口港口设备验收工作的程序与主要内容

国外引进的港口设备验收要在现场安装调试工作结束,经买卖双方现场工作小组商讨一致认为可以交付验收的前提下进行。其验收工作程序和主要内容与上述国产港口设备要求相同,只是在验收小组的组建与验收交接活动的规模仪式等方面,与国内港口设备验收有所区别,主要有以下需要注意的事项。

(1)各类测试记录、测试报告、验收工作总结等永久性验收文件,必须用中外两种文字撰写。外文一般用英文,以便存档查阅。

(2)测试和验收中的遗留问题,应以契约形式予以记录并汇集在验收文件之中,以利中外双方付诸实施,并作为日后检查依据,不能以口头承诺或不具法律效应的文字记录为准。

(3)在验收交接的遗留事项中,若涉及日后需从国外继续进口备件、材料等事项,其验收文件应同时报送当地海关备案,以利其根据已经批准的设备购置合同中有关规定给予相应处理。

二、港口设备质量保证期的管理

设备验收合格、交付使用后,即进入质量保证使用期。港口设备,尤其是各类大型固定港口设备或大型专用成套港口设备,其整机质量保证期通常为一年以上,其中的某些部件,如金属结构件等,其保质期更长。新购置港口设备的具体保质期限,以购置合同条款中的规定

为准。

港口设备在保质期内，制造厂商有义务按合同要求提供厂方应提供的各项服务。用户除按制造厂提出的使用与管理要求使用管理设备外，还应从生产安排、技术管理方面做到确保正常使用、精心维护保养，并对在使用与维护保养中发现的各种问题作及时真实记载，即便是用户自己在实际工作中已经排除或解决的技术问题，也应将其详细真实地记载下来，及时向制造厂反馈，以帮助其不断改进和提高同类港机产品的设计与制造质量。

按照惯例，在质量保证期限内，凡在用户合理使用、正常操作、非人为因素情况下出现的设备事故、元部件损坏、功能失调等不正常现象，设备制造厂应承担免费修理或无偿提供修复所需的元部件等责任，设备制造厂商应积极地协助使用单位尽快地恢复设备的正常功能，尽最大努力为用户提供最佳的售后服务。在设备质量保证期末，制造厂应派员主动前往用户的设备使用现场进行考察，并与用户就设备的设计、制造、维修、新技术新材料应用等各类问题，进行全面的沟通和交流，以利生产厂家不断提高产品质量。

思考题

1. 为什么说设备的前期管理是设备综合管理体系的重要环节？
2. 制订港口设备规划应该按照怎样的工作程序来进行？
3. 如何撰写港口设备规划方案的可行性论证报告？
4. 港口设备规划投资分析报告的主要内容有哪几个方面？
5. 港口设备的选型工作有哪些注意事项？
6. 什么是港口设备的维修性，如何衡量制造商提供的港口设备维修性的好差？
7. 购置港口设备的招标方式有哪几种？
8. 签署国内采购合同时有哪些注意事项？
9. 常见的港口设备国际采购供货方式有哪几种？
10. 港口设备国内招标采购中的设计审查有哪些注意事项？
11. 国外进口的港口设备到货后开箱检验的主要内容有哪些？
12. 港口设备现场安装前要做好哪些方面的准备工作？
13. 国产港口设备的调试按怎样的步骤进行？
14. 国产港口设备验收工作的主要内容有哪些？

第三章　港口设备的使用和维护管理

第一节　概　　述

一、使用和维护管理的目的及要求

港口设备在其有效寿命内的使用、维护管理是关系到港口设备的效率、效益的重要因素，是港口设备管理的中心内容。合理使用和科学维护港口设备，可使设备保持应有功能与良好工作状态；预防事故，减少突发故障；减少修理工作量和节约成本。

合理使用、科学维护港口设备的基本要求是：拥有一批具有较高综合素质和技能的管理、操作、维护人员；严格遵守设备管理规程，建立并不断完善港口设备的相关管理制度；贯彻国家有关港口设备管理的法律、法规。

二、使用与维护管理的内容

港口设备管理的重要内容是在设备的使用期内，合理操作、使用设备，对设备进行科学维护与管理以及科学检修。

合理操作、使用设备的内容包括：制订港口设备合理使用的基本原则、技术状况分类标准、操作者（司机）应具备的条件和相应的岗位责任制、港口设备参加作业应具备的技术条件、设备走合期使用、特殊使用、冬夏季使用、从事辅助装卸作业等规定、设备安全技术操作规程及其执行与监督制度、新增港口设备前期管理、使用中的设备调度管理、交接班制度、现场管理、临时故障处置及统计工作等。

维护管理的内容包括：设备维护工作分类与分工、合理制订设备维护周期与停车日定额、设备维护工作内容与要求、设备技术状态检查制度等。

第二节　港口设备的使用管理

一、合理使用港口设备的基本原则

1. 一般原则

（1）港口设备使用工况和环境，必须符合其技术特性的要求及确保安全运行的基本条件。港口生产应当使用一、二类港口设备，停用三类港口设备，禁止使用四类港机设备。

（2）港口企业应当建立健全港口设备安全操作规程和岗位责任制，根据设备特点和生产需要实行定人定机制度。

（3）港口设备只能由下列人员进行操作：

①正式司机（特种设备操作人员须持有《特种设备作业人员证》）；

②在正式司机直接监督下，学习期满半年以上的学徒工等受训人员；

（4）港口企业的生产指挥、港口设备操作和维修人员，应当严格遵守操作、使用、维护规程和制度，禁止违反规范、超负荷操作和使用。

(5)港口企业在组织生产作业时，应当选择经济合理的装卸工艺，充分发挥设备的效能，努力降低消耗和成本。

(6)港口企业在组织流动设备从事搬运作业时，应遵守下述规定：

①轮胎起重机、汽车起重机和履带起重机，除产品说明书允许范围外，不得吊载行驶；

②叉车的搬运行程不宜超过300m；

③装载机的搬运行程不宜超过100m；

④蓄电池搬运车的搬运行程不宜超过500m；

⑤集装箱正面吊运机载箱运行距离不宜超过200m。

2. 重点港口设备使用原则

港口企业应依据交通部《沿海港口重点设备界定及管理规定》，结合本港实际，确定重点港口设备范围及相应的使用管理制度。

1)重点港口设备的界定

(1)界定原则。港口装卸作业中占关键地位，投资高，技术复杂，对生产、安全、节能、环保起重要保障作用的设备，应定为重点港口设备。

(2)界定具体依据。

①原值或评估值在100万元(人民币)以上的港口设备。

②生产主力设备，大件作业特种设备，专业化码头作业线中关键设备，保障生产重要设备及保障安全重要设备或生产中不可替代的其他设备。

重点港口设备目录见表3-1。

重点港口设备目录 表3-1

序号	港口设备名称	技术规格	序号	港口设备名称	技术规格
一	起重设备		3	装载机	5t以上
1	汽车起重机	40t以上	四	专用设备	
2	轮胎起重机	25t以上	1	装船机	400t/h以上
3	门座起重机	10t以上	2	卸船机	400t/h以上
4	半门座起重机	10t以上	3	卸车机	400t/h以上
5	装卸桥	10t以上	4	翻车机	400t/h以上
6	浮式起重机	带起重动力源装置	5	堆取料机	400t/h以上
二	输送设备		6	输油机(臂)	ϕ152mm以上
1	固定胶带输送机	1200t/h以上	五	集装箱专用设备	
2	气垫输送机	1200t/h以上	1	岸边集装箱起重机	30t以上
3	埋刮板输送机	1200t/h以上	2	轮胎式集装箱龙门起重机	30t以上
4	夹带输送机	1200t/h以上	3	集装箱正面吊	30t以上
5	气力输送机	300t/h以上	4	集装箱叉车	30t以上
三	装卸搬运设备		5	集装箱跨运车	30t以上
1	叉车	15t以上	6	集装箱空箱堆高机	6层以上
2	牵引车	4.5t以上			

2)重点港口设备使用原则

(1)执行港口设备合理使用的一般原则。

(2)强化对重点港口设备司机、现场作业、技术状态及资产运营等方面的管理。选择工作责任心强、技术水平高、经验丰富、熟悉机型的人员担任司机,并保持操作人员的相对稳定;有针对性地制订相关操作、使用规程;加强现场作业管理和技术状态检查;加强技术经济论证和资产鉴定、价值评估工作。

3. 完好率、利用率、新度系数等技术指标确定原则

设备完好率、利用率和新度系数是交通部1998年第1号令《港口装卸设备管理规定》中确定的主要技术经济指标。港口企业应参照规定,科学定量地确定其考评值以及相关数据的统计涵义、来源、渠道和原始凭证,使统计指标更具真实性、可操作性,贴近设备使用实际情况。

1)影响完好率与利用率指标的主要因素

(1)完好率、利用率和新度系数指标从不同角度反映设备可利用程度、实际利用程度及新旧程度。完好率和利用率指标是设备的完好台时和工作台时分别与设备的日历台时的比值。完好率与设备的合理使用、精心维护、适时修理、改造、更新等诸因素相关。一方面,它反映了上述工作在统计周期内的综合管理水平;另一方面,以相应的人力、物力、财力投入为代价,应确定适度的范围。

(2)完好率反映的是日历台时中完好台时的比重,是港口设备可利用的前提和保障,而港口设备对生产作业的保障性却是以作业台时中的故障次数和故障台时(或称之为故障频率、故障强度)为敏感因数,应在设定完好率指标的同时,辅以故障频率和强度指标的统计与考核。

(3)港口设备利用率是有效利用设备资源,体现设备效能(效率和效益)的极其重要的指标。利用率与装卸货运量、生产调度工艺组织、港口设备保有量、完好率、台时效率等诸多因素相关。一方面,在装卸货运量、生产调度工艺组织一定的前提下,要求得到设备较高的利用率,就要求有较少的港口设备保有量和较高的完好率、台时效率。另一方面,装卸货运量、生产调度工艺组织对利用率有决定性的影响,特别是在市场经济下,港口生产不均衡性日趋加大的形势下这种影响更为突出。

2)影响新度系数指标的主要因素

现行港口设备新度系数指标以其期末净值与期末原值相比来计算和表征,其变化成因的实质是设备的财务折旧率,是理论新度系数。其积极意义在于从财务的角度定量地表述了港口设备统计同期内新旧程度的变化。但是,以其作为设备保值、增值和评价设备管理水平的依据尚需深入作好下述工作。

(1)应确定设备的合理折旧率,它是设备新度系数的实质。主要的问题是研究确定新度系数的定量指标。

(2)应分析影响设备实际新度系数变化率(劣化率)的各种因素。设备实物状态的耗损速率,必然与统计周期内设备利用程度(利用率)、作业效率(台时产量)、工作环境(工况)有关;也与设备适时维修、改造和更新的科学管理、资金投入相关。主要的问题在于研究确切评定设备实际新度系数变化率的方法。

(3)应明确设备保值、增值与企业总资产的保值、增值的关系。重要的是研究作为设备资产保值、增值的重要手段,维修、改造和更新资金的投入如何合理纳入企业总资产的保值、增值运作中;设备资产作为企业总资产的一部分,如何依据企业经营需求,合理增减(包括原值、净值和理论新度系数)。

3)制订指标的基本原则

制订指标和考评值应重点考虑以下基本原则：

(1)满足港口装卸生产对港口设备能力的需求；

(2)满足港口企业对港口设备资产合理配置、有效运营的需求；

(3)符合港口企业装卸生产工况、港口设备管理人员素质、物质条件及组织经营现状；

(4)达到或高于国家和行业的考评指标；

(5)切实反映港口设备从事港口装卸作业和资产运营实际情况，指标概念明确、严谨，数据来源可靠、真实，可操作性强。

4. 港口下属其他类型企业港口设备管理原则

港口下属其他类型企业(以下简称“其他企业”)是指，港口企业参与主办的国内外合资、合作企业，股份制企业及港口企业或所属单位下属的全民或集体性质的法人企业。在市场经济、改革开放和现代港口多元化发展的新形势下，其他企业日益发展，已成为港口企业发展的一个重要组成部分，其港口设备亦成为港口设备资源中不可忽视的一部分。其他企业的港口设备管理可参照以下管理原则。

(1)港口企业应针对其他企业的不同性质和特点(经营权：控股与非控股；设备资产所有权：国有资产与非国有资产等)，参照我国有关企业法规和现行设备管理法规，研究制订对其他企业的港口设备管理办法，承担对其他企业港口设备资产应有的管理职责。

(2)对于港口企业或所属单位下属的全民性质的法人企业的港口设备，可视同所属基层单位进行管理；对于集体性质的法人企业，可参照集体企业有关法规及主办企业的港口设备管理法规、制度进行管理。港口企业直属企业可作为二级单位设备管理；港口企业所属单位下属企业可作为三级单位设备管理。

(3)对于港口企业参与主办的国内外合资、合作企业，股份制企业，港口企业设备主管部门可通过港方代表，参照有关企业、公司法规及国有企业设备管理法规、制度，对企业的设备管理工作进行指导、监督。

(4)比照分级管理的原则，针对不同性质和特点的其他企业，在港口设备管理的范围、工作阶段、管理制度等方面应有所区别。

(5)其他企业应参照国家和港口企业有关港口设备管理的政策、法规、制度等制订相应的管理制度及履行相应的责任和义务，例如，按照统计法要求上报统计报表等。

二、技术状况分类

1. 分类原则

根据技术状况，可将港口设备分为四类。

一类：各零、部件完整无缺、零件磨损在允许范围之内，技术性能良好，确保安全运行和正常作业。

二类：非主要零、部件欠完整、非主要零件的磨损虽超过允许范围，但对整机原有技术性能影响不大，经维修保养后能安全运行。

三类：主要零、部件有较大的损坏或磨损，原有技术性能下降，经常发生故障。

四类：主要零、部件严重缺损，已丧失原有技术性能。

2. 分类标准

为加强港口设备的技术管理，正确评价其技术状况，应制订“港口设备综合技术状况分类标准”，见表3-2。

港口设备技术状况分类标准 表3-2

<table>
<tr><th>结构名称
结构内容
分类标准
类别</th><th>机架部分</th><th>动力部分</th><th>传动部分</th><th>行走机构</th><th>挠性及牵引构件</th><th>电气部分</th><th>操纵机构及安全装置</th></tr>
<tr><td></td><td>各种构架、机座、吊臂、驾驶室等</td><td>内燃机、蒸汽机、电动机之总成及其附属工作系统，以及动力用蓄电池</td><td>各种变速传动齿轮、链条、传动带、传动轴、各种联轴器、离合器、制动器、液/气压传动</td><td>行走轮、轮胎、钢圈、前后地轴、导向轮、支承轮、履带及其附属机构</td><td>钢丝绳、滑轮、输送带、滚筒、托辊及张紧轮等</td><td>各种电气开关、控制器、配电系统、灯、喇叭、仪表及电气线路</td><td>起动、动力、转向、升降、俯仰、变幅、变速、制动、照明、警报的操纵机构</td></tr>
<tr><td>一类</td><td>各金属结构件无裂损、变形、完整无缺、刚度没有降低</td><td>主机与附属系统的零件完整，磨损在允许范围内，管路接头不漏，能在额定载荷下起动运转，燃料消耗、温升压力等均正常，功率不降低，蓄电池容量可满足使用</td><td>运转正常，啮合间隙正常并且无轴线不正现象，传力、传速正常，分配准确，制动灵敏，不漏油、不漏气，磨耗在允许的范围内</td><td colspan="2">各零、部件完整无缺，磨损不超过允许范围，无变形，能在规定负荷下正常工作</td><td colspan="2">完整无缺、准确、灵活，能安全工作</td></tr>
<tr><td>二类</td><td>非主要构件有轻微变形、锈蚀，但不影响强度，驾驶室不漏</td><td>非主要零件有些短缺或磨损超限，有渗油、漏气现象，但功率未降低，一般很少发生故障，运行尚正常</td><td>基本与一类相同，稍有漏油、漏气现象</td><td colspan="2">基本与一类相同，个别零部件有磨损超限情况，但不影响负荷量和安全工作</td><td colspan="2">基本与一类相同，个别零件有时不够准确、灵敏，但不影响安全操作</td></tr>
<tr><td>三类</td><td>部分构件有较大变形、裂损或锈蚀，已影响其承载能力，但降低负荷尚可使用</td><td>部分主要零件磨损超限，有的零件缺损或有滴漏，功率下降，虽尚可运转，但经常发生故障</td><td>零、部件磨损及啮合间隙超限，主要零部件已有裂损，运转发生异响，液压泵、液压马达压力下降，管路有漏油、漏气，接合与制动欠灵敏</td><td colspan="2">主要零部件有裂损或磨损超限，降低负荷尚能使用</td><td>基本上同二类，有些元件缺损，电气线路不够完整，但不影响安全</td><td>部分机构的零部件缺损、操作上不够准确灵敏，有发生故障的可能，但尚能使用</td></tr>
<tr><td>四类</td><td>构件已严重裂损、变形或锈蚀，无修复价值</td><td colspan="6">各系统的主要零、部件已残缺不全或严重损坏，无修复价值</td></tr>
</table>

说明：(1)表中将各种港口设备按其结构划分为七个组成部分(其他未包括的部分可比照制订)，一台设备的各个组成部分中，以其类别最低的组成部分类别确定该设备的类别。例如，某设备六个组成部分为一类，一个组成部分为二类，则该设备只能划为二类设备。

(2)定期检查及考评评分标准：一类为95分以上；二类为85~95分；三类为80~85分；四类为80分以下。

3. 类别评定方法

港口企业应建立港口设备技术状况检查评定制度，定期进行检查和评定，详见本章第三节：港口设备技术状态检查与分析。

三、司机应具备的条件

1. 基本条件

(1)工作责任心强。

(2)身体素质符合司机的岗位要求。

(3)通用设备司机应具备技校毕业或相当的文化程度；重点设备司机应具备中专以上或相当的文化程度，或应具备技校毕业或相当的文化程度并具有3年以上驾龄。

(4)经过技术培训和考核，取得所在单位上级行政主管部门颁发的资格证。

2. 应知应会

1)共性应知应会

(1)应知内容：

①《港口设备安全技术操作规程》。

②司机岗位责任制和交接班制度的详细内容。

③本机结构、技术性能及安全注意事项。

④装卸作业中统一的指挥信号，主要货种捆扎和装卸车船的操作方法。

⑤港口设备保养修理制度的主要内容，本机日常维护和一级保养范围以及季节性保养等内容。

⑥港口设备技术状况分类标准。

⑦一般电工知识、液压知识。

(2)应会内容：

①能按《港口设备安全技术操作规程》独立操作本机进行装卸作业。

②能准确及时填写设备运行日志。

③能独立进行本机司机应承担的维护工作。

2)特性应知应会

司机在掌握共性应知应会内容的同时，还应掌握本机特性应知应会内容。

(1)应知内容：

①内燃设备。本机的润滑系统日常保养与检查、各季节适用的燃料、润料种类、等级、牌号及基本知识；本机使用的钢丝绳规格和使用检查的有关规定；蓄电池的简单构造、接线方法及使用、更换注意事项等。

②电动设备。本机使用的钢丝绳规格和使用检查的有关规定；电动机的简单构造等。

③内燃电动设备。上述①、②两项的内容。

④连续输送设备。安全用电常识；电动机的简单构造及安全运行规定；输送带的各种损坏原因及防止方法；附属装置的调整方法等。

(2)应会内容：

①内燃设备。能判断和排除发动机(燃料、电气、润滑、冷却等系统)、液压系统、底盘部分等一般常见故障。

②电动设备。能判断和排除动力部分、起重部分、液压系统的一般常见故障；能更换低压

小功率的电气开关和其他一般的电气控制装置。

③内燃电动设备。上述①、②两项的内容。

④连续输送设备。能排除输送带堵卡、打滑、跑偏和防止货损事故；能排除输送机超负荷运转；能更换一般的电气控制装置。

四、司机岗位责任制

(1)坚守岗位，履行职责，服从领导，听从指挥，努力工作，遵守港纪港规。

(2)严格执行《港口设备安全技术操作规程》与《道路交通管理条例》，杜绝违章行为，做到安全、优质生产。

(3)严格执行《港口设备交接班制度》。

(4)按照设备维护保养要求，承担本机司机应有的职责。

(5)经常检查设备的安全装置，使其处于良好的安全技术状态。

(6)努力钻研技术，不断提高专业知识和实际操作水平；节约燃、润物料，提高工作效率和经济效益。

(7)准时到达作业现场，参加现场工前会，保质、保量、安全地完成生产任务。

(8)执行作业现场管理和临时故障处理的有关规定。

(9)尊客爱货、文明生产、坚持原则。

五、港口设备参加装卸作业应具备的条件

1. 一般技术条件

(1)零部件齐全、完整，各部位连接紧固良好。

(2)新增港口设备技术文件、资料齐全，并已制订(或符合)相应的《港口设备安全技术操作规程》。

2. 其他技术条件

1)动力装置

(1)动力装置运转平稳，无异常现象。

(2)能源供给正常。

(3)无漏油、漏水、漏气、漏电现象。

(4)冷却系统工作正常。

2)传动机构

(1)传动平稳，安全、可靠。

(2)变速器换挡灵敏，无异常现象，减速箱运转正常。

(3)各传动轴无弯曲、裂纹及不正常振动。

(4)万向节无过大间隙，伸缩叉与花键间的滑动自如。

(5)驱动桥不漏油，油质油温正常，变速或转弯时无敲击声。

(6)离合器接合时不打滑，无异常振动，分离彻底。

3)液压系统

(1)工作性能良好，液压元件工作灵敏可靠。

(2)液压泵、液压马达、分配器、变矩器、阀、油管接头无渗漏油现象。

(3)油质、油温、油压正常。

4)行走部分

(1)充气轮胎气压充足,实心轮胎胶层足够、不脱圈。

(2)走行轮磨损不超限、不脱圈,驱动轮与齿轮连接可靠。

(3)轮缘、履带磨损不超限、无裂纹。

5)挠性件及牵引机构

(1)钢丝绳断丝数与磨损量不超限,起升链条磨损量不超限,固定连接可靠。

(2)滑轮、链轮、滚筒、托辊、导向轮、轴承等技术状态完好,工作正常。

6)操纵机构

转向机构灵活可靠,自由转动量不超过使用极限,起升、旋转、变幅、走行等操纵机构动作灵敏、可靠,无异常。

7)制动装置

(1)制动机构状态良好,工作可靠。

(2)制动性能符合规定要求。

8)安全装置

(1)缓冲器、限位器、防爬装置、旋转锁、力矩限制器、过卷扬装置等安全设施性能良好。

(2)安全控制与操纵系统工作正常。

9)金属结构、底盘

(1)无断裂、开焊、变形及严重锈蚀等现象。

(2)动力、传动装置机座安装位置准确、固定可靠,无异常现象。

10)电气部分

(1)各部分绝缘符合要求。

(2)电机及其他电气元件运转正常,电流电压及绝缘电阻符合规定值,不超过额定温升。

(3)各仪表、限位器等工作可靠。

(4)灯具齐全,照明充足,喇叭响亮。

3. 环境条件

1)气候条件

(1)起重设备应在7级以下风级作业。

(2)流动设备在雨、雪、雾天作业时,能见度应大于50m。

(3)在泥泞或冰雪路面上作业时,应采取防滑措施。

2)场地及道路条件

(1)通道及道路宽度应能保证设备顺利转弯。

(2)场地和道路表面平坦,不允许有严重的凸凹不平,其高差不大于所使用设备的最小离地间隙。

(3)设备运行轨道应满足技术要求。

六、设备走合期使用规定

1. 走合期

新购置或大修后设备各配合零件的摩擦表面,虽然经过磨合,但其表面还较粗糙,加工后的形状和装配位置还有一定的偏差,各部位的配合还不够精良。新增或大修后设备在使用初期必须进行一定时间的走合(即走合期),以延长设备使用寿命和大修间隔期,保证设备工作的可靠性。

2. 走合时间

港口设备走合时间一般为轻载、低速运转50h或执行设备生产厂对走合时间的规定。

3. 走合期内的减速、减载要求

走合期内设备一般均要求减速、减载，但对个别条款无法执行的部分设备，可按具体情况制订相应规定。

(1)内燃设备额定负荷降低20%～25%，发动机额定转速降低20%～30%。

(2)电动设备额定负荷降低10%～15%。

(3)汽油发动机安装的限速器和柴油发动机高压油泵供油量限制，走合期内不准拆除和调整。

4. 走合期内的燃料、润料使用

(1)采用适合发动机性能的优质燃料。柴油机应选用轻质且清洁的柴油，汽油机不应使用比规定辛烷值低的汽油。

(2)发动机、变速箱、变矩器、减速器、液压系统等润滑部位，应按设备出厂说明书或有关规定，加注符合使用要求的优质润滑油。走合期内严密关注润滑油质变化情况。

5. 走合期内的操作

(1)起动发动机不要猛踩加速踏板，起动后应低速运转数分钟，使发动机内部机件得到良好润滑，待油温升至50℃后再行起步。

(2)起步后行驶速度应尽量保持平稳，避免突然加速或长时间低速行驶。北方地区有预热装置的发动机，冬季应经预热后再行起动。

(3)严禁拖车、顶车或牵引起动。

(4)叉车不准挂斗子或弧形扒杆作业；门机抓斗需降负荷作业。

(5)设备在走合期内应悬挂走合标志。

6. 走合期内的检查

(1)应注意检查各仪表的工作情况，特别注意发动机水温、机油压力、电机温升是否正常，变速器、减速器和其他传动机构及箱体有无异常。

(2)在走合时间达到20～25h后，应按规定顺序检查和拧紧发动机缸盖螺栓。

(3)应着重检查各连接部位是否紧固可靠。

(4)检查液压系统漏油情况。

(5)检查各安全装置是否可靠。

7. 走合期保养

(1)走合期后应进行走合期保养，其范围原则上按照二级保养内容并由维修工执行。

(2)走合期设备保养主要内容为：检查和校验各连接部位，进行必要的紧固和调整；柴油机调整高压泵供油量；汽油机拆除限速器；加注润滑油、更换机油，必要时清洗油底壳；根据设备使用说明书及有关规定要求，更换齿轮油、液力传动油、液压油等；按需清洗或更换各种滤清器滤芯；校正或调整气门、分电器触点、火花塞及制动器间隙等。

8. 走合期内的管理

(1)制造、修理、管理、使用和生产指挥各部门都应严格执行港口设备走合期使用规定。

(2)制造、修理单位应在港口设备出厂前采取必需的限负荷措施，并在技术资料中明确相关要求。

(3)使用单位应加强对港口设备走合期管理，发现问题及时与制造、修理单位协商解决。

七、特殊使用规定

为完成港口装卸生产临时或特殊任务，当已有港口设备的性能及负荷量不能适应货物作业要求时，装卸单位主管负责人应组织生产调度、工艺、技术、安质、使用等部门制订应急、特殊装卸工艺，采取相应安全措施完成生产任务，但应符合下述规定。

1. 基本规定

(1)工艺方案的选择与制订要求安全可行，符合企业的实际情况，要有防止发生意外的应急措施，且所选定的工艺方案与应急措施等，应形成文件。

(2)装卸作业要有专人统一指挥，并有相关的安全技术人员在场监督。

(3)选派经验丰富、操作熟练的司机和指挥手从事作业，必要时配备抢修工。

(4)作业中密切关注设备状况，作业后对设备进行必要检修。

(5)当需用两台起重机抬吊一件重物(或吊运危险品)时，则参加作业的每台起重机负荷量应按其负荷曲线的规定值相应降低20%～30%。

(6)轮胎起重机避免在大于1/10的斜坡地段上作业，如必须在大于1/10斜坡上作业，必须调整支腿支撑使其车身保持水平；支腿距岸边不得少于0.5m，车身边缘距岸边不得小于1m，并采取相应安全措施。

(7)起吊前，选择好货物的吊挂位置，避免钢丝绳与货物棱角接触，如无法避免，应加衬垫。起吊货物时，应尽量保持钢丝绳垂直状态。

(8)起吊时，司机应按统一的指挥信号操作，起钩、落钩要平稳，抬吊货物起、落钩时要同步。起吊后，货物离地面20cm时先稳钩，检查装卸设备的性能状况和货物挂钩情况，待确认安全后，再行起钩，司机应随时注意设备的安全技术状态和周围的作业环境。

(9)遇有6级(含6级)以上大风、中雨(含中雨)以上的雨天或影响视线的雾天和雪天，应停止作业。

2. 特殊规定

1)起重机抬吊货物作业

抬吊货物作业是指两台起重机同时起吊同一载荷的作业。

(1)选择技术状态好的起重设备，并且尽量选择型号相同的起重设备。

(2)作业前应全面检查起重机的安全技术性能，必要时作空载和重载试验。

(3)按生产要求选择好停车位置，检查起重机周围有无影响作业的障碍物。

(4)严禁斜抬吊货物和抬吊埋在地下的货物，不准抬吊货物行走。

2)舱内作业

舱内作业是指港口设备在船舱内的装卸作业。

(1)应由技术状况良好，特别是环保性良好(排气必须符合国家标准，噪声低于85dB，设备有良好的防尘性、司机室密封性良好等)的港口设备进行舱内作业。

(2)吊运设备进出舱时，应捆绑牢固，吊挂工属具的安全系数要大于6，并且保持车体平衡。

(3)设备舱内作业，必须保证有一定的安全作业面，包括最小转弯半径和舱内行驶距离。

(4)推耙机平舱作业时，必须给推耙机留有满足工作要求的作业面，凸凹度不超过0.5m。

(5)舱内货物坡度大于30°时，禁止设备耙舱作业；船舶倾斜度超过3°时，叉车不准作业。

(6)当舱口长度小于15m时，舱内设备不准与人、起重吊钩、抓斗同时作业。当舱口长度大于15m时，允许设备与人同时作业，但应遵照以下规定：

①舱口中间应设立明显标志；

②抓斗不准从舱内作业设备的上方通过；

③设备与作业人员不准进入抓斗作业区。

(7)卸散货时，二层舱不清不净不准进入下层舱作业。

(8)设备待卸时，不准停放在船舱口或钩头作业线下等钩。当吊起的货物没有离开舱口时，设备不准在舱口处作业。

3)超大型货物装卸作业

超大型货物是指货物长度超过12m，且重量达到设备额定负荷70%以上；货物高度超过设备起升高度50%且影响司机作业视野；宽度超过设备机体一倍且影响司机作业视野的货物。

(1)当特殊需要吊货行走时应减速行驶，行驶速度不超过5km/h，并将额定起重量降低25%，轮胎气压不小于0.7MPa。

(2)吊运货物前应确认起重机周围无影响作业的障碍物。

(3)起吊货物时，应慢速起钩、运行，货物须用稳关绳稳关，钢丝绳偏摆不准大于10°。

(4)门座起重机作业时，如遇停电，必须将控制手柄放回零位，并采取措施，将货物放回地面。

(5)作业中无特殊情况，禁止使用旋转制动器突然制动。

(6)牵引车组通过交叉路口及铁路线时，应减速慢行，并避免紧急制动。

4)危险品作业

凡易燃、易爆、有毒、有腐蚀、有放射性物品以及压缩气体或液化气体等均属危险品。

(1)装卸危险品作业，工艺部门、生产指挥部门应预先了解危险品的特性、包装情况和操作要求，制订周全的装卸工艺，并形成文件发放各相关部门，各部门在装卸作业中应严格执行工艺要求。安全技术部门应做好现场防护和安全监督。

(2)危险品作业的设备司机必须具备一年以上本工种工龄。

(3)使用专用工属具，设备及其工属具必须将额定负荷降低25%。

(4)危险品的包装如有严重腐蚀、损坏，容器加封不严密或有渗漏现象，禁止装卸作业。

(5)禁止雨天装卸遇水能起化学反应的危险品(如电石等)。

(6)装卸黄磷必须先检查后装运。如发现桶漏、少水或无水时，禁止装运并应采取处理措施。

(7)作业时，机构工作要均速，行驶速度≤5km/h。

(8)装卸易燃、易爆危险品时，应使用不产生火花的工属具(如表面镀铜)，严禁烟火，内燃设备应安装防火罩，所用电器设备均采用防爆型电器，严防摩擦和碰撞。

(9)舱内作业时，应避免叉车框架等金属结构与其他金属碰撞。

(10)不准用货叉直接铲运危险品。

(11)危险品装车应堆码整齐、平稳，禁止倒放，堆垛不得超过规定高度。

(12)作业后应及时冲洗设备和工属具。

5)大型起重设备操作监护

(1)港口企业根据实际情况和作业需要，对大型起重设备配备副司机(瞭望司机)，主要职责是：

①负责监护主驾司机观察不到的作业面及设备走行线的安全。

②负责设备运行的动态观察、监护。

③协助主驾司机其他工作。

(2)加强对大型起重设备作业的生产指挥与安全监督。装卸船作业中,司机要与船下(桥板)、船上(舱门)的报关手协调配合,听从报关手的指挥,无报关手指挥禁止作业;装卸火车作业中,车厢两头不准站人,车上应由报关手指挥;设备行车时应由专人引行;抬吊货物作业时应按本节中相关规定执行。

八、冬夏季使用规定

1. 共性规定

(1)依据燃油、润滑油的使用性能及当地环境气候条件,在接近冬、夏季来临时,更换或添加符合设备使用条件的燃油、润滑油。

(2)固定设备在接近冬、夏季来临时进行一次设备普查。大型起重设备冬季重点检查金属结构主体、臂架、门架等构件有无冷脆、裂缝,开焊等现象,并及时排除隐患;夏季着重检查起重设备采取防台、防风措施情况。流动设备在冬、夏季来临前应进行一次季节性保养,保养内容根据气候条件和使用条件确定,保养主要内容:

①检查设备技术状况;

②汽油机应调整继电器接触间隙和火花塞间隙,使火花塞有更强烈的火花产生;

③冬季安装发动机保温套和蓄电池保温装置,增加电解液比重,按需更换防冻液;夏季调整发电机调节器,适当降低充电电流和电压,防止蓄电池因过度充电引起发热现象。

2. 冬季使用规定

(1)冬季气温在0℃以下地区,冬季来临前应检查落实防冻、防滑及保温措施。

(2)加强对设备的各类工属具(包括卡环、链条、钩头、货叉、钢丝绳等)的检查,防止因低温材质性能变化而引起的工属具突发事故。不符合技术要求的应予以更换。

(3)冷天在作业前应采取活车、暖车、润滑等措施,内燃设备应采取预热措施。发动机起动后,禁止使用猛踩加速踏板的方法提高发动机温度,应待发动机怠速运转数分钟后、水温升至50℃以上,机油压力正常时再起步。严禁采用顶、拖方式起动设备。

(4)严寒地区,作业中的设备需停止运行较长时间时,应将保温套关好,并间歇启动发动机,保持发动机水温不低于30℃。未加防冻液的设备,停驶时间超过8h,应将冷却水放掉,以防缸体冻裂,待发动机水温降至50~60℃时再放水,以防速冷裂缸。放完后,水门仍应保持开启状态。

(5)北方地区高架(大型固定)起重设备,司机室要设置防寒取暖装置。轨道式起重设备应备有砂袋、砂箱或其他防滑措施。

(6)在有严重冰雪道路上行驶作业的港口设备,应安装防滑链条或采取其他防滑措施。但不得对港口道路和货场构成损害。

(7)0℃以下地区,采用气制动的港口设备,应定期排放储气筒内的积水,清洗油水分离器。

(8)港口设备露天存放停用超过两天,应将蓄电池取下进行充电保护。

3. 夏季使用规定

(1)各种港口设备的机棚、门窗等要检查、维修好,以防漏风、漏雨。电气设备应及时检修,更换破皮、漏电电缆。

(2)台风汛期,做好港口设备的防风、防台安全工作。

(3)夏季作业发动机容易过热,若散热器中的冷却水沸腾,禁止马上加水,应停车降温,发动机怠速运转,待冷却后再行加水。

(4)采取防暑降温及轮胎防爆等措施,适当降低轮胎气压,防止轮胎爆破。

(5)检查蓄电池电解液的比重和液面高度,电解气孔是否畅通。

九、辅助装卸作业规定

1. 辅助装卸作业定义

港口设备在港口所从事的作业过程中,凡不统计起运吨的装卸作业均属辅助装卸作业。

2. 辅助装卸作业规定

(1)严格遵守《港口设备安全技术操作规程》中的有关规定。

(2)港口设备参加作业,由所属调度部门统一调配,并做好记录。

十、安全技术操作规程及其执行与监督

1. 操作规程编制

(1)操作规程的编制力求内容精练,简明实用,注重操作技术和安全。按照港口设备作业前、作业中、作业后的注意事项编制,同时对部分港口设备特种作业做出具体规定,并要贯彻和参照国家主管部门或行业颁发的有关安全管理方面的章程与条例内容执行。

(2)将适合各类港口设备共用的内容统一编制"一般安全技术操作规程"。

(3)对于特殊要求,则可分机种、机型分别编制专项安全技术操作规程。

2. 操作规程基本内容与要求

1)基本内容

(1)对司机素质的要求。

(2)对作业前(交接班)、作业中、作业后有关事项分别作出规定。

(3)对常用、重点设备作业事项作出具体规定。

(4)对设备作业中的个人安全防护、危险品作业、设备维修、设备走合期、防风工作等作出规定。

2)基本要求

(1)《港口设备安全技术操作规程》按管理职能分工分级管理原则,由港口企业及基层单位两级安技部门会同港口设备管理部门制订颁发。

(2)对于受国家监察部门监管的设备(压力容器、电梯、起重机等)还必须按上级安全生产综合管理部门有关规定执行。

(3)应根据装卸工艺、港口设备、工属具、机属具等情况的变化,及时修订、补充、完善安全技术操作规程。

3)操作规程执行与监督

(1)《港口设备安全技术操作规程》是保护港口设备和人身安全、保证安全生产和港口设备合理使用的基本规章制度,必须严格遵照执行。

(2)各级安技部门是安全技术操作规程的监督部门,对任何违反操作规程的作业有权制止,并按有关规定进行处罚。对严重违反操作规程而又不听劝阻的司机,安全员有权停止其工

作，并将违章情况及时报告有关部门、单位。

(3)港口企业从事生产管理、设备管理等人员有权对本“规程”执行情况进行监督，对违反“规程”者有权提出制止，对不听劝告者，应向安技部门报告。

(4)港口设备使用单位是安全技术操作规程的执行部门，各级领导、管理人员应熟知“规程”，并把执行“规程”作为确保港口设备合理使用和安全生产的重要工作来抓。

(5)港口设备司机是安全技术操作规程的具体执行者，应把熟知“规程”和严格执行“规程”作为对其基本业务素质要求和工作实绩的重要考核内容。同时，司机有权拒绝执行违反“规程”的指令，并及时向相关部门反映，待妥善解决后方可作业。

(6)各级生产调度部门在港口设备从事生产作业指挥中，应严格执行“规程”有关规定，切实处理好生产、安全和合理使用的关系。

(7)各级培训部门应把安全技术操作规程纳入对相关人员，尤其是司机的重点培训内容。

(8)各级港口设备管理部门对贯彻、执行安全技术操作规程有着义不容辞的责任，应把制订“规程”和协调好有关部门严格执行“规程”作为港口设备使用管理的一项重点工作来抓。

十一、新增港口设备初期管理

新增港口设备初期管理是指从港口设备验收合格投入使用、经试运转到稳定生产期间的管理，主要内容有以下几个方面。

1. 人员培训

培训方式包括按购置合同规定的由制造厂家或销售商负责提供的培训和对新配备的港口设备或新型港口设备司机的岗前、专项培训。培训内容包括有关技术资料和安全技术操作规程、基础理论、应知应会知识及实际操作。

2. 调整试车

港口设备验收后，投入装卸作业前的检查、调试即为调整试车。

3. 办理设备固定资产手续

由港口企业和企业基层单位两级财务、设备主管部门办理固定资产建账、卡等事宜；由安全技术部门会同有关方面办理使用许可证(特种设备)、设备牌照(上公路的或港内的)、特种设备司机驾驶证等事宜。

4. 随机工具、备配件、附件管理

明确随机工具、备配件、附件的归属、保管、使用等事宜。

5. 建立管理档案、规程、制度

随机技术资料归档(包括进口港口设备技术资料的翻译)；建立台账、履历册、运行日志，制订安全技术操作规程、维护修理规范标准等。

6. 维修准备

维修准备包括制订维护、修理工艺，备配件储备计划等。

7. 走合期管理

按本节“六、设备走合期使用规定”执行。

8. 初期生产验证、故障控制、初期使用评价及信息反馈

在实际作业中对验收后的技术性能进行验证；按设备磨损“浴盆曲线”规律注意使用初期多发故障的控制；认真执行购置合同规定的保修期条款，做好有关索赔事宜；认真做好初期运行原始记录和统计分析评价工作，并及时反馈有关信息，进行适当处理；对规划、选型、采购、设

计、制造安装、经济效益、使用性能等方面的原始技术、经济数据进行搜集、处理和分析(即设备寿命周期费用分析),并将有关资料存档,为今后管理决策提供依据。

十二、交接班制度

1. 交接班原则

(1)交接班制度是指港口设备上工班与下工班之间交清港口设备技术状况和生产情况的制度,应保证装卸生产及港口设备运行的连续性。

(2)本着当场交得清、接得明、问题要讲得清,责任划分按规定的原则执行。

2. 交接班内容

(1)交接清楚生产情况,包括装卸货种特性、货场情况、操作工艺过程和行驶路线。

(2)交接清楚设备技术状况,对当班所发生的故障,不论是否排除,必须交代清楚,不得隐瞒,并认真填写在《设备运行日志》中。

(3)交接清楚作业中的安全措施和安全装置情况。

(4)交接清楚燃料、润料、物料的消耗量和存量,并填写书面记录。

(5)交接清楚随车工机具(包括拖盘、货盘、货叉套、弧形扒杆、抓斗)及其他工机具的安全技术情况。

3. 交接班地点

(1)在现场作业的设备,在作业地点交接。

(2)未参加作业的设备,在设备堆停车场或库内交接。

4. 交接班程序

(1)交班司机应按照交接班内容向接班司机交清,严格执行“不清不交”的原则。

(2)接班司机按照“不清不接”的原则,与交班司机交接,若有影响正常使用问题可暂不接下,并及时报告设备调度部门等候处理;对不影响正常使用的碰撞痕迹、缺件等现象,应由交班司机讲清楚,记录后方可接车。

(3)接班司机在《设备运行日志》上签字后,交班司机方可离开。交班后发生的问题,应由接班司机负责。

十三、作业现场管理

港口设备作业现场管理包括:生产管理、技术管理、安全管理和经济管理等。为确保设备安全、高效、文明作业,满足现场装卸生产需要,港口企业应结合本单位特点,制订相应管理办法,调度、货商、设备、安全技术部门作为现场管理的指挥、监督及考评部门,应经常进行监督、检查,考评结果作为企业管理、考核工作的一项重要内容。

1. 生产管理

(1)生产人员应树立为装卸生产一线服务,以货主满意为准则的服务意识,做到着装整齐,文明生产。

(2)司机应服从现场管理人员的调度指挥,严格按装卸工艺的要求进行作业,不准擅自改变,如需改变,应向现场管理人员请示,获得允许后方可执行。

2. 技术管理

(1)港口设备现场作业应满足本节“五、港口设备参加装卸作业应具备的条件”规定的技术要求,无跑、冒、滴、漏现象,零部件、安全装置、消防器材齐全有效。

(2)外观整洁，非作业时摆放整齐。

(3)作业中，司机应注意观察设备仪表盘等状态检测装置，随时注意设备有无异常现象。

(4)作业间歇时，司机应进行技术检查，重点是安全装置。

(5)发生临时故障，按本节“十四、临时故障处理”中的规定妥善处理。

3. 安全管理

(1)司机应与现场管理人员密切配合，严格执行《港口设备安全技术操作规程》，保证安全生产，杜绝野蛮作业。

(2)作业间歇或因故停车时，应停放到不影响作业的安全区域，严禁随意停放车辆。

(3)作业中发生事故时，应严格遵照事故管理有关规定执行。

4. 经济管理

(1)合理确定装卸工艺，优化货运组织，尽量提高直取作业比重，减少作业环节，降低装卸成本。

(2)按装卸工艺要求合理调配港口设备，尽量使装卸作业线上各环节的生产能力相互匹配，减少等待时间，提高装卸效率和设备的台时利用率。

(3)司机作业时应做到缓慢起步、轻踩加速踏板，按经济运行的规定操作，同时应注意设备的检查和维护工作，以提高设备的利用率和完好率，降低设备的运行消耗和维修成本。

十四、临时故障处理

1. 处理原则

港口设备在使用中发生故障，应及时排除，不得“带病”作业，以防止故障和机件损坏继续扩大。

2. 处理规定

(1)排除故障需停机 1h 以内时，由司机或修理工就地排除后继续参加作业。

(2)排除故障需停机 1h 以上或就地排除故障有困难时，应及时报告设备调度员安排处理；对于流动设备，应调换设备，并由设备队及时安排修理。重大故障应报告技术主管部门。

(3)退出现场作业的港口设备故障排除后，应及时通知设备队，经验收合格，再安排参加作业。

(4)电动设备停机修理前，应在电源开关处挂上醒目的“不准通电”警示牌。

(5)在起吊或抬吊货物时发生的临时故障，司机应采取安全、可靠的措施，设法先将货物放置地面后，再行修理。

(6)现场修理时，应将设备停放在不影响作业和安全的区域。舱内修理时，应采取相应安全保护措施，并注意避免油垢污染货物。

(7)在使用中发生故障，司机必须将故障发生的时间、地点、状况、原因及采取的措施等详细填写在《设备运行日志》中。

第三节　港口设备的维护管理

一、目的

(1)保证港口设备技术性能经常处于良好状态；

(2)及时发现和消除设备异常和隐患,防止事故发生;

(3)使设备零部件磨损降至最低,最大限度地延长设备的有效运行时间,从而延长设备的维修周期和使用寿命;

(4)减少临时故障,保证设备工作的可靠性;

(5)降低设备在运行中的消耗。

二、分类与分工

按工作内容、间隔期及性质不同,可将港口设备维护工作分为:日常维护、临时修理、定期保养和定期检查。

1. 日常维护

日常维护是指为保持港口设备技术性能经常处于良好状态和保证设备正常运行,在作业前、作业中和作业后由司机按规定要求对设备进行的检查、紧固、润滑、调整、清洁和补给,并随时检查设备各部位的技术状态,消除所发现的一般性异常、缺陷和故障的维护工作。日常维护工作必须按制度执行。

2. 临时修理

临时修理指设备在运行中出现故障而进行的临时修理,是使设备能及时恢复良好技术状态和工作能力的一种必要的修理方式。

临时修理一般应由司机或专业维修人员完成。司机完成的临时修理,一般是指司机应掌握的应知应会内容中的故障的排除。故障排除后,应将故障部位、修理的项目、修理时间等记入《设备运行日志》。对修理难度较大、修理时间较长或司机无法处理的故障则由设备使用单位出具临时修理作业票,列出故障修理项目,送设备临修单位,由临修单位委派专业维修人员进行修理。

港口设备主管部门应建立有关的设备故障管理制度,明确临时修理的有关规定,认真做好记录,做好故障频率、故障强度、临修率及材料、工时、费用等指标的统计、分析和考核工作。

3. 定期保养

定期保养指按一定间隔期有计划地对港口设备进行的强制维护工作。港口企业一般实行的是三级保养制度。按"一级保养、二级保养、三级保养(小修)"的周期结构执行,并遵守相应级别的保养范围和技术标准。

一级保养(简称"一保"),一般由司机和维修工人共同进行,其主要内容为:检查、清洗、紧固、润滑等工作,包括疏通油路,更换不合格的密封垫圈,调整配合间隙,紧固各部位及电气检修等。

二级保养(简称"二保"),一般以维修工人为主、操作人员参加维护,其主要内容为:在"一保"的基础上,进行局部拆检、调整、更换、修复等工作,包括调整机构精度,拆检、更换和修复少量易损件等。

三级保养(简称"三保"或"小修"),一般由修理工人进行维护,其主要内容为:在"二保"的基础上按设备各机构或部件的自然磨损规律及技术状态,调整、修复或更换修理间隔期内失效的或即将失效的零部件。

根据设备机种、作业条件与环境的不同,制订相应的定期检查与保养规范,其主要内容包括:

(1)定期保养级别、周期。

(2)定期保养项目和技术标准。

(3)润滑图谱(主要检测点及检测范围)。

(4)做好保养记录,包括保养时间、项目、检测项目及检测值、材料、工时、费用消耗等。

4. 定期检查

设备定期检查(简称"定检"),是指港口设备在基本不解体的情况下,通过人的感官、经验及利用检测仪器有计划进行的设备技术状态检测。根据设备具体情况和机种特点,并依据"定检"情况进行相应级别保养是区别设备状态维修与计划维修的一项基础工作。"定检"一般应由专门检查人员负责,还需配合相应的检测仪器。

根据实际检测能力和设备特点制订相应的定期检查制度和检测规范,其主要内容为:

(1)"定检"方法;

(2)"定检"周期、项目和标准;

(3)检测记录与统计分析要求(包括技术、经济与维修能力等)。

三、维护周期与保养停车日定额

1. 在用设备维护保养周期与停车日

在用港口设备的维护周期(即间隔期)是指规定的两相邻同级保养的运行时间间隔。

港口企业应按照国家发布的相关法规,结合本港使用与维护实际情况,在对机种机型进行统一归类的基础上,参照港口设备制造厂推荐的维护保养周期,分析其构造特点、零部件磨损规律等因素,制订出合理、实用和易操作的港口设备维护保养周期结构。

通常的维护保养周期结构,一级保养间隔期在150~330h之间;两个相邻的二级保养之间包含三个一级保养,也即二级保养间隔期为一级保养间隔期的4倍;两个相邻的三级保养之间包含两个或三个二级保养。图3-1所示的是我国港口企业长期使用的某内燃机种之维护保养周期结构示意图。

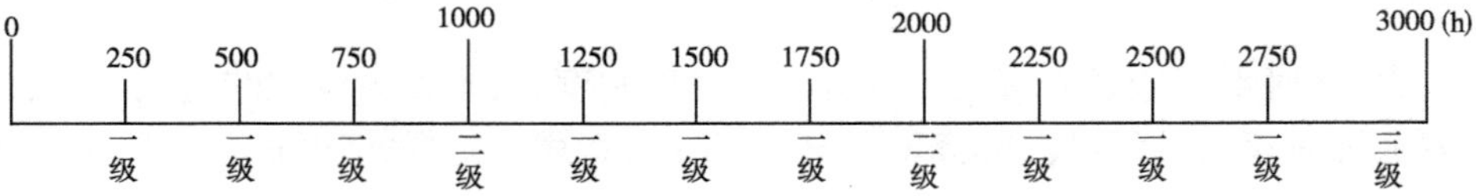

图3-1 设备维护保养周期结构图

保养停车日是指由港口设备调度通知司机从保养开始至港口设备交付使用过程中的停机时间。各机种的保养停车日,主要根据设备保养作业的范围及工作量大小、配件供应时间和保养人员情况等来确定。

制订保养停车日指标时应有一定的余地,防止因备件供应或增加额外保养修理项目等原因影响指标完成。保养停车日指标的考核,应扣除节假日。表3-3所示是我国港口企业长期使用的部分机种保养间隔期和停车日举例。

保养间隔期及停车日指标 表3-3

机　型	一级		二级		三级	
	间隔期(h)	停车日(d)	间隔期(h)	停车日(d)	间隔期(h)	停车日(d)
轮胎起重机	250	0.33	1000	2.33	3000	3.33
叉车	250	0.33	1000	1.33	3000	3.33
装载机	250	0.33	1000	2.33	3000	3.33
牵引车	250	0.33	1000	1.33	3000	3.33
推耙机	船保	0.33	500	2.33	1000	3
门座起重机	250	1	750	10	2700	15

2. 封存设备维护周期制订

封存在用的港口设备前，应进行一次二级保养。在封存期间每年应进行一次封存期保养（一般为一级保养）。对以内燃发动机为动力的港口设备，通常应每季度开动一次，达到按制度养护的目的。

四、维护内容与基本要求

1. 在用港口设备日常维护工作内容与要求

港口设备的日常维护一般由司机执行，大多在司机交接班时进行。其维护的主要内容有以下几个方面。

（1）作业前、作业后、作业中利用空闲时间按规定进行清洁、检查、调整、紧固、润滑；保持设备完整，安全防护装置齐备有效，保证设备安全运行。

（2）在设备运行过程中应严格遵守操作规程，注意观察运行情况，发现异常及时处理，不能排除的故障，应及时上报。

（3）认真填写《设备运行日志》和"日常维护检查卡"，做到完整准确。

2. 在用港口设备定期保养内容与要求

流动设备保养主要有以下内容。

1）一级保养

（1）按润滑图表进行全车润滑。

（2）对各主要机构、系统的工作状况及操作、动作、运转情况等进行检查。

（3）更换机油滤芯、柴油滤芯、清扫或更换空气滤芯。

（4）检查各系统润滑油的油量、工作油箱油量、制动液量、蓄电池电解液量，并按需添加。

（5）检查各系统的漏油、漏水、漏气、漏电等情况，并予以排除。

（6）对工作机构和起重部件的变形、损伤、裂纹进行检查，按需进行维修。

（7）清洁全车并清洗通风孔。

（8）紧固各部螺栓，配齐零、部件。

2）二级保养

除完成一级保养内容外，增加以下主要项目。

（1）紧固缸盖螺栓，调整气门间隙。

（2）调校喷油嘴（或清洗汽油化油器）。

（3）拆检制动器。

（4）拆检起动机、发电机。

（5）检查传动轴、万向节。

（6）检查调整转向机自由行程、制动踏板自由行程、离合器踏板自由行程。

（7）检查离合器片厚度，按需更换。

（8）清洗发动机油底壳。

3）三级保养

除完成二级保养项目外，增加以下主要项目。

（1）检测汽缸压力。

（2）按需解体发动机，更换活塞环、活塞、缸套、大小瓦。

（3）按需研磨气门。

(4)解体维修水泵。

(5)调校高压油泵。

(6)更换变速器油箱的滤清器。

(7)检查传动机构,更换(添)润滑机油。

(8)拆检差速器、主减速器。

(9)拆检转向节。

(10)检测液压系统压力,或工作设备负荷。

(11)清洗水箱,换水(以水为冷却液者);清洗工作油箱、燃油箱。

(12)调整前束。

上述内容是流动设备各级别定期保养的通用要求,港口企业应根据本企业的港口设备种类和机型分别制订相应的保养规范和技术标准。

3. 设备定期保养计划的编制与执行

港口设备定期保养计划分为年度计划和月度计划,由港口企业基层单位的港口设备主管部门负责编制,并向上级设备主管部门报备。

1)计划编制依据

(1)年度计划。

①本单位港口设备台数、种类和利用率,及单位年度装卸生产任务。

②港口设备保养周期结构(间隔期、停车日)与成本(工时、材料等)定额。

③根据运行时间和日常点检、状态监测、临修记录等所积累的状态信息。

④按照国家或行业政策对安全、环保等方面的要求应安排的加强和改善性维修。

(2)月度计划。

①年度保养计划和本月度装卸生产任务量。

②截止计划编制前一个月设备运用和保养情况的统计资料。

③截止计划编制前一个月设备技术状态等检查资料。

2)计划编制程序

(1)年度计划。

年度计划的编制,可分为资料整理分析,编制计划草案,计划平衡审定和下达执行四个步骤进行,于每年9月份开始筹备,12月份上旬下达次年度的港口设备维护保养年度计划。

①资料整理分析:对设备运行时间、利用率、完好率和备件平均采购时间等统计数据及检查和维护记录中的技术状态信息进行综合汇总分析。

②编制计划草案:依据设备运行小时,技术状态和生产情况,优先安排重点设备;应充分考虑所需物资、劳动力和资金来源的可能性及维护技术装备条件,积极采用新工艺、新技术和新材料;应在保证维护质量的同时,力求减少停车日和维护成本。

③计划平衡审定:由港口设备主管部门组织运行、维护、备件管理等有关技术人员对计划草案进行认真的研讨,形成的建议计划送集团总公司计划主管部门审核、汇总。

④计划下达执行:由集团总公司计划主管部门下达下年度的计划列支费用,并作为企业生产经营计划的重要组成部分进行考核。

(2)月度计划。

由港口设备主管部门,根据年度计划设备总台数及当月装卸生产要求情况并结合设备的运行小时、技术状况及保养间隔期等,制订设备月度保养计划,由港口设备主管部门或计划部门在每月 25 日前,将下一月份的保养计划下达到保养车间和设备队。

(3)计划执行。

保养计划的执行是以年度计划为依据,月度计划为基础,由基层主管部门负责监督执行。基层主管部门还可以进一步将月度计划分解为旬度计划下达执行。

第四节　设备技术状态检查与分析

设备技术状态检查分为日常检查、定期检查和专项检查(包括维护和大修前检查及季节性检查)。日常检查由司机和设备使用单位检查人员执行;定期检查由使用单位检查员和港口企业和企业基层单位主管技术人员按具体规定执行;定期保养前检查由使用单位和维护单位检查员、技术员共同执行;大修前检查由使用单位主管技术人员和承修单位技术人员共同执行;季节性检查由港口企业基层单位港口设备主管部门和安技部门共同组织有关人员进行。

一、目的与基本要求

1. 目的

为及时发现、排除设备的故障隐患,确保设备安全、高效、经济运行;掌握和评价设备使用过程中的技术状态,分析、总结其故障和运行消耗规律;督促基层部门做好管理工作,保证设备能够按合理使用的原则、条件和有关规定使用;并为其维护、修理、更新、改造及管理工作的考核评优提供依据。

2. 基本要求

(1)技术状态检查是一项重要的基础性管理工作,特别是对设备的重点部位和使用频繁的大型、重点港口设备,应进行“重点”和“专项”检查。

(2)检查工作应严格、规范,按各类检查规定的内容要求进行。

(3)港口企业应具备一支高素质的检查人员队伍,检查人员应具有较扎实的专业知识、丰富的工作经验、认真负责的工作态度。

(4)各类、各级技术状态检查都应按照有关规定内容做好相应记录(例如《设备运行日志》、《运行检查记录》、《设备履历册》等)。

(5)两级港口设备主管部门应将定期检查结果及时通知使用单位,以便及时整改。司机、检查员在日常检查时发现异常且无能力排除的故障,应及时上报和送修。

二、日常检查

日常技术状态检查是司机或检查人员对港口设备在作业前、作业中和作业后进行的例行检查。检查的基本内容:港口设备技术状况能否达到日常维护技术标准要求(详见本章第三节中维护工作内容与要求的规定)。检查重点是以下几个方面。

(1)零、部件是否完整无损;

(2)安全装置是否可靠;

(3)仪器、仪表工作和显示数据是否正常;

(4)油、水、液、气、电量是否充足和是否有泄漏;

(5)各连接部位是否紧固良好;
(6)动力装置、传动装置是否有力、平稳;
(7)有无异响、过热和排气超标等异常现象;
(8)金属结构各部位有无变形、开裂;
(9)各机构动作是否灵敏、准确;
(10)工、机具是否齐备有效;
(11)车容车貌。

检查方法主要通过感官看、听、摸、敲及通过现场简易检测仪器进行检测。

作业前和作业后的检查是司机交接班工作内容的一部分。同时,作业前应注意检查设备临时故障排除情况;作业中应注意设备在连续作业较长时间后,其主要零部件的技术状态及运转是否正常、有无松动和渗漏现象;作业后应检查清洁情况。检查发现的问题应及时通知有关人员并采取处理措施。

三、定期检查

港口企业可根据实际情况确定定期检查的周期。大型固定设备最长不超过半个月,小型流动设备最长不超过一个月;港口企业港口设备主管部门对港口设备技术状况的普查周期最长不超过一个季度;主管部门还应组织对设备的抽查,一般每年中期和末期各一次。

定期技术状态检查的内容和考评标准,详见后面的实例。

四、专项检查

专项检查是指港口设备在大修前对其技术状态进行的一次全面性技术检查,检查结果填入"大修送修单",送交修理单位,为大修理提供可靠依据。

专项检查的主要内容:
(1)动力装置的动力性;
(2)传动装置的平稳性;
(3)安全装置的可靠性及各机构动作的灵敏性等;
(4)根据使用要求提出需增加的修理、改造项目。

专项检查还包括季节性检查,以确保港口设备技术状态适应季节性需求。如:每年的冬、夏季来临前进行的换季专项检查,检查的主要内容按本章第二节"八、冬夏季使用规定"的要求。

五、技术状态分析

技术状态分析是港口设备管理工作的一项重要的基础性工作。通过分析维护、修理及运行消耗成本等经济技术指标,掌握港口设备的技术状态和运行消耗规律,为设备的维护、修理、故障诊断及管理等工作提供可靠依据。定期组织技术人员、检查人员与司机,整理技术状态检查记录及设备维护、修理和运行消耗记录,建立单机技术档案;分析、总结本单位港口设备故障和主要零、部件磨损规律及运行消耗规律。不断提高排除故障、维修技术水平,及时修订维修标准和运行消耗定额,并将分析结果连同相关设备统计报表上报企业基层单位设备主管部门。

【定期检查及考评实例】

1. 轮胎起重机技术状态检查评分标准

单位:____________	设备技术状态检查评分标准	得分:____________
机型:____________	轮胎起重机	分类:____________
机号:____________	年　月　日	检查者:____________
司机:____________		抽查者:____________

序号	项　目	检查内容与技术要求	标准分	检查分	备　注
一	金属结构 主要装置 41 分	1. 金属结构局部变形、位移不超过规定标准,波浪变形不超过10mm/m; 2. 各部位不得开焊,对开焊部位的补焊应符合构件技术要求; 3. 锈痕应及时清除,存在总量小于5%,不得有腐蚀现象; 4. 各传动机构、液压系统工作可靠,构件齐备无异响; 5. 发动机不渗不漏无异响,不过热,工作平稳; 6. 缸压不超限,允差0.05MPa; 7. 发动机紧固件无松动,主要附件技术状态符合要求; 8. 动力性能符合技术要求; 9. 发动机燃烧良好,排气符合国家标准; 10. 无干扰时司机耳边噪声小于85dB(A)	3 2 2 5 10 3 5 4 5 2		
二	零部件 及属具 15 分	1. 各种零部件都不得有裂纹、损伤; 2. 不得使用已超过报废极限的零部件; 3. 影响工作效果的磨损已及时修复; 4. 各紧固连接螺栓不准松动,缺少; 5. 转车齿轮配合正常、无异常冲击现象	3 5 1 4 2		
三	安全装置 15 分	1. 各种安全保护装置工作灵敏、可靠; 2. 全装置所用零部件,符合国家有关技术条件、规范、标准中的要求; 3. 对主管部门为生产安全要求增设的安全装置已及时安装	7 6 2		
四	润滑车容 15 分	1. 各润滑油路畅通,换油及时,符合要求; 2. 油杯、油尺、油盖齐备; 3. 全机整洁,走台、栏杆、梯子、门窗完好; 4. 各工作机构不得漏油、漏水、漏气	5 5 2 3		
五	电气仪表 14 分	1. 交、直流发电机、电动机、组合元件、绝缘及接线端子良好; 2. 控制屏的外观,组合元件及接线端子良好; 3. 各种仪表和限位开关的动作灵敏可靠;各种功能指示灯完好;各种功能控制传感器工作灵敏准确;各种保护装置工作可靠,符合安全技术要求; 4. 各种电器设备及元件保持清洁、外罩不漏雨水,没有油渍,外壳接地牢固; 5. 电子设备要保持清洁,无尘无油渍,满足电子装置使用标准。功能保持完好,动作可靠,随机专用装置与资料保齐全	3 5 2 2 2		

2. 轨道式起重机技术状态检查评分标准

单位:__________ 设备技术状态检查评分标准 得分:__________

机型:__________ 轨道式起重机 分类:__________

机号:__________ 年 月 日 检查者:__________

司机:__________ 抽查者:__________

序号	项目	检查内容与技术要求	标准分	检查分	备注
一	金属结构 主要装置 10分	1. 金属结构局部变形、位移不能超过规定标准,波浪变形不能超过10mm/m; 2. 各部位不得开焊,对开焊部位的补焊应符合构件技术要求; 3. 锈痕应及时清除,存在总量小于5%,不得有腐蚀现象; 4. 各传动机构、液压系统工作可靠,机件齐备无异响,门机变幅油缸满载15min自溜值小于15cm; 5. 无干扰时,司机耳边噪声小于85dB(A)	3 2 2 2 1		
二	零部件 及属具 15分	1. 各种零部件都不得有裂纹、损伤; 2. 不得使用已超过报废极限的零件; 3. 影响工作效果的磨损已及时修复; 4. 各紧固连接螺栓不准松动,缺少; 5. 工作小车无啃轨现象(门机转车齿轮配合正常、无异常冲击现象)	3 5 1 4 2		
三	安全装置 15分	1. 各种安全保护装置工作灵敏、可靠; 2. 安全装置所用零部件,符合国家有关技术条件、规范、标准中的要求; 3. 对主管部门为生产安全要求增设的安全装置已及时安装	7 6 2		
四	润滑车容 15分	1. 各润滑油路畅通,注、换油及时,符合有关技术要求; 2. 油杯、油尺、油盖齐备; 3. 全机整洁,走台、栏杆、梯子、门窗完好; 4. 各工作机构不得漏油、漏水、漏气	5 5 2 3		
五	电气仪表 45分	1. 交、直流电动机外观、组合元件、绝缘及接线端子良好; 2. 调速电阻器及其连接良好; 3. 控制屏的外观,组合元件,绝缘及接线端子良好; 4. 电源线与控制线,高压线与低压线,低压线与安全电压线,控制线与照明线等分别敷设;所有敷设的线号明晰正确,符合设计图纸的要求; 5. 各种仪表和开关的动作要灵敏、可靠;各种功能指示灯完好;各种功能控制传感器工作灵敏、准确;各保护装置工作可靠,符合安全技术要求; 6. 各种电器设备及元件保持清洁、外壳不漏雨水,无油渍,外壳接地要牢固,室外照明装置水密性好,便于维修检查; 7. 电子设备保持清洁,无尘、无油渍,满足电子装置使用标准。功能保持完好,动作可靠,随机专用装置与资料保持齐全	10 3 6 6 8 6 6		

3. 带式输送机技术状态检查评分标准

单位:____________ 设备技术状态检查评分标准 得分:____________

机型:____________ 带式输送机 分类:____________

机号:____________ 年 月 日 检查者:____________

司机:____________ 抽查者:____________

序号	项 目	检查内容与技术要求	标准分	检查分	备 注
一	金属结构 15分	1. 机架完好无损; 2. 机架整体稳定性良好; 3. 机架主要受力构件不得有裂纹,焊缝不得开焊; 4. 各构件的断面腐蚀不得超过原厚度的10%; 5. 各杆件应平直,没有弯曲和扭转现象	3 3 3 3 3		
二	托辊 18分	1. 不得有裂纹; 2. 接头处质量良好; 3. 每个托辊运转灵活、无不转或损坏的托辊; 4. 调心托辊的调心转动灵活,工作可靠; 5. 承载托辊槽角正常; 6. 托辊轴承的密封可靠,润滑良好	3 3 4 3 2 3		
三	皮带 10分	1. 不得有严重(注:标准自定)开裂、破损现象; 2. 无芯层已磨损一层部位; 3. 皮带在托辊间的下垂度一般不应超过托辊间距的25%	4 3 3		
四	滚筒 9分	1. 不得有裂纹; 2. 筒壁磨损量未达原壁厚20%,无严重堆积物; 3. 轴承的密封与润滑良好可靠	3 3 3		
五	电气装置 37分	1. 电气控制准确、可靠,在紧急情况时能切断电源安全停车; 2. 在安装、维修、调整和使用中无任意改变电路现象; 3. 输送机专用电源线应设总断路器; 4. 总断路器的出线端未连接与输送机无关的设备; 5. 电线应敷设在防尘、防腐、防雨的金属管中; 6. 设失压和零位保护; 7. 照明电路与主断路器电源无关,且有短路保护; 8. 金属结构及电气设备的金属外壳、管槽、电缆外皮有可靠正确的接地; 9. 无用接地线作载流零线; 10. 机上任何点的接地电阻均不得大于4Ω; 11. 自动空气开关三项压力均匀,自动过流脱机装置灵敏可靠; 12. 刀开关各接头螺栓紧固无松动; 13. 低压屏电器件齐全、整洁、无异常噪声,工作可靠	3 3 2 2 3 3 3 3 3 2 5 2 3		
六	其他 11分	1. 张紧装置工作可靠、不失效; 2. 逆止器零件齐全,工作可靠; 3. 清扫装置有效; 4. 联轴器护罩完好无损; 5. 皮带机头部护罩完好无损	2 3 2 2 2		

4. 叉车、装载机、推耙机技术状态检查评分标准

单位:____________ 设备技术状态检查评分标准 得分:____________

机型:____________ 叉车、装载机、推耙机 分类:____________

机号:____________ 年 月 日 检查者:____________

司机:____________ 抽查者:____________

序号	项 目	检查内容与技术要求	标准分	检查分	备 注
一	主要装置 35分	1. 整机技术性能符合使用要求; 2. 发动机: (1)工作平稳,不渗、不漏,无异响,不过热; (2)缸压不超限,允差0.05MPa; (3)紧固件、主要调整附件符合技术要求; (4)动力性能符合技术要求; (5)发动机燃烧情况良好,排气符合国家标准 3. 液力变矩器和变速箱: (1)变矩、变速性能符合技术要求; (2)工作平稳,不漏、不渗、无异响、不过热; (3)换挡自如,不脱挡	 10 3 4 4 5 2 5 2		
二	安全装置 15分	制动器及换向器 (1)驻车制动、停车制动及转向器符合技术要求; (2)转向、制动效果符合有关规定要求; (3)各连接杆件不松旷;转向盘自由转动量不超限; (4)紧急制动时两轮必须同时拖印,不偏效(叉车);推耙机要求制动有效;装载机要求压重印; (5)在20%坡道,双向手制动均能将车停住	 4 3 2 4 2		
三	零、部件属具 15分	1. 缸、泵、阀、发电机,启动机、前后桥、起重装置、运行装置,属具等符合技术要求; 2. 全车涂装符合技术要求;无锈蚀、开焊、裂纹、变形、破损、残缺; 3. 轴、套磨损不超限; 4. 附件、工具及灭火装置等按要求配备齐全; 5. 不得使用不符合技术要求的代用品	3 4 4 2 2		
四	电器仪表 15分	1. 各种灯、仪表、开关、喇叭、倒车蜂鸣器、雨刷、电瓶等齐全并符合技术要求; 2. 线束整洁、美观,绝缘符合技术要求; 3. 各警报、指示、显示装置及接触器等灵活可靠; 4. 蓄电池充放电性能好,电解液充足,通气性好,无腐蚀现象	5 2 5 3		
五	调整清洁 紧固润滑 20分	1. 润滑油(脂)、燃油、制动液、冷却液符合技术要求; 2. 油杯、油路、气路畅通;密封、油位符合技术要求; 3. 无泥、油垢,无油、水渗漏,无漏电、气及堵塞现象;各滤清器清洁; 4. 三角带、链条、踏板、手柄、履带板、调整阀、杆、线、鼓、偶件的调整技术符合要求; 5. 紧固扭矩符合技术要求,紧固件不松动,销、垫、帽齐全	5 4 3 5 3		

思考题

1. 合理使用和科学维护港口设备的意义是什么?

2. 港口设备合理使用的一般原则是什么?

3. 什么样的港口设备可界定为重点港口设备? 其使用原则是什么?

4. 港口设备根据技术状况分为哪几类?

5. 港口设备的司机应具备什么条件?

6. 港口设备参加装卸作业应具备怎样的技术条件?

7. 港口设备参加装卸作业应具备什么样的环境条件?

8. 什么是设备的走合期? 走合期内的设备在载荷、速度与燃料、润料使用方面有什么要求?

9. 操作走合期内的设备时应注意什么? 如何进行走合期内的检查?

10. 设备经过走合期后如何进行走合期保养?

11. 当港口设备的性能及负荷量不能适应货物作业要求时,为完成临时或特殊任务,对设备有哪些基本规定和特殊规定?

12. 设备在冬夏季使用时有哪些共性规定和特殊规定?

13. 设备安全技术操作规程的基本内容与基本要求分别怎样?

14. 新增港口设备初期管理的主要内容是什么?

15. 司机交接班时应遵循什么原则? 交接班的内容有哪些?

16. 港口设备维护管理的目的是什么?

17. 港口设备作业现场管理包括哪些方面?

18. 港口设备维护工作按工作内容、间隔期及性质不同可分为哪几种? 分别有哪些内容?

19. 港口设备技术状态检查的目的与基本要求是什么?

20. 设备技术状态日常检查的重点是什么?

第四章 港口设备的润滑管理

第一节 概 述

一、港口设备润滑管理的意义和作用

1. 港口设备润滑管理的意义

根据统计资料显示,大约有30% ~60%的能源消耗于克服能量传递过程中的摩擦力上,有80%的机械零部件损坏是因磨损引起的,在已发生的机械事故中,约70%是因润滑不良造成的。因此,正确、适时、合理地润滑设备,降低运动部件的磨损,节能降耗,尽可能延长港口设备使用寿命,就成为港口企业提高经济效益的重要手段。

港口设备润滑管理的意义在于:通过科学的管理途径实现港口设备的合理润滑,减少港口设备磨损、节能降耗、延长港口设备的使用寿命,以达到提高企业经济效益的目的。

2. 港口设备润滑管理的作用

港口设备是港口企业装卸生产的硬件基础。港口设备管理的现代化程度,是港口企业的核心竞争力的体现。所以港口设备润滑管理是设备管理中的重要环节和基础,也是设备维护保养的重要内容。加强港口设备的润滑管理,可保证港口设备正常运转,延长设备修理周期和使用寿命。港口设备润滑管理的作用体现在以下方面。

(1)确保港口设备合理用油,满足各种港口设备的润滑要求。

随着港口装卸生产现代化水平的不断提高,港口设备的种类日趋繁多,而港口设备也呈现出大型化、高速化、自动化和智能化等特点,对润滑的要求也相应提高。

(2)促进设备日常润滑工作的适时、适量、科学化。

一般情况下,设备使用说明书中对油品的加注、过滤、更换周期等都有明确规定,可参照执行。但说明书上的规定是针对一般工况、常见的环境条件提出的,而在实际使用当中,设备的使用地点、工作环境、作业量大小等的差异很大。若仍旧不加区别地照搬使用说明书的规定,极有可能出现在使用条件较好的设备上形成润滑过剩而造成浪费,而在使用条件较差的设备上却润滑不足,导致设备事故。因此,必须在实践中不断总结和探索设备润滑规律,真正实现润滑管理工作科学化。

(3)节能降耗。

根据机械使用条件合理确定润滑油黏度可以提高机械效率,减少燃料消耗。选择润滑油的黏度,应在满足润滑要求的基础上尽量选用低黏度的润滑油,使用低黏度润滑油有利于节能降耗。

(4)逐步实现港口设备状态监测。

随着设备故障诊断技术的不断提高,以设备状态监测为基础的状态维修管理体制在港口设备管理中日益显示出独特的技术优势。港口设备技术状态的好坏可用各种状态参数

来反映，通过对这些参数的不断观测来判断故障部位、程度及最佳维修时机的过程叫状态监测与诊断。油液分析技术可以随时监测油品的理化性质，铁谱分析和光谱分析等手段可从油品性质及内含物质（磨损微粒等）来分析机械运行状态的好坏，预报机械失效部位和时间。

（5）防止使用假冒伪劣油品。

规范润滑管理工作程序，严格执行润滑油品入库前检验、过滤等规章制度，可杜绝假冒伪劣油品的使用。

（6）有利于油品储存清洁安全。

（7）有利于回收利用废油废液，减少环境污染。

（8）提高相关人员的技术素养，促进科技创新。

二、港口设备润滑管理的特点

1. 工作环境恶劣，保持正常润滑效果难度大

（1）空气湿度大。

港口设备地处海、河岸边，空气湿度大，对保持良好的润滑效果不利，特别是沿海港口的港口设备，因潮湿空气中含有一定盐分，会对润滑效果产生更多的不良影响。

（2）空气中粉尘多。

港口生产中散货装卸通常会造成扬尘现象，如煤炭、矿石、散粮装卸等，都会不同程度地使空气中粉尘含量高于常态，因而给港口设备的润滑工作提出了更高的要求。

（3）港口设备露天使用并处于海、河岸边，受风雨侵蚀大，温差变化大，对润滑管理要求更高。

2. 设备构成复杂，对润滑管理要求高

港口机械设备的种类多、规格多，而且有相当数量的起重机械、输送机械、装卸搬运机械和专用机械是从国外引进的。这些机械的润滑系统结构形式及对油品要求等各不相同，使用的油品种类规格复杂，尤其是部分液压传动机构，构造复杂，压力高、流量大、速度快，对润滑要求很高，对润滑管理工作提出了很高的要求。

3. 工况变化大，难以保持稳定的润滑状态

港口设备在运行当中，有的起动、制动频繁；有的长时间低速、低温运转，有时又长时间高速、高温、高负荷运转，还有冲击负荷、交变负荷、环境恶劣等特点，如此复杂多变的工况，使其润滑系统难以保持稳定状态，极易导致润滑效果变差的情况出现。

4. 油品管理工作难度大

由于港口设备生产厂家多，用油品种相应较多。有些厂家还专门指定要使用国外某种特制的油品规格，价格昂贵，供货周期长，给油品供应与管理工作带来很大困难。较多地存在油品和滤清器代用问题，需要十分慎重地选择国产产品替代进口产品，并认真监测代用产品的实际使用效果，使润滑管理工作难度加大。

三、港口设备润滑管理的内容

（1）合理设置润滑管理的组织机构，配备各级润滑管理专（兼）职人员，明确部门及人员的职责和目标。

(2)按照润滑管理“五定”要求(定点、定质、定量、定时、定人),制订设备润滑管理的基本原则,建立健全润滑管理的规章制度。

(3)建立健全润滑管理档案,掌握各类港口设备的润滑要求。

(4)合理选用润滑材料,推广应用各种润滑新材料、新技术和新工艺。

(5)加强与设备润滑密切相关的空气滤清器和冷却液的使用管理,提高润滑管理的综合效果。

(6)完善油液分析手段,充分发挥油质检测在港口设备状态监测中的作用。做好原始记录和分析,实现用油合理、跟踪化验、按质换油、状态监测。

(7)合理润滑,在保证润滑效果的基础上,节约润滑材料,提高润滑管理的经济性。

(8)治理泄漏,回收废油、废液,节约资源,保护环境。

(9)坚持开展润滑管理人员的专业培训和考评工作。

(10)总结和推广先进经验,促进港口设备润滑管理整体水平不断提高。

四、润滑管理制度

1. 油品接收、储存、发放管理制度和规定

1)新油品入库制度

(1)有明确完备的交货单。交货单由供货方提供,一般包括油品名称、质量等级和牌号、数量、生产厂家、购货日期、价格、出厂化验单及产品标准。

(2)由化验室按有关技术要求进行检查,合格后方可入库。

(3)新油品入库应进行二级计量。

(4)接收新油品入库所需工具、设备必须完好清洁,操作人员必须严格执行操作规程。

2)油品存储规定

(1)油库应将油品分类分存,不能混存,严禁将散装油品混装。

(2)油品在存储过程中,应严防水分和各类杂质混入。

(3)库房和油罐存放处应通风良好,并定期对油罐进行清洗、除污。平时保持清洁无尘,湿度、温度适宜。

(4)油库必须符合消防要求,配备完好有效的消防器材。

(5)油品化验员应定期对存储油品进行质量检定,一经发现质量劣变,应及时报告技术和物资主管部门,停止发放。

(6)应避免油品长期存储,存储期不能超过2年。

3)油品发放制度

(1)油库工应按照有关部门签发的油品领用单,按领用单所要求的油品名称、质量等级、牌号、数量发放。

(2)油品发放前油库工通过目测法检查油品是否变质,并遵循“质量排队,发陈存新”的原则发油。

(3)油品发放工具必须专油专用,保持完好清洁。

2. 港口设备润滑“五定”管理制度

1)定点

(1)按照润滑图表注明的润滑点和润滑部位加注润滑油脂。

(2)操作工(润滑工)必须熟悉责任分工的润滑部位、润滑点。

2)定质

(1)必须按照润滑卡片、润滑图表规定的润滑剂加、换。

(2)加、换润滑剂一定要清洁,防止加注过程中润滑材料污染。

(3)对使用中的润滑油质量进行监控,对达不到质量标准的,应立即更换。

3)定量

(1)在加注润滑油脂时要求以顶出旧油为准,加开式齿轮油以涂抹均匀为准。

(2)对有油池的部位以油标为准,液压系统应开机运行,确认油位不再下降为准。

4)定时

(1)港口设备工作之前,操作工需要检查润滑系统,对需日常加油的润滑点进行注油。

(2)按润滑图表中规定周期加注润滑油或润滑脂。

(3)根据规定对港口设备液压油进行定期过滤。

5)定人

(1)司机负责对港口设备润滑系统日常检查、日常加注油脂及油池油位不足时的添加。

(2)修理工按计划进行清洗换油和按周期加注润滑油、脂,按规定实施对在用液压油的过滤。

3. 油品化验室管理制度

(1)油品化验室内应整洁、干燥。

(2)油品化验室内不准外人随意出入。

(3)化验室应设金属储存柜,毒品、易燃品不可混存,尽量少库存,原则上用一点买一点。

(4)每次使用毒品必须登记,并有两人以上在场,用完后送回原处。

(5)室内设有通风罩,要求室内含毒量低于劳保规定。

(6)室内应备灭火设备并符合安全规定。

(7)新用化验仪器的安装及操作环境,必须符合仪器防振、防尘、防湿等技术要求。

(8)室内严禁吸烟。

4. 实验室操作规程

(1)进入油品化验室内的人员必须穿白大褂、拖鞋。

(2)室内应保持肃静,禁止从事与化验无关的事。

(3)严格按照标准规定进行操作,不得擅自修改。

(4)操作时必须坚守岗位,精神集中,数据准确。

(5)每次操作前应做好准备,装好配套仪器,试验完毕,应先断电源再拆仪器。

(6)化验用的油样应贴好标签,放在指定地点,定期处理。

(7)下班前必须进行全面安全检查,做到切断电源,关闭总闸,关好水龙头和门窗后方可离开。

5. 废油回收制度

(1)为节约能源,防止污染环境,对换下来的各种废油,要求全部回收,不得流失。

(2)物资部门负责集中管理回收的废油,原则上不在本单位搞再生,全部交石油公司回收。

(3)润滑站或用油单位在回收废油时,应按不同油类分别存放保管,废油桶应有明显标志。

(4)废油回收场地要保持清洁整齐,做好安全防火工作。

第二节　润滑方法与润滑装置

一、对润滑系统的要求

(1)保证向各润滑点提供充足的润滑剂,并可按需要调节油量。

(2)润滑可靠性高。采用有效的密封和过滤装置,保证润滑剂的清洁,无泄漏污染。

(3)尽可能采用性能良好,工作可靠的自动化润滑系统。

(4)润滑装置要尽可能简单,便于换油、维护和检修。

(5)对大型、高价值的现代化港口设备,要采用智能化润滑监测系统,能显示润滑状态并预报润滑故障。

二、润滑方法

1. 润滑方法的分类

1)按润滑剂消耗情况分类

(1)全损耗润滑:润滑剂送至润滑点进行润滑以后,不能再回收循环使用,常用于润滑剂回收困难或无须回收,用油量很小,难以设置油箱或油池的场合。

(2)循环润滑:润滑剂送至润滑点进行润滑以后又流回油箱经沉淀或过滤后再循环使用。

2)按润滑介质的物质形态分类(表4-1)

润滑方法按润滑介质分类　　　　表4-1

按润滑介质形态分	液体润滑	人工定期加油 油浴(飞溅) 自动给油 压力循环
	固体润滑	固体自润滑 干膜 半干膜 粉末 冶金粉尘
	脂(半流体)润滑	人工定期注脂 灌注式 压力集中给脂
	油雾润滑	润滑油经油雾发生器雾化后呈油雾状由管路系统输送至润滑点
	油气润滑	油液与压缩空气在油泵提供的压力下经喷嘴喷射到摩擦部位润滑
	喷射润滑	稀油喷射润滑:油液在油泵提供的压力下经喷嘴喷射到摩擦部位润滑 干油喷射润滑:干油与一定压力压缩空气在喷射阀混合后射向润滑部位
	气体润滑	空气轴承

3)按润滑剂的输送形态分类(表4-2)

润滑方法按润滑剂的输送形态分类 表4-2

寿命润滑	持续润滑			
密封加脂润滑的滚动轴承、自润滑材料等	间歇润滑		连续润滑	
	消耗型润滑	循环型润滑	消耗型润滑	循环型润滑
	油杯、滴油器干油集中润滑装置	计量装置	油雾润滑、喷射润滑、喷雾润滑	油浴润滑、稀油润滑

(1)寿命润滑:是指一次加入润滑剂,使零件在其寿命周期内都能保持良好润滑状态的方式。

(2)持续润滑:是指在零件的寿命周期内多次供送润滑剂的方式。

间歇润滑:是指按一定的时间间隔期把润滑剂送达润滑点的方式。

连续润滑:是指不间断地把润滑剂输送到润滑点的方式。

2. 润滑方法的选择

选择港口设备润滑方法,一般要考虑以下问题。

(1)摩擦副的种类(如轴承、齿轮、导轨、液压元件、离合器、联轴器等)。

(2)摩擦副所处的运行条件(速度、载荷、温度、灰尘等)。

(3)润滑剂的类型及性能(如润滑油、润滑脂或固体润滑、气体润滑等)。

(4)由港口设备的用途、结构、使用地点等所决定的供油条件。

(5)港口设备的自动化程度及对控制的要求。

三、润滑装置及应用

1. 稀油润滑装置及应用

使用润滑油的润滑称稀油润滑。稀油润滑摩擦系数低,兼有润滑与冷却两种功能,更换润滑油及清洗方便。常见港口设备稀油润滑装置及适用范围见表4-3。

港口设备常用稀油润滑方法及应用 表4-3

润滑方法	润滑装置	润滑手段	适用场合
分散润滑			
间歇无压润滑	油壶、压配式油环、B型、C型弹簧盖油杯	利用油壶将油注入孔中,油沿摩擦表面流散形成暂性油膜	一般适用于低负荷、低速、间歇工作的摩擦部位。开式齿轮、链条、钢丝绳等一些简易设备
间歇压力润滑	直通式压注油杯、接头式压注油杯、旋盖式注油杯	利用油枪打油	适用于载荷小、速度低、间歇工作的摩擦副。如机床、港口流动机械等

续上表

润滑方法		润滑装置	润滑手段	适用场合
连续无压润滑	油绳油垫润滑	带油绳、油垫的油池、弹簧盖油杯	利用纤维的吸油作用向摩擦副供油	适用于低速、轻负荷的轴套和一般机械
	滴油润滑	针阀式注油杯	利用油的自重一滴一滴地滴到摩擦副上	适用于分散的摩擦副的润滑
	油环油链油轮润滑	套在轴颈上的油环、油链 固定在轴颈上的油轮	利用油环、油链、油轮把下面的油带至摩擦副润滑	适用于轴颈连续旋转和旋转速度不低于50～60r/min水平轴的场合。如蜗轮减速机、高速转动轴和其他一些机械轴承
	油浴(飞溅)润滑	油池	利用密封在机壳中的零件的旋转将油带至摩擦副表面	适用于港口设备的减速机内的齿轮装置,齿轮圆周速度不超过12～14m/s
连续压力润滑	强制润滑	柱塞式油泵	装在机壳中的柱塞油泵,靠它的往复运动来实现供油	要求压力在10MPa以下,润滑油需要量不太多的摩擦副、变速箱等
		叶片式油泵	泵可装在机壳中,也可以与被润滑的机械分开。靠转子和叶片转动来实现供油	要求油压在0.3MPa以下,润滑油需要量不太多的摩擦副、变速箱
		齿轮泵	泵可装在机壳中,也可以与被润滑的机械分开,靠齿轮旋转供油	要求油压在1MPa以下,润滑油需要量不高的摩擦副
	油雾润滑	油雾发生器	润滑油经油雾发生器后呈油雾状由管路系统输送至润滑点	适用于高速滚动轴承、滑动轴承、齿轮、蜗杆等各种摩擦副
	喷射润滑	油泵、喷嘴	采用油泵直接加压喷射润滑摩擦表面	适用于圆周速度大于14m/s闭式齿轮传动装置
集中润滑				
连续压力润滑		稀油润滑站	润滑站是由油箱、油泵、过滤器、冷却器、阀等元件组成。用管子输送定量的压力油到各润滑点	主要适用于金属切削机床、设备具有大量的润滑点或某些不易靠近有危险的润滑点。

2. 干油润滑装置及应用

使用润滑脂的润滑称干油润滑。干油润滑适用于在高温、高压下工作的摩擦副,也适用于变动载荷、振动和冲击的机械,它具有结构简单,不易泄漏等特点,但在高温下工作油脂会流失、变质而丧失润滑性能。港机干油润滑装置及应用见表4-4。

港口设备干油润滑方法及应用 表4-4

润滑方法	润滑装置	润滑手段	适用场合
分散润滑			
间歇无压润滑	无	人工将润滑脂涂到摩擦表面上	用于低速润滑要求不高的港口机械上
连续无压润滑	设备的机壳	将适量的润滑脂填充于机壳内实现润滑	适用于转速不超3000r/min温度不超过115℃的轴承，圆周速度小于4.5m/s的重载齿轮、蜗轮传动装置
间歇压力润滑	旋盖式油杯、压注（直通式、接头式）油杯	是靠旋紧杯盖的压力将润滑脂挤到摩擦副或用专门的压力油枪将润滑脂压入摩擦副	旋盖式油杯适用于圆周速度在4.5m/s以下的摩擦副压注油杯用于速度不大和负荷小的摩擦副
集中润滑			
人工间歇压力润滑	手动干油泵	通过摇手动润滑油泵手柄、油泵将润滑脂通过油路的分配管线送至摩擦副	适用于大型港口设备的轴承及其他摩擦部位
自动间歇压力润滑	电动干油泵	由电动机带动润滑脂泵，将润滑脂经油管、分配器送至各摩擦副。压力开关控制电动机的开停	用于港口门座起重机等及其他大型港口设备上，使用润滑脂的针入度为265～540
	机动干油泵	用设备的传动机构（链轮、链条、齿轮等）带动润滑脂泵，润滑脂经各分配管线至各摩擦副	用于大型港口设备的集中润滑。使用润滑脂的针入度为265～540
	气动干油泵	由压缩空气作为动力源驱动干油泵从贮油桶中吸入润滑脂经分配管线送至各摩擦副	用于使用压缩空气气源的重型港口机械集中润滑

3. 固体润滑装置及应用

固体润滑装置适用于高温、高压或低温不适于润滑油（脂）润滑的部位。对一些有特殊润滑要求的港口设备也普遍采用固体润滑技术。固体润滑装置及应用见表4-5。

4. 润滑系统的检（监）测及报警装置

在集中润滑系统的控制系统中，一般需考虑到润滑循环时间和给油时间的调整，润滑剂供应不足或过量以及润滑泵过载时的显示及控制等。

（1）测温装置。在油箱、润滑泵出口、冷却器的进口与出口、重要的轴承等部件处安装测温装置及显示、控制装置(如水银温度计、热电偶及接触温度计等),可以及时了解这些部位的温度变化。测温装置还可以和自动报警装置联合使用,在温度不正常时自动报警,开动油冷却器及加热器调节润滑系统温度或使设备停止运转。

固体润滑方法及应用 表4-5

润滑方法	应用范围
整体润滑	不需要任何润滑装置,靠材料本身实现润滑,主要有石墨、尼龙、聚四氟乙烯、聚酰亚胺,聚对羟基甲酸、氮化硼、氮化硅等,主要用于不宜使用润滑油、脂或温度很高(1000℃)或低温、深冷以及易腐蚀等部位
覆盖蜡润滑	用物理或化学的方法将石墨、二硫化钼、聚四氟乙烯、聚酰亚胺,聚对羟基苯甲酸等材料,以薄蜡形式覆盖于其他材料上,实现润滑
组合、复合材料润滑	用石墨、二硫化钼、聚四氟乙烯、聚对羟基甲酸、氟化石墨等与其他材料制成组合或复合材料,实现润滑作用
粉末润滑	把石墨、二硫化钼,二硫化钨、聚四氟乙烯等材料的微细粉末,直接涂于摩擦表面或置于密闭腔(减速机壳体、汽车后桥齿轮包)内,靠搅动使粉末飞扬散在摩擦表面实现润滑

(2)压力测量装置。在润滑泵出口处、过滤器的进、出口处等部位安装压力计,用以观察压力变化。必要时还可安装压差报警器,当压差过高时发出报警信号。

(3)油面及流量测量装置。在油箱中装有油标及油面指示器,在管道中安装流量计或流量监控计来观测流量。常用浮子式油面指示器控制油面高低及报警。

四、港口设备典型零部件的润滑

1. 钢丝绳的润滑

钢丝绳是由钢丝先捻成股,再由若干股围绕绳芯捻成绳。钢丝之间存在相对滑动,有摩擦和磨损现象产生。因此钢丝绳在制造过程中就必须进行预润滑,在使用和工作中还须进行润滑维护。钢丝绳是需要连续的润滑还是固定周期的润滑,应视其使用的工作条件而定。

钢丝绳润滑剂要根据所使用的设备类型和工作条件来选择,主要考虑环境温度、钢丝绳直径和钢丝绳的运动速度。环境温度越高、钢丝绳直径越粗,润滑油的黏度越大;钢丝绳的运动速度越高,润滑油被甩出越严重,就需要用更黏稠些的油。选择钢丝绳润滑剂可参考表4-6。可用浸润、浇注、喷淋等方法对钢丝绳加注润滑剂,最好的加注位置是在钢丝绳经过绳轮或卷筒时靠近绳股有张开趋势的地方。

润滑剂分人工或机械加注两种方法。先把钢丝绳各股空隙中的污物、尘土、油泥等用过热蒸汽或压缩空气和钢刷清理干净,然后浸入润滑油中,将油加热到50℃左右,以更好地渗入钢丝绳绳芯中。浸润的间隔期在常温条件下为每三个月一次。钢丝绳的润滑一般用带油刷的手提油壶或专门的给油器加油,前者用于短钢丝绳。一般条件下润滑间隔期约5天一次,多灰沙、高温或露天条件下为3天一次。

表4-7是各种工作条件下钢丝绳损坏原因及润滑对策。

各种工作条件下钢丝绳宜采用的润滑油品 表 4-6

应用范围	应用设备举例	润滑油种	
		品 种	黏度范围(40℃)($mm^2 \cdot s^{-1}$)
低速重载荷吊运用缆索	摇臂吊、行车、挖掘机、电铲等用吊绳、拉车绳	纯矿物残留油(特殊制备高粘着高渗透能力油品)及重载荷工业齿轮油或钢丝绳防锈脂	320~630
在高速运行下的卷扬缆绳	矿用卷扬机或提升机、电梯	纯矿物残留油(特殊制备高粘着高渗透能力油品)及重载荷工业齿轮油	100~320
以高速和重载荷在斜坡上运行的牵引绳	木材及矿石吊运、鼓风炉及挖斗机卷扬	纯矿物残留油(特殊制备高粘着高渗透能力油品)及重载荷工业齿轮油或钢丝绳防锈脂	220~320
中、轻载荷的中、高速牵引绳	牵引机、货物卷扬机	纯矿物残留油(特殊制备高粘着高渗透能力油品)及重载荷工业齿轮油或钢丝绳防锈脂	220~320
固定不动或暴露在水湿、化学气体中的钢丝绳	加固和悬挂用绳	纯矿物残留油(特殊制备高粘着高渗透能力油品)或钢丝绳防锈脂	200~250

2. 传动链条的润滑

1)类型

传动链条有三种基本类型:(1)可延展性铁链;(2)套筒滚子链;(3)齿形链。

2)传动链条润滑剂的选用

选择传动链润滑剂时,主要考虑链的速度、载荷、间隙、工作温度等各种条件,表 4-8 和表 4-9 表示这些参数与润滑剂黏度的关系,润滑剂品种可选用通用机床润滑油(L-AN 或 L-HL)。

3)链条润滑方法

(1)毛刷润滑。用刷子或注油壶定期地在链条松边的内外链板环接处加油,最好是工作 8h 加一次。其加油量和周期应足以防止链环接处的润滑油变色。

(2)滴油润滑。利用滴油油杯将油滴落在两铰接板之间。其加油量和周期应足以防止链环铰接处的润滑油变色。

(3)油浴或油盘润滑。利用油浴润滑时,将下侧链条通过变速箱中的油池。其油面应达到链条最低位置的节圆线上。利用油盘润滑时,则链在油面之上工作。油盘从油池里带上的油常利用一油槽导引,使油沉降至链上。油盘的直径应足以产生 3.3~4.5m/s 的旋转速度。链宽大于 125mm 时,应在链轮两侧都装油盘。

(4)喷油润滑。这种润滑是对每条传动链供给一连续的油流。油应加在链环的内侧,正好对准链板环接处,沿着链宽很均匀地散布到松弛一侧的链上。表 4-10 列出各种润滑方法所允许的最高链速。

各种工作条件下钢丝绳损坏原因及润滑对策 表 4-7

工作条件	(1)钢丝绳在工业或海运环境中工作	(2)钢丝绳承受严重磨损	(3)钢丝绳绕绳轮工作,但(1)(2)条件不是关键的	(4)同(3),但用摩擦传动	(5)钢丝绳不承受弯曲,吊挂用
钢丝绳损坏主要原因	腐蚀	磨损	疲劳	疲劳、腐蚀	腐蚀
典型用途	在船上、码头或污染的空气里工作的吊车、吊杆	矿山牵引、挖掘机,拉铲式挖掘机,铲斗和扒矿绞车	吊车,抓斗,杆子吊绳,打桩机,打井,钻井机	升降机吊挂,补偿和控制绳摩擦绞盘上的矿山提升绳	吊车和挖掘机的下垂绳。桅杆和烟筒拉绳
涂油要求	很好地穿透到钢绳内部。排出湿气能力。防护内外腐蚀。能耐冲刷、耐乳化能力	好的抗磨特性。好的粘附性,耐机械力磨损的性能	很好地穿透到绳内部。好的润滑性能。耐甩掉的性能	不打滑的特征,能很好地穿透到绳内部,排出湿气能力,防护外腐蚀	好的耐腐蚀能力。耐冲刷能力。耐表面破裂性
润滑剂种类	通常用溶剂,以便留下一层(0.1mm)厚而软的润滑膜	通常用很黏的油或含 MoS_2 或石墨的软润滑脂	通常用质量好的、一般用途的、约 SAE30 的黏度的润滑油	通常用溶剂分散的、暂时的防腐蚀剂,使留下一薄层半硬膜	通常用相当稠的沥青类化合物并加溶剂以利于施用
加注方法	人工或机械	人工或机械	机械	人工	人工
加注时间间隔	每月	每月	每日	每月	6 个月 ~2 年

注:间隔指的是普通情况。运转的频率,环境条件和涂油的经济性决定所需要的工作时间间隔。

链条润滑用润滑油(脂)黏度(针入度) 表 4-8

链条载荷 MPa	链条速度(m/s)						
	<1	1~5	>5	<5	5~10	10~100	>100
	手加油			过油箱			
<10	70~100	50~80	30~60	50~80	30~60	20~40	10~20
10~20	80~120	70~100	60~80	80~110	70~100	40~60	20~40
>20	160~240	120~160	80~120	160~200	120~160	80~120	65~100

注:可用针入度 310~340 的二硫化钼锂基脂。

链条润滑用油黏度 表 4-9

工作环境温度(℃)	适用黏度(40℃)(mm^2/s)	润滑方法		
		链速<3m/s	3~8m/s	链速>8m/s
0	30~40	油浴、涂抹、手浇	油浴、涂抹、滴油	圆盘、喷射、循环
0~10	50~60			
10~40	100~120			
40~70	160~240			

各种润滑方法所允许的最高链速(m/s) 表 4-10

润滑方法	链号									
	30	40	50	60	80	100	120	140	160	200
手工滴油	2	1.6	1.3	1.1	0.9	0.8	0.7	0.6	0.5	0.4
油浴	9.3	7.0	5.5	4.6	3.5	2.8	2.3	2.0	1.8	1.4
泵送	15	12.5	11.0	10.0	8.3	7.1	6.6	6	5.5	5.0

3. 离合器、联轴器的润滑

1)离合器的润滑

(1)电磁离合器。多装在变速箱中,和轴承、齿轮等摩擦副共用一种润滑油。考虑各摩擦副润滑的需要和油的黏性太大会使离合器脱开时间太长,推荐用 N15 主轴油或 10 号变压器油 +1% 油性添加剂,使用油的黏度(40℃)最大不超过 30 mm^2/s。

(2)摩擦离合器。除了电动起重机中的摩擦离合器外,只要求润滑引导摩擦片压紧和松开的离合器轴承,可用油或脂润滑。用脂润滑时,用脂枪加脂,推荐短纤维的 4 号钠基脂。用油润滑时,推荐用 N100 号汽轮机油;某些类型的起重机摩擦离合器要求用油润滑和冷却,推荐选用 L-HL46 液压油。

(3)超越离合器。滚子式超越离合器可根据速度来选油,高速时选用 L-AN32 全损耗系统用油,中速时选用 L-AN68 全损耗系统用油,低速重载荷时选用 40 号柴油机油。楔块离合器用脂润滑时,推荐用 2 号钠基脂。同时有滚子又有楔块的组合式离合器,应选用具有极压性和抗磨性的润滑剂。操作环境温度在 -10℃ 以下,要求采用凝固点为 -35℃ 和黏度(40℃)为 15mm^2/s 的润滑油,如 45 号变压器油。

2)联轴器的润滑

啮合式联轴器可用油或脂润滑,其种类见表 4-11。用油润滑时应注意油的注入及密封,还应开通气孔。

选用联轴器润滑油、脂的规范 表 4-11

联轴器类型	润滑剂类型	润滑剂牌号①	润滑剂用量	换油脂周期②	对润滑剂特殊要求③
双头齿型	脂	0 号或 1 号脂	装满联轴器	6~12 个月	黏着性要好,对密封要求不严
	油	N150 齿轮油 N220 齿轮油	装一半,使静止时不漏油	12 个月	对密封要求不严
	油	N150 齿轮油 N220 齿轮油	足够的流量	6 个月	沿轴向连续地通过联轴器、无密封
单头齿型	脂	0 号或 1 号脂	装满联轴器	6~12 个月	附着性要好,对密封要求不严
	油	N150 齿轮油 N220 齿轮油	装一半,使静止时不漏油	12 个月	普通矿物油,对密封要求不严
	脂	0 号或 1 号脂	联轴器两端都装满	6 个月	附着性要好,对密封要求不严

续上表

联轴器类型	润滑剂类型	润滑剂牌号①	润滑剂用量	换油脂周期②	对润滑剂特殊要求③
牙嵌式	油	N150 齿轮油 N220 齿轮油	足够的流量		沿轴向连续地通过联轴器，无密封
弹簧片式	脂	0 号或 1 号脂	装满联轴器	1000h	对密封要求不严
盘式弹簧	脂	2 号或 3 号脂	装满联轴器	12 个月	对密封要求不严
	油	N150 齿轮油 N220 齿轮油	足够的流量		沿轴向连续地通过联轴器
十字滑块式	脂	2 号脂	中间滑块的空隙充满脂	100h	适合采用球轴承脂
	油	N220 齿轮油	中间滑块的空隙充满油	1000h	有时采用浸满油的毛毡垫
滚子链式	脂	1 号或 2 号脂	充满壳体	1000h	对密封要求不严
	油	N150 齿轮油	充满壳体	500h	对密封要求不严

注：①也可以采用联轴器生产厂推荐的润滑剂；对于载荷大的部位建议用黏度高的润滑油或二硫化钼锂基脂；对于低运转温度下的整装联轴器应该用合成润滑脂。

②润滑剂的寿命受工作条件的影响大。功率小、温度不超过 50℃ 又无泄漏的联轴器，换油周期可比上表的数据延长一倍。换润滑剂时应该把联轴器冲洗干净。

③在通常情况下，普通润滑油和润滑脂都可采用。对于载荷大或速度高以及偏移虽大但在第一次装配时已校正的，建议用极压齿轮油或极压润滑脂，但必须对非铁金属不产生坏影响。

4. 减速器的润滑

减速器使用初期为每季润滑一次，以后可根据油的清洁程度半年到一年更换一次，随着使用季节和环境的不同，选用油料也有所不同，参见表 4-12。

减速器润滑油的选用 表 4-12

工作条件	选用润滑油	工作条件	选用润滑油
夏季或高温环境下	CKB46 工业齿轮油	冬季低于 -20℃	DRA22 冷冻机油
冬季不低于 -20℃	CKB46 工业齿轮油		

5. 开式齿轮的润滑

一般要求每半月添油一次，每季或半年清洗一次并添加新油脂，所选用润滑材料是齿轮脂。

6. 齿轮联轴器、滚动轴承、卷筒内齿盘以及滑动轴承的润滑（表 4-13）

7. 液压推杆与液压电磁铁的润滑

每半年更换一次润滑油，环境温度在 -10℃ 以上时可用 25 号变压器油，低于 -10℃ 时，可用 10 号航空液压油。

8. 电动机轴承的润滑

电动机的种类较多，其润滑剂的选择取决于轴承类型、转速、温度和负荷等。

小型电动机常用滑动轴承，在轴承座内设有储油槽或使用润滑油循环润滑，也有用油绳润滑的，保持润滑的耐用寿命为 20000 ~ 40000h。

齿轮联轴器、滚动轴承、卷筒内齿盘以及滑动轴承的润滑　　表 4-13

零部件名称	添加时间	润滑条件	润滑材料的选用
齿轮联轴器	每月 1 次	①工作温度在 -20 ~ 50℃	①冬季用 1 ~ 2 号锂基润滑脂,夏季用 3 号锂基润滑脂,但不能混合用
滚动轴承	3 ~ 6 个月一次		
卷筒内齿盘	每 3 ~ 6 年添加一次(添满)	②工作温度高于 50℃	②用锂基润滑脂,冬季用 1 号,夏季用 3 号
滑动轴承	每 1 ~ 2 年添加一次	③工作温度低于 -20℃	③用 1、2 号特种润滑脂

中型电动机多用滚动轴承(内径 ϕ25mm 以上),使用润滑脂润滑,通常一次性装填润滑脂(轴承内装填约 1/2 脂),使用 1 年后再清洗更换。

大型电机中可用滚动轴承或滑动轴承,一般滑动轴承用油润滑,滚动轴承用脂润滑。电动机的轴承温度通常应控制在 65 ~ 80℃之间,合金滑动轴承最好低于 65℃。表 4-14 为电动机轴承用油。

电动机轴承润滑用油　　表 4-14

轴承类型		电机功率(kW)		
		100 以下	100 ~ 1000	1000 以上
滚动轴承	高速 1500 ~ 3000r/min	2 号锂基脂、2 号钙基脂,2 号钙钠基脂	2 号锂基脂、2 号钠基脂	2 号锂基脂、2 号复合钙基脂
	中速 1000 ~ 1500r/min	3 号锂基脂、3 号钙基脂,2 号钙钠基脂	3 号锂基脂、3 号钠基脂	3 号锂基脂、3 号复合钙基脂
	低速 1000r/min 以下	3 号锂基脂、3 号钙基脂,3 号钙钠基脂	3 号锂基脂、3 号钠基脂	3 号锂基脂、3 号复合钙基脂
滑动轴承	高速 1500 ~ 3000r/min	L-HL32 液压油	L-HL32 液压油	L-HL46 液压油
	中速 1000 ~ 1500r/min	L-HL32 液压油	L-HL46 液压油	L-HL46 液压油
	低速 1000r/min 以下	L-HL46 液压油	L-HL68 液压油	L-HL68 液压油

五、港口设备润滑系统常见故障原因及排除

1. 润滑系统故障的一般原因

港口设备在运转过程中,常因润滑系统出现故障而导致各个机构润滑状态不良,性能与精度下降,严重时造成设备损坏事故。

润滑系统发生故障的原因有多方面,通常有设计制造、安装调试、使用操作和保养维修不当等。

1)设计制造方面的原因

(1)润滑系统设计计算不符合实际使用要求;

(2)产品更新换代时未对传统润滑方法加以同步更新改造；

(3)港口设备使用中的维修不足，暴露部位缺乏必要的密封防护装置，油箱防漏性差，回油小于出油，加油孔位置不合理等；

(4)润滑状态监测与安全保护装置设计不完善；

(5)制造质量不佳或安装调试不良。零件油槽加工不精确，箱体与箱盖接触不严密，供油管道出油口偏小，油管折扁，油管接头不牢泄露，密封圈质量差，油封装配不好，油孔位置不正，轴承端盖回油孔装倒等。

2)保养维修方面的原因

港口设备在使用过程中，保养不充分或检修质量不高，是润滑系统发生故障最主要的原因。常见故障原因有以下几种：

(1)不经常检查调整润滑系统工作状况。即使润滑系统完好无缺的港口设备，在运转一定时间之后，难免出现各种缺陷，如不及时检查调整，就会成为隐患，进而引起设备事故；

(2)清洗保养不良。不按计划定期清洗润滑系统与加油装置，不及时更换损坏了的润滑元器件，致使润滑油中夹带磨粒，油嘴注不进油，甚至油路堵塞。这些润滑元器件都应在日常保养中清洗或更换；

(3)人为的故障。随意改动原有润滑系统，造成润滑不良；

(4)润滑系统自动监控装置发生故障或调整有误而失去监控功能，因而不发或错发信号。

2. 加油元件、润滑装置及润滑系统常见故障的排除

1)加油元件常见故障的排除

(1)油环。油环润滑要求油箱油面有一定高度，使浸油高度为其直径的1/6~1/5。当油面过低时，带进轴承的油量不足，发生润滑不良，甚至完全失效；反之，油面过高，油液受到激烈搅拌(特别是随轴旋转的固定油轮)，使油箱发热，也不利于润滑，故应经常保持规定的油面高度。

(2)压注油杯。压注油杯都是由弹簧顶住小钢球遮蔽加油孔，以防止尘埃落入杯中。这种油杯结构简便，且效果好，使用非常广泛，但也经常出现弹簧卡死，钢球遮不严，脏物易积集孔中而堵塞。要正确使用加油工具，及时修复或更换已损坏的油杯。

(3)弹簧盖油杯。利用毛线油芯使杯中油液渗入摩擦表面。常见故障是油芯脏污或油芯插入油芯管中太浅，或者因油芯材料缺少而用棉纱代替，都将影响流油量。

(4)针阀式注油杯。针阀式注油杯是利用针阀锥面间隙调节滴油量大小，可根据设备运转强度调整间隙量大小，并由爪形闩固定针阀锥体。当设备使用日久，油中的胶质粘附锥体或脏物积聚在针阀出口，间隙逐渐变小，流油量也随之减少甚至堵塞，造成零件干磨损坏，应经常清洗和调整油杯。

2)润滑装置常见故障的排除

(1)齿轮油泵常见故障及其排除方法，如表4-15所示。

(2)回转活塞油泵常见故障及其排除方法见表4-16。

(3)叶片油泵常见故障及其排除方法见表4-17。

(4)离心泵常见故障及其排除方法见表4-18。

(5)润滑油过滤器常见故障及其排除方法见表4-19。

(6)冷却器常见故障及其排除方法见表4-20。

齿轮油泵常见故障及其排除方法 表 4-15

故障现象	原因分析	排除方法
噪声大,压力波动大	1. 泵体与泵盖接触面不平,旋转时有空气吸入 2. 卸荷槽位置不合理 3. 齿轮齿形精度不高,齿面磨损或研伤 4. 滤油器被脏物堵塞或吸油管口贴近滤油器底面 5. 吸油管口露出油面,油泵吸油位置太高 6. 传动轴上骨架式回转轴唇形密封圈损坏或密封圈内弹簧脱落 7. 泵与连接电动机的联轴器不同轴或有松动 8. 齿轮轴各部分不同轴或轴已弯曲,轴承已损坏	1. 若泵体与泵盖平面度不好,可在平板上用金刚砂研磨,使平面度不超过 0.005mm。若有毛刺,可用油石磨掉或加纸垫 2. 更换泵盖或修正卸荷槽 3. 更换齿轮或对齿轮进行修理 4. 清除污物,移动吸油管口盖,使其距离滤油器底面 2/3 高度处 5. 吸油管应深入油池,吸油口至油泵的垂直高度不得超过 500mm 6. 更换密封圈,避免空气吸入 7. 调整联轴器使两者同轴度误差不超过 0.2mm;更换联轴器中已损坏或失效的零件 8. 更换齿轮轴或进行修复,更换已损坏的轴承并调整使其适度
流量不足,压力上不去或压不出油,容积效率降低	1. 齿轮磨损使轴向间隙或径向间隙过大,内泄漏严重 2. 油黏度太大或油液温度升高使得油黏度太低 3. 液压密封圈失灵 4. 各连接处泄漏引起空气混入 5. 压力阀的阀芯在阀腔内移动不灵活 6. 吸油高度太大,超过油泵允许最大吸入高度 7. 吸油口和排油口接错 8. 吸油管堵塞 9. 电动机反转 10. 泵内没有灌注油(专指大流量的 XCB 型斜齿轮泵)	1. 修复零件,调整间隙,使轴向间隙保持 0.03 ~ 0.04mm 2. 校正黏度,可考虑选用黏温性较好的油 3. 更换密封圈 4. 紧固各连接处螺钉,检查密封圈安放是否正确 5. 检查并调整压力阀 6. 降低吸油高度,提高吸油面或补充油液 7. 重接吸、排油口的接管 8. 检查、修理、清除堵塞 9. 检查、调换电动机接线 10. 拧开泵体顶部螺堵并向吸油室内灌油
油泵旋转不灵活	1. 装配时盖板与轴不同轴;滚针质量差,滚针折断,滚针轴承不干净;齿轮有毛刺,轴上的螺栓紧固脚太长 2. 轴向或径向间隙过小 3. 油液中有污物吸入泵内	1. 根据检查出的不同情况,逐项加以处理 2. 修理有关零件并调整间隙 3. 严防污物进入油池,加强过滤,保持油液清洁
密封塞子被压出	1. 压盖堵塞了前后盖板的回油通道,造成回油不畅,压力升高 2. 骨架油封与泵的前盖配合过松 3. 泄漏通道被污物堵塞	1. 重新装配压盖,使回油通道畅通 2. 调整或更换骨架油封 3. 清除污物,清除堵塞

续上表

故障现象	原因分析	排除方法
排油压力高，降不下来	1. 排出管路堵塞 2. 排出管路的阀门未开或开的不大 3. 油太脏引起堵塞 4. 冬天油温低，润滑油黏度大	1. 清洗、通畅管路 2. 开启关闭的阀门 3. 加强过滤和更换润滑油 4. 加热油液
泵的密封部分渗漏、混入空气	1. 压盖没有压紧 2. 密封圈失效 3. 密封结合面不平、有毛刺 4. 结合面的衬垫损坏	1. 拧紧压盖螺栓 2. 更换密封圈 3. 研平结合面、磨去毛刺 4. 更换衬垫

回转活塞油泵常见故障及排除方法 表 4-16

故障现象	原因分析	排除方法
油压升不高，油泵不向外送油	1. 油泵反转 2. 吸油管路堵塞	1. 调换电动机电源接线相序 2. 清洗吹通堵塞的吸油管路
油压增高后突然降落	调压弹簧失效	重新装配或更换弹簧
内活塞销轴断裂，油压突然降落，油泵运转声音异常	曲线槽不在销轴轴心的圆弧上，因此销轴与滑板上的曲槽反复摩擦造成磨损	卸开油泵，按图纸检查，将滑板曲槽按正确尺寸修理；更换已磨损的销轴
油压油量调整不高，调节机构正常	曲线槽圆弧不正，使销轴移动受到限制，偏心距调不大	拆开油泵，按图检查各部尺寸是否相符，并将不正确部位加以整修
油泵经过短期运转后，电动机声音沉重，油泵转子与泵体发生摩擦	转子与泵体外壳间隙太小，转子与外壳材质不同，运转后温度升高，因膨胀系数不同而使间隙减小，甚至抱住转子无法转动	检查转子与外壳间隙并进行研磨，使间隙符合设计要求
旧式构造的泵调整连杆断裂；油压、油量突然改变，振动加剧	油压、油量调整过高，输出的润滑油间断地通过安全阀返回油箱，因此油压不稳定，引起曲柄剧烈振动，造成连杆断裂	重新更换连杆，并检查各部件有无磨损现象，然后加以处理

叶片油泵常见故障及其排除方法 表 4-17

故障现象	原因分析	排除方法
油液吸不上	1. 油液黏度过大，使叶片移动不灵活 2. 油面过低，油液吸不上 3. 叶片在转子槽内配合过紧 4. 泵体有砂眼，进出油液互通 5. 油泵旋转方向反了 6. 配流盘和泵体接触不良，高低压腔互通 7. 花键轴断裂	1. 油温低时，适当提高油温，调配或更换黏度较小的油 2. 把油加到油位线 3. 叶片在转子装配时，要求每个叶片在转子槽内能灵活移动，如果配合过紧，则需要研磨叶片 4. 修补或调换泵体 5. 纠正泵的旋转方向，并注意叶片前倾角度要正确 6. 修理正配流盘的接触面（配流盘常因受压力而变形） 7. 更换花键轴

续上表

故障现象	原因分析	排除方法
压力提不高,压力表指针摆动很大	1. 吸入空气 2. 个别叶片移动不灵活 3. 配流盘与转子、叶片间轴向间隙过大 4. 叶片与转子装反 5. 叶片顶部与定子内壁接触不良 6. 配流盘内孔磨损	1. 检查吸入口及盖板处的泄漏情况以及吸油滤油网是否畅通 2. 检查叶片,过紧的可单槽配合研磨处理 3. 检查配流盘端面间隙及是否凸凹不平,可在板上推平;如转子端面磨损,应适当与定子厚度相配 4. 纠正转子和叶片的方向 5. 在专用工具上将定子内壁磨损处抛光 6. 调整端面、或在平板上用金刚砂推研或更换配流盘
油量不足	1. 配流盘与转子、叶片间轴向间隙过大 2. 转子槽与叶片间隙过大 3. 叶片与定子接触不良 4. 叶片与定子表面间径向间隙过大	1. 转子宽度小于定子宽度,叶片宽度小于转子宽度,配流盘过凹,后盖没有紧固,应适当调整上述配合零件间隙 2. 调整转子槽与叶片间隙 3. 定子磨损一般在压油腔,可转动 180℃ 再装上(即将吸油腔变作压油腔) 4. 调换新的叶片。转子轴颈磨损后,单配配流盘的孔径
噪声异常	1. 叶片高度不一致 2. 定子内圆曲线不良 3. 转子和叶片松紧不一致,个别叶片在槽内卡死 4. 配油盘产生困油现象 5. 配流盘垂直度不良,叶片垂直度不良 6. 主轴油封过紧,手摸轴及端盖有烫手现象 7. 叶片倒角太小	1. 同一个叶片泵的一套叶片的长度差应保持最小,最好不超过 0.01mm 2. 定子内圆曲线要在专用工具上抛光 3. 检查转子叶片槽内的叶片是否灵活,配研个别卡死的叶片 4. 配油盘节流开口必须保持相邻两叶片中的一片经过节流槽时,另一片开启,按此关系修正 5. 校正配流盘及叶片的垂直度 6. 适当调整油封 7. 原叶片一侧倒角为 $0.5 \times 45°$,可增大为 $1 \times 45°$,其目的是在叶片运动时减小突变,减轻噪声

离心泵的常见故障及排除方法 表 4-18

故障现象	原因分析	排除方法
起动后抽不出油	1. 吸入管连接处漏气 2. 胶管磨损,有漏气孔 3. 泵体内油液不够 4. 过滤器沉入油液深度不够 5. 进油口吸入高度太大	1. 紧固吸入管连接处 2. 更换胶管 3. 将泵体内灌满油液 4. 应将其全部收入油液中 5. 降低吸入高度

续上表

故障现象	原因分析	排除方法
泵的抽油量不足	1.过滤器阻塞 2.扬程太高 3.油管上局部阻力太大 4.叶轮气蚀磨损或损坏 5.空气从密封处进入泵内 6.泵体内可拆卸板磨损	1.清理过滤器 2.降低扬程 3.排除油管扭曲现象及堵塞情况 4.清除叶轮上的脏物或修理更换叶轮 5.更换密封圈 6.更换可拆卸板
泵停止工作时,油液不能保持在泵内	止回阀磨损或阻塞	清除污垢、修理止回阀,并使阀板与吸入套管紧密相贴

润滑油过滤器常见故障及排除方法 表4-19

故障现象	原因分析	排除方法
过滤精度达不到设计要求	1.过滤材料(介质)损坏 2.烧结式滤筒颗粒脱落 3.过滤器件装配不好,进出滤芯密封不严密 4.网式过滤器介质选择不当 5.磁性过滤器流速过快或很脏	1.检查修补或更换 2.更换滤筒 3.检查重装过滤器 4.按铜丝网孔径为0.12mm(100目/in),0.08mm(18目/in)检查、更换滤网 5.调整流速为0.23~0.69m/s;清除吸附在磁块的铁屑
过滤器的通过能力下降、过滤压力损失大	1.过滤器脏污,孔隙(线隙)堵塞 2.油液老化生成的胶质粘在滤孔周壁,减少通过面积 3.选用的油液黏度过高或气温下降,使油变黏稠 4.圆盘板式过滤器堵塞严重 5.夹持滤网的内外骨架孔没有对齐 6.永磁过滤器磁块碎裂	1.进出口压力差超过规定时(一般小于0.5MPa)应清洗或更换滤芯 2.用溶剂洗除胶质,无法洗除者应更换过滤器 3.选择适当黏度的油液;寒冷地区(季节)要加热油液 4.勤转动括板,清除脏物,如仍不理想,应拆开清洗吹干 5.重新装配使之孔眼对齐 6.检查更换
油泵吸油管口粗滤器吸油不畅顺	装配不良	重新装配,使吸油管口距过滤器网底面保持2/3高度为宜

冷却器常见故障及其排除方法 表4-20

故障现象	原因分析	排除方法
进排水温差小、压差大,冷却效果不佳	1.气泡阻隔,热交换不好 2.管壁水垢厚,管孔通过截面减少,不利于热传递	1.按开动冷却器步骤重新开动,以除去铜(铝)管外壁附着的气泡 2.用化学物理方法除去管壁水垢,根据水质情况定期除垢,或使用软水剂、水磁软水装置等
冷却水中带油	热交换管(板)渗漏	找出漏点焊补或粘补;管口与管板不严,可用扩孔法修理,必要时将漏管拆除(但不多于管总数的10%),然后将管口板孔堵死

(7)离心净油机常见故障及其排除方法见表4-21。

离心式净油机常见故障及其排除方法 表4-21

故障现象	原因分析	排除方法
转筒实际转速低于额定转速	1.摩擦联轴器的闸皮磨损,间隙过大 2.摩擦联轴器打滑,摩擦部位粘上油脂及脏物,接触不良 3.电源电压太低	1.更换闸皮,调整间隙 2.将油脂及脏物擦洗干净,调整联轴器 3.检查电源电压及电动机接线方法是否正确
油净化程度差,油浑浊,颜色发暗	用澄清法时,转筒内分离出的水很快充满	打开转筒进行清洗,并检查油中含水量。如果含水量过多,应改为净化法先除水
净化能力低,效果不好,分离出的水中含有大量的油	1.油、水混合,呈乳化状态 2.油温过低,使黏度太大 3.油中含水及杂质量超过规定3%	1.取样化验,根据标准更换新油(或将变质的油再生处理) 2.提高油温至55~65℃,以降低油的黏度;检查电加热器的电源电压及接线是否正确 3.先加热沉降杂质,再进行净化
净化能力低,油和水一起流出	1.水封失效 2.脏油进入量过大、不均匀 3.选用了不合适的流量孔板	1.重新向转筒注入热水,形成良好水封 2.适当调整进油阀门,使油流速连续、均匀进入 3.更换较小内径的流量孔板
净油机工作时,座盘内出现水和油	1.转筒盖下的密封胶圈破裂或膨胀失效 2.转筒的压紧螺母松动	1.更换密封胶圈 2.拧紧压紧螺母
净油室内进水	转筒装置太高	调节止推轴承的高度
转筒振动异常	1. 在转筒内壁上淤积的渣不均衡 2.立轴颈部轴承减振器弹簧不正常	1.清洗转筒 2.更换弹簧,并调整正确
润滑泵出口压力过低	齿轮泵的齿轮端面与端盖之间的间隙太大	调整并减少齿轮侧面与端盖的间隙

(8)阀门常见故障及其排除方法见表4-22。

阀常见故障原因分析及排除方法 表4-22

阀类	故障现象	原因分析	排除方法
安全阀	不起安全作用	1.阀芯卡死 2.弹簧太紧 3.进出口反接	1.修至活动自如 2.调整弹簧压力 3.重装拧紧
	主油管压力低于正常压力,且噪声大	1.阀芯与阀体接触不良 2.脏物使阀芯接触不严	1.修理接触表面,使之光滑吻合 2.清洗除去外来杂物油污等
	压力突然下降	弹簧断裂	检查更换弹簧
单向阀	没油通过	进出口反接	检查重装
	泄流阻力太大,有撞击噪声	弹簧太紧不灵活	调整弹簧压力
	逆向泄漏超允许量	阀芯(片)与阀口接触不良	检修接触表面,清除油污杂物
	螺纹泄漏	密封不良	垫好密封环拧紧螺母

(9)气动加油(脂)泵常见故障及其排除方法见表4-23。

气动加油(脂)泵常见故障分析及排除方法 表4-23

故障现象	原因分析	排除方法
气动加油泵的流量明显降低	1.进油活门卡死 2.活塞与活塞杆之间的月形槽通道被污物卡住 3.油缸活塞行程之换向顶杆的位置不对	1.拆开检查、清洗 2.拆开检查、清洗 3.检查后,重新调整换向顶杆的固定位置,以保证油缸活塞行程符合要求
气动加油泵换向不灵	1.换向气阀被污物卡住 2.电磁铁芯孔与分配活塞杆有摩擦阻碍 3.空气滤清器未正常工作	1.拆开检查、清洗 2.拆开检查并排除摩擦阻碍,并检查电气线路完好 3.检查清洗滤清器
气动加油泵压力上不去	1.汽缸或油缸与其活塞的间隙过大 2.送油管路或气路有泄漏	1.更换活塞,调整间隙 2.检查泄漏,及时堵漏

(10)润滑油箱常见故障及其排除方法见表4-24。

润滑油箱常见故障与排除方法 表4-24

故障现象	原因分析	排除方法
油箱故障性漏油(即非设计或制造质量造成的漏油)	1.油箱透气帽盖堵塞,运转中油箱自然温升,箱内气压大于外界 2.油面超过油标最高刻线 3.油箱上盖或其他盖板日久变形,使间隙增大 4.盖板垫纸破损;原有密封胶老化 5.箱盖(法兰盖)与箱体之间有杂质,使接缝不严密 6.回油箱孔被脏物堵塞而漫出 7.属于维修性的各种漏油原因	1.找出透气孔不通原因改进之;有些透气孔因内外套错位而关闭 2.加油时需按油标规定油面高度加油 3.用配刮方法使其接触均匀密贴 4.更换破损了的垫纸;用密封胶重新涂接触面(先将残留的旧密封胶彻底刮除) 5.每次揭开盖板(法兰盘)再盖(装)时,应除去杂物,除尽毛刺 6.清理脏物,采取保洁防脏措施 7.及时更换磨损零件与密封装置
油箱中含有水分	1.切削液溅入或雨水漏入 2.大气中的湿气通过透气孔"呼吸"进入箱内凝聚而成 3.装有冷却器的油箱漏水	1.检查箱体各孔板,加强密封,防止渗漏 2.加强透气孔的过滤吸湿装置 3.检查补焊漏处
油箱最高与最低油位不准	1.油箱最高与最低油位指示信号失灵,浮子渗漏下沉 2.油箱藏在地坑,油标难以看准	1.检查液位控制器,修理浮子漏缝 2.在箱顶加装测油针,定期取出观看

3）由于液压油因素引起的机械故障及其排除方法（表4-25）

由于液压油因素引起的机械故障及其排除方法 表4-25

性质的变化	容易产生的故障	与液压油有关的原因	应采取的措施
黏度太低	1.泵产生噪声，排出量不足，产生异常磨损，甚至咬死 2.由于机器的内泄漏，液压缸、油马达等执行元件产生异常动作 3.压力控制阀不稳定，压力计指针振动 4.由于润滑不良，滑动而产生异常磨损	1.由于油温控制不好，油温上升 2.使用了黏度过低的油 3.高黏度指数油长时间使用后黏度下降	1.改进、修理冷却器系统 2.更换液压油牌号 3.更换液压油
黏度太高	1.泵吸油不良，产生烧结 2.泵吸油阻力增加，产生空穴作用 3.过滤器阻力增加，产生故障 4.管路阻力增大，压力损失（输出功率）增加 5.控制阀动作迟缓或动作不灵	1.液压油黏度等级选择不当 2.设计时忽视了液压油的低温作用 3.低温时的油温控制装置不良 4.在标准机器中使用了黏度过高的油	1.改用黏度等级低的油 2.设计低温时的加热装置 3.修理油温控制系统 4.更换或修理机器
防锈性不良	1.滑动部分生锈，控制阀动作不良 2.发生铁锈的脱落而卡住或咬死 3.随油流动的锈粒导致动作不良或伤痕	1.在无防锈剂的汽轮机油或防锈性差的液压油中混入水分 2.液压油中有超过允许范围的水混入	1.使用防锈性良好的液压油 2.改进防止水混入的措施
抗乳化性不良	1.多量的水而生锈 2.促进液压油的异常变质（氧化、老化） 3.水分使泵、阀产生空穴作用和侵蚀	1.新液压油的抗乳化性不良 2.液压油变质后，抗乳化性变坏，水分离性降低	1.使用抗乳化性好的液压油 2.更换液压油
变质、老化、氧化	1.产生油泥，机器动作不良 2.油的氧化增强，金属材料受到腐蚀 3.润滑性能降低，机器受到磨损 4.防锈性、抗乳化性降低	1.由于在高温下使用液压油氧化变质 2.由于水分、金属微粒、酸等污染物的混入促进油的变质 3.由于局部受热，油温过高	1.避免在高温（60℃以上）下长时间使用 2.除去污染物 3.防止在加热器等处局部受热

续上表

性质的变化	容易产生的故障	与液压油有关的原因	应采取的措施
发生腐蚀	1. 铜、铝、铁的腐蚀 2. 伴随着空穴作用的发生而产生的侵蚀 3. 泵、过滤器、冷却器的局部腐蚀	1. 添加剂有腐蚀剂 2. 液压油的变质,腐蚀性物质的混入 3. 由于水分的混入而产生空穴作用	1. 注意添加剂的性质 2. 防止液压油受污染和变质 3. 防止水分的混入
抗泡性不良	1. 油箱内产生大量泡沫,液压油抗泡性能变差 2. 泵吸入气泡而产生空穴作用 3. 液压缸、液压马达等执行元件发生爆震(敲击),发出噪声,动作不良和迟缓	1. 抗泡剂已消耗掉 2. 液压油性质不良	1. 更换液压油 2. 研究、改进液压装置(油箱)的结构
低温流动性不良	在比倾点低 10 ~ 17℃ 的温度下,液压油缺乏充分的流性,不能使用	1. 由于液压油的性质不适合 2. 由于添加剂的性质不适合	选择合适的液压油和添加剂
润滑性不良	1. 泵发生异常磨损,寿命缩短 2. 机器的性能降低,寿命降低 3. 执行元件性能降低	1. 由于含水液压液的性质 2. 液压油变质 3. 黏度降低	1. 选油时要考虑其润滑性 2. 更换液压油 3. 更换液压油
受到污染	1. 泵发生异常磨损,甚至烧结 2. 控制阀动作不良,产生伤痕,泄漏增加 3. 流量调节阀的调节不良 4. 伺服阀动作不良,特性降低 5. 堵塞过滤器的孔眼 6. 促进液压油变质	1. 组装时机器、管路中原有的附着物发生脱落 2. 在机器运转过程中从外部混入污染物 3. 液压油的变质	1. 组装时要把各元件和管路清洗干净,对液压系统要进行冲洗 2. 重新检查装置的密封情况 3. 换油

六、港口设备润滑装置的改进

1. 对润滑装置管理的要求

(1)操作人员要正确使用和爱护润滑装置,不得野蛮操作。

(2)对标准润滑元件要有备用件储备,一经发现损坏、失效,及时更换。

(3)对进口港口设备的润滑装置的易损元件,要进行测绘,制做必要的备件。

(4)对润滑系统要定期检查,确保润滑装置性能良好,润滑系统油路畅通。

2. 润滑装置的改进

1)改进的原则

原有润滑装置不能保证正常润滑功能时,应进行改进,改进的原则是:

(1)纠正由于港口设备设计制造的原因而产生的润滑不良状态。

(2)减少人工加油工作量,避免人为因素造成的润滑故障。

(3)原有润滑装置已损坏,换用性能更优良的润滑装置。

(4)用性能更加优良的润滑装置替代原有润滑装置。

2)改进的方法

(1)改分散润滑为集中润滑。

各种类型的集中润滑装置销售,既可用于新的港口设备生产配套,又可用于老旧港口设备的改造。这些装置中,有机械式和电子式控制,使人工加油点的人工润滑变自动润滑,减少人工加油工作量和改善设备的润滑状态。

(2)给润滑系统加装状态监测显示。

采用压力传感器、温度传感器以及显示和信号系统,实现润滑装置和系统的欠压报警、超压报警或超温报警等,可避免操作人员未及时发现润滑故障而造成的设备事故。

(3)采用智能型润滑状态监测系统对重要设备的润滑状态和磨损状态实现在线连续监测。

思考题

1. 港口设备润滑管理的意义和作用是什么?
2. 港口设备润滑管理的特点有哪些?
3. 港口设备润滑“五定”管理制度是指什么?
4. 港口设备对润滑系统的要求是什么?
5. 港口设备有哪些润滑方法?
6. 如何选择合理的润滑方法?
7. 如何实施钢丝绳的润滑?
8. 试分析齿轮泵出现“噪声大,压力波动大”的故障原因及其排除方法。
9. 安全阀常见的故障有哪些?试分析引起这些故障的原因及排除方法。
10. 润滑装置的改进原则和改进的方法分别是什么?

第五章　港口设备的安全管理

第一节　概　　述

港口企业的安全生产,就是在生产过程中同时保证人员、设备和货物的安全,是港口正常高效运作的重要保证。港口设备的安全管理,就是港口企业为实现安全生产而实施的对港口设备安全决策、计划、组织、预防、控制、监督和协调的全部职能活动。

港口企业应建立港口设备的安全管理体制,坚持“安全第一、预防为主”的方针。在设计、制造港口设备时,全面考虑各种安全保护装置。在装卸工艺设计时,不仅要考虑技术合理,还要考虑生产安全,生产中,定期进行安全检查和评估,经常对操作人员进行安全教育,严格遵守设备的安全操作规程,加强设备维护,防止事故发生。

一、港口设备安全管理的任务

港口设备安全管理的主要任务是建立适应港口生产的设备安全管理体制,实施综合管理,预防事故的发生;不断改善和提高设备的安全性能和人员素质,充分发挥设备效能,确保设备安全、高效地运行,保护劳动者的安全与健康,促进企业经济效益的不断提高。

二、港口设备安全管理的主要内容

(1)贯彻执行国家和行业有关安全管理的法律、法规,按“企业负责,行业管理,国家监察,群众监督,劳动者遵章守纪”的原则建立健全本企业各级港口设备安全管理体制和安全管理监督机构。

(2)坚持“安全第一、预防为主”的指导思想,制订本企业安全管理各项规章制度,落实各级岗位安全职责,责任到人。

(3)组织港口安全生产检查、分析及评估,督促安全隐患的整改。

(4)开展安全宣传教育活动,组织安全培训教育。

(5)研究、推广安全技术。

(6)主持或参与安全事故的调查、分析、处理、上报等工作,做到事故处理“三不放过”。

三、港口设备安全管理的主要措施

(1)“三级”安全教育——新员工的集团级安全教育,分公司级安全教育、班组级安全教育。

(2)“三同时”——新建设项目、新产品、新工艺、新技术,劳动保护设施与主体工程同时设计审查,同时施工,同时验收投产。

(3)“五同时”——在计划、布置、检查、总结、评比生产工作的时候,同时计划、布置、检查、总结、评比安全工作。

(4)“三不放过”——事故因素没找到不放过，事故责任者和群众没受到教育不放过，没有制订出防患措施不放过。

(5)“六查”——查思想、查制度、查管理、查隐患、查整改、查安全设施。

第二节　港口设备的安全技术管理

港口设备安全的技术管理，是为了控制危险与不安全因素，防止发生港口设备事故而采取的技术措施和管理措施。技术措施就是通过技术手段，选用合适的安全保护装置并始终保持其有效，以确保港口设备安全可靠。管理措施就是通过制订有关制度，对人员进行安全技术教育，加强维护、检查、调整、修理，保证安全装置满足安全生产的需要。

一、港口设备安全保护装置的设置

1. 安全保护装置设置的原则

设置安全保护装置首先必须符合《起重机设计规范》(GB 3811—83)，《起重机械安全规程》(GB 6067—85)等规范的要求，同时还须满足以下要求。

(1)可靠性。企业在设置安全保护装置时，应充分考虑其对港口设备保护的可靠性。

(2)先进性。先进的安全保护装置具有更优的安全保护性能，更好的可靠性。

(3)经济性。在保证安全可靠的前提下，无需过度的保护，否则，只会使设备效益降低。

(4)通用性。便于安全保护装置的维护、保养，缩短维修周期，降低维修成本。

2. 安全保护装置设置的要求

(1)超载限制器。当载荷达到额定起重量时，发出报警信号；当载荷超过额定起重量10%时，能自动切断起升动力源，并发出禁止性报警信号。

(2)力矩限制器。载荷力矩超过设定起重力矩(或额定起动力矩)时，能自动切断起升或变幅的动力源，并发出禁止性报警信号。

(3)起升位置限制器。当起重机取物装置到达设定的上升或下降极限位置时，自动切断起升机构的动力源，并只能向安全运动方向操作。

(4)运行位置限制器。港口设备运行到设定的极限位置时，应能自动切断运行的动力源并停止运行。

(5)偏斜调整和显示装置。港口设备两侧支腿因运行速度不同而发生偏斜时，能将偏斜情况向司机指示出来，并使偏斜得到调整。

(6)幅度指示器。应能正确指示吊具所在的幅度，偏差应不大于±2%。

(7)联锁保护装置。动作相互制约的两机构或机构与装置间，应设置联锁保护，避免动作时造成设备与人身安全。

①桥架型起重机司机室门以及桥架舱口门，应与起重机的相应运行机构联锁。当门打开时，不能启动起重机。

②大车锚定装置、防爬器、夹轨器、防撞装置等应与大车行走机构联锁。

③岸边集装箱装卸桥俯仰机构与安全钩应设置联锁；外臂架位置与小车动作联锁。

④集装箱吊具各动作与升降控制应设置安全联锁。

(8)水平仪。应能检测打开支腿的起重机倾斜度。

(9)防止吊臂后倾装置。起重机变幅行程开关失灵时，能阻止臂架向后倾倒。

(10)极限力矩限制装置。起重机旋转阻力矩大于设计规定的力矩时,应能打滑。

(11)缓冲器。能吸收冲击能量,减少冲击。

(12)防风装置。其夹轨钳、锚定装置及铁鞋(顶轨器)应能承受起重机设计的非工作状态的最大风力,而不致被吹滑移。

(13)风级、风速报警器。当风力大于6级(12m/s左右)时能发出报警信号并有瞬时风速风级的显示能力。

(14)运行或倒退报警装置。港口设备倒退运行时,应发出清晰的报警声响和明灭相间的灯光信号。

(15)短路保护。总电源回路应设自动空气开关或熔断器,实现短路保护。

(16)过流保护。每个电机必须单独设置过流保护。

(17)失压保护。当供电电源中断时,必须自动断开总回路。

(18)零位保护。开始运转和失压后恢复供电时,必须先将控制手柄置于零位后,该机构或所有电机才能起动。

(19)紧急断电开关。在紧急情况下,应能切断总控制电源。

(20)接地电阻。轨道接地电阻应不大于4Ω,整机接地电阻应不大于10Ω。

(21)张紧装置。张紧装置应保证调整方便灵活、滑行可靠。

(22)防偏装置。防偏装置应调整方便灵活、转动可靠,在皮带跑偏至极限时,能发出报警信号并停止电机工作。

(23)防胶带打滑装置。输送机出现打滑时,能发出报警信号并停止电机工作。

(24)防撕裂装置。当输送带出现撕裂、戳破、接头处损坏时,能及时报警并使电动机停止工作。

(25)断链报警装置。斗式提升机、埋刮板输送机断链时,断链报警装置应能在规定的时间内使电动机停止工作并发出报警信号。

(26)防逆转装置。能够防止输送设备带载逆转。

(27)紧急停车装置。紧急情况下,现场人员能随时用停车装置的拉线开关使电动机停止工作,直到人工手动复位。

(28)泄爆装置。在密闭空间内,应能将爆燃产生的高压气体和附带的燃烧物等及时排泄。

3. 安全保护装置的维护管理

(1)港口设备操作者在交接班时,应共同检查其有效性,操作过程中也应定时检查,若有异常,应予维修。

(2)设备使用部门每季度或半年应检查、检验其可靠性和准确性,视情调整或维修。

(3)特种设备必须按规定的检测周期向注册所在地质检行政机关报检。

(4)安全保护装置修复或更换后,应按测试程序重新测试,合格并标定后才能投入使用。

(5)标定的安全保护装置,未经许可不能变动。

二、港口设备使用的安全管理

1. 制订安全操作规程

港口装卸作业潜伏着许多不安全的因素,因操作失误而引起的各类港口设备事故时有发生。制订港口设备安全操作规程,对装卸作业的每个工序、每个操作环节做出具体规定,对预防事故的发生具有重要意义。制订安全操作规程时，必须符合国家有关劳动保护政策与法规，切合本企业的实际，具有可操作性。

1）安全操作规程的构成

（1）适用范围：根据港口设备的机型、结构型式、工作环境条件，编写相应的操作规程。

（2）内容：主要包括操作前检查、操作方法、方式、操作顺序先后、操作过程注意事项、操作者的职责和权限、交接班前保养、交接班记录等。

2）安全操作规程的贯彻执行

（1）培训。规程颁布后，对操作人员进行宣讲、培训，使其掌握规程的内容和方法。

（2）实施。操作人员要严格遵守安全操作规程。

（3）检查。有关管理人员检查、督促操作人员遵守安全操作规程。

（4）考核。根据规程制订相应的考核办法，对遵守者进行奖励，对违反者进行处罚。

2. 特殊装卸作业的安全管理

重大件货物、危险品、军事物资等的装卸作业具有较高的安全风险，均属于特殊装卸作业，其组织实施应当成立专门作业组织，负责特殊装卸作业的实施，解决、协调作业过程中的问题。

装卸作业前，对作业物品进行认真的调查、分析、研究，制订详细的装卸工艺方案、安全措施以及突发事故处置预案。

1）港口重大件货装卸作业要求

（1）作业前，应按工艺要求做好设备、工属具、库场等的准备工作；

（2）机械设备的起重能力与重大件的重量（起吊总重量）应相匹配；

（3）检查各设备是否处于良好的性能状态，按要求调整、试车，熟悉性能；

（4）作业的区域内，其照明度应符合 JT 2012—88 的要求；

（5）作业现场风速大于 15m/s（7 级）时，应停止重大件吊运作业，风速大于 12m/s（6 级）时，应停止使用浮式起重机吊运重大件；

（6）司机、司索、指挥手必须按工艺方案和各自的操作规程操作。

2）危险品货物的装卸作业要求

（1）船舶载运危险货物，承运人应按规定向港口行政机构办理申报手续；

（2）装卸危险品的货种、泊位与数量，应经港口行政机构批准；

（3）详细了解所装卸危险货物的性质、危险程度、安全和医疗急救等措施，并严格按照有关的操作规程作业；

（4）装卸前，应根据货物性质，选用合适的设备、工属具，对设备进行检查；

（5）根据货物的性质和状态，在船—岸、船—船之间设置安全网，装卸人员应穿戴相应的防护用品；

（6）夜间装卸危险货物，应有良好的照明，装卸易燃易爆货物应使用防爆型的安全照明设备；

（7）对危险品泄漏或已被危险品污染，采取有效处置措施后方可作业；

（8）作业期间，不得进行加油、加水等作业；

（9）装卸易燃、易爆危险货物，附近不得携带火种、穿铁掌鞋、拖鞋进入作业现场，不能使用非防爆设备、禁止维修雷达、拨打手机，无关人员不得靠近；

（10）现场应备有充足的消防、应急器材；

(11)装卸可移动罐柜,搬运过程中,应防止液体晃动而产生静电;

(12)装卸、输送、贮存石油及其制品应符合《油船、油码头防油气中毒规定》。设备、设施、容器、管道等,应尽可能密闭,船上需有惰性气体保护系统。人员进入油罐、油舱作业前,必须先进行通风换气和检测,符合作业标准才能作业;

(13)装载危险货物的集装箱在港区内拆、装箱,应在港口行政机构批准的地点进行,并按有关规定采取相应的安全措施后方可作业。

3. 设备使用的安全培训

1)培训的基本形式

(1)"三级"安全教育。

"三级"安全教育是指对新进港职工进行集团(总)公司级教育、分公司级教育和班组级的现场岗位教育。

①集团(总)公司级教育。由安全技术部门进行安全教育,主要内容:安全生产的重要性、安全生产的方针、政策、法规等;企业生产特点以及安全生产的经验和教训;安全生产的一般规定以及防火、防爆、防机械伤害常识等。

②分公司级的教育。新职工或企业内部调整岗位的职工,分配到分公司后所进行的安全教育,主要内容有:分公司的生产特点、分公司的安全规章制度、分公司的机械设备状况、危险区域,以及防毒和有害作业的情况,分公司的安全生产情况及预防事故的措施。

③班组级现场岗位教育。指新职工或企业内部调动岗位的职工的安全检查教育,主要内容有:本岗位的安全生产状况、工作性质和职责范围;本岗位的安全规章制度和注意事项;本岗位各种工具、器具及安全装置的性能和使用方法;本岗位发生过的事故及教训;本岗位劳动用品的使用和保管方法。

"三级"教育后都必须进行考试,安全技术部门将各级教育的考试成绩记入职工安全教育考核档案备查。

(2)经常性的安全教育。

①经常性的安全教育贯穿于生产活动的全过程,通常采用安全会议、分公司大会、班组会、讲座、黑板报、简报、安全活动日、安全考试、安全知识竞赛、事故分析会等多种形式。

②坚持"三同时",即布置工作同时布置安全,检查工作同时检查安全,总结工作同时总结安全。

③对于重点设备大修,检修前责任分工,落实安全措施,设备验收前先安全检查。

④对特殊装卸作业,作业前分公司和安技部门必须制定安全措施和事故处置预案,对作业人员进行岗位、职责安全教育。

⑤职工违章以及事故责任者,由所属单位或安技部门根据情节严重情况进行处理。工伤事故责任者复工前,要经安全部门进行复工安全教育。

2)操作人员的安全培训教育

(1)培训的基本内容。

①安全生产知识:国家有关安全生产的法律、法规和标准、规范;本企业的规章制度;本岗位的安全操作规程;防火、防爆知识及消防器材的使用方法;防台风、防潮知识、防台风措施和防台风装置的使用方法;特殊装卸作业(重大件作业、有毒、易燃)的安全操作;《起重吊运指挥信号》(GB 5082—85)和有关安全标志;港内交通规则。

②起重安全技术知识:港口设备的构造、性能和工作原理;港口设备电气、液压基本知识;

港口设备主要零部件的原理、结构、调整、维护保养及报废标准；港口设备常见故障的判断与排除；一般货物的重量计算和绑挂知识；起重作业所需的基本力学知识；常用工属具的性能、使用方法、维护保养及报废标准；一般货物的起重吊点选择原则。

（2）发证。

港口设备操作人员必须经安全培训、考核合格、取得操作证后才能上岗作业。

①列入特种设备目录的设备操作人员，须经当地质监行政机关考核合格，由质监行政机关发给《特种设备作业人员证》，每两年进行一次复审。未按期复审或复审不合格者，其操作证自行失效。

②由劳动保障行政机构归口管理的操作者，须经其考核发给相应的上岗资格证。

③船舶起重机司机安全技术理论和实际操作考试均合格者发给实习操作证，上船实习6个月，确认操作熟练后，由交通行政部门或其指定的单位考核发船舶起重机司机操作证。

3）维修人员的安全培训教育

（1）培训的基本内容。

①国家安全法律、法规以及本企业的规章制度。

②安全技术知识：企业生产过程中的不安全因素及其防范措施；危险设备和危险场所及其安全防护；尘毒的安全防护；防火防爆；安全用电知识；个人防护用品的正确使用；发生事故时的紧急救护和自救；伤亡事故的报告程序等基本知识。

③安全操作教育：常用设备和工具的安全技术操作规程；熟悉有关安全标准、技术标准、维修标准和试验规范。

④事故案例教育。

（2）特种设备维修人员的安全教育。

从事特种设备维修的人员（电工、钳工、电焊工），必须经企业所在地的质监行政部门或其指定的特种作业安全技术考核中心进行安全技术理论和实际操作两部分考核，均合格者发给《特种设备作业人员证》才能上岗作业。《特种设备作业人员证》每两年要进行复审和复训，复考合格者，才能继续持证上岗。未经考核或考核不合格者不能继续从事特种设备维修。

4）企业安全管理人员的培训教育

安全管理人员是指专职负责本企业设备安全和劳动保护工作的领导和安全员。为了提高他们的思想认识、法制观念、安全管理技术知识，使他们对企业的安全生产实行最佳管理，预防事故的发生，减少职业病危害，国家劳动安全监察部门对他们进行安全培训，考核合格后，发给安全管理资格证书，才能上岗进行安全管理工作。

安全管理人员安全教育培训的主要内容有以下几个方面。

①安全管理政策教育：树立“安全第一、预防为主”和“管生产必须管安全”的思想；树立安全工作放在生产经营活动的首位，安全第一的观念；生产必须安全，安全促进生产效益的观念；尊重人、关心人、爱护人的人道主义观念；有法可依、有法必依、执法必严、违法必究的法制观念；解放思想、去旧图新的改革创新观念；树立以身作则、热爱安全工作，热爱劳动者的高度责任心。

②安全管理法规教育：学习《中华人民共和国安全生产法》、《中华人民共和国劳动法》、《国务院关于特大安全事故行政责任追究的规定》、《生产安全事故报告和调查处理条例》、《女职工劳动保护规定》、《违反劳动法行政处罚办法》、《关于加强安全生产工作的通知》等法律、法规，依法建立监察体系和确立安全生产管理机制。

③安全管理组织教育:劳动保护安全生产责任制和规章制度的建立与监督;安全教育培训与考核;安全技术措施的编制和审查;组织安全检查,监督隐患的整改;安全事故的登记、统计、调查、分析、建档;安全生产奖惩。

④安全管理知识教育:在总结传统安全管理的基础上,积极学习和运用国内外先进的安全管理方法和技术,如:全面安全管理(全面安全目标管理,全员安全管理,全生产过程安全管理和全部工作安全管理的综合管理)、安全系统工程(运用系统工程的方法,分析、评价、并控制人—机—环境系统可能发生的事故,使系统发生的事故减少到最低限度)、人—机工程学(使机器设计符合人的心理、生理特点和环境条件,既提高劳动效率又保证人的安全)、安全心理学(以减少安全事故为目的的人的心理活动规律)。

⑤港口设备安全使用知识教育:港口设备安全使用的性能、参数,适应范围,安全操作规程;港口设备的安全作业工况和装卸工艺规程;安全保护装置的性能要求;符合港口设备特点的防台风措施;防高温、防冻、防毒、防爆和职业病控制。

第三节　港口设备的现场安全管理

一、港口设备安全检查

1. 安全检查的内容与要求

1)安全检查的内容

(1)查思想认识。检查设备操作、维护和管理人员对安全工作的认识,对相关的安全法律制度、安全操作规程、安全维修检验规程等理解、熟悉和贯彻的情况。

(2)查管理。检查港口设备安全管理制度健全与落实情况,如岗位职责、安全管理规定、检查制度、交接班制度、工前会制度、现场安全教育制度。

(3)查隐患。深入现场,检查设备操作和维修过程中是否存在人的不安全行为(即违章指挥、违章操作、违反劳动纪律),设备、设施、工属具、现场环境等是否符合安全要求,尤其是以下零部件。

①钢丝绳和滑轮组:钢丝绳规格、型号是否符合要求;断丝、磨损、锈蚀、变形是否达到或超过报废标准,绳端部固定是否符合要求。滑轮运转是否正常,磨损是否超过报废标准,是否有裂纹或边缘破碎。

②安全保护装置:超载限制器、极限位置限制器、联锁保护装置、幅度指示器、缓冲器、安全阀、紧急开关、短路保护、过流保护、失压保护、零位保护、失磁保护、超速保护等是否可靠。

③制动器:动作是否灵活可靠,制动轮是否有缺陷、制动衬带磨损是否超标;制动距离是否符合有关标准。

④金属结构件:臂架、拉杆、人字架、转台、配重平衡梁、底盘、支承台车等主要受力构件的重要部位,是否有明显裂纹、脱焊、塑性变形、锈蚀。

⑤转向系统:转向是否过重或失灵,转向传动机构间隙是否过大,轮胎气压和磨损情况是否正常。

⑥液压系统:叉车起升及倾斜油缸动作是否同步,货叉的自然下滑量和门架自倾角是否符合有关标准。流动起重机械支腿伸缩是否自如,锁定是否可靠,液压变幅油缸和支腿油缸的活

塞杆回缩量是否正常。

⑦电气线路：灯光、信号、喇叭、仪表是否齐全有效。各类压力、温度等报警装置是否正常。控制器、接触器、继电器动作是否灵活可靠。

(4)查整改。对已发现的安全隐患、不安全因素及设备事故，是否按照规定的期限和要求采取有效措施进行了整改，是否已经按“三不放过”的原则进行了处理。

2)安全检查的要求

(1)建立由分管领导负责、有关人员参加的各级安全检查组织，有明确的检查目的、要求和具体计划。

(2)检查工作要做到“严、细、实”。“严”就是要求严格检查，严格管理，严格监督。“细”就是要求检查深入细致，努力发现每一个环节、每一个部位的不安全因素，不放过任何一个安全隐患。“实”就是要求检查责任落实到人，检查内容落实到位，检查结果实事求是。

(3)检查项目和内容要做到标准化、具体化、表格化，记录详细准确。

(4)做好日常性检查(日检)和定期检查(定检)和专业检查(专检)。

(5)对于发现的安全隐患要求及时消除。由于某些因素而不能立即整改的隐患，需有严格的管理措施来防备，并做到“三定”：定具体负责人、定措施办法、定整改时间，不允许有严重隐患的港口设备带病作业。

2. 现场安全检查的组织形式

港口设备的现场安全检查，应根据港口设备数量、现场分布、工作任务等情况，决定检查的具体组织形式。

1)日检

日检即操作人员的日常检查，包括以下方面。

(1)交接班检查。交接班时，交班人向接班人介绍情况，共同检查各类安全装置性能，有关零部件的安全技术状况，接班人阅读运行日志，并作好详细记录。

(2)作业中检查。作业过程中，司机应随时注意、检查设备及工属具安全技术状态的变化，发现问题，立即采取相应措施。

2)定检

定检即定期检查，包括以下方面。

(1)周检。在日检基础上，增加金属结构、各工作机构和发动机工作情况的检查。由班组长组织实施，设备分管技术人员参加。

(2)月检。在周检基础上，起重机械重点检查安全装置、电器控制设备、制动器、离合器、钢丝绳、滑轮组、吊钩、抓斗等有无异常，液压保护装置、管道连接是否正常；流动机械重点检查发动机，工作、行驶、制动和转向各系统的工作状况与性能。由基层公司设备部组织实施，设备分管技术人员参加。

(3)季检。与当月月检结合进行，对重点设备的重点部位进行检查，由分公司设备副经理组织、相关技术人员参加。

3)专项安全检查

(1)季节性安全检查，如港口设备的防台风检查。

(2)超龄使用的港口设备的安全检查与监测。

(3)有针对性地对重点设备或关键部位进行检查，防止事故的发生。

4)政府职能部门强制性检查

根据《特种设备安全监察条例》和《起重机械安全监察规定》，列入《特种设备目录》的港口设备，按其规定，由有关行政部门实行强制检测，港口设备使用、管理人员应予配合。

3. 安全检查制度的执行与监督

(1)各级管理部门必须制订港口设备安全检查制度的执行与监督办法。

(2)日检主要由司机实施，设备分管技术人员指导和监督。周检由班组长组织实施，设备分管技术人员参加。月检由基层公司设备部组织实施，设备分管技术人员参加。季检由分公司设备副经理组织、相关技术人员参加。专项检查由各级管理人员实施。

(3)实行专业监督与群众监督相结合，做到级级落实，层层监督，上级对下级监督，群众对领导监督。

(4)各级安全检查人员在现场检查时，对违反港口设备安全技术操作规程者，有权制止作业，待整改后方可继续作业。

(5)对应该查出来的安全隐患而未发现的相关责任者给予经济、行政处罚，对查出来的安全隐患整改不及时或拒不整改者，加重处罚。

(6)开展港口设备的检查评比，促进管、用、养、修水平的全面提高。

二、装卸作业现场安全检查

1. 装卸作业前的现场安全教育

1)对司机的安全要求

装卸作业前，必须召开班前会，对即将作业的司机进行以下的安全要求。

(1)作业环境的安全要求。向司机介绍现场作业的环境情况(如天气、道路、温度、粉尘、缺氧等)以及作业中需注意的事项。

(2)作业工艺的安全要求，包括货物种类、作业要求、设备配合、人机配合等安全要求。

(3)设备操作规程的安全要求，比如重大件货物、危险品等的特殊操作规程。

(4)监督司机遵守港口司机作业安全守则，如：

①必须穿戴符合规定的劳保用品，严禁穿拖鞋、高跟鞋和赤脚工作；

②严禁酒后驾驶，严禁作业中看书、闲谈和打瞌睡；

③严格遵守港区规章制度，各种车辆必须按规定路线和车速行驶；

④不得疲劳作业。

2)对相关人员(装卸工人、指挥手等)的安全要求

(1)对装卸工人的要求。

装卸作业前，必须召开班前会，对即将作业的装卸工人进行以下的安全要求：防人身伤害(包括防中毒、防腐蚀、防灼伤、防溺水、防跌伤、防击伤、防中暑、防职业病等)；防货损(包括差、错、散、漏、破等)；防设备损坏(包括机械、工具、船具、建筑设施等)；各种危险品的防火防爆。

(2)对指挥手的要求。

装卸作业前，必须召开班前会，对即将作业的指挥手进行以下的安全要求：

①必须遵守港口的安全操作规程；

②按统一规定进行正确、清楚、准确的指挥；

③作业时严格执行“五不起吊”、“三不准”、“两不松”和“三注意”。

“五不起吊”即：无指挥手不起吊；货码上有人不起吊；货码重量不明不起吊；货码有散落

危险的不起吊；不拖码起吊。

“三不准”即：包装货物不准抛码；不准拖码起吊；不准货码在人头上经过。

“两不松”即：货码摆动、打转及位置不当不松；货码下有人不松。

“三注意”即：舱底操作要注意躲避；舱面操作要注意站稳；注意站在安全位置。

2. 装卸作业现场安全检查内容

1）工属具的状况检查

港口装卸用工属具按其装卸货物类别分为：网络类；吊索类；桶装货类；吊钩类；五金专用工具类；车辆吊具类；纸张专用工具类；板架吊架类及抓斗类等。

对港口装卸工属具的检查分为工属具收发检查、现场作业前和作业中检查、日检、周检、月检和专检等。

2）载荷情况的检查

在装卸作业中，必须检查弄清货物重量及重心位置，最好使用适应各种不同货物重量及其特点的专用吊具，特别注意货物的吊挂方法、起升、降落等每个操作环节，小心操作。绝对禁止超负荷作业。

3）现场环境的检查

（1）在装有煤、硫化矿物、粮食、饲料等船舱里作业时，须测定舱内空气的含氧浓度，确认安全后方可下舱作业，并确保通风。

（2）确保设备安全距离，避免发生相撞事故。清除路障行驶时，应有专人指挥。

（3）有架空输电线路通过的场所作业，应防止触电事故。

（4）臂架下及回转范围内不得站人，摘、挂钩人员在挂好钩后应站到安全位置。

（5）夜间作业，要有足够照明度。

第四节　港口设备的防台风安全管理

一、概述

港口设备一般形体较大且靠近江、海、河、湖面，常遭台风侵袭。如遇到台风，对港口生产和设备安全构成很大威胁，还可能造成人员伤亡。搞好港口设备防台风安全管理工作，对保障港口生产与设备安全，具有十分重要的意义。港口设备及其所处的场所，应当设置锚定装置和系缆装置，定期进行检查和维护，确保其完好有效。轨道式港口设备应当设置防滑制动装置，轨道两端设置与基础紧固在一起的挡块，确保在台风作用下，设备不发生滑移。

二、防台风安全管理组织

1. 防台风指挥中心

港口集团（总）公司应成立由总经理或分管安全生产的副总经理、各有关处室（部门）主要领导组成的防台风指挥中心，并在调度部门设立防台风办公室，其主要职责如下。

（1）认真贯彻上级有关防台风工作的指示精神，严格执行国家有关安全生产规定，当风力达七级以上时，下令停止现场作业，并通知各有关单位和部门做好防台风准备工作。

（2）台风登陆前48h内，主持召开集团（总）公司防台风会议，通报台风情况，布置、检查、督促各防台风指挥分部及防台风专业组做好防台风的各项准备工作。

(3)从台风登陆前24h开始，指挥部门的领导轮流值班，必要时召开紧急防台风会议，检查落实各项防台风准备工作。

(4)加强与上级防台风指挥部门的联系，及时传达贯彻上级对防台风工作的指示，汇报防台风工作情况。

(5)抗台风期间负责全港抗台风的指挥工作。

(6)台风警报解除后，听取各防台风分支部门和各专业组的工作汇报，及时总结经验教训并向上级分管领导和有关部门汇报。

2. 防台风领导小组

集团(总)公司下属各港埠公司(分公司)根据需要成立由安全第一责任人或分管安全生产副经理任组长、安全科、技术(设备)科和生产调度等部门主要领导组成的防台风领导小组，并设立防台风办公室与专业防台风工作小组，其主要职责如下。

(1)加强与集团(总)公司总调度室和防台风指挥中心的联系，在接到台风预报后，应当迅速组织防台风的人力和物资，部署防台风的措施。

(2)在接到台风警报和紧急警报后，组织检查和落实本公司各个作业区的防台风措施，并落实24h专人值班制度。

(3)遭受台风袭击时，应当积极组织抢险救灾，把台风损失降到最低限度。

(4)台风过后，应当进行认真的总结，并向集团(总)公司防台风指挥中心汇报防台风工作情况，不断改进和完善防台风工作。

3. 防台风措施

集团(总)公司及其下属各港埠公司(分公司)安全技术和设备管理部门，应当结合本港口的具体情况，针对不同类型的港口设备，研究出相应的最有效的防台风组织措施和技术装置，提出符合港口实际情况的防台风具体措施并组织实施，履行如下职责。

(1)台风登陆前，组织人员对所有机电设备做好防台风加固工作并进行安全检查，特别是对港口大型装卸机械防台风措施进行认真检查，严格按照“谁分管、谁负责”的原则落实防台风措施。

(2)在抗台风期间，发现港口设备有紧急情况，要及时处理或组织抢救。

(3)台风过后，检查各类港口设备的完好情况，对受损设备，组织力量检修并上报。

(4)向集团(总)公司防台风指挥中心汇报机电设备的防台风情况。

集团(总)公司属下各港埠公司(分公司)的调度部门应当加强与集团(总)公司总调度室、防台风指挥中心和本单位防台风领导小组的联系，掌握气象信息，并提前通知本单位的防台风领导小组，以便于其组织部署预防工作。

集团(总)公司下属各港埠公司(分公司)应视需要，设立如物资后勤保障等防台风专业小组，主管各项防台风专业工作，履行防台风的相关义务。

三、防台风装置及其基础设施的管理

(1)加强对港口设备防台风装置的检查和维护，并对检查过程中所发现的问题限期整改。

(2)在台风季节到达前，对所有防台风装置进行一次全面的检查，确保其完好。

(3)检查和校正轨道，清理、疏通轨道两旁、锚定坑和系缆坑的出水孔，以防积水及锈蚀。

(4)润滑各锚定装置和系缆装置中的活动部位、连接件螺纹等，以保证其活动度。

(5)在用港口设备的防台风工作由机械所属单位负责。在修港口设备的防台风工作由承修单位负责，但随机专用的防台风器具由机械所属单位提供。已报废尚未处理的港口设备防台风工作由原机械使用部门负责。

(6)港口设备防台风安全装置的改型,需经集团(总)公司分管部门批准后方能实施。

(7)明确管理和维护职责,落实到人并建立奖惩制度,定期考核。

四、防台风安全措施

1. 大型港口设备的防范措施

所有港口设备,除切断机上总电源,关好所有门窗(驾驶室、俯仰操作室、机房、电气房等)外,还应分别做好如下工作。

1)门座起重机

使用相应的防滑制动装置同时将起重机锚定,盖好各种电机和行走齿轮的防护罩,拴牢机房顶盖。旋转机构允许自由转动的门座起重机之间安全距离应当大于50m,臂架摆放幅度小于最大幅度的2/3,锁紧变幅制动器,吊钩起升到最高位置。旋转机构不允许自由转动的门座起重机之间的安全距离应当大于15m。

2)岸边集装箱起重机

将装卸桥锚定,锁定小车,扬起前大梁并固定在安全钩上,用防台插销锁定大梁,确认防滑制动装置处于锁紧状态;使用专用的锚定环,用拉杆或者钢丝绳分别在轨道内外侧垂直地拉紧装卸桥的四条门腿,如不能垂直布置也可以成八字形布置;装卸吊具起升至设计规定位置,用钢丝绳拉紧并捆绑在自身门框或者设备的其他部位。吊具设有防摆钢丝绳的,应当将吊具的四条防摆钢丝绳拉紧;关好全部门窗,切断操作电源。

3)轨道式龙门起重机

参照装卸桥。

4)吸粮机

相互间安全距离大于30m,将吸粮机锚定,采取防滑制动措施。把臂架旋转至轨道平行,吸嘴放至地面,固定臂架和吸嘴。盖好并拴牢电机和齿轮箱防护罩,清理走廊和楼梯口的杂物。

5)装船机

参照门座起重机的同时,对溜筒采取捆绑加固措施(机身可回转的,溜筒应落地),将出料皮带机降低至支承位置,捆扎好输送带,卷好电缆,盖好并拴牢防雨、防潮的部件。

6)轮胎式集装箱龙门起重机

将起重机固定在防台风系缆(拉杆)地锚或系缆墩柱上,锁紧制动装置,塞上轮胎防滑块。将集装箱吊具与着地重箱连结并收紧吊具钢丝绳,密盖各种箱罩。

7)斗轮堆取料机

参照门座起重机的同时,将悬臂放低,使斗轮搁在料堆上或者固定在支承架上;在尾车与地面皮带过渡处用绳索把输送带捆在机架上。

8)露天固定式带式输送机

用绳索把无罩盖式输送带捆在机架上,检查输送带罩盖和挡风板的紧固情况,对薄弱部位进行加固(特别是与码头、引桥等的连接部位)盖好并拴牢开关箱和配电箱。

9)轮胎起重机

将起重机停放到指定地点,臂架前端着地,锁定旋转机构和行走制动器。

10)输油臂

固定旋转部位,收拢输油臂并使之固定。

2. 流动机械设备的防范措施

1)当接到台风预报时

(1)把机械整齐地摆放在机械库场或不阻碍交通的地方;

(2)臂架前端着地;

(3)收紧转盘制动和行车制动,关好机房门窗。

2)平时作业完毕后

(1)轮胎式起重机、汽车式起重机等停车时,停车制动器必须上闸;

(2)各操作手柄及液压控制手柄都要复位(零位),制动器应上闸,回转机构要锁紧;

(3)轮胎气压要达到额定气压,在每个轮胎处相向塞上轮胎防滑块,并关好门窗。

第五节　港口设备的事故管理

一、概述

港口设备在运行、维护、修理、吊运或者停放过程中遭受非正常损坏,造成停机或性能下降甚至报废时,视为港口设备损坏事故,简称为机损事故。发生事故的原因是多方面的,一般有以下几种。

(1)设计的原因:港口设备的结构、机构、电液及控制系统中,设计的结构、尺寸、技术条件、安全裕度、材料、元件等选择不合理,安全装置设置不完善等。

(2)制造的原因:港口设备零件、结构件在加工、焊接、锻(铸)造、热处理、装配过程中,工艺质量不符合设计要求。

(3)安装的原因:港口设备在安装过程中,主要精度指标不能满足要求;调整不当。

(4)使用的原因:港口设备在使用中长期超载荷;使用作业条件不符合设计要求;技术管理不当;操作不熟练或误操作;操作者违章作业或责任心不强、缺乏应有的安全知识;对事故的发生存有侥幸心理和冒险心理;主观预见能力有限;过度疲劳与精力不集中。

(5)保养维修的原因:在使用过程中,缺乏保养或失修;备件质量不合格;局部改进不合理;修理计划不周全;技术管理不当;润滑不良;液压系统元器件或设备零部件失灵。

(6)环境方面的原因:气候;光线;粉尘与噪声;复杂的交叉作业环境等。

机损事故一般分为4级:轻微事故、一般事故、重大事故、特大事故。其中特大事故须按国务院特大安全事故处理规定执行。

二、港口设备事故调查与分析

1. 事故调查与分析人员的组成

(1)轻微及一般机损事故,由发生事故单位设备分管部门和同级安全部门组成调查组,进行调查和分析。

(2)重大机损事故,应由集团(总)公司设备分管部门组织同级安全等有关部门和发生事故单位的设备、安全等有关部门组成调查组,进行调查和分析。

(3)特大机损事故,按国家有关规定,由政府有关部门组织调查、分析。

(4)机损事故造成人身伤害时,按国务院《生产安全事故报告和调查处理条例》处理。

2. 事故现场的保护

(1)机损事故发生后,如有人员受伤,必须先抢救受伤者,并采取措施制止事故蔓延扩大。

(2)凡与事故有关的物体、痕迹、状态不得破坏。

(3)为抢救受伤人员需移动机械或其他物体时,必须做好现场标志。

(4)事故发生单位,应对现场进行保护。

3. 事故的调查

1)现场物证收集

(1)现场物证包括:设备状态、货码、工属具、作业现场、破损部件、碎片、残留物、飞溅物等,所有物证应保持原样。

(2)现场搜集到的所有物证均应贴上标签,注明地点、时间、管理者等(一般及以上机损事故必做)。

2)事实材料的搜集

(1)与机损事故鉴别、记录有关的材料。

①发生事故的单位、时间、地点、设备名称和编号。

②肇事者姓名、性别、年龄、文化程度、职业(工种)、技术等级、工龄、健康状况、接受安全教育情况、接受技术培训情况。

③肇事者开始工作时间、发生事故时间、工作内容、至发生事故时工作总量、作业程序、操作时的动作或位置。

(2)与机损事故相关的资料。

①机损事故发生前机械设备的性能和质量记录(包括:运行日志、修理记录、履历册上有关摘录)。

②损坏部位材料的质量资料,必要时对损坏部位的材料进行物理或化学实验分析。

③有关机械的设计和工艺方面的文件、工作指令和规章制度方面的资料及执行情况。

④关于事故现场工作环境方面的状况,包括:气象资料、照明、通风、声响、道路、地面状态等。

⑤其他可能与事故有关的细节或因素。

3)证人材料的搜集

事故调查组要尽快找被调查者(肇事者、在现场的工作人员、目击者)搜集材料。根据证人的口述材料填写事故调查记录表。

4)现场摄影或录像

重大或特大机损事故,以及机损事故导致伤人的事故,采用摄影或录像显示事故现状、损坏部位,可能被清除或被践踏的痕迹、刹车痕迹、地面和建筑物的伤痕、事故现场全貌等信息内容。

5)事故图

一般及一般以上的机损事故应附有事故图。事故图应包括了解事故情况所需的信息,如事故现场示意图、作业流程图等。

4. 事故的分析

(1)通过对机损事故全面调查,分析其直接和间接原因,确定事故责任人。

(2)根据调查情况分析事故的因素。

(3)以事故分析会形式审定调查分析的结果。

三、港口设备事故处理

1. 对事故责任人的追究

(1)有下列情况之一者,应追究有关领导人的责任。
①新购(造)及大修后的港口设备未按规定验收,擅自使用。
②缺乏管理,无证操作或操作设备与证件标注不符。
③港口设备有不安全的隐患或缺陷,而又未及时采取措施消除。
④违章指挥。
⑤报废的港口设备继续使用。
⑥缺乏安全技术操作规程或操作规程不健全。
⑦严重失修或超负荷运转。
⑨安全措施不当。
(2)有下列情况之一者,应追究有关人员责任。
①冒险作业、违章操作。
②港口设备无安全保护装置。
③不按维修工艺规程、修理标准进行保养修理。
④对港口设备作出错误的技术鉴定。
⑤违反劳动纪律,擅离岗位。
⑥玩忽职守或违反装卸工艺规程。
⑦安全措施不当。
2. 整改
所谓整改,就是通过事故暴露出来的问题,检查企业安全思想上的死角和安全管理上的漏洞以及设备上的缺陷,一一加以改正。按事故的"三不放过"的处理原则,把处理一宗事故作为提高企业安全管理水平的新起点。对属于劳动纪律、工艺和作风上的问题进行整顿,对设备自身存在的问题进行改进或改造,从而堵塞安全管理上的漏洞和消除设备上的事故隐患。
抓好整改工作,除了事故单位受到教育外,还有全局性的指导意义,可起到"别人吃一堑,自己长一智"的作用。为此,应根据事故的类别,在一定的范围内进行通报,并在一定的专业会议上进行讨论,使相应的单位和相关的部门从中受益,采取相应的预防措施,从而使集团(总)公司在总体的安全管理水平得到提高。
3. 事故调查处理的报告
(1)轻微事故于每月5日前填报《机损事故统计月报表》,报集团(总)公司设备分管部门。
(2)一般机损事故自发生之日起,由事故单位在15日内填写《机损事故处理报告》一式三份,分别报集团(总)公司设备分管部门(二份)、安全分管部门(一份)并由集团(总)公司报上级分管部门。
(3)重大机损事故自发生之日起,由事故单位在30日内写出书面报告,一式四份分别报集团(总)公司设备分管部门、安全部门,并由集团(总)公司报上级分管部门。
(4)特大机损事故,按国家有关规定办理。

第六节　港口设备的安全管理工作评价

一、概述

港口企业生产中,由于船舶到港的不平衡以及为抢生产进度而影响设备检查与维护,带来一定的安全隐患，过分强调安全而忽视港口生产的不平衡性和时效性，会使企业失去生产良机。港口设备事故的发生具有较大的偶然性和必然性，过度的安全投入不会必然降低事故频率，通过对港口设备的安全技术状态、使用环境、基础设施技术状况、规章制度、操作维护人员素质做出定性或定量的评价，就能比较好地解决这一问题。

1. 安全管理工作评价的任务

(1)从设备选型、制造、安装调试、使用、维修直至报废全过程考虑安全管理问题，找出潜在的危险因素，并提出相应的安全措施。

(2)促进设备安全管理工作标准化。通过评价港口设备或生产的安全性是否符合有关标准和规定，从而实现安全技术与安全管理的标准化和科学化。

(3)对港口设备状况及潜在事故进行定性、定量分析和预测，寻求系统安全的最优方案。

(4)对在用港口设备进行定期检测，为设备安全使用提供决策依据。

(5)通过安全工作评价，建立一个企业安全工作评价标准来衡量安全工作。

2. 安全管理工作评价主要内容

(1)危险的辨识：查明系统中可能出现危险的种类、条件、范围及程度。

(2)危险的测定与分析：通过事故测定，分析可能会造成的伤害和损失。

(3)危险的定量化：把存在的危险量化处理，对其危险程度、可能导致的损失及伤害程度进行客观评定，确定安全与危险的界限。

(4)危险的控制与处理：采取措施消除危险，如规避、限制、转移、消除等。

(5)综合评价：对危险进行发生概率与程度等级评价，同既定的安全指标或标准比较，明确安全工作的水平，进而找出改善安全状况的最佳方案。

3. 安全工作评价应注意的问题

(1)评价的项目应能真实反映企业安全工作状况。

(2)评价的方法应简单易行，便于操作。

(3)评价的内容应能被考察及衡量，以便量化。

(4)评价的基准及尺度应一致，以便比较。

二、港口设备的安全管理工作评价

1. 资料管理工作评价

港口设备安全运行积累的资料，包括投产调试报告(技术参数)、技术操作规程、安全操作规程、运行日志、维修工卡、设备履历册、隐患及整改记录、机损事故报告和安委会会议纪要等，是实现设备安全管理目标、改善港口设备安全技术状况、制定企业规章制度的重要依据，对港口设备寿命期内充分发挥其最大效益有着十分重要的参考价值。

(1)投产调试报告(技术参数)：新设备购置后所进行的空载、重载及超载调试的原始数据，包括金属结构变形量、机构的安全能力、各电机的特性数据及安全保护装置的性能参数。

(2)技术操作规程：港口设备用户手册所提供的操作技术要求，要求操作者熟练掌握。

(3)安全操作规程：根据港口设备的技术要求而编写的安全注意事项，要求操作者熟记。

(4)运行日志：设备的技术状况检查、当班运行情况及故障发生情况等的记录。

(5)维修工卡：是维修工进行故障维修或保养的派工单，记有维修项目及安全注意事项等，完工后由负责人签名确认。

(6)设备履历册：每台机一册，记有设备维修、检测、改造等详细事项，有关人员能从中清楚了解该设备的历史及现状。

(7)设备隐患及整改记录:港口设备的各种检查存在问题的记录,包括隐患类别、内容、整改方法、整改部门、项目负责人、完成期限、实际完成时间、验收等。

(8)机损事故报告:记录设备事故发生的单位、时间、地点、责任人、事故经过、事故因素分析、造成的损失、整改、预防措施等。

(9)特种设备档案:包括产品合格证、图纸、安装使用说明书、质量证明书等资料;日常使用、保养、维修、变更、检查、试验验收记录。

(10)安委会会议纪要:安全生产委员会会议讨论决定与生产及设备有关的安全管理问题。

2. 安全管理规章制度评价

1)安全管理机构

(1)建立企业安全生产委员会。

建立以总经理为领导,由安全、设备、调度等部门和工会组织参加安全生产委员会。研究安全生产的方针,讨论存在问题,督促检查各项工作的落实情况。

定期举行会议,并做详细记录形成文件。会议所讨论研究的问题,最后要由总经理等决策人员进行决策,指挥下属部门执行,并授权安全监督管理部门进行监督和指导。

(2)建立安全管理组织机构。

建立安全网络,指定各部门安全负责人。

(3)配备专职管理人员。

配备一定数量的专职安全管理人员,经培训、考核,合格并上报后才允许上岗。专职安全管理人员对于安全知识和技能应有相当了解和经验,能处理突发事故,对安全生产的管理工作负责。

2)安全生产规章制度

规章制度是企业管理的重要内容,是组织生产活动的重要手段,也是每个职工必须遵循的行动准则。

(1)各级安全生产责任制度。

对任何人的安全工作、行为、职责作出明确的规定,确保互相配合,互相监督。

(2)安全生产奖惩制度。

为了不断提高职工安全生产意识,发挥其积极性和创造性,防止和纠正违章指挥、违章操作和违反劳动纪律的行为,杜绝安全事故的发生,必须制订并严格执行奖惩制度。

(3)安全值班制度。

专职安全员三班轮流值班,在作业现场巡回检查,认真监督操作人员是否按操作规程进行,发现违章情况及时纠正,及时发现并指出在安全方面需要加以注意或改进的问题,并书面记录。在台风期间更要有各级领导值班。

(4)各工种安全技术操作规程。

制订各工种安全技术操作规程并组卷汇编,要求操作人员认真学习遵守执行,绝不能凭其经验或记忆来进行作业。

(5)特种设备管理制度。

起重机械、叉车等港口设备属特种设备,由于其特殊性和危害性,国家已制定相关法律、法规,企业必须制订相应的管理制度,包括安全技术操作规程,保养和维修及年审制度等,以确保设备运转的安全性和有效性。特种设备作业人员应持有《特种设备作业人员资格证》上岗。

(6)危险品作业管理制度。

对于危险物品，要有适当的标志，分类管理，专人负责，并配备足量、适用的安全器材，必须制订动火审批制度、装卸作业报批制度、特殊作业工艺方案、突发事故处置紧急预案。

(7)防护用品的发放和使用制度。

对于防护用品的使用要有明确规定，并经常检查其性能，对失效或效力下降的应及时予以更换。对操作人员进行必要使用训练。

(8)安全用电制度。

在生产中，要特别注意用电安全。对于电气设备和供电线路要派专人定期进行检查维护，确保绝缘良好，线路设置合理，临时线路必须经审批。检修电气设备时，要拉掉电源开关，挂上警告牌或派专人看管，确定检修完毕方可送电。

(9)设备检查制度。

明确设备日检、周检、月检、季检制度，规定检查内容、落实检查人员，对检查中发现的问题及时整改。特种设备要主动申请和配合质监机构的检验。

3. 安全技术措施计划评价

安全技术措施计划是港口企业生产技术、财务、计划的重要组成部分。它对有计划地改善劳动条件、保证生产安全，防止发生工伤事故和职业病，提高劳动生产率，都有重要的作用。

(1)在港口设备更新、改造资金中提取一定数量的资金作为安全技术措施的经费。安全技术措施包括以改善劳动条件、防止工伤和预防职业病为主要目的的一切技术、组织措施。如安全技术和劳动卫生措施、生产辅助设施和安全生产教育措施等。

(2)制订防暑、防汛、防火、防台风的工作计划与应急预案。

(3)在"计划、布置、检查、总结、评比"生产的时候，同时"计划、布置、检查、总结、评比"安全工作。

(4)在新建、改建、扩建项目中做到劳动安全设施与主体工程同时设计，同时施工，同时验收并投产。

(5)生产、操作、维护、检查过程中为协调与安全而配置的通信设备，应良好有效。

(6)对现场生产的职工进行定期的身体检查。

(7)对粉尘污染较大或有毒害工作环境中工作的职工定期换岗，以防职业病。

4. 安全生产教育评价

通过安全生产教育，使职工熟悉和掌握劳动保护法规、制度和安全生产方面的技术知识，树立安全生产的思想，遵守安全生产规章制度。安全生产教育的内容主要有安全法制教育、安全知识教育、安全技能教育和安全态度教育等方面。

5. 事故处理评价

为防止事故的重复发生，每一项事故处理都要本着"三不放过"的原则。

6. 基础设施技术状态评价

(1)码头结构应完整，其承载和靠泊能力明确。未经批准，严禁在码头上打洞、凿眼或安装任何固定设备，以保证码头结构的安全完整。每逢暴雨、洪水、台风前后，各有关部门应派人对所属重要港口设施进行检查，发现问题及时处理。码头被撞，需经专业人员鉴定、修复后才能继续使用。

(2)码头护舷及锚固件应完好，撞坏或松动应及时修理或更换，保证船舶靠泊安全和维修人员安全。

(3)作业场地应整齐，无下沉，无严重凹、凸现象，有围栏或划线标志，承载能力明确，货物堆放应定位、集中、整齐、安全、符合标准，不妨碍机械设备操作和通行，并应有良好的排水性。装卸场地和堆场应保持装卸人员、装卸机械和车辆有足够的活动范围和必要的安全距离。

(4)港区交通出入口至少分设两处，实现人货分流。港区道路平坦、畅通，有足够的照明，道路急弯，陡坡或交叉处有明显的警告和信号装置。港区内生产需要的坑、壕、池、走台、升降口等应有盖板或围栏。所有排水系统、明沟、暗沟需通畅，沟内无易燃易爆物，亦不得随意开挖。港区内设机动车停车场，在港区内行驶的车辆须慢速。

(5)设备轨道应完好并符合标准，轨道上不许有异物，对轨道的平行度、波浪度、连接、固定应定期检查、鉴定、维护、调整，并做好全面记录。局部拆除或调整轨道时，须做安全方案，防止设备出轨。

(6)所有生产性建筑物必须按规范要求设置防雷设施，其接地电阻值应符合规范要求。防雷装置(地网)应定期检查测试，试验记录应齐全。港口基础设施和机械设备还应按规定配备充分的消防设施，防台风设施应充分有效。

7. 设备技术状况评价

1)港口设备的生产适应性评价

港口设备的技术状况、工作能力若不能满足生产要求，就会有一定的危险性。在特殊情况下不得已而投入使用，必须有相应的技术和管理措施，以确保安全。同时，还应关注其适应性变化，以防事故发生。

2)港口设备防护装置的评价

(1)起升高度限制器应能保证起重机的起升、下降范围符合规定要求。

(2)起重机必须设有超载保护装置并正常有效，动作时必须自动切断电源并发出声光报警信号，此时起升机构仅能作下降运转。

(3)起重机在每个运行方向应设行程限位开关，与地面连续输送机械相配合的斗轮堆取料机、装船机的回转平台也须设置回转行程限位开关，行程限位开关与撞块位置的确定应充分考虑机械运动的惯性，保证机械在正确的位置能制动停车。

(4)港口设备运行台车外端处应安装缓冲器。当设备与轨道末端挡架相撞或设备之间相撞时，必须保证两边缓冲器能同时起作用。

起重机变幅机构工作行程终端处亦应安装缓冲装置，缓冲装置必须保证起重机变幅至极限位置能停止变幅运动而不产生造成设备损坏的猛烈冲击。

(5)港口设备防台风安全装置应有效、可靠，符合国家标准规定。

(6)港口设备所有电气设备、正常不带电的金属外壳、电缆金属外皮、安全照明变压器等均必须可靠接地或接零。在轨道上工作的港口设备，一般可以通过车轮和轨道接地。行车轨道一般均由若干根轨道连接而成，在轨道的连接处，应该用跨接线连接起来，以保证轨道接地可靠有效。设备最高位置应设避雷针。

(7)港口设备制动器常用常闭块式制动器(旋转机构常采用常开脚踏操纵式制动器)，制动摩擦力应确保安全地支持载荷。有些机构制动前，还应有不同性质类别的电气制动来配合(例如能耗制动、涡流制动等)使制动更平稳有效。

3)电气保护装置的评价

(1)短路保护，主要有熔断器、自动空气开关和过电流继电器保护。

在电动机控制线路中，多数采用熔断器和自动空气开关两种短路保护，过电流继电器通常用于变电所的短路保护，但有时也用于电动机的过电流保护。

熔断器必须符合规格，有质量合格证。熔体管上部应有熔断指示器，当熔断丝被熔断时，指示器即跳出，便于检查发现。

(2)热保护。热继电器是利用电流热效应，使发热元件发热到某一数值时，接通或断开被控制对象的继电器，用来防止电动机长期超载。通常使用热继电器的电流整定值为电动机的额定电流的1.0~1.1倍，对于大功率电动机，可以把热继电器的发热元件接在电流互感器的二次回路中。

(3)缺相保护。电动机缺相会导致其余两相绕组烧坏，缺相保护常用热继电器和零序电压继电器作保护。三相电压平衡时，Y形接法电动机定子绕组的星点对地之间的电压，从理论上来分析应为零，而缺相或三相电压失去平衡时就会产生零序电压和电流，因此可用这些参数或热效应的监测，对电动机加以保护。

(4)失压保护。电网电压过低时会烧坏电气设备。采用按钮-接触器联锁控制线路，零电压继电器作失压保护。失压时，带失压脱扣机构的自动空气开关将自动跳开。

(5)零励磁保护。直流他励、并励、复励等电动机励磁电路千万不能断开，需要可靠的保护支持，否则，对于空载的电动机来说，转速会急剧上升而出现飞车危险；对于重载电动机来说，则电枢电流迅速增加而烧毁电动机绕组；刚开始启动的电机则由于转矩太小而不能启动，同样会引起电枢电流剧增而烧毁电机绕组。

(6)过电流保护和过电压保护。电气设备长期过负荷运行会使绝缘加速老化或破坏。过负荷保护装置可在一定的时限范围内自动切断电源。

(7)限位开关。港口设备的工作机构及其他附属机构、机上危险通道，都相应装设了各种限位开关，保证设备安全运行，但也是故障多发处，所以必须定期检查、精心维护，使其保持完好状态。港口设备的限位开关是经过系统设计的，不得随意更改或取消。

对于夜间或应急临时处理(短接)的限位开关，应告知有关人员并建立专用记录本，以便及时彻底处理。

对于投入使用的设备(包括新购设备)应建立单机限位开关表格卡片，作为安全装置评价的一项内容。

(8)继电控制。对于继电器、接触器要保证安全性、可靠性、时间性、经济性。灭弧装置要有效可靠。触头要定期进行修磨调整，以防止粘连的故障发生。控制线路应有自锁、互锁。

继电控制要综合考虑安全性、经济性，对这一矛盾寻求最佳结合点。港口机械采用先进的PLC技术、可控硅控制技术、变频调速技术，具有先进的技术性和安全性。在技术改造及设备引进中，视具体条件综合考虑选择。

三、港口设备的安全工作评价方法

1. 安全检查表定性评价

安全检查表是一种直观的、最常用的评价方法。为使安全检查工作能做到目标明确、要求具体、查之有据；对检查结果作出简明确切的记载；对发现的问题提出解决方案并落实执行者，利用安全检查表进行分项检查是最有效的方法。

检查手段包括仪器检测、拍照摄影、直接观察和口头询问等。安全检查主要由各基层单位的专、兼职安全员，技术部门，上级分管部门以及有关特种设备的专职安全工作人员进行。工程技术人员和岗位操作人员，也应该负责本职范围内的安全检查工作。

在评价过程中，为保证评价质量，提高评价效果，对评价的项目要贯穿以下原则。

1)综合管理评价

(1)分级管理,分级负责的原则;

(2)各部门、车间之间相互协调的原则;

(3)有效性的原则;

(4)定置、定位、整洁、文明的原则。

2)危险性评价

(1)系统整体性原则;

(2)安全防护安全性、可靠性的原则;

(3)作业环境评价。

2. 安全检查表定量评价

(1)按检查结果打分。对每项检查结果,按评分标准进行打分,说明安全现状。

(2)按设备缺陷和管理上的漏洞的整改情况,以整改率予以评价。

第七节　依法加强特种设备安全管理

一、《特种设备安全监察条例》

1. 制订《特种设备安全监察条例》的意义

特种设备是指在经济建设和人民生活中广泛使用的,涉及人身安全、具有较大危险性的特殊设备,根据国家质量监督检验检疫总局《关于公布〈特种设备目录〉的通知》(国质检锅[2004]31号)精神,与港口企业有关的设备及安全附件有:各类起重机械、叉车、电动葫芦、升降机、缓冲器、起重量限制器、起重力矩限制器、起升高度限制器、防坠安全器、制动器等。

由于特种设备的固有特性,如果设计、制造、安装、使用或管理不当,一旦发生事故,不仅会造成严重的人身伤亡及财产损失,也会对正常的社会经济秩序产生严重的影响。为此、国家设立了专门的特种设备安全监督管理部门——质量技术监督行政分管部门,负责对特种设备实行国家安全监察。

2003年3月14日国务院以第373号令颁布《特种设备安全监察条例》(以下简称《条例》),自2003年6月1日起施行。《条例》建立和完善了特种设备安全监督管理法律制度,对于加强特种设备安全监管工作,切实防止和减少特种设备事故的发生,保证人民生命财产安全和经济运行安全,推进社会主义现代化建设和全面建设小康社会具有十分重要的意义。

2. 制订《条例》的原则

(1)安全至上的原则。对涉及特种设备安全的事项,要以预防为主,事先严格控制,强化政府监管和行政许可措施,确保人民群众人身和财产安全。

(2)企业负责的原则。企业是特种设备安全的第一责任人,《条例》要明确企业在特种设备安全方面的权利、义务和法律责任。

(3)权责一致的原则。《条例》严格按照"三定"方案的规定,设立特种设备安全监督管理部门职责和权限,依法履行职责,明确特种设备安全监督管理部门的法律责任。

(4)统一监管的原则。履行WTO承诺,统一进口特种设备和国内特种设备的安全监察制度,做到监管主体、监管制度、监管规范、监管收费"四个统一"。对七大类特种设备实行统一立法、统一监管。

(5)始终监管的原则。对特种设备的生产(含设计、制造、安装、改造、维修和气瓶充装,下同)、使用、检验实行监管,从始到终涉及安全的七个重要环节均纳入监管范围,并且由一个部门实行全过程监管。

(6)公开透明的原则。涉及安全各种许可条件、程序、审批部门,都必须公开透明,《条例》的要求符合行政体制改革的方向和要求。

(7)综合治理的原则。特种设备安全涉及社会各个方面,单靠一个部门不可能做好这项工作,应当发挥全社会的力量。综合治理、严格监督。各级政府及其相关部门、广大人民群众、新闻媒体及其他社会中介组织等均有监督权、建议权、举报权。

3.《条例》确立的特种设备安全监察制度

(1)特种设备市场准入制度。特种设备的生产必须经特种设备安全监督管理部门许可,特种设备的使用必须经特种设备安全监督管理部门登记核准,特种设备作业人员必须经特种设备安全监督管理部门培训、考核合格取得作业证书。

(2)特种设备安全监督检查制度,主要包括以下方面。

①强制检验制度。特种设备制造、安装、改造、重大维修过程必须经核准的检验检测机构实施监督检验;使用中的特种设备必须经核准的检验检测机构进行定期检验;新研制的特种设备必须经核准的检验检测机构进行型式试验。

②执法检查制度。特种设备安全监察人员和行政执法人员有权开展现场检查。责令消除事故隐患,对违法行为予以查处。

③事故处理制度。特种设备发生事故,事故单位应当向特种设备安全监督管理部门等有关部门报告,事故处理按照国家有关规定进行。

④监察责任制度。行使特种设备安全监督管理职权的部门、检验检测机构及其工作人员,应当依法履行职责,严格依法行政,对违反规定滥用职权、徇私舞弊的,依法追究特种设备安全监督管理部门、检验检测机构及其工作人员的法律责任。

二、《起重机械安全监察规定》

1. 制订本规定的目的和立法依据

起重机械广泛应用于经济建设的各个领域,成为国民经济中不可缺少的生产设备。起重机械在使用过程中危险性较大,由于涉及公众生命、财产安全以及在经济建设发展、社会发展中的特殊作用,其安全问题始终得到国家的高度重视,并通过立法及安全监察等行政措施予以专门的监督管理,建立了起重机械安全监察制度,特别是《条例》的公布实施,进一步完善了我国起重机械安全监察的基本制度。但是,从起重机械的安全监察和生产、使用状况看,现实工作中仍有许多复杂问题还没有明确界定,需要按照《条例》的总体要求对起重机械的安全监察活动、方法、措施和生产、使用安全管理等方面进行细化规定。如起重机械设计文件的采用、进口起重机械的管理、许可场所以外制造起重机械的管理、起重机械主要受力结构件外包和购买的要求、起重机械改造的管理、起重机械定期检验周期的确定原则、起重机械流动作业的管理、起重机械吊具和索具的管理、起重机械的承租使用、旧起重机械的管理和拆卸过程的监管等问题,都需要进一步明确,因此制订本规定是十分必要的。

本规定的立法依据主要是《条例》。在对起重机械制造、安装、改造、维修、使用单位安全生产的责任和义务方面以及安全事故调查处理方面做出的规定,遵循了《中华人民共和国安全生产法》立法原则及相关规定;在行政许可的设定、行政许可的期限、行政许可的变更和延续等方面所做出的规定,遵循了《中华人民共和国行政许可法》基本原则及相关规定;在对违法行为设定行政处罚方面,遵循了《中华人民共和国行政处罚法》关于行政处罚设定的基本原则等。

2. 本规定的调整范围

(1)起重机械的制造、安装、改造、维修、使用、检验检测等环节及其监督检查。

(2)对制造单位的起重机械的设计文件提出具体要求。

(3)房屋建筑工地和市政工程工地用起重机械制造、改造、维修、检验检测及监督检查。

本规定不适用于房屋建筑工地和市政工程工地用起重机械安装、使用的监督管理,具体管理办法由建设部和国家质检总局另行制定。

3. 实施起重机械安装、改造、维修单位许可

(1)从事起重机械安装、改造、维修活动的单位,应依法取得安装、改造、维修许可方可从事相关活动,不得无证(含超范围)安装、改造、维修。

(2)起重机械安装、改造、维修许可分为A、B、C三个级别。按照《条例》和国家质检总局《特种设备行政许可分级实施范围》的规定,单独申请安装、改造、维修许可,由省级质量技术监督部门受理和审批;单独申请维修许可,由省级质量技术监督部门受理和审批;申请A级制造许可或申请A级制造许可同时申请安装、改造、维修许可,由国家质检总局受理和审批。

(3)安装、改造、维修许可程序是:申请、受理、鉴定评审、审查发证、公告。第一步:由安装、改造、维修单位提出申请;第二步:由省级质量技术监督局受理(如果同时申请A级制造许可的,则一并报国家质检总局受理);第三步:鉴定评审;第四步:审批发证;第五步:由国家质检总局统一公告。

(4)起重机械安装、改造、维修许可的具体条件,按照相关的安全技术规范等规定执行。现有的安全技术规范和规定有:《特种设备目录》(国质检锅[2004]31号)、《特种设备行政许可分级实施范围》(国质检锅[2003]250号)、《机电类特种设备安装改造维修许可规则(试行)》(国质检锅[2003]251号)等。

(5)从事起重机械改造的单位必须具有相应类型(按照《特种设备目录》分12类)和级别(A、B、C三个许可级别)的起重机械制造的能力和条件,亦即改造单位的基本要求与制造单位相同,如人员、场地、设备、工装、检测手段、技术文件、标准、质量管理体系等。

4. 起重机械安装、改造、维修施工活动的监察

(1)从事起重机械安装、改造、重大维修的单位应当在施工前向施工所在地质量技术监督部门以书面形式告知,告知书一式四份,在告知书上加盖单位公章,并呈报相关资质证明和技术资料。施工单位对所提供的资质证明和技术资料的真实性负责,告知后即可施工。告知内容包括:

①施工单位名称、施工单位许可证书号及联系方式;

②使用单位名称及联系方式;

③施工项目名称,拟施工的起重机械品种(形式)、型号(机型)、规格(主参数),制造许可证和制造监督检验证书号,形式试验证书号,施工地点,施工方案,施工日期,持证的特种设备作业人员名单等。

(2)需要解体并重新安装的流动起重机械,在异地安装时,按照属地管理的原则,应该向施工所在地的质量技术监督部门办理安装告知事宜,并接受施工所在地的质量技术监督部门的安全监察。

(3)接受告知的质量技术监督部门对无问题的告知材料及时存档;对不符合要求的告知要说明原因,要求其改正。

(4)施工单位告知后,应当以书面形式向施工所在地的检验检测机构申请监督检验,检验检测机构应及时安排现场监察、监督检验,对发现违法施工的行为,按照《条例》规定予以处理,对未告知的,检验检测机构不得实施监督检验。

5. 起重机械使用登记的规定

1)投入使用的起重机械必须及时办理使用登记

起重机械的使用登记,由起重机械产权单位办理。使用单位可能是产权单位,也可能不是产权单位,两者可能不一致,实际使用单位对使用安全负责。起重机械的安全使用一直是安全监管的中心环节和根本落脚点。为了对在用起重机械实施科学有效的监管,《条例》确立了起重机械使用登记的基本制度。通过登记,可以防止非法制造、非法安装的起重机械投入使用,使安全监督管理部门与使用单位建立联系,掌握使用管理有关情况,便于日常安全监管。

办理使用登记应当做到:

(1)由起重机械的使用单位进行申报;

(2)在投入使用前或投入使用后的30日内申请办理;

(3)到起重机械使用单位所在地的直辖市或者设区的市级质量技术监督部门办理;

(4)使用单位应填写起重机械使用登记表,并按规定提交起重机械主要设计文件(包括总图、主要受力结构件图、机械传动图和电气、液压系统原理图)、产品质量合格证明、制造许可证明、使用说明书、制造监检证书、安装监督检验报告、使用单位的安全管理机构和人员情况、作业人员资格证、有关管理制度、应急救援预案等资料(供登记机关查验用)。

(5)接受使用登记申请的质量技术监督部门应在规定的时限内完成审查,符合规定的予以使用登记,并建立档案。起重机械使用登记具体规定目前按照《特种设备注册登记与使用管理规则》(质技监局锅发[2001]57号)执行。

2)流动作业的起重机械到产权单位所在地办理使用登记

对于流动作业的起重机械,针对其本身为不固定在一个地方使用的工作特点,为了避免异地使用时各地重复登记或者漏登记,造成数据统计不准确,不便安全监察等问题,规定统一到产权单位所在地的登记部门办理使用登记。

值得注意的是,对流动作业的起重机械的安装告知和安装、改造、重大维修时的监督检验以及使用中的定期检验,不要与使用登记混淆。

3)起重机械使用单位发生变更,是指起重机械的原产权单位把产权转移给新的起重机械产权单位

(1)原产权单位必须办理使用登记注销。

起重机械产权发生转移时,原产权所有者必须在变更后的30日内到原登记部门办理使用登记注销手续。

(2)新产权单位必须重新办理使用登记。

起重机械新产权所有者应当持原使用单位注销证明,在投入使用前或者投入使用后30日内,到所在地质量技术监督部门重新办理使用登记手续。

如果起重机械新产权所有者取得起重机械产权后不再作为起重机械使用,则不必办理起重机械使用登记。

起重机械报废的,产权单位应当在30日内到登记部门办理使用登记注销。

6. 起重机械使用单位应尽的义务

(1)使用具有相应许可资质的单位制造并经监督检验合格的起重机械。

(2)建立健全相应的起重机械使用安全管理制度。

(3)设置起重机械安全管理机构或者配备专(兼)职安全管理人员从事起重机械安全管理工作。

(4)对起重机械作业人员进行安全技术培训,保证其掌握操作技能和预防事故的知识,增强安全意识。

(5)对起重机械的主要受力结构件、安全附件、安全保护装置、运行机构、控制系统等进行日常维护保养,并做出记录。

(6)加强索具、吊具日常安全检查和维护保养,保证其安全使用。

(7)制订起重机械事故应急救援预案,建立应急救援队伍,并且定期演练。

(8)建立起重机械安全技术档案。

①起重机械本身质量文件资料,包括制造单位、安装单位提供的设计、制造、安装文件,即设计文件、产品质量合格证明、监督检验证明、安装技术文件和资料、使用和维护说明、安全保护装置的形式试验合格证明等。

②过程的纪录文件,包括定期检验、改造、维修证明,自行检查纪录,设备日常运行状况纪录,日常维护保养记录,运行故障和事故记录。

③使用登记资料,是指在特种设备安全监督管理部门办理的使用登记资料,包括使用登记证明和有关证书等。保存好使用登记资料,能够证明该起重机械的合法身份,也便于安全监督管理部门的检查。

(9)及时申请定期检验。

①起重机械的定期检验周期。目前,升降机类起重机械的定检周期规定为1年,其他纳入监管的正常使用的起重机械的定期检验周期均为2年。关于各类起重机械的定期检验周期,将根据不同情况在下一步制订的安全技术规范中予以明确。

②流动作业的起重机械异地使用的定期检验规定。对流动作业的起重机械,在定期检验合格有效期届满1个月前,产权单位或者其委托的单位应当在本次使用场所所在地的检验检测机构申请定期检验。

7. 关于旧起重机械使用的规定

旧起重机械,是指非首次投入使用、又经过产权变更后重新投入使用的起重机械,通俗称二手起重机械。旧起重机械产权转移给新使用单位后。新的使用单位对该起重机械原来的使用状况和性能并不十分了解,对潜在的问题也不能一下子就发现,为了消除这种潜在的安全隐患可能造成的事故,必须对旧起重机械的安全管理提出明确要求。

(1)原使用单位必须将使用登记注销证明移交新使用单位,由新使用单位持注销证明重新办理使用登记。

(2)新使用单位在旧起重机械重新投入使用前或者投入使用后30日内,必须到质量技术监督部门办理使用登记。

(3)原使用单位在产权变更时应将完整的安全技术档案移交给新使用单位。

(4)对旧起重机械实施重新安装、改造、重大维修的,应由检验检测机构进行监督检验合格后才能投入使用;如果不是重新安装、改造、重大维修的,按定期检验的有关规定执行。

三、《特种设备作业人员监督管理办法》

1. 特种设备作业人员与条件

锅炉、压力容器(含气瓶)、压力管道、电梯、起重机械、客运索道、大型游乐设施、场(厂)内机动车辆等特种设备的作业人员及其相关管理人员统称特种设备作业人员。

从事特种设备作业的人员应当按照本办法的规定,经考核合格取得《特种设备作业人员证》,方可从事相应的作业或者管理工作。

申请《特种设备作业人员证》的人员应当符合下列条件;

(1)年龄在18周岁以上;

(2)身体健康并满足申请从事的作业种类对身体的特殊要求;

(3)有与申请作业种类相适应的文化程度;

(4)有与申请作业种类相适应的工作经历;

(5)具有相应的安全技术知识与技能;

(6)符合安全技术规范规定的其他要求。

作业人员的具体条件应当按照相关安全技术规范的规定执行。

2. 特种设备作业人员的使用与管理

特种设备生产、使用单位(以下统称用人单位)应当聘(雇)用取得《特种设备作业人员证》的人员从事相关管理和作业工作,建立特种设备作业人员管理档案,并对作业人员进行严格管理,加强作业人员安全教育和培训,保证特种设备作业人员具备必要的特种设备安全作业知识与技能,及时进行知识更新。没有培训能力的,可以委托发证部门培训,培训内容按照国家质检总局制订的相关培训考核大纲执行。

特种设备作业人员作业时应当随身携带证件,持证上岗,自觉接受用人单位的安全管理和质量技术监督部门的监督检查,积极参加特种设备安全教育和安全技术培训,在许可的项目范围内严格执行特种设备操作规程和有关安全规章制度,拒绝违章指挥,发现事故隐患或者不安全因素应当立即向现场管理人员和单位有关负责人报告。

《特种设备作业人员证》每2年复审一次。持证人员应当在复审期满3个月前,向发证部门提出复审申请。复审合格的,由发证部门在证书正本上签章。对在2年内无违规、违法等不良记录,并按时参加安全培训的,应当按照有关安全技术规范的规定延长复审期限。

复审不合格的应当重新参加考试。逾期未申请复审或考试不合格的,其《特种设备作业人员证》予以注销。

3. 违章行为的处罚

隐瞒有关情况或者提供虚假材料申请《特种设备作业人员证》的,不予受理或者不予批准发证,并在1年内不得再次申请《特种设备作业人员证》。

下列情形之一,吊销《特种设备作业人员证》:

(1)以考试作弊或者以其他欺骗方式取得《特种设备作业人员证》的;

(2)违章操作或者管理造成特种设备事故的;

(3)发现事故隐患或者其他不安全因素未立即报告造成特种设备事故的;

(4)逾期不申请复审或者复审不合格且不参加考试的;

(5)考试机构或者发证部门工作人员滥用职权、玩忽职守、违反法定程序或者超越发证范围考核发证的。

违反第(1)、(2)、(3)条规定的,持证人3年内不得再次申请《特种设备作业人员证》;违反第(2)、(3)条规定,造成特大事故的,终身不得申请《特种设备作业人员证》。

四、《特种设备注册登记与使用管理规则》

1. 使用单位在特种设备安装、大修、改造前的备案

安装、大修、改造特种设备之前,使用单位必须持有关资料,到所在地区的地、市级以上(含地、市级,下同)特种设备安全监察机构备案。备案时,使用单位必须准备以下资料:

(1)设备中文使用说明书、产品合格证和形式试验报告(必需要时);

(2)安装、大修、改造特种设备的施工项目合同;

(3)项目施工单位的《特种设备安装改造维修保养资格证》;

(4)项目施工方案及其安全防护措施;

(5)配套土建基础的技术图样等资料(仅限客运索道与存在配套土建基础的游艺机和游乐设施,且必须提供);

(6)客运索道、游艺机和游乐设施的安装项目,必须有建设项目分管部门的审批报告;

(7)改造项目、客运索道、游艺机和游乐设施的安装等项目,必须提供由规定的监督检验机构出具的设计审查报告;

(8)使用单位和安装、大修、改造项目承担者的名称、地址、邮政编码、法定代表人与负责人的联系电话等通信资料。

特种设备安全监察机构接到备案资料后,应当严格按照有关法规和标准进行审查并在10个工作日内完成。资料齐全并符合要求的,发给使用单位〈特种设备注册登记表〉。不符合国家有关法规或者标准要求的,应当提出纠正意见,纠正工作完成后,方准许施工。10个工作日内未提出纠正意见的,视为准许施工。

2. 特种设备的交用

特种设备安装、大修、改造后,施工单位必须进行自检,自检合格并出具自检报告后,方能交付使用单位。使用单位应当向规定的监督检验机构申请验收检验。使用单位向监督检验机构申请验收检验时,应当提供以下资料:

(1)《特种设备注册登记表》(每台2份);

(2)改变原施工方案进行施工及有关隐蔽工程的施工情况记录;

(3)试运行记录;

(4)施工单位自检报告(新增无需现场安装的除外)。

监督检验机构收到验收检验申请后,必须在10个工作日内安排检验工作。完成验收检验后,必须在10个工作日内出具验收检验报告。检验合格者,发给加盖统一规格钢印的特种设备《安全检验合格》标志。

3. 特种设备的注册登记

新增特种设备在投入使用前,使用单位必须到所在地的地、市级以上特种设备安全监察机构办理注册登记手续。注册登记后,方可以投入使用。办理注册登记时,应当提供以下资料:

(1)《特种设备注册登记表》(每台2份);

(2)验收检验报告和《安全检验合格》标志;

(3)操作人员的《特种设备作业人员资格证》;

(4)与维修保养单位签订的维修保养合同,或者制造企业对新增特种设备提供免费维修保养的证明文件,或者与本单位取得特种设备维修保养资格的人员签订的维修保养责任书;

(5)维修保养单位的《特种设备安装改造维修保养资格证》,或者本单位维修保养人员的

《特种设备作业人员资格证》;

(6)使用和运营的安全管理制度。

由制造企业提供免费维修保养且期限达到时,必须向注册登记机构补报规定的其他维修保养合同或者维修保养责任书。

收到注册登记申请的特种设备安全监察机构,必须在5个工作日内完成查验资料工作,符合规定的,应在《特种设备注册登记表》上填写有关内容。注册登记后,特种设备安全监察机构应将一份《特种设备注册登记表》交由使用单位存档,另保留一份在本单位存档。

4. 特种设备的使用管理

取得《安全检验合格》并登记注册后,使用单位应当将《安全检验合格》标志和证书固定在规定的位置上。《安全检验合格》标志超过有效期或者未按照规定张挂《安全检验合格》标志的特种设备不得使用。特种设备操作人员,必须接受专业的培训和考核,取得地、市级以上质量技术监督行政部门颁发的《特种设备作业人员资格证》后,方能从事相应的工作。

指定专人负责特种设备的安全管理工作。安全管理人员应当掌握相关的安全技术知识,熟悉有关特种设备的法规和标准。并履行以下职责:

(1)检查和纠正特种设备使用中的违章行为;

(2)管理特种设备技术档案;

(3)编制常规检查计划并组织落实;

(4)编制定期检验计划并落实定期检验的报检工作;

(5)组织紧急救援演习;

(6)组织特种设备作业人员的培训工作。

制订以岗位责任制为核心的特种设备使用和运营的安全管理制度,并予以严格执行。安全管理制度至少应当包括:

(1)各种相关人员的职责;

(2)操作人员守则;

(3)安全操作规程;

(4)常规检查制度;

(5)维修保养制度;

(6)定期报检制度;

(7)作业人员及相关运营服务人员的培训考核制度;

(8)意外事件和事故的紧急救援措施及紧急救援演习制度;

(9)技术档案管理制度。

5. 特种设备的维修管理

使用单位必须严格执行特种设备的维修保养制度,明确维修保养者的责任,对特种设备定期进行维修保养。

特种设备维修保养作业人员,必须接受专业的培训和考核,取得地、市级以上质量技术监督行政部门颁发的《特种设备作业人员资格证》,人员数量应与工作量相适应。本单位没有能力维修保养的,必须委托有资格的单位进行维修保养。

接受委托的特种设备维修保养单位,必须与使用单位签订维修保养合同,并对维修保养的质量和安全技术性能负责。使用单位自行承担特种设备维修保养的,维修保养的质量和安全技术性能由使用单位负责。

在用特种设备实行安全技术性能定期检验制度，使用单位必须严格执行定期报检制度，按时申请定期检验，及时更换《安全检验合格》标志中的有关内容。

使用单位应当严格执行特种设备年检、月检、日检等常规检查制度，发现有异常情况时，必须及时处理，严禁带故障运行。检查可根据本单位设备的具体情况进行，但内容至少应当包括：

(1)对在用特种设备，每年至少进行一次全面检查，对乘载类特种设备，必要时要进行载荷试验，并按额定速度进行起升、运行、回转、变幅等机构的安全技术性能检查。

(2)月检至少应检查下列项目：

①各种安全装置或者部件是否有效；

②动力装置、传动和制动系统是否正常；

③润滑油量是否足够、冷却系统和备用电源是否正常；

④绳索、链条工属具等有无超过标准规定的损伤；

⑤控制电路与电气元件是否正常。

(3)日检至少应检查下列项目：

①运行、制动等操作指令是否有效；

②运行是否正常，有无异常的振动或者噪声；

③门的联锁开关及安全装置等是否完好(当有这些装置时)。

(4)特种设备遇到下列情况之一，应当对其进行全面检查和维修保养，完全消除影响安全的隐患后，方可投入使用：

①经受了可能影响其安全技术性能的自然灾害(如火灾、水淹、地震、雷击、大风等)；

②发生设备事故；

③停止使用1年以上。

检查与维修应当详细记录，并存档备查。

6. 特种设备的档案管理

特种设备验收检验合格后，施工单位必须将设备使用说明书、产品合格证、型式试验报告、配套土建基础技术图样等有关技术文件和资料，移交使用单位存入特种设备技术档案。

使用单位应当建立完整、准确的特种设备技术档案，并长期保存。使用单位变更时，应随机移送技术档案。技术档案内容至少包括：

(1)《特种设备注册登记表》；

(2)设备及其部件的出厂随机文件；

(3)安装、大修、改造的记录及其验收资料；

(4)运行使用、维修保养和常规检查的记录；

(5)验收检验报告与定期检验报告；

(6)设备故障与事故的记录。

思考题

1. 我国安全生产管理的基本方针是什么？

2. 港口设备安全管理的主要任务和主要内容是什么？

3. 港口设备安全管理的“三级”安全教育、“三同时”、“五同时”、“三不放过”、“六查”分别指什么内容？

4. 港口设备安全的技术管理的目的是什么？
5. 港口设备安全保护装置设置原则是什么？
6. 港口设备常用的安全保护装置有哪些？
7. 安全操作规程必须包含哪些方面的内容？
8. 什么是特殊装卸作业？作业前应当注意哪些问题？
9. 港口重大件货物装卸作业有哪些要求？
10. 危险品货物的装卸作业有哪些要求？
11. 危险品货物的装卸作业要求有哪些？
12. 经常性的安全教育包括哪些内容？
13. 企业安全管理人员的安全教育培训主要有哪些内容？
14. 港口设备安全检查有哪些内容？
15. 装卸作业前的现场安全教育有哪些内容？
16. 如何做好门座起重机的防台风工作？
17. 什么是港口设备的机损事故？一般地发生机损事故有哪些原因？如何进行事故调查？
18. 安全管理工作评价的主要内容有哪些？
19. 制订《特种设备安全监察条例》的原则有哪些？
20. 什么是特种设备？特种设备安全监督检查制度包括哪些主要内容？
21. 《起重机械安全监察规定》的调整范围有哪些？
22. 起重机械使用单位的主要义务有哪些？

第六章　港口设备的维修管理

第一节　概　　述

港口设备在运行过程中,其零部件不可避免地存在着磨损、变形、老化等劣化现象。随着劣化加剧,其技术性能逐渐下降,频发故障,最终失去原有功能,丧失了应有的使用价值。因此,必须对港口设备进行适时的修理。

港口设备的修理,就是在港口设备技术状况劣化或发生故障后,为恢复设备的应有功能、消除故障而采取的更换或修复已磨损、失效的零部件,对整机或局部进行拆装、调试等的技术活动。通过修理能使港口设备在规定的时期或寿命周期内正常地运行,因此人们常把修理又称做维修(本章所述“维修”与“修理”含义类同,不另注释)。

一、港口设备维修的原则

1. 预防为主的原则

《设备管理条例》明确指出,设备管理必须贯彻预防为主的原则。有计划地对港口设备进行预防性修理,是使港口设备在使用过程中能保持良好的运行状态并避免频发故障的重要措施,也是贯彻预防为主的重要手段。

在港口设备的维修管理中,维护保养和计划修理两者是相辅相成的,是一个不可分割的有机整体。港口设备维护保养得好,就能减缓劣化趋势,延长修理周期,取得减少修理工作量、降低修理费用的效果。

2. 经济合理的原则

随着港口设备技术的发展,对维修技术的要求越来越高提高,费用也相应增加,必须进行适当、合理的修理,以降低维修成本。

从经济的角度考虑,过多的维修会因维修过剩而增加维修费用;而过少的维修会因维修不足而使港口设备加速劣化和增加故障停机损失,引起更多的修理费用。港口设备维修管理的内容主要体现在:根据生产实际情况和港口设备技术状况,选择合理的维修方式,以经济合理的维修费用使港口设备经常处于良好的技术状态,从而保证装卸生产。

3. 为生产经营服务的原则

港口设备是港口经营生产的重要技术物质基础,只有技术状态完好的港口设备才能保证装卸生产的正常进行。因此,港口设备的维修必须树立为生产经营、创造经济效益的观点,具体表现在以下几个方面。

(1)正确处理生产与维修的关系,按照生产经营特点合理制订维修计划。

(2)根据港口生产不平衡的特点,充分利用生产间歇组织维修。

(3)不断探索、运用先进的维修方式,努力缩短维修停机时间。

(4)提高维修质量,提高港口设备的完好率。

正确、合理地使用设备，为企业创造最大的经济效益是设备管理的首要任务。但如果片面强调生产任务而拼设备，将会损害企业的长远利益。正确的做法是：将修理内容“化整为零”，在时间上应尽可能利用生产的间隙“见缝插针”，修理开工前做好充分准备。开工后加强管理，确保按时完成。当生产间隙实在难以满足时，则生产亦应作有限度的让步——这叫做“扩缝插针”。见缝插针、化整为零、加强管理、落实备品的做法，对成套连续作业的港口设备维修尤为适用。

4. 修理与改造相结合的原则

为适应生产发展的需要，港口设备技术装备素质也应相应地提高。而对港口设备的修理仅能保持或延长使用寿命，维持已有的技术水平，不能提高港口设备的技术装备素质。因此对现有港口设备采用修理与改造相结合的办法，是改善和提高港口设备技术素质的一种最经济、最有效的技术措施。

结合修理对现有港口设备进行改造，是指通过部分改造港口设备的机构或安装新的装置、新的附件等手段，使港口设备原有的性能得到改善和提高，或使港口设备增加新的功能、扩大生产能力，使之达到或局部达到新设备的技术水平，使港口设备在质上得到提升。

修理与改造相结合有以下几点好处：

(1)可使现有港口设备满足企业对设备素质要求的需要；

(2)相对于更新而言，投资少而见效快；

(3)能提高港口企业的经济效益。

按照港口企业设备管理的基本要求，对港口设备进行技术改造应注意做好以下几方面的工作：

(1)建立港口设备技术改造管理程序；

(2)对港口设备技术改造的项目进行技术经济评价；

(3)制定技术改造计划，并严格按计划执行。

二、港口设备维修的方式

目前国内外企业普遍采用的维修方式主要有：预防维修、改善维修和事后维修。每种维修方式都各有其特点和适用范围。港口企业应根据自身的装卸生产经营活动和港口设备的特点及其作业条件的实际情况，选择比较合适的一种或几种维修方式。

1. 预防维修

依据设备实际运行时间或状态检测的结果，为防止技术状态劣化和降低故障频率，按事先制订的计划和相应的技术要求所进行的维修活动，一般有定期维修、按需维修和状态维修。

(1)定期维修，亦称计划预修，以港口设备的磨损规律和疲劳寿命为基础，以实际工作小时为主要依据，按事先确定的各种固定修理周期，有计划地使设备尚未达到劣化极限得到修理，以恢复港口设备功能，保持技术状态完好。

计划预修制是一种以工作小时为主要依据，按固定维修周期定期对港口设备实施维修的模式，既有可能出现维修不足，也有可能造成维修过剩，主要用于已掌握磨损规律的港口设备，以及平时难以停机维修的港口设备。

(2)按需维修，通过人的感官或仪表对港口设备进检测，通过检测来判断设备技术状态的劣化程度。正常情况下，只有在发现港口设备存在问题，必须对其进行修理时才对港口设备进行修理。除非是影响港口设备安全或港口设备的关键部位，则必须及时进行修理。

按需维修一般应遵循以下几点规则。

①检查港口设备的关键部件。一般的问题立即修复解决,较大的问题安排修理计划予以解决。

②检查港口设备的安全保护装置,发现影响安全的问题和隐患,应立即予以修理。

③除港口设备的关键部件和安全保护装置外,一般情况下只要港口设备能工作,就不安排修理。

我国港口企业在港口设备维修管理体制的改革中,逐步从计划预修向状态检测维修发展,普遍采用日常检查、巡回检查、定期检查等方法来掌握港口设备的技术状况,参照港口设备的实际运行时间安排修理计划。并采取措施及时排除设备的故障隐患。

(3)状态维修,亦称预知维修,应用检测仪器对港口设备进行状态检测,取得其状态变化的数据信息,并综合日常检查、定期检查、故障修理、定期保养等信息,运用数理分析方法进行分析、处理,对其劣化趋势进行判断,预测故障期,力求在故障发生前,进行适当和必要的修理。这种维修方式有较高的适时性、针对性和经济性。

《设备管理条例》提出:企业应当积极采用先进的管理方法和维修技术,采用以设备状态监测为基础的设备维修方法,不断提高设备管理和维修技术现代化水平。

2. 改善维修

为了消除港口设备的先天性缺陷或针对频发故障,结合修理对港口设备的局部机构或零部件加以改进,以达到提高港口设备可靠性和维修性目的的措施,称为改善性维修。

改善维修与港口设备的技术改造,两者在所达到的目的上有一定的区别。改善性维修,是通过改善和提高港口设备局部零部件的可靠性和维修性,达到降低故障率、减少维修停机时间和减少维修费用的目的。技术改造则是使港口设备能改善原有性能或增加新的功能,使之达到或局部达到新的技术水平。在质的上面得到提高,属于港口设备无形磨损的一种局部补偿形式。

3. 事后维修

事后维修,亦称故障修理,是港口设备发生故障或其技术性能已降低至应有水平以下时所采取的非计划性的修理,其特点是等到港口设备用坏了再修,这种修理是被动的,是一种补救性的维修,其缺点显而易见。港口企业,主要港口设备的维修不宜采用事后维修方法。但对于一些结构简单、利用率低、维修方便、故障停机并不会给装卸生产造成重大损失的,以及采用预防维修在经济上不合算的港口设备,还是可以采用事后维修的方式。

三、港口设备维修方式的选择

影响维修方式选择,主要有经济因素、设备因素及安全因素。

1. 经济因素

在选择港口设备的维修方式时,应考虑维修方式的经济性。从理论上讲,在保证港口设备功能的前提下,所选择的维修方式应是停机时间损失费用与维修费用之和最优化,也就是能使整个维修活动所耗用的时间、人力、物力最小。力争用最少的维修费用使港口设备达到最高的可利用率,取得最佳的维修经济效果。

2. 设备因素

设备因素是指按港口设备的类型和它的故障特性、维修性等因素来选择维修方式。

港口企业所拥有的大型、专用港口设备和通用港口设备,两者在配备的数量和港口设备本身的结构繁简程度上都有一定的差别。大型、专用港口设备结构比较复杂，技术含量高，价格昂贵，一般配备数量少，一旦造成停机会对装卸生产带来较大的影响。而通用性的港口设备，结构简单、技术含量相对较低，配备的数量一般都比较多，故障停机对装卸生产带来的影响较小。所以，在选择维修方式时应充分考虑到这方面的因素。

从港口设备的故障情况分析，故障一般可分为突发性故障和渐发性故障两大类。突发性故障事先无明显征兆，劣化过程亦不明显，故障的发生与运行时间无关，这类故障较难通过事先的检测来预测。对易发生这类故障的港口设备，一般采用定期维修或事后维修较为妥当。渐发性故障，一般是港口设备零部件因磨损、腐蚀、疲劳等原因引起的，发生故障的概率与运行时间有关。此类故障可通过事先的状态检测进行预测。为防止港口设备发生渐发性故障，可采用计划维修或状态检测维修的方法。

3. 安全因素

“安全第一，预防为主”是我国的安全生产方针。为提高港口设备的安全性和可靠性，在选择港口设备维修方式的时候，必须考虑安全因素。

(1)如果港口设备的某些部件一旦产生故障，而且这些故障会对人身、货物和设备的安全、周围环境等方面带来较大的影响，即应采用定期维修方法，避免此类故障的发生。

(2)港口设备的关键部位及安全保护装置，必须确保可靠、齐全、有效，避免由此而产生人员、货物和设备的损害事故。一般情况下，对港口设备中涉及安全运行的部件、装置，宜采用预防维修的修理方法。

四、港口设备维修管理制度

1. 计划预修制

计划预修制的含义是：为防止设备意外损坏而按预定计划进行的全部预防性的维护、修理和管理的组织措施和技术措施。它的理论基础是磨损理论和疲劳寿命。执行计划预修制的目的是为防止设备急剧磨损和老化，不管设备运转中的技术状况如何，都严格地按计划进行停机修理，达到恢复设备功能，保持设备能经常处于正常发挥应有效能的状态，为生产提供安全可靠的生产设备。

计划预修制是以实际工作小时为依据，制订出一系列的维护、修理的固定修理周期结构，并严格按周期结构，有计划地对设备实施修理作业。

计划预修是通过两个基本手段来实现的：一是有严格的修理周期结构和内容；二是有一系列完善的维修定额标准。

1)修理周期结构

修理周期包括：间隔期、类别和内容。

(1)修理周期：是指相邻两次大修之间设备的工作时间。

(2)修理周期结构：是指一个修理周期内，大修、中修、小修、保养的次数和排列顺序。

(3)内容：是指各种修理类别的作业范围和技术标准。

例如，某港口设备的修理周期结构如图6-1和图6-2所示。

2)维修定额标准的一般内容

(1)维修工时定额：是企业为完成港口设备的各种维修工作所需的劳动时间标准。

(2)维修费用定额：是规定每个修理类别所需耗费的费用，包括材料费和人工费。修理费用定额是制订修理计划的依据。

(3)材料消耗定额:是每个修理类别所需材料(包括零配件)的消耗额度,可起到控制和降低维修费用的目的。

(4)维修停车日定额:指各个修理类别所需停车修理的时间规定。

具备了上述维修定额标准,就可以为制订修理计划提供依据,同时也是港口设备维修工作的考核依据。

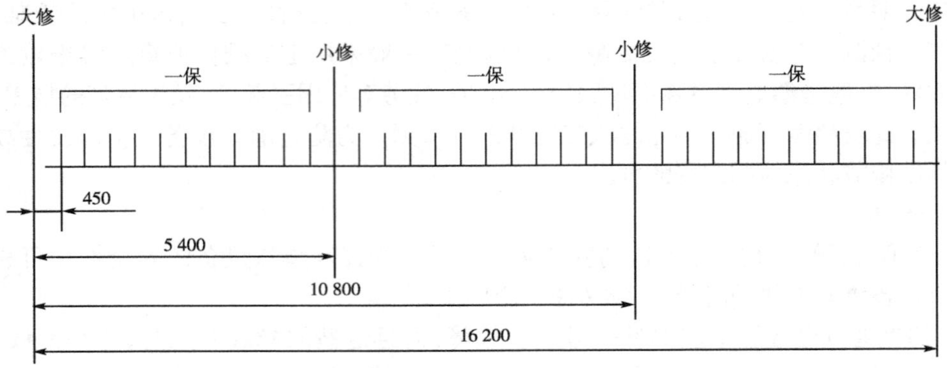

图6-1　门式起重机修理周期结构

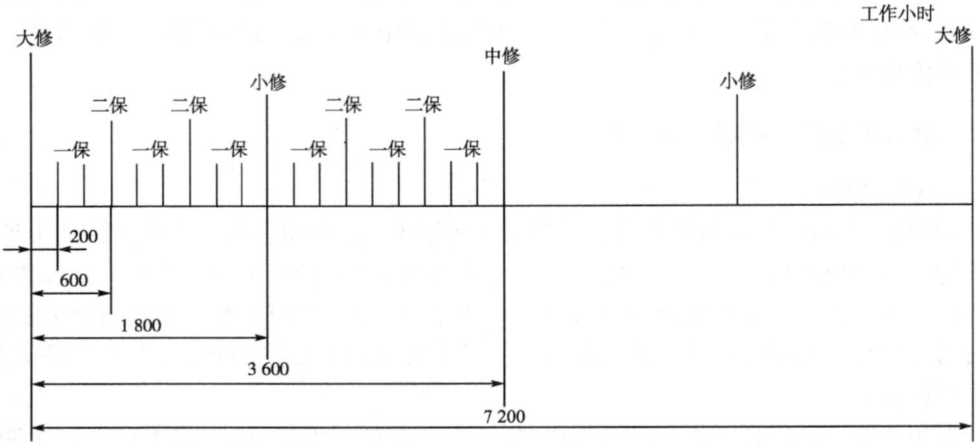

图6-2　内燃叉车修理周期结构

随着我国社会主义市场经济的不断深化和完善,源于计划经济体制的计划预修制将会显得越来越不适应。从长期执行计划预修制的实践分析,计划预修制主要存在以下几点明显的缺点:

(1)容易产生维修不足或维修过剩;

(2)管理层次较多,形成庞大的维修队伍;

(3)停机损失较大,可利用率低;

(4)只强调修理与使用、维护间的相互制约,缺乏维修管理的系统协调。

2. 状态维修制

状态维修制,亦称状态监测维修制。这种维修管理方式不以运行小时为依据,而是利用检测设备和检测技术对设备的技术状态进行检测,并应用数理统计方法对检测所获取的数据信息进行分析、处理,对设备劣化趋势和故障发生期进行判断,对设备进行适时的、有针对性的维修。

1)执行状态维修制时必须遵循的原则

(1)规范操作的原则。规范港口设备操作人员的操作行为,使操作人员能严格按技术要求规范地操作港口设备,防止港口设备在作业过程中发生非正常磨损,以减缓劣化趋势,延长修理间隔期,延长设备使用寿命。

(2)强制保养的原则。港口设备在使用过程中,由于存在冲击振动、摩擦、内应力、疲劳和腐蚀等现象,必然会导致技术状态的不断劣化,而使设备出现零部件松动、磨损、轴承温升异常、异响、金属结构和焊缝开裂等现象。因此,不管港口设备技术状况如何,定期地对港口设备按规范进行强制保养,使港口设备的技术状态得到及时改善,消除可以避免的磨损和损坏,使港口设备能经常处于良好状态下,保持和减缓劣化趋势,延长修理周期,减少修理工作量,降低维修成本。所以说,对港口设备执行强制保养是状态维修制的基础,没有强制保养的基础保证,也就无法推行状态维修制。

(3)适时修理的原则。执行状态维修,必须借助检测手段,随时掌握港口设备状态的变化情况,适时地对港口设备实施修理。适时的维修可以在保持港口设备良好技术状态的前提下,收到减少修理工作量,节约维修费用的效果。而不适时的维修则会破坏港口设备的正常磨合状况,出现过度维修,造成浪费。

上述三点原则,体现出状态维修制的优越性:可有效减少维修工作量、降低维修成本、提高港口设备可利用率。

2)检测分类

状态维修的关键是对港口设备技术状态的检测。检测一般可分为两种。

(1)主观检测:凭借经验和感官来判断港口设备的技术状态。这种检测方法不需要复杂的检测设备,目前得到广泛采用。但这种检测方法不能定量地给出港口设备状态变化的具体数据,不能准确地反映设备劣化的程度及发展趋势。所以主观检测仅是状态维修的一种辅助性的检测方法。

(2)客观检测:是利用各种检测仪器对港口设备进行检测。这种方法能比较准确地反映出港口设备的技术状况,并能结合数理分析方法正确地掌握设备技术劣化的发展趋势。通过客观检测所取得的状态信息是状态维修决策的重要依据来源。这种检测方法的缺点在于,需要复杂的检测仪器及丰富的检测判断技术。所以除了对生产影响比较大的关键设备以外,一般采用简单的、便携式仪器为主,根据客观条件适当地配备少量的精密仪器来完成对港口设备的检测。

3)提高维修质量应重视的问题

为提高港口设备状态维修的维修质量,应重视如下两点。

(1)合理确定检测项目。

港口设备的结构复杂,零部件繁多,检测项目确定的正确与否,将直接关系到状态维修的质量。所确定的项目必须是能反映出整机或总成部件技术状态变化的关键检测项目。检测项目过多会增加检测工作量,缺乏检测工作的可操作性;检测项目过少会对判断技术状态变化带来困难。只有合理地确定各类港口设备的检测项目,才能比较准确地反映出设备技术状况,从而为状态维修提供详细、准确的信息数据。确定检测项目是一项技术含量较高的工作,需要通过不断研究和实践加以修订和完善。

(2)应用计算机管理。

综合来自使用、保养、故障、修理、检测等多方面的状态信息,经分析处理才能提供正确的维修决策依据。这项任务的工作量大、难度高，仅凭人工分析处理如此多的信息和数据，效率低而且准确性不高。要提高决策的判断效率，必须借助于计算机技术，由计算机将所获取的信息进行分析处理，并对港口设备的劣化趋势进行正确的判断，预测故障发生期，最终为维修决策提供准确的依据。

五、港口设备修理类别

1. 计划预修制的修理类别

由于港口设备零部件的使用工况和磨损程度不同，其技术状态劣化的发展趋势也不尽相同。按港口设备实际运行时间、修理内容、修理要求及工作量的大小等几方面内容，计划预修制将修理分为大修、中修、小修和项修。

(1)大修：是计划修理中工作量最大的一种修理。大修是一种恢复性修理，其目的是通过大修恢复港口设备的动力性、经济性和机件的坚固性，以保证港口设备的完好技术状况和延长使用寿命。

大修作业的内容，是将港口设备的全部或大部分部件解体，检验分类，更换不可用零件，修复需修零件，并按规范进行装合、试验、调整、试车。

港口设备的大修，必须严格按修理规范进行，保证修理质量。

大修虽是一种恢复性修理，但大修后一般来讲很难使港口设备的技术性能得到100%的恢复。每次大修后的港口设备除了其技术性能比上一次大修有所降低以外，大修所耗的费用也会随着大修次数的增加而增加，所以无论在经济上还是技术上，不宜对港口设备进行过多次数的大修，而应是采用更新、大修结合改造的方法来保持和提高港口设备的技术状态。

(2)中修：是计划修理中工作量介于大修和小修之间的一种修理。中修是一种平衡性修理。其目的是把港口设备各总成的不平衡磨损，通过中修来达到平衡，达到延长两次大修间隔期的目的。

中修作业的内容，是更换或修复部分不能用到下次计划修理的磨损零件。一般情况下应将港口设备的主要总成部件，如主机、控制机构、安全机构等进行解体修理，而对其他部分则采取检查和维护性修理。

(3)小修：是计划修理中工作量最小的一种修理。小修是一种维护性修理。其目的是消除部分零件因自然磨损、操作不当或保养不良所造成的局部损伤，以巩固和保持各总成、组合件的正常运行性能。

小修作业的内容是拆检部分总成和组合件，更换或修复在修理间隔期内失效或即将失效的一般零部件，并进行必要的调整，以保证港口设备的正常工作能力。

(4)项修：亦称项目修理，是根据港口设备的实际技术状况，并结合其使用特点以及所存在的问题，按实际需要对港口设备技术状态劣化的一个或几个项目进行有针对性的修理。对港口设备某个项目的修理，应等同于对该项目实施大修的规范要求。目前港口企业已基本上用项修来替代中修。

港口企业在探索港口设备维修体制的改革过程中，已逐步改变严格按修理周期实施修理的做法，采用运行时间与技术状况相结合的维修决策方法。

2. 状态维修制的修理类别

状态维修制，是在合理使用、强制保养、酌情维修的基础上建立起来的一种新型的维修管理体制。其修理的主要依据是通过检测手段获取港口设备的实际技术状况及劣化发展趋势，力图在故障发生前，对港口设备的一个部分或几个部分实施有针对性的修理。它不像计划预修制那样有严密的修理间隔期和相应的修理类别。

目前，从状态维修的发展和国内港口企业对状态维修探索、研究的情况来看，状态维修制所采用的修理类别，主要是检修、项修和大修。

（1）检修：通过人的感官，对港口设备进行诸如日常检查、定期检查、巡回检查、定期普查等多种形式的检查，发现故障征兆后及时实施的修理作业。检修能及时消除港口设备的故障隐患，使设备能保持或恢复正常的技术状态。检修是状态维修制的重要组成部分。

检修的基本做法是：

①成立由富有实践经验的专业技术人员组成的专门组织，来承担港口设备检修任务。

②在检查过程中，发现港口设备的一般故障征兆，应采用边查边修的方法及时消除。

③检查发现较大的故障征兆时，应及时列入修理计划，采用有针对性的项修方法解决。

（2）项修：在状态维修中，项修是通过对港口设备的检测和对检测结果进行分析处理后，针对港口设备的劣化趋势预测故障发生期，有计划地事先对港口设备的一个部分或几个部分实施有针对性的修理。是状态维修中的一种主要的修理类别。

（3）大修：在状态维修制里适当保留大修。这是因为，我国多数港口企业港口设备的维修管理还处在由计划预修向状态维修过渡的时期，目前仅有部分港口企业在部分机种中探索性地推行状态维修制，属初始阶段，在各个环节上还有一些不尽完善的方面。这些问题的存在有可能会因维修不足而影响港口设备的可利用率和企业的装卸生产效益。所以为弥补这一缺陷，目前在状态维修制中还应适当保留大修这一修理类别。

第二节　港口设备维修组织形式

要搞好港口设备维修工作，港口企业必须合理地选择维修工作的组织形式，建立与这种组织形式相适应的管理机构。具体选择哪一种组织形式和机构，应根据企业的规模、货物种类、拥有各种港口设备的数量和技术复杂程度、维修水平、社会维修专业水平等因素来决定。企业应有自己的维修能力，同时也可利用社会上的专业化维修力量。常规的维修组织形式有三种，即集中、分散和混合维修形式。

一、集中维修形式

港口企业的港口设备维修工作，统一由设备科直接领导下的维修车间负责，门机队与机械队不设维修组，企业的维修在业务上统一由设备科领导。这种形式适用于企业规模较小，设备数量不多、种类少的小型企业，中型企业亦有应用。

港口机械修造厂（公司）是从事港口设备制造和修理的专业厂家，技术力量雄厚，维修能力强，是港口装卸企业机械设备修理的首选对象，从全国港口范围意义上来说，港口机械修造厂是扩大的集中维修形式。

1. 集中维修形式的优点

（1）可以集中维修力量，充分发挥维修人员的作用。有利于采用先进的修理工艺，便于维修人员的专业分工。

（2）有利于掌握检修的第一手资料和安排好备品备件的供应计划，便于进行改善性维修，以提高维修质量，缩短维修时间，降低修理费用。

(3)设备(技术)科能直接、全面掌握港口设备和维修车间设备的使用情况,以便采取有效措施,加强港口设备维修管理工作。

2. 集中维修形式的缺点

(1)如果维修任务繁重,工作量大,容易造成港口设备不能及时修理,影响生产。

(2)维修和生产的配合欠紧密,修理车间对设备维修无决定权,生产与维修有时会产生矛盾。

二、分散维修形式

港口设备的维修工作,由门机队、机械队的维修组负责,维修组行政和业务都归队部领导,同时基层队部在维修业务上受设备科指导,这种形式适用于规模大、设备较多、码头较分散的大型企业。

1. 分散维修形式的优点

(1)有利于发挥门机队和机械队对设备管理维修工作的积极性和主动性。

(2)由于各机械队都配备了相应的修理工,可及时解决本队设备的一般故障,能更好地为生产服务。

(3)修理人员对本队设备状况熟悉,设备维修针对性强。

2. 分散维修形式的缺点

(1)维修力量配备较多,不能集中使用,不利于维修人员进行专业分工。

(2)由于修理任务不平衡,容易造成各部门维修人员忙闲不均的现象。

(3)港口设备管理部门不能直接掌握设备故障情况,信息不能及时反馈。

三、混合维修形式

港口设备的大修(包括精、大、稀设备的项修)和备件制造由修理车间承担,其余所有维修工作均在港口设备科的业务指导下由门机队与机械队的维修组负责。它适用于中型企业。

1. 混合维修形式的优点

(1)加强了门机队和机械队对设备管理和维修工作的责任感。由于修理工固定在队,行政上归队领导,队设备出了问题,能及时调配修理力量,迅速解决问题,因而对生产有利。

(2)由于修理车间负责企业的备件制造和设备大修理任务,因此有利于提高大修质量,减少停机时间和修理费用。

2. 混合维修形式的缺点

(1)在大修质量和备件供应方面易出现意见分歧,产生扯皮现象。

(2)由于组织体系方面所导致的原因,往往使维修质量的监督检查及有关技术与安全检查工作制度贯彻执行不力。

四、社会化维修形式

在传统的计划经济体制下,各港口企业都追求“大而全”、“小而全”,企业内部一般都设有设备齐全的维修车间或机修厂,承担本企业的设备维护修理,维修设备和维修人员要占设备总资产和企业人员的较大比例,企业冗员多,维修设备利用率低。

市场经济发达国家的产业组织一般有两个发展趋势,一是生产的集中化,即生产要素越来越集中于少数大型企业，以求得规模效应；二是生产的专业化，在大型企业的周围形成一批为之协作服务的专业化小企业，组成产业组织结构网络，形成以生产型大企业为核心的企业群，促进生产要素的流动与重组。这种发展趋势与计划经济下的“大而全”、“小而全”的模式相比，无疑是一大进步。维修社会化、专业化是改革的发展趋势，是优化企业组织结构的一条出路，是适应现代企业制度需要的一种维修组织形式。

目前起重设备、汽车、电梯、锅炉、压力容器、供变电设施等特种设备的修理市场已基本形成，这些特种设备必须要由取得相应的维修资质证书的专业维修企业来承担维修，港口企业如无相应的资质不得自行修理。

社会化维修是适应社会化大生产和现代企业制度的一种维修组织形式，是将来设备维修的发展方向，可达到既保证港口生产的正常进行，又提高维修效率，降低维修费用。

实行社会化维修后，必然会对港口企业维修管理提出新的要求。必须实行技术经济综合管理，从修理项目的确立、核价、签订合同、工程质量检验、竣工验收、付款等环节控制维修费用、保证维修质量，缩短修理时间。港口企业应该建立相应的维修管理制度和审批制度、确保实行社会化制度后的港口设备维修工作的正常进行。

五、维修人员的组成

设备维修人员是指从事各类港口设备维修、保养工作的人员，包括内燃港口设备修理工、电动港口设备修理工、港口设备电器修理工和钣金工、冷作工、充电工、油漆工、轮胎工、木工、机加工、电焊工等主修工和辅助工等。维修工人的数量视企业维修工作量而定，维修工人应提倡一专多能，既可提高工作效率，又可减少维修工人配置数。

六、维修人员的素质要求

港口设备的维修人员不但是体力劳动者，还是具有相当科学知识和技术水平的脑力劳动者，他们素质的高低，直接关系到设备效能是否充分发挥，因此对维修人员的要求有以下三点。

(1)树立为装卸生产服务的思想，自觉完成设备的修理工作任务，积极努力地为设备修理提供信息和提出合理化建议，确保设备完好，充分发挥设备效率。

(2)维修人员应当达到一定的文化水平。

(3)技术业务素质必须具备较全面的知识和能力：熟悉机械设备的结构和传动的基本原理；电气、液压等主要控制基本知识；设备保养和维修的知识和技能；熟悉设备维修的各项要求并能熟练掌握一种技能，如钳工等；善于学习和应用维修新技术的思想和技能。

第三节　维修计划的编制与实施

一、修理计划的编制

1. 修理计划的分类

港口设备的修理计划按时间进度不同，可分为年度计划、月度计划。年度计划包括的项目有：大修、中修、小修和项修，其主要的任务是确定港口设备年度计划修理的数量、类别、日期、停车时间、修理所需的主要材料、件和估算费用等。月度计划包括的项目有：按年度计划分解的大修、项修、中修和小修，是具体执行年度计划的修理计划。

2. 修理计划编制的依据

1）港口设备的技术状况

港口设备使用部门和管理部门根据日常保养、定期保养、故障修理、事故处理和状态检测等记录所积累的设备技术状态信息资料，结合年度技术状况普查结果、机械运行日志和操作人员提供的设备使用情况，以及通过对港口设备进行定期或连续状态检测所获得的其劣化发展趋势，经过综合分析，取得比较全面、客观的港口设备的信息资料，是编制修理计划的主要依据之一。

2）修理能力的实际情况

港口企业根据自身装卸生产的需要，建立了不同的维修体制，并要求在港口设备修理中，充分发挥本企业的维修力量。因此，要从本企业维修资源（人力、物力、财力）的实际情况出发来制订修理计划。

3）修理前生产和技术的准备工作

港口生产的显著特点是生产活动的不平衡性，主要表现在货流在空间和时间上分布的不均衡，实际货流不是稳定连续地到达港口，而是以变化间断地到达港口，这将影响：港口设备尤其大型港口设备修理泊位、场地的安排；主要备品备件采购和维修劳动力安排；港口设备停机日期的确定；修理工艺的确定；施工进度快慢等，所以编制修理计划要认真考虑计划修理前生产和技术准备工作的情况。

4）港口设备的修理周期结构和修理间隔期

以运行时间为基础的港口设备维修计划，可以按照或参照有关港口设备的修理周期结构和修理间隔期来编制（表 6-1）。以技术状态为基础的修理计划，修理周期结构和修理间隔期仅作参考。

港口设备修理间隔期　　表 6-1

序　号	港口设备名称	计划修理（单位：h）		
		小修	中修	大修
1	牵引车	2 250	4 500	9 000
2	铲车	1 800	3 600	7 200
3	装载机、推耙机	1 800	3 600	7 200
4	电池式叉式港口设备	3 000	—	12 000
5	轮胎式、履带式、汽车式起重机	2 250	4 500	9 000
6	门式起重机、装卸桥	5 400	—	16 200
7	电池式搬运车	1 200	—	6 000

5）安全和环境保护要求

根据国家、地方、企业的有关法规和规定，港口设备的安全防护、环境保护装置不符合要求排放的气体、液体、粉尘等污染环境时，应安排计划修理。

3. 修理计划的编制程序

港口设备修理计划是港口企业安排港口设备修理的指导文件，也是企业生产经营计划的重要组成部分。修理计划由企业设备技术管理部门负责编制草案，计划管理部门负责审定和编制正式修理计划，经过企业负责人批准，纳入港口企业装卸生产经营计划。

1）年度修理计划的编制程序

年度修理计划是港口企业港口设备修理工作的总体计划，是对下一年度港口设备修理的数量、类别、停机时间、开工日期、和费用作出的大体安排。年度修理计划编制一般按收集资料信息、现场勘查、编制计划草案、平衡审定计划和下达计划等程序进行。

编制年度修理计划前要做好收集资料信息和分析工作，主要收集定期保养检查记录、故障修理记录、年度设备普查的技术状况、下年度企业生产计划大纲、需修设备的已有技术资料及备件库存情况等技术、生产资料。对这些资料进行综合分析，并到现场了解实际情况，运用必要的检测仪器进行项目检测，以确定需进行修理的设备和修理类别。港口设备管理部门根据使用部门提出的设备修理需求和设备的技术状况资料，经过现场勘查，确定主要的修理项目，提出年度修理计划草案。

年度修理计划草案经过设备管理部门和计划、生产管理部门讨论后，由计划管理部门编制出年度修理计划并分送给生产、调度、财务、物资、安全、修理和使用等部门讨论，计划管理部门按照反馈意见和企业的装卸计划、资金能力、修理能力、生产技术准备情况进行综合平衡，编制出正式的年度修理计划（表6-2），报请企业负责人批准，与港口企业生产计划同时下达执行。

年　月　　**港口设备年度修理计划表**　　表6-2

编号	设备名称	使用部门	修理类别	主要修理内容	计划费用	计划进度	停车天数	承修单位	备　注

年度计划要求在年前1~2个月编制完成。

2）月度修理计划编制的程序

月度修理计划是年度修理计划的具体化，主要对年度修理计划作出分解安排。企业可以根据生产经营的变化对月度修理计划随时进行调整，使月修理计划更切合实际。

月度修理计划由企业计划管理部门编制草案，在月度生产计划平衡会上讨论通过后，将正式的计划按规定工作流程报送企业负责人审定和批准，然后下达给修理部门执行。

在港口设备月度修理计划（表6-3）中，要列出修理项目的具体开工、竣工日期，以利组织施工；还包括各部门申请需临时增加的修理项目。对跨月度完工的项目应提出本月可能完成的进度，以便安排好费用。由于生产任务和主要材料备件到货的变化或者某项修理项目进度提前或延迟，可对已开工的项目作出适当调整。

年　月　　**港口设备月度修理计划表**　　表6-3

编号	设备名称	使用部门	修理类别	主要修理内容	计划费用	本月发生费用	施工期		承修单位	项目负责人	备注
							开工	完工			

二、修理计划的调整

1. 修理计划调整的原则

修理计划是从技术和经济上综合分析了其必要性和可能性后制订的，所以修理计划一旦

批准就应该严格执行,不能随意调整。出现下列情况之一者才允许调整计划:

(1)由于港口设备发生故障或技术状况劣化程度加剧,必须停机修理,才能保证安全装卸作业;

(2)装卸生产任务有变化,为保证装卸生产任务的按时完成而需要改变港口设备修理计划;

(3)已送修港口设备的实际修理内容和计划修理的内容出入很大,要酌情延长或提前停机时间,适当增加或减少项目和费用等;

(4)尽管已采取各种措施而修理技术、生产准备工作仍不能满足已确定的修理内容需要,或仍不能及时完成,要求延缓修理计划的执行。

2. 修理计划调整的程序

1)年度修理计划的调整

当出现修理计划调整原则中(1)、(2)的情况,港口设备使用部门及时提出调整计划的申请,报送港口设备技术管理部门。港口设备技术管理部门经过调查分析,提出调整意见,通过计划管理部门认可,报请企业负责人批准即可调整计划。

当出现修理计划调整原则中(3)、(4)的情况,由港口设备技术管理部门根据年度修理计划执行情况和使用、修理等部门提出的调整修理计划的申请,提出年度修理计划的调整方案,经过生产、计划、财务、物资等部门的认可,由计划管理部门制订出年度港口设备修理调整计划,上报企业负责人审定批准下达执行。

年度修理计划一般每半年调整一次。

2)月度修理计划的调整

月度修理计划是年度修理计划的具体执行计划,港口企业各部门可在月度生产会上提出调整意见,由计划管理部门在编制月度计划中进行调整,上报企业负责人批准后下达执行。

目前许多港口企业在编制计划时已采用“滚动计划”。所谓“滚动计划”,是指每次制订或调整计划时,均以计划顺序向前推进一段时间。例如,在 1995 年编制 1996 ~ 2000 年 5 年计划时,到 1996 年底就根据在 1996 年中计划完成的情况,港口企业内部条件和外部环境的变化,对原 5 年计划进行调整,在此基础上向前推行一年,即制订 1997 ~ 2001 年的 5 年计划。“滚动计划”的优点是:可将无计划的调整、修改计划工作变为有计划地进行;使企业连续的生产,有一个连续性的计划做指导;使整个计划及时适应变化的条件,增加了灵活性。

三、修理计划的实施

1. 修理前的准备工作

修理前的准备工作是与修理质量、停机时间和经济效益密切相关的。港口设备管理部门应认真做好设备修前的计划、组织、协调和质量控制等准备工作,定期检查有关部门的准备工作完成情况,发现问题应及时研究并采取措施解决,保证修理计划的按时、按质完成。修前准备工作包括技术准备和生产准备两个方面的内容。

1)技术准备工作

修前的技术准备工作由修理技术人员负责。工作内容主要有修前预检、修前技术工艺准备。

(1)港口设备修前的预检:经过预检全面了解港口设备状态的情况,以便制订出经济合理的修理措施和计划。预检时要求全面掌握磨损劣化情况,对更换件,修复件要提得准确、全面,尽量不遗漏。按零件校对图纸，测绘时要仔细，提供可靠的施工图。

(2)修前的技术工艺准备：编写“港口设备修理技术任务书”，编写各种修、换件明细表，备件、标准件图册和目录，修理工艺规程，修后验收图纸明细表和材料明细表等各种修理文件资料及配备专用修理工、夹、量具。

2)生产准备工作

修前的生产准备工作由修理部门的负责人和材料、备件、工具的管理人员负责，它主要内容有：

(1)做好修理用的材料、外购件、备件的制造和供应工作。

(2)做好修理用的专用工、夹、量具的准备工作。

(3)修理施工计划的编制。

2. 修理计划的实施

在做好技术及生产准备的基础上，港口企业的港口设备修理计划，首先要协调好生产与修理的关系，平衡进度和时间，其次在修理过程中，设备修理单位与设备使用单位应密切合作，随时处理好不断出现的新问题和新矛盾，保证修理计划如期完成。因此，每台港口设备在计划修理的实施过程中要求设备使用单位按规定的日期将所需维修的港口设备交付修理部门，修理单位应严格按设备修理计划组织维修，做好设备解体检查，生产调度，工序质量检查，外购材料、备品的采购，备件的制造进度等主要环节的准备工作，对设备维修过程中出现的技术问题及时予以解决，保质保量按时完成设备维修计划。维修结束后，按验收的标准，做好竣工后的检查验收，收齐整理相关的检查验收文件并存档。

四、修理计划的考核

港口设备计划修理的目标是以最低的成本，最好的质量，最短的修理时间，使得港口设备能经常处于良好的技术状态，确保港口装卸生产正常进行，从而实现企业的经济目标。因此，必须对企业设备管理的各相关部门按年度、月度修理计划完成情况进行考核，并列为考核该部门主要经济技术指标的一部分。

修理计划的完成率，反映了港口企业管理水平的高低，因此它可以作为修理计划考核的一个主要指标。修理费用是修理计划考核的另一个重要指标，在制订具体的考核指标时可考虑以下因素：

(1)设备的使用、修理和管理部门共同承担修理费用的额度；

(2)能在企业内部自修的项目，不安排外修；

(3)非使用不当的港口设备返修，其费用由修理部门承担；

(4)节约或超支的计划修理费用，按费用额度的一定比例奖惩相应的部门。

第四节　港口设备修理的技术管理

港口设备修理的技术管理就是对设备修理过程中全部技术工作进行科学管理的总称。其目的是指导港口设备合理修理、保证修理工作正常开展、提高修理技术水平和技术素质，以充分发挥港口设备的效能。港口设备修理的技术管理包括修理技术资料管理、修理工艺管理、编制修理标准与规范、修理质量管理等方面。

一、港口设备修理的技术资料管理

港口设备修理技术资料的积累和管理,反映了一个港口设备维修管理工作的水平,其主要工作内容是:

(1)收集、整理、编制、积累各种修理技术资料;

(2)为修理部门及时提供所需的修理技术资料;

(3)建立健全技术资料管理制度并严格执行。

1. 修理技术资料的来源

修理技术资料是港口设备修理的必要技术条件,其来源主要有:

(1)设备制造厂商提供的资料。对港口设备而言,修理技术资料的主要来源是制造厂商随设备提供的资料。企业应在设备购置时,要求制造厂商提供各种必要的技术资料,并作为采购的标书内容或合同的条款予以明确。对自制的港口设备则要求提供设计任务书、设计图纸、工艺文件、维修技术资料等。

(2)安装、调试、验收过程中产生的资料。大型港口设备的安装、调试、验收等过程,对港口设备后期的使用性能、使用质量、技术状态及可靠性等影响较大,因此这些过程中产生的资料如监制报告、试车大纲,空载和重载试车测试报告、设备验收报告等均是非常重要的港口设备的维修技术资料。

(3)外购资料。对于某些通用港口设备的修理技术资料、专业书籍等可以采取外购的办法获得。

(4)国家、行业和地方省市每年都有一定数量的有关设备修理的标准、规范发布,这些标准规范是不同范围设备修理经验的总结,故也是修理技术资料的重要组成部分。

(5)自行编制。一些拥有较多种类和数量港口设备,技术力量雄厚的港口企业,完全可以凭借自身的技术力量,自行编制部分使用工况比较特殊的港口设备的修理标准和规范。

(6)修理过程的经验积累。港口企业的港口设备往往来自于不同的制造厂家,再加上各种设备的使用工况各不相同,故不同港口设备的磨损规律、疲劳寿命、损坏特点也是不同的,设备的各种修理标准、规范、经验等也必须逐步积累,对这些技术资料、修理档案的整理、分析、归类,也是对修理技术资料的重要补充和完善。

2. 修理技术资料的种类

港口设备修理的技术资料主要有设备修理手册、维修图册、备件手册、设备使用说明书、修理标准规范、安装、调试、验收资料、修理档案资料及其他参考技术资料等,详见表6-4。

港口设备修理技术资料 表6-4

序号	名　称	主要内容	用　途	备　注
1	修理手册(修配说明书)	·适用设备编号序列、规格 ·修配基准:a. 调整基准表 b. 修配基准表 c. 紧固扭矩表 d. 密封剂种类 ·检查与调整:a. 气压 b. 油压 c. 间隙 d. 转数 e. 皮带张力 ·辅助机构拆卸和安装 ·特殊工具 ·各总成件的分解、检查、装配 ·整机的装拆、调整、试车	供维修人员制订修理方案、安装、调试用	

续上表

序号	名　　称	主要内容	用　　途	备　注
2	维修图册	·设备总图、装配图 ·机械传动系统图 ·液压系统图 ·制动系统图 ·电气系统图、线路图 ·组件、部件装配图	供维修人员制订修理方案、安装、调试用	
3	备件手册(备件目录、零件图册)	·部件的零件编号、分解示意图、数量、适用机型编号 ·比较复杂部件再分解(发动机、底盘等)	供维修人员订购制造备件、制订消耗定额用、储存定额	
4	操作手册(使用说明书)	·港口设备起动操作要领 ·行驶注意事项 ·作业操作要领 ·装载货物方法 ·定期检查、保养、调整要求及燃料、润料易耗品规格数据 ·常见故障判断及处理方法 ·安全装置 ·驾驶室仪表及作用 ·规格性能 ·系统图(机械传动、液压、电气制动) ·润滑图表	指导港口设备使用、安装、维护、修理、分析、排除故障用	
5	修理标准规范	·整机修理技术要求 ·电气设备修理技术要求 ·部件(总成)修理技术要求 ·重点各类磨损零件修换标准 ·修理竣工验收标准	指导设备修理、检查和验收的依据	
6	设备安装调试验收资料	·试车大纲 ·试车测试报告 ·监理报告 ·验收资料 ·整改资料	检验港口设备修理性能是否符合有关规定	
7	维修改造检测资料	·历次修理资料 ·改进、改造、代用技术资料 ·安全检测、状态检测资料 ·港口设备事故资料	熟悉历史资料、掌握港口设备状态、了解其修理效果、判断其修理是否符合国家有关安全规程	
8	其他参考技术资料	·有关国家技术标准 ·工厂标准 ·四新技术有关资料 ·各种设备维修期刊、资料	维修技术管理工作参考用	

3. 管理和注意事项

修理技术资料的管理可以分成收集整理、保管借用、报废销毁三个阶段,其主要工作内容有以下几个方面。

1)资料的收集整理

收集整理是技术资料管理的最主要内容,也是一项艰苦细致的技术基础工作。按照技术资料的来源和种类,在规定的时间内收集到位,将资料分类编号,参照档案管理的标准进行测绘、审核、复制、整理、存档,建立健全各机型的技术资料。收集整理阶段要注意以下几点。

(1)制订适应企业实际情况的修理技术资料的典型格式、内容,便于技术文件和图纸的统一性。

(2)执行图纸、技术资料的编制、批准及修改程序。

(3)进口港口设备的资料应及时组织翻译复制。

(4)技术资料的编号方法要考虑到用计算机辅助管理的需要。

(5)资料收集以设备主管人员为主,资料的编制整理由专职资料管理人员负责。

(6)港口设备技术资料应集中管理,并注意技术资料的验证、复查、改进。

(7)对港口设备的关键维修资料,如PLC控制系统的调试、修改资料等应尽量由资料室保管,避免个人垄断。

2)资料的保管借用

保管借用是资料管理的日常工作,以充分发挥资料对设备维修的指导作用。应建立资料管理制度,设立资料账、资料卡,并严格执行资料借用手续。对设备技术资料要定期清点,做好资料的保管、修复、防霉、防潮、防虫蛀等工作。保管借用阶段的注意事项有以下几点。

(1)资料入库要仔细清点并经有关技术负责人签字,保证资料完整和正确。

(2)设立修理资料入库单,修改通知单、报废鉴定单等管理凭证,并严格执行。

(3)重要的独本资料一般不出借,只允许在资料室阅览。

(4)维修技术资料管理应设专人负责。一般由企业港口设备技术管理部门领导负责,也可由企业档案部门负责。

3)报废销毁

报废销毁是技术资料管理的后期内容,主要工作是对港口设备已报废或外调并超过规定保存期限、又无使用价值的资料作报废销毁处理。资料的报废销毁注意事项有以下几点。

(1)资料报废须经有关人员鉴定并请主管领导批准后方可实施。

(2)港口设备报废或外调后,其技术资料一般应保存1~2年后方可报废销毁。

(3)对有保密要求的资料,其报废销毁应按相应的规定执行。

二、港口设备修理工艺要求

港口设备修理工艺要求主要包括:规定修理程序、零部件的修理方法、装配调整程序和总装试车程序等技术要求。编制修理工艺要从企业设备状况、实际修理条件和技术水平出发,并考虑技术上的可行性和经济上的合理性,以较低的维修成本、可靠的修理质量,尽可能短的停车时间来完成设备维修任务。

1. 修理工艺分类

按照适用对象的不同,修理工艺可分成:典型修理工艺和专用修理工艺

1)典型修理工艺

典型修理工艺是指对某些数量较大的通用港口设备或结构形式相同的零件在通常的工况下损坏的修理工艺要求。它规定了这些设备和零件修理的原则性要求。虽然典型修理工艺的针对性不够强,但它是制订专用修理工艺的基础。一般对通用港口设备的大修理可采用典型修理工艺要求。

2)专用修理工艺

专用修理工艺是指对某一型号的港口设备的某一次修理而专门编制的工艺要求,它是针对设备的实际磨损和损坏情况而单独制定的,具有很强的针对性,是具体的设备维修指导性要求。对无典型修理工艺要求的港口设备以及实施项修的港口设备可编制专用修理工艺。

2. 修理工艺的内容

港口设备的大修理工艺要求一般应有以下内容:

(1)对修理场地、设施的要求;

(2)修前应检测的项目、数据;

(3)整机及主要总成、机构的拆卸顺序,拆卸过程中应检测的数据及注意事项;

(4)主要零部件的检查;

(5)选择修理方法、加工方法等;

(6)装配调整程序、装配工艺及要求;

(7)总装试车程序;

(8)施工中的安全措施等。

对港口设备的项修以及级别较低的修理,修理工艺要求可适当简化。

3. 编制修理工艺应注意的事项

修理工艺直接关系到修理的质量、工期和费用。港口设备由于种类繁多,结构各异,一般无单独的修理工艺,有关修理工艺的要求大多是体现在修理标准和规范中。但修理的工艺要求仍然是修理技术管理工作中的重要组成部分,编制修理工艺的过程中,应注意以下事项。

(1)即使同一型号港口设备,由于修理的差异性,每次修理的具体内容和方法也不会完全相同,所以一般做法是:首先根据设备修理的普遍规律编制典型修理工艺,具体到某一台设备修理时再考虑各台设备的特殊性,编制专门修理工艺,以使所制订的修理工艺能适应具体设备的实际情况。

(2)修理工艺要求的确定,要考虑企业实际的修理设备条件、技术水平,努力达到修理质量好、时间短、费用省的目的。

(3)项修的工艺要求的确定,可参考大修工艺要求的相应部分,在修理任务书中应有规定,也可采用编制"修理工艺卡片",见表6-5。

(4)修前检测项目的确定要考虑正常磨损、疲劳损坏规律,还要考虑与状态检测的项目配合,以利于数据的积累和简化检测工作量。

(5)重视资料的收集整理,做好总结完善工作,不断提高港口设备修理工艺水平。

修理工艺卡片　　表6-5

待修设备型号　　编号　　修理级别或项目　　前次修理时间、级别

序号	分项	要求内容	备注
1	修前检测情况、项目		
2	修前图纸准备		
3	修前备件、材料准备		
4	专用工、检、量具		
5	总成、机构拆卸顺序及过程检测数据		
6	主要零部件清洗、检查方法、修理加工方法		
7	装配调整顺序及主要技术要求		
8	装复试车顺序及主要性能要求		
9	施工安全措施		

预计实施时间　　年　月　　计划费用　　计划工时

编制人　　编制日期　　年　月

三、港口设备修理技术标准与规范

港口设备修理技术标准与规范(以下简称标准)是设备修理的依据,是指导修理工作的主要技术文件。修理技术标准分为:国家标准、行业标准、地方标准和企业标准。港口设备的修理标准主要是交通部组织制订的行业标准、各港口自行制订的企业标准以及港口设备生产厂家制订的修理标准。这些标准有整机修理标准,也有部件(总成)修理标准。部分港口设备修理的国标和部标目录见表6-6。

港口设备修理标准目录(国标和部标)　　表6-6

序号	标准号	标准名称
1	GB/T 17496—1998	港口门座起重机的修理技术规范
2	JT/T 91—1994	港口设备内燃机修理技术要求
3	JT/T 136—1994	散货装船机修理技术规范
4	JT/T 295—1995	岸边集装箱起重机修理技术规范
5	JT 5014．2—1983	港口设备电气设备修理技术要求
6	JT 504．3—1983	港口设备通用件、专用件修理技术要求
7	JT 5014．4—1983	港口设备液压液力元件修理技术要求
8	JT/T 373—1998	斗轮式堆取料机修理技术规范

实行港口设备修理的标准化,可以保证质量,提高效益,缩短修前准备和停车修理时间,推广应用新技术、新工艺。

1. 制订修理标准的原则

制订修理标准首先要明确修理的对象是整机还是机构或部件,然后按下述原则制订。

(1)参照设备生产厂家的出厂标准来制订。设备技术状况已严重老化,修复后也难以达

到出厂标准的，可在满足安全和使用要求的前提下适当降低要求。

(2)选择成熟的机型和项目。修理标准是一项实践性很强的技术标准，必须要有翔实的技术资料和丰富的修理经验，在此基础上才能制订和完善标准，故选择技术资料比较齐全并已积累有相当修理经验的机型或部件作为对象是非常重要的。

(3)尽量优先制订部件修理标准。目前全国港口企业的修理制度正在逐步从计划预修制向状态维修制过渡，项目修理越来越多地替代了以往的中修、小修和大修，所以尽快制订适应项修要求的部件修理标准就成了当务之急。

(4)制订修理标准时必须遵循环保性和安全性的原则。随着技术的不断进步和可持续发展的要求，对环保和安全的要求更高，因此港口设备修理标准应符合国家有关环保和劳动安全法规的规定。

2. 磨损零件的修换原则

零件的磨损是引起港口设备失效的一个最常见的原因，故准确地判定磨损零件是否需要修换，以及确定对已磨损的零件是修复还是更换新件，这些是及时恢复失效港口设备性能、确保修理效果和降低修理成本的关键。磨损零件的修换原则主要考虑以下几个方面。

1)对完成预定使用功能的影响

当个别总成机构的零件磨损到不能完成预定作用时，就会影响整台设备的使用功能，如发动机、离合器、传动装置、制动机构、液压系统等的组成零件磨损会导致港口设备的功能部分或全部丧失，使港口设备生产效率降低甚至无法工作。若磨损零件继续使用将影响港口设备使用的功能时，应及时修复或更换。

2)对零件强度和可靠性的影响

港口设备中有很多是承载、传动的零件，这些零件的修换的标准是以磨损后零件的允许强度作为界限，如传递动力的齿轮，其齿厚最大允许磨损量应按强度要求确定。

3)对安全运行和环保影响

当港口设备上的某些零件继续使用可能引起事故，危及人身、货物、安全或者损害环境时，应予提前修换。如起重机吊钩危险断面磨损超过一定比例或出现裂纹，钢丝绳的断丝数达到一定数量，制动轮轮缘厚度磨损达到原厚度的一定比例，液压系统密封件损坏造成工作油泄漏等。

4)对港口设备经济效益和生产效率的影响

某些零件磨损并未达到影响港口设备使用功能的程度，但能源和润滑油消耗变多，维护次数增加，操作困难等引起运行费用增加和生产效率降低。从降低消耗和提高设备使用经济效果的观点出发，应考虑修换磨损零件。如发动机汽缸间隙变大压力下降，操作控制系统泄漏等。

5)港口设备结构改进和备件标准化的影响

除了以上磨损零件的修换原则外，有时为了改进港口设备的结构和实现备件标准化和国产化，也可以提前更换零件。

6)选择磨损零件修复或更换时应考虑的因素

确定磨损零件的修换后，至于选择零件是修复还是更换应考虑以下几个方面。

(1)修复的技术性。即在港口企业现有的修复工艺技术水平下，零件修复后是否能达到零件的尺寸公差、形位公差，表面粗糙度、机械性能、表面硬度、耐磨性等技术指标。如零件修复后的技术性能不能满足原来的要求，则只能更换新件。

(2)修复的经济性。对修复旧件与更换新件的经济性进行比较，将旧件修复费用与使用寿命之比值和新件采购费用(或制造费用)与使用寿命之比值进行比较,比值小的为经济性佳。

(3)修复的周期。由于港口生产的不匀衡性,对港口设备修理时间往往要求很高,对一般的价格低廉的易损件、通用件、标准件,更换新件显然更方便快捷,而对一些结构复杂、制造困难、加工周期长、需专门定制的零件来说,修复旧件所需时间较短。

所以应根据企业的实际条件,综合考虑以上几个方面后,做出合理的选择。

3. 金属结构件的修理原则

除了磨损零件造成的修理外,港口设备还有很多情况是由于金属结构件的损坏所造成的修理。金属结构件的一般修换应遵循以下的原则。

1)对完成预定使用功能的影响

金属结构件在使用过程中会发生各种损坏、变形,这种损坏变形和设计、制造、材料或使用不当有关。结构件损坏、变形后有时直接造成对设备使用功能的影响,有时会造成结构开裂、运动件相碰、绞接处磨损加剧等后果。所以若金属结构件的损坏、变形已造成对使用功能有影响时,必须予以修理。

2)对可靠性和安全性的影响

由于港口设备的工作级别普遍较高,起重机在工作时又往往受到很大的动载荷,金属结构件长期受到各种载荷的作用以及由其引发的冲击和振动,会产生裂纹与开焊、构件折损等破坏,从而造成重大事故。所以港口设备的金属结构件的可靠性往往与安全紧密相关,影响可靠性的因素大致有以下几点。

(1)金属结构的裂纹与开焊。由于设计时结构不合理、材料选择不当、制造焊接过程中不按规范操作造成结构件局部应力集中,引起开裂或开焊,加上操作不当促使裂缝迅速扩大,对设备安全有较大威胁,必须采取措施进行修复。

(2)金属结构件的失稳。由于港口设备金属结构件中有较多是受压的细长杆件,如起重机的臂架、撑杆、立柱等,由于设计与制造不当会造成危险断面应力过大,引起构件失稳。对失稳现象的判断可用对危险断面进行定期检查观察和应力测试来判断是否要修理。

(3)金属结构件的腐蚀。港口设备大多露天作业,又处于海边河口,受潮湿空气影响,金属结构件易腐蚀,使结构件的有效厚度减薄,缩短使用寿命,在危险截面处的腐蚀还会带来构件折损的危险性。所以金属结构件表面必须进行防腐处理,必要时可对腐蚀特别厉害处进行测量检查,并进行及时修复。

3)对金属结构件上的磨损部件的修换原则

在金属结构件上大多设置了安装孔、连接孔、销孔等,这些部位的修换可参照磨损零件的修换原则,但由于某些磨损部位的损坏往往会引起整个结构件的报废,而且修理工作量很大。故对这些部位的修理时,应强调可靠性和较长的使用寿命,避免因重复修理带来过大的工作量。

4)金属结构裂纹修理原则

(1)轴孔处焊缝及热影响区金属材料裂纹的修复。

这一类裂纹在门座起重机上极为普遍,出现了结构上的宏观裂纹后,装在轴孔内的轴和套一起相对支座转动。这些部位的裂纹破坏性很大。像 M10-25 型门座起重机变幅平衡梁支承轴孔处,轴套与平衡梁腹板之间的内力传递全靠角焊缝来承受。偶然遇到超负荷的情况时,该部位的贴角焊缝很容易出现裂纹。修复方法有两种:一是轴不拆下来,在受力状况下焊补。在受载工况下修复，往往容易出现同一部位反复的开裂－焊补－开裂现象，同时开裂部位附近的金属材料经受反复的加热（焊补），材料的机械性能显著下降，导致热影响区金属反复开裂。二是将构件拆下来修复，即为卸载焊补，卸载焊补能较好防止热影响区金属反复开裂的现象，修复的效果较好。

轴孔钢套与支座孔是多层焊接，补焊时应注意以下几点。

①尽量以较快速度施焊，焊完一层后，立即用小榔头敲击焊缝，以减少焊接应力。

②第二层的焊接方向与第一层方向相反，后一层焊缝冷却时对前一层有挤压作用，使焊缝收缩应力减少。

③焊缝表面应光顺，符合焊缝的技术规范要求。

(2)箱型结构在变截面、尖角等处裂纹的修复。

箱型结构在变截面、非圆滑过渡及尖角处存在较大的应力集中，所以这些部位最容易形成裂纹，修理方法有直接焊补裂纹、加腹板焊补、钻止裂孔焊补和裂纹处挖补等。

①直接焊补和加腹板焊补。容易引起金属材料反复开裂，有时甚至裂纹穿过腹板继续扩展。

②钻止裂孔焊补。是在裂纹起点和终点处各钻一个止裂小孔，释放一部分内应力，防止金属材料继续开裂，然后直接焊补裂纹及小孔。

③挖补法。是将裂纹及附近的金属材料挖去一块，再用对接焊缝焊补一块新钢板。因为角焊缝的疲劳强度比对接焊缝低得多。当结构件承受动载荷时，对接焊缝能在整个断面内均匀地传递内力。应用挖补法焊补裂纹时应注意几点：

补板与原金属的接缝四周应为圆角过渡，不得有尖角存在，要求圆弧半径 $r=10\delta$（δ 为板厚）；严格按焊接顺序施焊，先焊接钢板长宽方向中间部分，再焊接四角圆弧部分的焊缝；完整焊接后对焊缝质量按标准进行检验，其方法有敲击法和无损探伤法。

一旦发现金属结构有裂纹，应及时修理，防止裂纹扩大而引起事故。焊补中尽量做到卸载修复或者设法使修理部位处于受压状态施焊，并采用 T507 碱性焊条，禁止在箱形结构受拉翼缘上随意焊割，避免降低其疲劳强度，应优先采用挖补。

在露天焊接时，下雨、下雪、大风低温和钢材潮湿时不得进行焊接，对主要受力构件焊接温度应在－10℃以上。

4. 港口设备部分专用件修换标准

1)块式制动器修换标准

(1)制动轮不得有缺陷和裂缝。制动轮工作表面的磨痕沿宽度范围超过 20%，深度超过 1.0mm 时应重新车削。对于起升、变幅机构的制动轮车削后的壁厚不得小于图纸规定厚度的 60%。

(2)制动器所有杆件、弹簧、瓦块等不得有裂缝变形。各铰点应转动灵活，不得有卡住现象。销轴和轴孔的磨损不得超过 0.5mm。制动器上所有销孔间隙导致的空行程，不得超过电磁铁冲程的 10%。

(3)制动衬块的磨损不得大于原图纸规定厚度的 40%。如果磨损不均匀，其中部厚度不应小于原图纸规定之厚度的一半，边缘部分不应小于原图纸规定厚度的 1/3，达到规定的最小厚度时，则应及时更换。

(4)新铆的制动衬块，铆钉头应埋入带厚一半以上，铆钉头中心离带边不小于 15mm。正常运转的制动器铆钉头到制动带表面的距离不得低于 0.5mm。制动器的工作表面不得有油污及其他杂物。

(5)装配后检查制动轮与制动衬块接触面,应不小于工作表面的80%。电磁制动器的衔铁和铁芯的接触不小于全部面积的75%。电磁铁工作时不应发生噪声,温度不应超过105℃,制动轮温度不应超过200℃。

(6)制动器的弹簧不得有裂纹。

2)盘式制动器修换标准

(1)圆盘形制动压片工作表面应光滑,不得有裂纹,光洁度不低于0.8,压片工作表面擦伤槽深超过0.5mm,平面度大于0.30mm时应重新车削磨平使用。车磨后的厚度不得少于基本厚度的85%。

(2)锥盘形制动压盘工作表面光洁度不低于0.8,对其轴线的径向圆跳动公差和端面圆跳动公差为0.25mm。

(3)制动器的弹簧不得有裂纹。

(4)制动片的磨损量最大不超过基本厚度的40%,大修时磨损厚度超过20%,应予换新。

(5)摩擦片同制动压片(盘)相接触时,其接触面不得小于75%。

3)滚动轴承回转支承修换标准

(1)经使用后,滚道上不得有连续长度超过100mm,深度超过0.5mm的麻点、剥落层等损伤。滚道上不得有裂缝。

(2)滚柱和滚珠不允许有裂纹、碎裂、麻点及因缺油造成的过热变形现象。

(3)连接螺栓的螺纹和根部不得有裂缝,螺纹滑丝不得多于两牙,根部不得有明显弯曲变形。

4)门机转柱式回转支承修换标准

(1)上支承水平滚轮支承面光洁度不低于0.8,淬火硬度为HRC43~48。水平滚轮的单边径向磨损量最大不得超过5mm。经使用磨损后的外圆圆度大修允许公差为0.5mm,使用限度为1.0mm。

(2)在空载大幅度时,所有调整好的水平滚轮应与轨道有良好的接触,其接触长度应占轮宽的80%。旋转时要求转动灵活,无卡阻现象。水平轮的轨道应是一条水平线,而不能是上下跳动的曲线。不能有类似敲击的响声。

5)带式输送机托辊修换标准

(1)各类支承托辊(包括槽形的、平形的、固定的、调心的)其工作表面不允许有损伤、凹陷、裂纹。材料为无缝钢管的托辊,壁厚磨损应不大于基本壁厚的25%,尼龙托辊磨损应不大于壁厚的30%。

(2)托辊轴应良好无弯曲变形和裂纹。直线度公差为500:1,轴两端扁方平面相互平行度公差为0.35mm。

6)带式输送机滚筒修换标准

(1)滚筒壳体、轴承座、电动滚筒的电机外壳、法兰轴、法兰轴架、左右侧盖等铸件应进行消除内应力处理。清砂后表面应整洁,不得有影响强度及外观的裂纹,夹砂气孔及砂眼等缺陷。

(2)传动滚筒的胶质应紧贴滚筒表面,螺栓头不允许露出胶面。光面的传动滚筒和改向滚筒壁厚磨损不得超过基本厚度的30%。接缝处间隙不得大于3mm。

(3)电动滚筒内电机的修理应符合电机修理技术标准,转子装配应转动灵活,油不得渗入电机部分。空负荷运转2h,运转中不得有噪声及渗油现象。满负荷运转时,其电机定子绕组温升在环境温度40℃时不得大于65℃。

7)滑轮修换标准

(1)浇铸滑轮不得有裂纹,滑轮边缘不允许有毛刺和破碎现象。

(2)滑轮绳槽的径向磨损深度不得超过钢丝绳直径的1/2;滑轮绳槽壁的磨损不得超过原图纸规定宽度的20%。

(3)滑轮轴不得有裂纹,大修后轴颈减小不得大于基本直径的3%,直线度为1000:1。

(4)滑轮装配到轴后,必须转动灵活,无卡阻现象,对其轴线的径向及端面圆跳动公差不超过绳槽底径的2.25%。

(5)滑轮衬套承孔磨损后允许扩大滑轮承孔,另配衬套,但扩大量不得大于承孔直径的10%。

8)卷筒修换标准

(1)卷筒绳槽磨损后,应重新车削,但加工之后卷筒壁不得少于原图纸规定厚度的80%。

(2)卷筒的绳槽、钢丝绳在卷筒上的固定处等均不得有裂缝。

(3)卷筒轴不得有裂缝。在两轴承间的直线度公差为1000:0.20。

(4)卷筒装配完毕后,必须转动灵活、无卡阻现象。对卷筒轴的径向及端面圆跳动公差为绳槽底径的2.25%。

9)行走轮修换标准

(1)在使用后,车轮踏面剥离、擦伤面积大于2cm^2,深度大于3mm,应重新加工。车轮因磨损或其他缺陷重新加工后,轮圈厚度不得小于原图纸规定的80%。

(2)车轮不得有裂缝,也不允许焊补裂缝。

(3)车轮轮缘的磨损量不得超过轮缘基本厚度的40%。轮缘的壁厚偏差应在3~5mm之间,车轮和轨道两侧间隙为30mm。

(4)车轮轮缘不得有折断现象。不得有缺陷面积超过3cm^2、深度超过壁厚的30%,且在同一加工面上多于3处的情况。

10)机械式支腿修换标准

(1)支腿与固定箱梁表面应无裂缝,各处焊缝高度不低于10mm。各表面平面度公差为7mm。

(2)伸缩支腿的固定箱梁与伸缩腿之间的间隙为8~10mm,使用限度为15mm,,并要求支腿伸缩轻便,无卡阻现象。

(3)伸缩支腿支承滚轮应高于平面2~3mm,支腿伸缩时滚轮应滚动自如,滚轮直径磨损最大不得超过2.5mm。滚轮与轴的配合间隙一般为0.20~0.70mm,使用限度1.15mm。

(4)支腿螺柱直线度公差为1mm。螺纹表面光洁度不低于1.6,螺杆与螺母配合的径向间隙使用限度不大于2mm。

11)吊钩报废更新标准

(1)锻钩经使用后发现下列情况必须更新:

①用20倍放大镜观察表面,如有裂纹、破口。

②钩的危险断面高度磨损超过10%者。

③以额定负荷量125%的载荷吊重10min,进行负荷试验产生永久变形或裂缝。

④钩尾和螺纹部分有变形及裂纹者。

⑤钩尾有螺纹部分和没有螺纹部分的过渡圆角处有疲劳裂纹者。

(2)板钩经使用后发现下列情况必须更新：

①用20倍放大镜检查钩的危险断面是否有裂纹及松的铆钉，更新有裂纹的板构及松动的铆钉。

②检查板钩的衬套、销子(心轴)、小孔、耳板，板钩中紧固件的磨损情况，表面是否有疲劳裂纹及变形。衬套磨损到原图纸规定厚度的50%时应更换。销子(心轴)的磨损量为基本直径的3%～5%时，须更新。

12)钢丝绳报废条件

钢丝绳出现下列情况之一时，应予报废。

(1)即使未发现断丝，但钢丝绳直径相对于公称直径减少10%时。

(2)固定臂架用的钢丝绳，任何一个部位在6倍直径长度内断丝数量为总丝数的5%时。

(3)在靠近接头的绳段或固定臂架钢丝绳的接头部分，出现断丝时。

(4)起升、变幅用钢丝绳断丝数达到表6-7规定的值时。

钢丝绳报废断丝数 表6-7

外层股的承载钢丝总数	钢丝绳的典型结构	钢丝绳报废时与疲劳有关的可见断丝数							
		机构工作级别							
		M3、M4、M5				M6、M7、M8			
		长度范围							
		交捻		顺捻		交捻		顺捻	
		6*d*	30*d*	6*d*	30*d*	6*d*	30*d*	6*d*	30*d*
51～75	6×(19)×6W(19)*	6	12	3	6	8	16	4	8
76～100	18×7(12外股)	8	15	4	8	10	20	5	10
101～120	6×196T(25)*	10	19	5	10	12	24	6	12
121～140	6T(29)×4×RF(39)*	11	22	6	11	14	28	7	14
141～160	6×24	13	26	6	13	16	32	8	16
161～180	6W(36)×6×(35)*	14	29	7	14	18	36	9	18
181～200	6×(37)*	16	32	8	16	20	40	10	20
201～220	18×19(12外股)	18	38	9	18	22	44	11	22
221～240	6×37	19	38	10	19	24	48	12	24
241～260	—	21	42	10	21	26	52	13	26
261～280	—	22	45	11	22	28	56	14	28
281～300	—	24	48	12	24	30	60	15	30
超过300	6×61	$0.08n_s$	$0.16n_s$	$0.04n_s$	$0.08n_s$	$0.10n_s$	$0.20n_s$	$0.05n_s$	$0.10n_s$

注：(1)n_s 钢丝绳总丝数。d：钢丝绳公称直径。

(2)填充钢丝绳不等于承载钢丝，因此检验时要从检验数中扣除。多层绳股钢丝绳仅考虑可见的外股层。作绳芯的钢丝以内部绳股对待，不予考虑。

(3)线接触结构型的钢丝绳，1根粗钢丝相当于1.7根细钢丝。因此在表中断丝数被降低了等级，并以*号表明。

(4)当装卸易爆、易燃危险品时，表中断丝数应相应减少一半。

(5)当钢丝绳发现下述变形状况时，应予报废：

①在钢丝绳长度不超过25d的范围内出现波浪形变形时；
②笼状畸变；
③钢芯及纤维芯挤出；
④钢丝挤出；
⑤绳径局部增大；
⑥扭结；
⑦绳径局部减小；
⑧部分被压偏；
⑨弯折；
⑩绳股断裂。

第五节　港口设备修理的检验和验收

为了保证港口设备的维修质量，必须贯彻专业检验为主，修理者自检和班组互检为辅的检验和验收制度，充分发挥技术检验人员的作用，同时配备必要的检验仪器和工具。检验和验收的依据是港口设备修理标准和修理竣工验收技术条件及有关图纸、技术文件。

一、检验和验收的主要内容

1. 外购材料和配备件的检验和验收

外购材料和包括部件、总成等在内的备件，必须具备产品出厂合格证书或产品质量保证书，并注意产品的有效日期和外包装等是否符合要求，如不符要求，检验人员应要求物资供应部门调换并重新办理验收手续。

2. 修复零部件和自制配件的检验和验收

修复零部件按港口设备修理技术标准和工艺要求进行逐一验收。自制备件按图纸要求验收，做好检验记录和标记并签发合格证，方可交付使用或办理入库手续。

3. 修理过程的检验和验收

1）港口设备修前检验

港口设备进入修理单位时，由检验员根据设备修理单和履历表等技术资料以及司机反映的情况进行外观与性能检验，包括必要的试车运转，核定修理项目，办理交接手续，见表6-8。

港口设备修理送修单　　表6-8

名　称		编　号		修理级别	
送修单位		送修日期		修理单位	
修理要求及技术状态					
司机意见					
修理单位意见					
调整计划要求					
备注					
技术部门签字		送修部门签字		修理部门签字	

注：1. 送修交接日期签署后即为修理停车日开始。

2. 本单由送修部门首先签发，送修后两联单存修理部门，修理完工后，修理部门，港口设备技术管理部门各留 一份。

2)零部件分类检验

港口设备或总成拆卸后经过清洗，按零部件磨损程度和技术修理检验标准将零部件进行检测分类。分为可用、需修和报废，并做好标记，以此作为安排修理计划的主要依据。零件分类检验由班组检验员检验并作好检验记录，由修理单位检验员复验。

3)施工过程中的检验

施工过程中，零件加工工序之间，部件和总成组装之前的检验，要贯彻修理工自检，班组互检和专职检验员复检的三级检验制度。凡修复后的总成须经过修理单位检验员认可后才能组装。入库的总成要有质量验收单。

4)港口设备竣工检验

港口设备竣工后必须经过全面的技术检验。竣工检验和验收，按港口设备修理竣工技术条件的要求进行。按检验标准分为试车前检验，试车检验和试车后检验。

试车前检验主要是外表检验，检查各机构与各元部件间的连接、紧固情况，安装是否正确，装备是否齐全，各机构是否符合试车条件。

经试车前检验合格后方可进行运转试车检验，运转试车包括空载试车，负载试车，有特殊要求的，还需进行超载试车。

试车后的检验是通过试车和从外表上进一步检查各部分情况，并消除运转时暴露出来的缺陷。凡竣工检验合格的港口设备由检验员签发修理单位的合格证书。

4. 港口设备修理后的检验和验收

港口设备大修理完毕后，经承修单位按大修理质量标准自检合格后，按照大修理竣工验收程序进行验收。验收由港口企业设备技术管理部门负责主持，会同修理、使用、安全等部门有关人员，经检验认为修理单位完成了修理任务书所规定的内容，并达到规定的质量标准、修理费用和技术条件后，设备、使用、修理等部门的各方代表在港口设备修理竣工报告单上签字验收(见表6-9)，并及时做好修理技术档案归档和修理费用的核算工作。如在验收中意见不一致，报请企业设备技术管理负责人裁决。

港口设备修理竣工验收单

表6-9

年 月

<table>
<tr><td>项目名称</td><td colspan="2"></td><td>修理级别</td><td colspan="2"></td><td>开工时间</td><td></td></tr>
<tr><td>送修单位</td><td colspan="2"></td><td>修理单位</td><td colspan="2"></td><td>完工时间</td><td></td></tr>
<tr><td rowspan="2">修理时间</td><td>计划</td><td colspan="6">年 月 日至 年 月 日共停修 天</td></tr>
<tr><td>实际</td><td colspan="6">年 月 日至 年 月 日共停修 天</td></tr>
<tr><td rowspan="2">修理工时</td><td>计划</td><td></td><td rowspan="2">材料费用</td><td>计划</td><td></td><td rowspan="2"></td><td rowspan="2"></td></tr>
<tr><td>实际</td><td></td><td>实际</td><td></td></tr>
<tr><td>修理技术
文件记录</td><td colspan="7">1. 修理技术任务书 份 2. 修换件明细表 份 3. 材料表 份
4. 电气检验记录 份 5. 试车记录 份 6. 其他记录 份</td></tr>
<tr><td>主要修理内容</td><td colspan="7"></td></tr>
<tr><td>修后遗留问题及处理意见</td><td colspan="7"></td></tr>
<tr><td>检验质量结论</td><td colspan="5"></td><td>质量检验签证</td><td></td></tr>
<tr><td colspan="2">修理部门签证</td><td></td><td colspan="2">技术部门签证</td><td></td><td>财务部门签证</td><td></td></tr>
<tr><td colspan="2">使用部门签证</td><td></td><td colspan="2">计划部门签证</td><td></td><td>安全部门签证</td><td></td></tr>
</table>

修理单位、送修单位、技术部门各留存一份。

委托港外专业厂修理的港口设备竣工检验和验收工作也可由港口企业的港口设备技术管理部门负责主持，以送修与承修双方签订的合同条款为依据，会同使用、计划、财务、安全部门等有关人员参加，经检验合格后由送修单位技术管理部门代表企业在验收单上签字。如合同双方对验收意见有分歧，通常是由合同双方友好协商解决或由当地合同管理部门仲裁。

其他级别修理后的检验和验收可参照大修理验收程序进行。

二、检验和验收的人员设置

(1)港口企业修理厂设立专门的质量检验部门。在厂设置专职检验员，在修理班组设检验工。

(2)港口设备检验工作由承修企业的总工程师或技术管理负责人负责，各修理部门的质量检验员在业务上受港口设备技术主管部门的领导，班组检验工在修理部门专职检验员领导下开展工作。

三、检验和验收的工作流程

检验和验收的工作流程如图 6-3 所示。

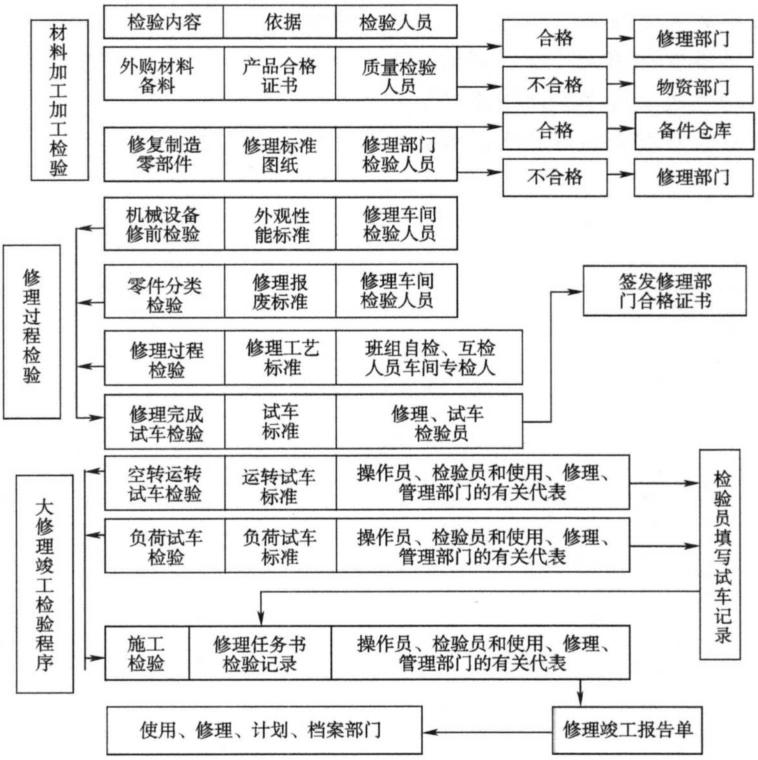

图 6-3　检验和验收的工作流程

思考题

1. 什么是港口设备的修理？为什么要对港口设备进行适时的修理？
2. 港口设备维修应遵循什么原则？

3. 港口设备维修的方式有哪些？如何选择比较合适的维修方式？
4. 预防维修有哪些形式？各有什么特点？
5. 计划预修制的含义是什么？计划预修制是以什么为依据来实施的？存在哪些缺点？
6. 状态维修制是以什么为依据来实施的？执行状态维修制时必须遵循哪些原则？
7. 详细说明实施状态维修的关键。
8. 如何提高港口设备状态维修的维修质量？
9. 计划预修制的修理类别有哪些？这些修理类别的涵义有哪些？
10. 状态维修制所采用的修理类别主要有哪些？这些修理类别是如何实施的？
11. 港口设备维修组织形式有哪几种？
12. 港口设备的维修人员包括哪些？
13. 对港口设备的维修人员有哪些要求？
14. 港口设备的修理计划可分哪几类？修理计划编制的依据是什么？
15. 在什么情况下可以调整设备修理计划？
16. 如何实施港口设备的修理计划？
17. 港口设备修理中,哪些资料应作为修理技术资料而加以管理？
18. 港口设备的大修理工艺要求主要有哪些内容？
19. 港口设备修理的国家标准和部颁标准主要有哪些？
20. 金属结构件的一般修换原则是什么？
21. 港口设备维修质量的检验和验收的主要内容是什么？

第七章　港口设备的备件管理

第一节　概　　述

一、备件及备件管理的概念

1. 备件的涵义

在设备维修工作中，企业为了缩短设备修理停歇时间，根据设备的磨损规律和零部件使用寿命，在备件库内预先储备一定数量的零部件，这些预先储备的零部件称为备件。

2. 备件的分类

1）按零件类别分

（1）机械零件：指某一型号设备中的专用机械构件，一般可由企业自行生产制造。

（2）配套零件：指通用于各种设备的标准化零件，一般由专业生产厂家生产。

2）按零件来源分

（1）自制备件：企业自己设计制造的零件。

（2）外购备件：企业对外采购的备件，一般均为配套零件。

3）按零件使用特性分

（1）常备件：使用频率高，设备停工损失大，价格相对便宜，需经常保持一定储备量的零件。

（2）非常备件：使用频率低，停工损失小，价格相对昂贵，可根据修理计划预先购入作短期储备的零件。

3. 备件管理的概念

备件管理是运用系统工程的观点和方法对企业内整个备件流通活动全过程的管理，既包括备件的运输、储存、发放等各个环节的物流管理，又包括商流过程中的购销活动的管理；既要对流通的备件进行管理，又要对备件流通领域内的人力、物力、财力、技术和信息进行管理；既有宏观的管理，又有微观的管理，其目标就是：用最少的备件资金、合理的库存储备，将必需的备件按质、按量、按时送达到指定地点，保证设备维修的需要，提高设备的使用可靠性、维修性和经济性，以取得最佳的管理效益。

4. 备件管理的目标

（1）把由于设备突发故障造成的停工损失减小到最低限度。

（2）把设备计划修理的停歇时间和修理费用降低到最低限度。

（3）把备件库存所占用的资金压缩到合理供应的最低水平。

（4）把先进的管理理念、管理方法应用于备件管理，满足设备维修需求，提高经济效益。

5. 备件管理的主要任务

（1）科学合理地确定备件的品种、数量和储备形式，做好备件的管理供应工作。

(2)在设备维修过程中及时提供合格的备件,重点做好关键设备的备件供应工作,保证关键设备的正常运行,减少停机损失。

(3)做好备件使用情况的信息收集和反馈工作,改进和提高备件的使用性能。

(4)在保证备件供应的前提下,尽可能减少资金占用量,努力降低备件管理成本。

二、发达国家备件供应管理的先进理念

1. 备件零库存管理

发达国家港口企业备件现代管理系统的职能正在发生重大变革,已不仅仅局限于购买、存储,保证设备正常运转,而是越来越成为增加企业利润的重要手段。从资金周转角度看,备件的流动资金比货币资金更为重要,因为前者的闲置除了同后者的闲置一样都要损失利息外,还要负担各种保养费用,且备件种类复杂、性质迥异,保管起来有难度,存在损耗、变坏、报废的风险;此外备件市价波动的幅度通常大于货币价值的波动幅度,相应的跌价损失就大,可以看出对其控制是否适度也就成为企业损益的一大要素,所以国外港口企业都在尽可能地压缩备件仓库,积极推行以零库存为目标的管理,这一管理思想是力图把生产车间、铁路、汽车、供货厂家作为自己的仓库,以求提高运转效率,减少库存费用。

推行无库存管理必须建立在市场机制完善,物资的社会配送业务发达的基础上,即供货单位通过多种方式在企业附近设点及组织物资配送到现场。实行备件无库存管理的共同特点是具有规律性的使用周期和较稳定的使用频度。零库存管理和社会配送不仅可以加速企业资金周转和降低备件流通费用,且有利于企业集中精力抓好生产。国外港口企业推行零库存管理,并非完全放弃仓库。如果因缺少备件而影响设备运行,造成停机损失,也是得不偿失的,故对不具备社会配送条件的备件,仍需保持一定的库存,这就需要企业对合理库存进行规划和决策,以最低成本为目标,以不影响生产的最佳库存为备件的管理模式。

2. 备件的集中供应体制

国外港口企业大多采用集中管理的备件供应体制。在集中管理的条件下,企业的备件供应管理机构通常是企业直属的专业部门(如在欧美企业称购买部),力求形成一个效率高、应变能力强的备件供应系统。在机构设置上,强调指挥统一、分工明确、协调配合、层次简化、服务到现场。有的企业将备件供应管理机构从企业剥离出来,专业从事备件采购供应,独立核算利润、单独计算成本,并向其他企业开放,既保证本企业备件需要,也承担其他企业的备件供应工作。有的企业将备件的采购委托给社会上专业化的备品备件公司,从而精简自身的人员、机构,并降低了企业的运营成本。

3. 实行计划与市场相结合的备件采购管理模式

1)企业备件采购的系统化和严密化

现代化企业的备件采购计划是一个完整的系统,其基本内容有品种计划、质量计划、数量计划、采购价格计划、采购时间计划、备件供给单位选定计划、交易条件计划等。在确定采购数量和采购时间时,充分考虑企业的自有库存,利用备件库存的数学模型加以研究确定。

2)市场采购方式的系统化

国外发达的市场经济创造了多种类型和形式的采购方式,企业可以从中选取适宜的方式进行采购,力求择廉、择优,既满足供应,又降低成本,企业重视购买调查工作,开展购买分析活动,注重对供货厂商的优选与评价。

第二节　备件的技术管理

备件技术管理内容的主要内容是收集、整理、编制、积累备件管理的基础资料，对这些资料进行分析、补充和完善，研究备件的寿命周期，对备件历年消耗量进行统计分析，并据此来预测未来备件的消耗量，从而确定比较合理的备件储备定额和储备形式，为备件的生产、采购、库存提供科学合理的依据。

一、备件品种的确定

1. 确定备件品种的原则

确定备件品种是一项技术性和经济性很强的工作，必须从企业实际出发，以满足设备维修需要，保证设备正常运转，减少库存资金为基本出发点。构成港口设备的零部件种类和数量非常多，但属于备件的却有一定范围。不能将那些不属于备件范围的零部件列入备件进行储存，也不能将因某些事故或偶然情况损坏的零部件视作备件，造成备件品种不合理的扩大而增加流动资金的占用额。备件品种的确定应根据以下几项原则。

(1)使用寿命原则。一般影响零件使用寿命的因素有港口设备使用的工况、使用与维护水平、润滑条件、综合修理的技术水平和制造质量等因素。根据企业历年备件消耗量的统计、分析来确定备件比较准确，也符合企业的具体情况。

(2)重要优先原则。根据港口设备在生产中所处的地位和作用，对那些在完成装卸生产任务中起重要作用、负荷大、利用率高、工作条件恶劣的港口设备，其易损零部件应优先作为备件予以考虑。

(3)标准通用原则。对同类型的港口设备数量较多且技术状态不佳，或不同机型能通用的零部件，应优先作为备件予以考虑。

(4)复杂优先原则。对于影响港口设备性能的主要零部件，特别是制造或采购周期长的零部件，应考虑储备，即使港口设备状况尚较好，也应尽量采取间断储备。

(5)储备最低原则。若企业的备件自制能力强或所在地区的备件供应、协作、调剂等能力较强的，应尽量减少备件储备的品种和数量。

对新投产的企业、新投产的港口设备，备件的储备品种及数量应逐步由少到多。当港口设备使用到一定的年限，某些零部件将会出现极限磨损，备件更换和消耗也将出现高峰。在消耗高峰出现前，可适当增加备件的品种和数量储备。港口设备调拨、调整、更新、改装时，应及时调整其备件的储备品种和数量。

2. 确定备件品种的方法

(1)根据零件结构特点、运动状态的结构状态分析法。对港口设备中各种结构的运动状态，以及对零部件的结构、材料、质量、性能等因素进行技术分析，确认零部件在结构中的运动状态、受力大小、容易产生哪种类型的磨损、磨损后对港口设备性能和使用情况的影响，以及零部件的结构、质量、易损坏的原因等，并按确定备件品种的原则，初步定出应储备的备件项目。

(2)根据维修换件情况的技术统计分析法。对企业日常维护、检修和大修更换备件的消耗量进行实际统计并作技术性分析，找出零部件的正常磨损规律和消耗规律。用大量的消耗资料统计分析和结构技术分析的方法进行技术统计分析，由此而制订出的备件储备品种和储备数量，比较符合港口设备管理的实际需求，是加速企业资金周转，减少企业流动资金占用的科学方法。

(3)根据同型号设备备件手册的参考资料比较法。可参考港口机械行业编制的备件手册,轴承手册和液压元件手册等技术资料,结合本企业实际情况,再结合前两种方法确定备件储备品种。

二、备件技术资料的管理

开展港口设备备件技术管理工作,特别是在备件图纸的设计、测绘、整理和备件图册的编制过程中都要有足够的技术信息资料,它是备件技术管理的基础。信息资料掌握得越多,对于备件的科学管理、及时供应、计划储备、实际应用及储备资金定额的制定等的效果就越显著。

1. 备件技术资料的收集

要求收集的资料不仅具有广泛性,还要具有准确性和时效性。一般来说,资料应包括如下方面。

(1)技术方面:包括备件的设计、制造等方面的资料,国内、国外同类备件的图册、样本、备件清单、传动系统图、电气原理图、总装图、部装图以及润滑图表、技术标准等。

(2)成本方面:包括备件的成本构成,如所用材料费用、加工费用、外协费用、贮藏和运输费用等资料,以及估算成本所需要的有关资料。

(3)应用方面:包括该备件其他用户对该备件的使用情况,备件的使用条件、使用环境、操作维护及保养条件、故障情况等信息资料,还包括备件使用者的经济承受能力、特殊要求等。

2. 备件技术资料的整理

由于备件技术资料的收集、分析、整理、绘制过程中难度比较大,工作量大,技术性强,所以港口企业都应设专人负责这项工作。

(1)对于随机提供的备件图册及设备到港后在使用与维修过程中组织人员进行实物测绘的图册,都是备件图册的原始的、重要的技术资料,要妥善保管,不能丢失和任意修改。测绘的原图要进行图纸的复制工作,并输入电脑。凡属备件图册应全部描绘底图或输入计算机贮存,并注明图的来源,底图图号应与图册一致,不得随意变更,否则不利于备件的定购、加工等深化管理。

全套备件图纸均应装订成册并编制目录,电子版图纸也应编制目录,并进行备份,供存档、查阅使用。同时对日常加工、订货、检验用图,应晒制多份并及时补充。可以将全部的技术图纸刻录成光盘,通过编制目录进行数据化管理,提高备件的技术管理水平。

备件图册是技术文本,不得随意修改,若需要进行设计变更、结构改进、技术革新及修改差错等必须修改图册时,应经技术主管部门同意并办理有关手续后方可实施。

加工、订货应使用在标题栏中有各责任者签字的蓝图,不得使用无人签字的白图。备件改型、报废或遇有设备技术改造等原因变更应及时调整图册,并清理库存多余备件。

(2)备件清单应由基层法人单位的技术设备主管部门提供,并需经常核对,变更的备件要及时注明。备件清单应按照装机部位、备件种类等分别整理汇集,以便于查询。

备件图册和备件清单制定完毕,由设备管理部门发至物资采购部门和设备使用单位,作为设备日常维护的基础性技术资料之一使用,也是设备使用单位提出备件采购计划的技术依据。设备管理部门作为备件管理的主体机构,通过参与备件采购计划的审核,结合物资采购部门库存动态的变化,全面掌握企业设备运行的技术状况和备件消耗情况,也为物资和技术部门逐步制定合理的库存储备提供科学依据。

三、备件使用的跟踪管理

1. 旧备件的修复与报废

做好旧件的修复利用工作，是港口企业增收节支的一项重要措施。港口设备使用与管理部门通常对下述备件在领用时需收回其旧件。

(1)采取金属表面喷涂、低温镀铁、镀铬等方法能全部修复并恢复使用性能的零件。

(2)采用磨、铣、镗等机械加工方法重新加工后能改制成其他尺寸零件的旧件。

(3)虽不能再使用，但其材料可以以大改小的零件或可几只合成一套的，或只需配换几个小件的配件(尤其是电气部分)。

(4)对于全部损坏，材料也不能改用的报废零部件，可送废料库或出售给废品回收公司。

备件在修复前，要进行修复价值的鉴定，按惯例对不同的旧件，修复成本占该种备件重购价值的15%～30%左右才有修复价值。备件在修复过程中，要进行技术和质量跟踪，以确保修复备件达到预定的使用要求。修复后的旧备件，要进行质量检验，验收合格后，可根据计算的残值及修复费用重新订出价格，检验入库。

2. 备件的更新换代

备件的更新是用较经济、较完善的新备件，即用技术更先进、结构更完善、效率更高、性能更好的新型备件来更换那些技术上不能继续使用或经济上不宜继续使用的旧备件。这种更新不仅能解决备件的损坏问题，而且还能解决备件技术落后的问题，当然这种备件的更新是在对原有设备能力有更高要求或原有备件的经济性已不能适应设备使用要求，且通过更换部分备件即可满足使用要求而不必更换所有设备的前提下进行的。

通过备件更新换代来改变现有设备可以使设备部分地恢复或提高设备原有技术性能。在多数情况下，通过备件的更新换代对正在使用的老旧设备可以局部恢复或提高其使用性能，且实际投资往往比更换新设备少很多，因此这种做法在经济上具有很大的优越性，是港口企业进行技术改造、提高经济效益、节约投资的有效举措。

第三节　备件的计划管理

备件的计划管理是指备件计划和管理人员通过对备件需求量的预测，结合本企业的生产和维修能力、年度维修计划及市场备件供应情况来编制备件生产、订货、储备和供应计划等工作。计划管理是备件管理工作中一项综合性的管理，是科学、经济、合理地开展备件储备、供应的前提。

备件计划管理的主要内容有：备件需求量的预测及备件需求计划的申报；对备件需求计划进行综合分析及平衡；技术主管部门、财务部门对备件需求计划审核后送主管领导审批，物资部门实施等。

一、备件需求量的预测

备件需求量预测是做好备件计划编制工作的前提。备件需求量预测的依据主要有：港口设备的生产特点、部件失效规律、备件市场供应情况、部件在设备上的工作强度，以及适度考虑非正常失效的可能、使用与管理水平、修理与保养工作的综合水平。

备件需求量的预测工作主要从以下方面入手。

(1)准确掌握本企业港口设备的主要性能和设备运行状况，了解当前生产情况和今后一段时期内装卸生产的任务。

(2)物资与港口设备使用部门和相关部门协调配合，切实做好备件各项基础资料的统计分析工作：如备件历史消耗量、目前备件消耗情况等，并参考其他企业同类港口设备的运行情况和备件消耗情况，不断积累经验，以制订出合理的备件消耗定额和储备定额。

(3)根据统计、分析资料，结合各类维修、保养、技术改造计划，做好备件需求量的预测。

(4)随时掌握备件储备动态，了解备件储备定额要求，及时补足缺储备件。

二、备件计划编制

1. 备件计划的分类

1)按用途分类

(1)消耗计划；

(2)储备计划。

2)按备件供应形态分类

(1)毛坯件计划；

(2)半成品计划；

(3)成品件计划；

(4)总成品计划。

3)按供应渠道分类

(1)自制备件计划；

(2)外购备件计划。

4)按计划时间分类

(1)年度备件采购计划；

(2)季度备件采购计划；

(3)月度备件采购计划；

(4)临时备件采购计划。

2. 备件计划的来源及编制

备件需求计划来源于对备件需求的预测，由设备的使用和管理部门的主管人员，根据预测或实际需求向备件计划主管人员填报计划申请单(表7-1)，由备件计划主管部门进行平衡编制。

备件需求计划申请单 表7-1

申报单位： 申报日期：年 月 日

序号	备件名称	规格型号	计量单位	申请数量	用途	需用日期	备注
1							
2							

申报人： 审核人：

备件计划员除了具有必要的专业知识和一定的实践经验外，还要掌握各类常用备件的基本技术规格型号和主要技术参数、备件的计划使用时间、数量；同时要了解备件制造的基本工艺、质量、价格、供货要求、运输条件以及新产品、新技术发展动向，结合本企业的港口设备运行情况和装卸生产情况，备件储备和企业经营状况，再根据来自各个方面的备件需求申请表进行汇总,并与相应的储备定额和消耗定额相结合进行分析,遵循综合、经济的原则,选择最佳方案,编制出科学合理的备件采购计划。

编制备件计划必须确定以下内容(表7-2):

(1)备件的名称;

(2)备件的详细规格、型号及主要技术规格指标及其用途。某些进口备件还需按其提供的目录注明零部件编号和设备出厂编号;

(3)预测到下个供应周期之前备件的需求量、现库存储备数量及需采购数量;

(4)预测何时使用及供货周期;

(5)确定供应方式,是自制、市场采购、生产厂订制还是采用进口备件;

(6)初步估计备件单价及所需资金总额。

____年____月备件需求计划汇总表　　表7-2

序号	备件编码	备件名称	规格型号	用途	申请单位	申请数量	批准数量	计划价格	金额	备注

3. 备件计划的审批程序

(1)由物资部门或主管人员核实备件的库存储备及市场供应情况,提出供参考的采购数量即批准数量,交港口设备主管部门审核。

(2)港口设备主管部门根据掌握的港机维修计划及运行状况,从管理和技术等方面对备件需求计划进行审核,删减或增加计划项目。

(3)财务部门根据本单位生产经营及资金状况,对送审的备件计划所需动用的资金额度等情况进行审核。

(4)主管领导对经上述部门审核后的备件需求计划进行审批。

(5)对于涉及资金额度较大的备件年度(或季度)计划,为防止需求预计不准确,购进后积压资金,应采取召开由本单位行政主管领导、物资、设备、财务、设备使用部门及其他有关部门负责人参加的专题会议研究确定。

4. 备件计划编制中的注意事项

(1)自制备件与外购备件的选择

确定备件是自制还是外购应从质量、经济、合理等几个方面综合考虑,一般来说,能外购的尽量外购,特别是在备件专业化生产和商品化供应的形势下,应以外购件为主。在外购无货源或不经济,时间上不能满足维修要求时才选择自制备件。

(2)国内供应与国外供应备件的选择

备件供应尽量立足于国内解决,只有国内不能生产或生产很不经济的备件,才考虑申请向国外订货。

5. 备件计划的实施

备件计划编制审批后,下达到备件供应部门负责具体实施。由本单位设备、财务等有关部门根据留存的审批后的《备件需求汇总表》进行监督、考核供应部门的执行情况。对于审批后的计划与原申报的计划有变动的要及时通知申报单位,以便申报单位及时调整相应的工作计划。备件计划实施过程中要注意以下几个主要问题。

(1)严格按计划要求订货,不允许随意更改。如有更改必须经计划员、主管部门或主管领导批准,并将改动情况及时反馈给申报部门。

(2)按计划项目供货周期、备件需求日期、路途远近、供应渠道等因素逐项安排好计划的实施步骤,并促使逐项兑现。

(3)了解市场信息,如备件的更新换代,市场的变化,供应商的信誉等;依据综合经济的原则做好比质比价工作。并将信息及时反馈给计划员,以便及时调整计划。

(4)经常检查备件计划的执行情况,对计划本身或在执行过程中出现的问题及时处理,并将计划调整情况通知申报单位和有关部门。

(5)及时了解设备维修、保养及改造计划变更情况,对执行中的计划做相应的调整。

(6)定期对采购计划执行情况进行统计、汇总,反馈到各有关部门。

第四节 备件的仓储管理

备件的仓储管理是备件计划实施后,对购进的备件在使用之前的贮存保管工作,是备件管理的一个重要环节。其任务是储备一定数量的备件,以保证港口设备维修、保养、改造等工作对备件供应的需求,使停机修理的时间最短。另外,做好仓储管理工作,对于及时处理备件积压,加速资金周转也有重要作用。

一、备件仓储管理的工作内容

(1)备件的入库验收;

(2)备件的保管、保养;

(3)备件的发放;

(4)备件的台账管理;

(5)备件仓储动态统计。

二、备件的入库验收

备件在采购到货以后,须在3日内进行入库验收,批量大的可延长至一周内完成。验收主要包括标识验收和质量验收两个方面。

(1)标识验收。查对入库备件在数量、品种、规格上是否与备件计划、入库单、运单等相符,同时也要核对备件的价格与台账是否有差异。

(2)质量验收。入库时,保管员要严格核对质量合格证和做外观检查以及所能进行的质量检查。检查合格并有质量合格证明,才能入库。

(3)入库验收合格后,保管员在入库验收单上签字,并将备件从验收区移至指定位置保管,填写料签、记账等。

(4)采购员、计划员要配合保管员对所购备件进行验收。

三、备件的保管

1. 备件入库

入库备件要根据种类、性能、形状规格等特点,合理存放、妥善保养,精心管理,账物相符,做到“三清”、“两齐”、“三一致”、“四号定位”、“五五码放”。

(1)“三清”:就是做到数量清、材质清和规格清。

(2)“两齐”:即要做到库容整齐,码放整齐。

(3)“三一致”:即备件入库和发放时,除要立即在备件台账登账和销账外,还必须同时在存放该备件号位的备件卡上进行登账和销账，做到备件台账、备件卡、备件库存数量三者一致。

（4）“四号定位”：将库房号、货架号、层号、位号统一编号，备件不得随意存放，要按上述四号定位存放并标注在账页上。

（5）“五五码放”：根据备件的特性和形状，将备件存放尽量做到五五成行、五五成方、五五成串、五五成包、五五成堆、五五成层，其目的就是便于清点。

2. 备件在仓储期间的维护保养工作

（1）入库的备件应根据备件的特点进行存放，一般备件不宜堆放过高，以免备件变形、压坏，对细长件类应垂直悬挂，对易老化、锈蚀而影响使用寿命或对环境造成污染的备件不露天存放。

（2）备件搬运过程中要轻拿、轻放，防止磕碰。

（3）经常擦拭备件灰尘，做好梅雨季节的防潮工作，对一些备件应在入库前后及保存期间定期涂油，防止锈蚀。

（4）对于一些精密备件，尽可能进行封装保管。

（5）经常对库存备件进行检查、维护、保养，发现问题如锈蚀、霉变、损坏等及时进行处理。

四、备件的发放

备件的发放必须制订一套完整的管理规定。备件必须凭有效的领料单发放。对于不同的备件，要拟定相应的领用办法和审批手续。备件发出后要及时登记和销账、卡。对于有回收价值的备件，要以旧换新。

（1）对于备件使用单位日常维护保养工作所需用料，应填写用料申请单，写清备件名称、规格型号、需领数量、用途等，报本单位主管领导审批，加盖公章。有特殊审批规定的备件领用还需履行一定的审批手续。

（2）库管员要仔细核对需用单位出示的领料单，按凭证规定的名称、规格型号、请领数量按“先进先出”的原则发放库存备件，注意实发数不得大于申领数。有备件消耗定额的备件，要限额发放。

（3）保管员将领料单各联填写实发数，将其中一联交领料人带回本单位。

（4）保管员将所发备件及时登记和销账、卡。

（5）将回收备件交专管保管员记账和保管。

（6）对委外承修的港机设备所需备件，需经办理有关规定手续后方可领用。防止材料成本记账、维修项目结算时造成混乱及备件被冒领、错领。

五、备件仓库的信息反馈

备件仓库的备件品种繁多、流动性很大，应采用计算机管理，及时进行信息反馈。备件仓库的信息反馈一般有下列几种。

（1）备件入库信息反馈。备件入库后要将这一信息及时反馈给备件使用和维护等部门的有关人员，以便他们及时掌握备件信息。

（2）最低储备量的信息反馈。每种备件都规定了最低储备量，当库存降到最低储备量时，应将这一信息及时反馈，并根据这一信息，按最大储备量提出备件计划，进行第二次备件订货或制造。

（3）备件仓库资金活动情况的信息反馈。这类反馈包括资金变动的月报、年报等。

（4）备件生产企业、市场供应情况变化的反馈。及时反馈此类信息，以便及时修订备件订货采购计划和资金准备计划。

第五节 备件的 ABC 管理法

备件的 ABC 管理法是物资管理中 ABC 分类控制法在备件管理中的应用。它是根据备件品种规格多、占用资金多，而各类备件的库存时间和价格差异大的特点，通过对备件的品种、资金占用量、重要程度、消耗频率等因素的统计、分析，确定出备件管理的重点、一般、次要对象，分别采取不同的管理对策，运用统计方法从多个项目或多种影响因素中，找出主要矛盾的一种管理方法。

一、备件 ABC 管理的基本方法

各港口的设备构成、生产情况、设备利用情况、运行状态、管理水平、资金状况和备件储备供应情况各不相同，因此除对备件管理的一般性通用要求与原则大致相同以外，对备件管理的重点内容是有很大不同的。

通常，当备件的储备资金占用过大，欲压缩资金占用量，在进行 ABC 分析时，以备件品种规格库存储备占用金额为排列统计分析重点，划分出 A、B、C 三类，并对其采取不同程度的控制。

1. 以减少储备资金为控制重点的 ABC 管理

以减少储备资金为控制重点的 ABC 管理方法，主要按备件的品种多少和资金占用多少进行分类，即以各项备件库存占整个库存资金的累积百分数，把企业所储备的全部种类备件划分为 A、B、C 三类，有重点地加以控制（表 7-3）。

A 类：备件项目累积数占总项目的 5% ~ 10%，累积资金占备件储备资金总额 60% ~70%。

B 类：备件项目累积数占总项目的 20% ~30%，累积资金占备件储备资金总额 20% 左右。

C 类：备件项目累积数占总项目的 60% ~70%，累积资金占备件储备资金总额 15% 以下。

备件库存资金占用 ABC 分类控制表 表 7-3

项　目	A 类	B 类	C 类
控制程度	严格控制	适当控制	略加控制
采购量控制	详细计算	参照过去记录	按经验量
存货检查	经常检查	定期检查	定期抽查
安全库存量	尽量低	稍低	较多
采购方法	增加采购次数尽量缩短采购周期	适当减少采购次数	采购期可更长一些

2. 以减少消耗成本为控制重点的 ABC 管理

以减少消耗成本为控制重点的 ABC 管理方法，以降低设备维修成本、减少备件消耗为目的，按各种不同类别和规格备件消耗的金额或备件的单价为统计分析排列对象，按消耗金额比例分类进行控制（表 7-4）。

A 类：备件消耗品种累积数占总消耗品种的 5% ~10%，累计消耗金额占总消耗的 50% ~70%。

B 类：备件消耗品种累积数占总消耗品种的 20% ~30%，累计消耗金额占总消耗的 20%

~30%。

C类:备件消耗品种累积数占总消耗品种的60%~70%,累计消耗金额占总消耗的20%以下。

备件消耗ABC分类控制表 表7-4

项目	A类	B类	C类
控制程度	严格控制	适当控制	略加控制
发放控制	经严格审批	主管部门审批	使用部门领导掌握
控制方法	由设备主管部门或主管人员分析更换下来的零件损坏原因,尽快解决存在的问题	可稍推迟一段时间解决存在的问题	暂可不理会

3. 以保障重点备件储备为控制重点的ABC管理

以保障重点备件储备为控制重点的ABC管理方法,是将各种设备零部件的重要程度和市场供应情况进行粗略评估,以备件市场供应情况(如:平均采购时间等)为重点考虑因素,按其在生产和港口设备维修中的重要程度分成重点、次要和一般,即I、II、III三类,对I类备件实行重点管理,对II类备件实行次要管理,对III类备件实行一般管理。将ABC管理法和I II III管理法综合起来应用,将港口企业的备件分为IA、IIA、IIIA、IB、IIB、IIIB、IC、IIC、IIIC共九类,对于供货时间很长,同时又是重要的装卸生产设备,损坏的几率又比较高的IA类备件,必须保证有足够的库存,并力求寻找更快捷的供货渠道。而对于损坏后,对设备运行影响不大或更换容易且采购供货周期很短的IIIC类备件可少存或不存。

A类:占备件项目总数的5%~10%左右;

B类:占备件项目总数的20%~30%左右;

C类:占备件项目总数的60%~70%左右。

二、运用ABC管理法的注意事项

(1)人为的把备件分成ABC三类,很难进行精确的定量分析,所以肯定存在一定的不合理性。如果要使分类相对合理,必须尽可能进行多重ABC分析分类,如:对储备资金占用进行ABC控制时,最好还进行以保障重点备件储备为控制重点的ABC分析分类,然后综合分析,划分出A、B、C三类备件,实施ABC管理。

(2)各个港口的设备情况、生产情况不同,对备件管理的要求也不一样。就同一港口企业而言,在不同时期情况也不尽相同,在实施ABC管理时要根据具体情况和工作目标来进行分析、分类。在此时此地认为是合理的ABC分类,在彼时彼地就不一定合理。因此,没有一成不变的分类,对备件的分类要在实际管理中不断修正。

(3)运用ABC管理法对备件进行分类时,对A类和C类备件的分类方法是比较容易把握的,往往对B类备件的特殊性重视不够,而B类备件处于A、C两类之间,范围如何掌握,用什么方法进行控制,具有较大的弹性,所以要对B类备件的管理给予足够的重视。

第六节 备件管理体制的改革与社会化供应

改革开放以来,特别是进入20世纪90年代以来,我国社会主义市场经济发展和改革的步伐显著加快,以转换企业经营机制,建立现代企业制度为微观基础的改革日益深化,这已成为我国国有企业体制改革的必然趋势。随着市场机制进一步加强和完善,市场行为日趋规范,港口设备的备件供应也逐渐实现由卖方市场向买方市场的转变，为形成以市场主体为基础的专业化生产和社会化供应提供了可能。

在上述形势下，备件的管理已引起了各港口企业的高度重视，并认识到备件的供应部门不单纯只是负责采购、保管、发放各类备件，保证供应的一个机构，而是已成为实现减支增效、提高港口生产效率、提高装卸质量这一中心任务的重要组成部分，许多企业都将备件供应体制改革列入本企业的改革重点，结合本企业的具体情况，积极探索，借鉴国内外先进经验，寻求科学合理的备件供应管理体制。

一、港口设备备件管理体制的改革趋势

随着我国经济的发展，特别是随着市场经济的快速发展和不断成熟，各个港口的经济管理体制发生了很大变化，尤其港口设备管理体制改革的不断深入，港口设备维修方式的转变对港口企业备件管理提出了更高的要求。原来的备件管理机构模式已不能适应现代港口生产发展与技术管理现状的要求。进行港口设备备件管理体制改革已成为港口企业在市场经济新形势下的必然趋势。

1. 加强港口备件管理的专业化，推行技术备件管理一体化

备件一经使用，就成为港口设备结构中的一部分，并具有很高的专业性和技术性。我国港口企业加强港口设备备件管理工作的当务之急是改变观念、理顺关系、加强管理，完善基础工作，把备件管理真正作为港口企业经济管理的重要组成部分，港口企业的物资供应管理一体化的集中管理体制模式。

2. 根据港口具体情况建立相应的备件管理体制

现代港口企业备件管理的目的，已从单纯的保证供应本企业港口设备维修生产需要而转向以追求企业经济效益为中心。港口企业要从实际出发，设立适合本港的备件管理体制。对通用设备较多的港口企业，大部分备件为标准件，通用互换性较强，可对备件实行统一管理，走集中管理、集中采购、集中供应之路。建立高效精简的集中统一管理组织体制，改变多级分散的传统管理模式。

备件集中管理有如下优点。

(1)有利于实行“五统一”管理，即统一供应、统一采购、统一调拨、统一保管、统一核算。有利于实现规模经营和专业化管理，优化资源配置，避免了重复采购、重复库存，盘活并降低库存资金。可以利用批量采购的优势，择优择廉，或采取招标的方法，在保证质量的前提下降低采购成本，同时也有利于规范采购渠道和采购行为。

(2)有利于物资部门走向市场，参与市场竞争，全面开展社会化协作，进一步解放思想，转变观念，提高经营意识、服务观念，并使物资备件供应成为企业新的利润增长点，有利于企业由粗放经营转向集约经营，符合建立现代企业制度发展的方向。

(3)由于实行了集中管理，有利于实现备件信息管理的现代化，提高备件管理的技术水平，改变靠手工处理信息的落后方式。

如果港口企业的设备多为大型、连续、专用成套的设备，备件(特别是总成件)专用性强且多为非标准件。如果备件质量不好或供应不及时，将会影响到整条装卸生产作业线的运行，因此，除了要充分发挥备件的集中管理优越性外，还要注意发挥好技术部门在备件全过程管理中的应有作用。这样才既能保证备件的及时、准确供应，又能较好地满足港口设备的使用技术需要。

二、备件供应的社会化

1. 备件供应社会化是备件供应的最终发展趋势

随着市场经济的进一步完善，备件供应的社会化成为必然趋势，实现备件的社会化供应是指企业为了降低备件成本，加快资金周转，根据市场经济社会分工与专业协作的原则，利用社会上的备件资源，通过社会配送等方式实现本企业对备件的需求，减少企业内部备件库存并逐步实现零库存管理。在我国，虽然受到经济发展水平以及体制的限制，港口企业备件供应社会化的程度不高，但随着市场经济的发展和经营机制的转变，为提高备件供应效率、节约备件费用，实行备件供应的社会化，促使备件资源配置更加合理，逐步向零库存管理方向发展已成为必然趋势。实现备件供应社会化有如下好处：

(1)备件供应社会化，使生产企业的生产批量大，成本下降，提高港口企业效益；

(2)设置备件供应中心，备件利用率提高，可减少企业的备件储备资金；

(3)企业可删减与备件有关的机构及相应的管理人员。

2. 备件供应社会化的基本做法

(1)在工业比较发达的城市和地区，按专业协作的原则，以备件专业制造厂与港口设备制造厂为依托，扩大生产能力，保证备件供给，减少企业自制备件和库存量过大等负担，逐步改变港口企业备件管理“小而全”的不合理现状。

(2)在社会上设置备件供应中心和保税库。为了充分挖掘企业和社会的潜力，加快资金周转速度，应按照专业化分工，建立备件配送中心，由备件供应商为企业储存备件，使港口企业内部实现无库存管理，将备件库存转移，减少企业负担，降低备件采购成本，寻求相对稳定、优质的供货渠道。

(3)充分利用社会上的各种备件供应信息，通过定向采购、网上采购、招标、议标等方式，使备件采购更加经济合理。

(4)利用国际市场和资源，加强与国外备件公司合作，成为这些公司在中国的总代理，进行统一采购、备库、配送功能。凡新建的港口，不设立专用的备件库。

思考题

1. 备件管理的主要任务是什么？备件管理要达到什么样的目标？

2. 什么是备件的零库存管理？在什么样的市场条件下才有可能实现备件的零库存管理？

3. 备件技术管理的主要内容有哪些？备件品种的确定应根据哪些原则？

4. 如何进行备件技术资料的收集和整理？

5. 哪些备件在领用时应该以旧换新？

6. 备件需求量预测的基本依据是什么？需求量预测工作主要从哪几个方面入手？

7. 备件计划的实施要注意的主要问题有哪些？

8. 备件仓储管理的工作内容有哪些？

9. 备件保管中的“三清”、“两齐”、“三一致”、“四号定位”、“五五码放”的主要内容是什么？

10. 什么是备件的 ABC 管理法？

11. 为什么说备件供应的社会化是备件供应的最终发展趋势？实现备件供应社会化的好处有哪些？

第八章　港口设备的防腐管理

第一节　概　　述

金属腐蚀几乎无所不在，且危害惊人。据统计，世界钢产量的1/10损耗于腐蚀。一些工业发达国家每年因腐蚀而造成的损失达到了国民经济总产值的2%～4%。我国每年也有1 000万t左右的钢铁因腐蚀而报废，每年由于腐蚀而造成的损失至少在400亿元以上。

采用有效的防护手段，可减少腐蚀损失15%～35%。设备的防腐管理致力于最大限度地减缓金属的腐蚀，从而延长设备的使用寿命，减少经济损失。

一、港口设备防腐管理的意义和任务

港口设备主要承载构件都是由钢材制造的，大都暴露在室外，经受着大气与腐蚀性货物的侵蚀，导致其原有防腐涂层失效，轻则影响美观，重则使其承载能力下降，甚至损坏构件，酿成事故。因此，加强设备防腐管理，延长涂层的防腐寿命，对于设备正常、安全运行，延长设备使用寿命，减少设备维护费用具有十分重大的意义。

港口设备防腐管理的任务是：确保新购港口设备的钢结构具有合适的防腐功能与寿命；有效地实施在用港口设备钢结构日常维护与保养；及时地安排在用港口设备防腐涂层的更新，恢复涂层应有的防腐功能。

二、港口设备防腐管理的主要内容

港口设备的防腐管理是一项专业性较强的技术工作，涉及设备从设计至报废前的全过程。因此，港口设备的防腐管理必须实行全过程管理，对设备的设计与选材、涂装与涂料、制造与安装、运行与维护、修理与改造、闲置与封存进行管理与控制，主要内容有以下方面：

(1)设备防腐管理制度的建立与执行；

(2)设备防腐技术规程、技术标准的编制与贯彻；

(3)新置设备钢结构设计与选材、涂装设计要求的提出及施工质量检测验收；

(4)易腐蚀部位的定期检查；

(5)在用设备涂层的日常维护与保养；

(6)在用设备涂层的维修与更新；

(7)闲置封存设备涂层防护措施的制订与实施；

(8)设备防腐管理技术档案的建立管理与利用。

第二节　港口设备常见的腐蚀与分类

一、概述

金属的腐蚀是指金属在侵蚀性环境中发生化学(电化学)反应，产生新的物质，失去原有

特性的现象。如铁在空气中生成红棕色的铁锈;铜在潮湿空气中长铜绿等。腐蚀介质的存在是腐蚀过程必不可少的条件。

1. 按腐蚀机理分

(1)化学腐蚀,指金属与介质发生化学反应而引起的破坏。腐蚀过程是一种氧化还原的化学反应,腐蚀介质直接同金属表面的原子相互作用形成腐蚀产物。反应过程中没有电流产生。

(2)电化学腐蚀,指金属与电解液发生电化学作用而产生的破坏。腐蚀过程有阳极反应(失去电子)和阴极反应(得到电子)两个相对独立的过程,并伴有电流产生,是最常见的腐蚀。

2. 按腐蚀程度分

(1)全面腐蚀。腐蚀发生在整个金属表面上,它可能是均匀的,也可能是不均匀的。

(2)局部腐蚀。腐蚀集中在金属局部地区,而其他部分几乎没有腐蚀或腐蚀轻微。

3. 按腐蚀环境分

按腐蚀环境的不同,可分为大气腐蚀、水和蒸汽腐蚀、土壤腐蚀、化学介质(酸、碱、盐)腐蚀等。

二、港口设备常见的腐蚀与分类

港口设备大多置于露天,受港区周围的工业大气及港区粉尘的影响,有些设备在进行散货装卸时,还会直接与腐蚀性货物接触,位于海港的设备,还受到海洋大气的侵蚀。因此,港口设备钢结构会因环境条件与作业对象的不同而受到不同腐蚀介质的作用,发生不同程度的腐蚀。常见的腐蚀有大气腐蚀、在电解液中的腐蚀、缝隙腐蚀和电偶腐蚀。

1. 大气腐蚀

大气腐蚀是港口设备受到的最主要的一种腐蚀,是金属在大气中的水气、氧气和空气中的腐蚀介质(如有害气体、烟尘、沉积物等)或雨水中的腐蚀介质的联合作用下而引起的破坏,是设备在自然状态下的腐蚀,普遍而不可避免。根据大气干湿的程度,可以分为干的、潮的和湿的三类。

1)干的大气腐蚀

这是金属在干燥大气中的一种腐蚀,在金属表面上没有水膜,还不具有电解液的性质,所以属于化学腐蚀范畴。此类腐蚀是靠空气中氧气等气体与金属发生化学反应而进行的,反应结果生成一层肉眼不可见的氧化膜。

在常温下,此类腐蚀痕迹很小,金属表面上所形成的氧化膜阻碍了金属与氧的进一步作用,从而抑制了金属的腐蚀过程。

2)潮的大气腐蚀

这是金属在相对湿度低于100%的大气中的一种腐蚀,此时水蒸气浓度必须超过某一临值(临界湿度)。在这种情况下,金属表面上有一层肉眼看不见的水膜,其厚度为0.1~1.0μm,虽然很薄,但已具有电解液的性质,属电化学腐蚀。在潮的大气中,金属氧化膜与水作用,变成多孔组织的锈。经常处于干湿交替的状态且钢结构表面有锈层,则会加速腐蚀。

3)湿的大气腐蚀

这是金属在相对湿度接近于100%的大气中的一种腐蚀,此时水分在金属表面上成滴凝聚,水膜厚度在1.0μm~1.0mm以上,属于电化学腐蚀,且腐蚀速度较快。

如上所述,金属表面形成引起腐蚀的水膜与空气的相对湿度有关。某种金属在腐蚀时都有一个临界湿度，低于临界湿度时，金属表面没有水膜，腐蚀速度很小；高于临界湿度时，金属表面形成水膜，腐蚀速度突然增大。

腐蚀临界湿度取决于金属的种类，一般钢铁的临界湿度为65% ~75%；临界湿度也取决于表面状态及表面污染情况。金属表面愈粗糙，裂缝与小孔愈多，临界湿度愈低；金属表面粘上易于吸潮的盐类或灰尘，临界湿度也会降低。

海洋大气环境相对湿度较大，同时由于海水含有氯化钠，对海港设备腐蚀更为严重。

除了大气本身干湿的程度对钢结构腐蚀有影响之外，大气中的尘埃、有害气体、沉积物等对金属的腐蚀也有很大影响。这是由于空气中的杂质溶于金属表面的水膜中，使这层水膜变为腐蚀性很强的电解质，加速了金属的腐蚀。例如：与干净大气的冷凝水膜相比，被0.1%的SO_2所污染的空气能使钢的腐蚀速度增加5倍；而饱和的海雾空气使钢的腐蚀速度增加8倍。

不同的大气条件下，金属的腐蚀速度相差很大。英国钢铁学会提供的数据表明：低碳钢在热带海洋气候条件下腐蚀速度最快。

大气腐蚀发生在港口设备钢结构所有表面，但以非密封性的箱形梁内为最甚。这是因为箱形梁内通风差，由于雨水或冲洗水浸入，或由昼夜温差而引起的内表面上的凝露，难以干燥，常常处于潮湿状态，因此，腐蚀速度更快。

2. 在电解液中的腐蚀

金属在潮、湿大气中的腐蚀虽然属于电解液中的腐蚀，但这仅是一种在电解质薄膜下的电化学腐蚀。港口设备在进行腐蚀性货物（如化肥、粉矿等）的作业时，不可避免地会使货物散落在钢结构的某些部位上，它们与防尘水、雨水等相遇便成了酸、碱或盐类的水溶液，即电解液。此时，该部位钢构件处于电解液的浸泡下，发生比大气腐蚀更为严重的全浸电解液中的电化学腐蚀。

钢结构件在电解液中的腐蚀与结构材料性质、涂层性能、腐蚀介质的组成和浓度及环境温度等有关。

3. 缝隙腐蚀

当金属与金属或金属与非金属之间存在很小的缝隙时，缝内介质不易流动而形成滞留状态，促使缝内的金属加速腐蚀，这种腐蚀称为缝隙腐蚀。是港口设备钢结构件常见的一种局部腐蚀。

港口设备钢结构件的缝隙大都是结构设计、制造所造成的，如螺纹连接部位、铆接部位、底板与基座的接触面、间断焊缝等。此外，钢结构件上有污物堆积，如锈层、未清除的作业货物、维修后留下的纱布、脏物等，也会在这些部位产生缝隙。

发生缝隙腐蚀与缝隙宽度以及缝隙处洁净度有关，缝隙太小介质不易进入，太大介质不会在缝隙中滞留，若缝隙存有粉尘，即使宽度较大，也会使介质滞留。

4. 电偶腐蚀

电偶腐蚀是在同一介质中，两种不同腐蚀电位的金属相互接触而引起电位较低的金属在接触部位发生的局部腐蚀，也称接触腐蚀。

港口设备钢结构件虽然是同种钢材制成，但碳钢的基本组织为铁素体（Fe）和渗碳体（Fe_3C）组成，其中铁素体的电位较低，而渗碳体的电位较高，因而也会发生电偶腐蚀；在钢结构件的焊缝部位，由于焊接材料与母材的电位不同，而焊缝的表面积又大大小于母材，它们之间形成了所谓大阴极（母材）与小阳极（焊缝）的腐蚀电偶，发生电偶腐蚀；这也是钢结构件焊接区域腐蚀严重的原因之一。在螺纹连接的部位由于紧固件和垫片的材料不同而又未采取异种金属间的绝缘措施，往往也会发生电偶腐蚀。

第三节　港口设备常用的涂装材料

一、概述

涂料,人们习惯上称为油漆。因为早期涂覆用的材料主要以植物油和天然树脂为主要成膜物质制成,其作用又同我国的生漆差不多,所以涂料一直被称为油漆。随着科学技术的发展,各种高分子合成树脂研制成功,并广泛地用作涂料的成膜物质,使涂料产品发生了根本性的变化,因此油漆一词已不能确切地表示涂料的含义,其准确的名称应为有机涂料或简称涂料。

涂料是一种粘稠状液体或固态粉末,它可涂覆于物体表面,通过物理或化学变化能形成一层坚韧薄膜附着于物体表面,具有保护、装饰及其他功用。

涂料的主要作用是保护金属材料或非金属材料不受环境的腐蚀,延长产品使用寿命,减少经济损失。涂敷于被涂物表面而形成涂膜或称涂层,即可表现出以下三种作用。

1. 保护作用

金属材料或非金属材料,长期暴露于空气中或腐蚀性介质中会受到腐蚀和破坏。物体表面涂以涂料,形成一定厚度的保护层,就能阻止或延缓腐蚀和破坏的发生和发展,从而起到保护作用。其保护作用有以下三方面:

(1)屏蔽作用。涂料可将金属或非金属与大气及其他腐蚀性介质隔离,不使它们与之接触。

(2)缓蚀作用。借助于涂料内部金属氧化物与金属反应,使金属表面钝化,起延缓金属基体腐蚀的作用。

(3)电化学保护。涂料中往往选用比铁活性高的金属作填料,例如锌,一旦化学介质渗入,穿透涂层金属即发生电化学腐蚀,涂料中的锌便作为牺牲阳极,保护铁不受破坏。

2. 装饰作用

涂料以其平整光滑或具有艺术特征的外表以及光彩艳丽的色彩装饰物体和环境,使人感到赏心悦目。

3. 其他功用

涂料除了具有保护作用和装饰作用,还具有电绝缘、导电、防静电、防污、防霉、耐热、耐磨、保温、示温、反射光、发光、吸收和反射红外线、屏蔽射线、防噪声、减振、防结露、防结冰、防滑、自润滑、标识等各种功能。

二、港口设备钢结构常用涂料

传统的防腐涂料(如油性涂料、红丹漆等)虽价格低廉,但使用寿命较短,目前在港口设备上已很少采用。港口设备钢结构涂装普遍采用的是所谓重防腐涂料,特别是海港设备。表8-1为各种防腐涂料的特性简介。

防腐涂料的特性　　表8-1

防腐涂料	特性						
	耐候性	耐水性	耐酸性	耐碱性	耐海洋大气	涂装性	价格
油性涂料	良	差	一般	差	差	好	低
酚酸树脂涂料	良	差	一般	差	差	好	中

续上表

防腐涂料	特性						
	耐候性	耐水性	耐酸性	耐碱性	耐海洋大气	涂装性	价格
酚醛树脂涂料	一般	良	一般	差	一般	好	中
环氧酯树脂涂料	良	良	一般	差	一般	好	中
氯化橡胶系涂料	良	好	良	良	良	好	中
乙烯树脂涂料	好	好	好	良	好	一般	高
焦油乙烯类涂料	差	好	良	好	差	好	中
环氧树脂涂料	一般	好	良	好	良	一般	高
聚氨酯涂料	好	好	好	良	好	一般	高
焦油环氧涂料	一般	好	好	好	一般	一般	中
无机锌涂料	良	好	差	差	好	一般	高

1. 重防腐涂料种类与性能

重防腐涂料包括富锌底漆涂料、厚浆型中间层涂料和面层涂料。

1)富锌底漆涂料

(1)富锌底漆涂料的防腐原理及特点。

富锌底漆涂料由大量微细锌粉与少量基料配成,漆膜中,锌粉颗粒之间及锌粉与钢材表面之间,保持良好的直接接触,具有很好的导电性。由于锌比铁活泼,腐蚀反应发生时,电流将从锌流向铁,使锌溶解而铁得到保护。

富锌涂料的显著特点是,当涂膜局部破损或有漏涂等缺陷时,在一定范围的区域内,防蚀电流能流向裸露部位的钢铁表面而得到有效保护;与此同时,锌溶解后的腐蚀产物会沉积到裸露的钢铁表面,形成保护膜。

(2)富锌底漆涂料品种。

富锌底漆涂料按成膜物质,分为有机富锌底漆涂料和无机富锌底漆涂料。

①有机富锌底漆涂料常用环氧树脂、环氧酯、氯化橡胶、乙烯树脂和聚氨酯树脂等有机材料作为基料。干膜中,锌粉的含量高达85%～92%,形成的涂膜较厚,涂膜机械性能好,施工容易,施工时受环境因素的影响较小,对表面处理的要求没有无机富锌涂料那么严格。但在导电性、耐热性、耐溶剂性等方面不如无机富锌涂料。

②无机富锌底漆涂料是以水玻璃或正硅酸乙酯等无机材料作为基料,干膜中锌粉含量高达92%,形成的涂膜有很好的耐热、耐磨、耐溶剂性、耐海水性,耐候性也好,防腐蚀能力很高,缺点是对表面处理要求很高、施工麻烦,涂膜韧性差,易开裂,涂层很薄,并且环境因素对固化性能影响较大。

2)厚浆型中间层涂料

此类涂料可在富锌底漆上涂覆,主要是提高屏蔽作用,一道涂膜很厚,且有很好的干燥固化性能,它与底漆和面漆都有良好的结合力,常用作在富锌底漆上的第2道底漆。

这类涂料品种有:氯化橡胶厚浆涂料、乙烯系厚浆涂料、环氧厚浆涂料(包括环氧聚酰胺双组分、环氧酯、环氧沥青等)、聚氨酯厚浆涂料(芳香族和脂肪族的聚氨酯涂料)、云母氧化铁厚浆涂料、玻璃鳞片厚浆涂料。

3)面层涂料

重防腐面漆种类基本上同厚浆型中间层涂料。面漆的选择主要考虑两个方面:即有良好的耐候性和抗周围腐蚀介质的作用。因此要因地制宜地来选用。除了环氧耐候性差,使用较少外,氯化橡胶、乙烯基、聚氨酯等都有较多的应用。

为了增强面漆抗周围腐蚀介质的性能和耐候性,除了上述几大类面漆外,也可采用耐候性优异的氟涂料、有机硅改性丙烯酸面漆、有机硅改性聚氨酯面漆。

4)常规重防腐涂料特性与应用

常规重防腐涂料的特性、品种与应用见表8-2。

常规重防腐涂料的特性、品种与应用 表8-2

树脂类型	特　　性	品种与应用
氯化橡胶系	低温干燥性好,耐候、耐化学性好;耐热、耐溶剂性差。应用范围广,主要用于大气暴露部位	1.金属防腐底漆:用于钢铁表面 2.厚浆型中涂:无气喷涂于富锌底漆上,需罩面漆 3.2道面漆:刷涂或高压无气喷涂,为耐光色漆,亦作面漆 4.罩面漆:用于潮湿、化工腐蚀环境中,刷涂或喷涂,每次3~4遍,厚30~60μm
乙烯树脂系	耐水、耐化学性和耐候性好,可实现厚膜化;耐热、耐溶剂性差,应用同氯化橡胶系涂料一样	1.维护底漆:修补氯化橡胶涂层损伤部位 2.厚浆型中涂:涂于富锌底漆上,每道涂膜厚度200μm 3.高固体分底漆:作2道面漆,高压无气喷涂 4.罩面漆:喷涂于高固体分二道面漆上,涂二次
环氧树脂系	双组分常温固化;耐水、耐化学性、附着力强,硬而耐磨;耐候性差,易粉化,不宜用作耐候性面漆;适用于水下和恶劣大气环境	1.金属防腐蚀底漆:涂于钢铁表面 2.环氧沥青:耐水性好,用于水下工程,作底漆和面漆 3.厚浆型中涂:用于富锌底漆上 4.二道浆:高固体分,高压无气喷涂作二道面漆,需罩面漆 5.罩面漆:用于2道浆表面
聚氨酯系	双组分常温固化;性能同环氧系,但脂肪族聚氨酯涂层耐候性优异;适用于恶劣环境	芳香族:作底漆,厚浆型中涂涂料 脂肪族:作2道面漆,面漆,涂于环氧涂层表面

2. 钢结构涂层常用涂料

港口设备钢结构涂层常用的涂料有四类,即车间底漆、防锈底漆、中涂和面层涂料。

1)车间底漆

车间底漆,又称保养底漆或预处理底漆,是钢板、型钢或构件经预处理除锈后涂装的一种临时性保养底漆。车间底漆的作用是对经过预处理的钢材表面进行保护,防止钢材在加工、组装过程中产生锈蚀,具有以下几个特点。

(1)在钢结构件正式涂装时,车间底漆可以被除去,也可以保留。除去或保留,主要取决于正式涂装时,车间底漆涂层本身的完好性及第一层防锈涂料对表面处理的具体要求。

(2)车间底漆应具有良好的耐热性,对钢板的切割和焊接无不良影响。

(3)具有快干性,适合预处理流水线上进行自动喷涂。

(4)具有较强的耐溶剂性,能适应涂覆各种类型的防锈涂料(底漆)。

(5)具有良好的耐冲击性和韧性,以适合带漆钢材的机械加工。

车间底漆的技术指标,可参见国家标准GB 6747—86《船用车间底漆通用技术条件》。

2)防锈底漆

防锈底漆通常称为防锈漆,作底漆用。防锈漆的主要作用是防止钢铁的生锈,具有以下几个特点。

(1)与钢铁表面的附着力好,并能与各类相应的中涂或面层涂料配套。

(2)与车间底漆配套性好。

(3)漆膜应具有良好的耐水性和耐候性。

(4)漆膜机械强度好,有一定的抗冲击和抗摩擦能力,并具有较好的柔韧性。

防锈漆的技术指标可参见国家标准 GB 6748—86《船用防锈漆通用技术条件》。

3)中涂

由异类涂料组成的复合涂层中往往要在底漆与面漆之中涂覆中间涂料,简称中涂。中涂的作用是使底层与面层涂料漆基过渡,达到良好的结合力,具有以下几个特点。

(1)可与多种底漆和面漆相配套。

(2)必须与底漆、面漆都有良好的结合力。

(3)具有对底漆的良好的封闭性。

(4)中涂有时也可作面层涂料,因此应具有面层涂料的特点。

中涂的技术指标与面层涂料相仿,可见面层涂料部分。

4)面层涂料

面层涂料处于涂层系统的表面,直接与腐蚀介质接触,应具有良好的耐候性、耐水性、耐冲击性、抗周围腐蚀介质作用和一定的装饰性,其技术指标可参照国家标准 GB 6745—86《船壳漆通用技术条件》和 GB 9261—88《甲板漆通用技术条件》。

第四节　港口设备钢结构涂装前的表面处理

一、涂装前表面处理的目的

所谓表面处理,即为了获得优质的涂层,在涂装前对被涂物表面进行的一切准备工作。

涂装前表面处理质量的好坏,直接影响涂层质量。无论哪一种涂料,其性能都与涂覆前被涂物表面处理得是否正确和彻底直接相关。如果表面处理方法不当或者不彻底,那么即使是价格最贵、性能最优越的涂料也会失去其功效。表 8-3 为各种因素对涂层寿命影响的统计分析结果。

各种因素对涂层寿命的影响　　表 8-3

影响因素	影响程度(%)	影响因素	影响程度(%)
表面处理质量	49.5	涂料种类	4.9
膜厚(涂装道数)	19.1	其他因素	26.5

表面处理的目的在于:增强涂层对被涂物表面的附着力;提高涂层对被涂物的保护性能;为使涂层的平整性创造良好的条件,提高涂层的装饰性。

二、涂装前表面处理的方法

表面处理的主要任务是除去涂装构件表面的油污、铁锈、氧化皮及其他腐蚀物、焊渣、飞溅、旧涂层等,以获得一个干净的且具有一定粗糙度的表面,方法很多,具体选用何种方法,应综合考虑工件的结构、形状和表面状态;污物的成分和性质;要求的清洁程度和处理后的表面状态;处理效率和需要的设备条件;与下道工序的配伍性;环境保护的要求;总费用等。

钢结构涂装前的表面处理主要包括除油、除锈和磷化三个部分。

1. 除油

除油的方法很多,常用碱液清洗(又称化学除油或化学脱脂),即利用碱与油脂起化学反应而除去工件表面上的油污。其工艺过程大致如下:

预除油(若油污过厚则需用其他方法预先除去大部分油污)→碱液除油→一次水洗→二次水洗→干燥或直接转入下道工序。

除油工序往往是为化学除锈和磷化处理做准备的。

2. 除锈

除锈方法分为化学法和机械法(物理法)两大类。

1)化学除锈

化学除锈是利用化学反应或电化学反应从工件表面溶解掉一般锈迹、氧化皮及各种腐蚀产物而不影响基体金属的方法。常用无机酸和有机酸作为除锈材料,因此又称为酸洗,工艺过程大致如下:

除油→热水浸洗→酸处理→冷水浸洗→中和处理→冷水漂洗→磷化处理。

在港口设备制造中酸洗一般用于薄钢板和管子件的除锈。

2)机械除锈

机械除锈是利用摩擦、锤击、冲刷、切削等机械作用力,使工件表面锈迹、高温氧化皮、焊渣、腐蚀产物及旧涂层等除去,是港口设备钢结构广为采用的表面处理方法。常有手工打磨、机械打磨、喷砂、喷丸、抛丸等。

(1)手工除锈。使用尖头锤、钢丝刷、铲刀等简单工具用人力进行除锈。该方法简单易行、劳动强度大、生产效率低、除锈效果差,一般只能除去疏松的或较轻的铁锈,不能除尽较重的锈层和氧化皮。在港口设备钢结构维修涂装中采用较多。

(2)动力工具除锈。用电动或气动工具进行除锈的除锈方法。该方法除锈效率较高,可适应清除不同锈迹、氧化皮、旧漆的要求,常用工具有电(风)动砂轮、电(风)动刷、风动打锈锤、针束除锈器。港口设备钢结构涂装采用比较普遍。

(3)喷丸(砂)除锈。利用压缩空气将丸(砂)推(吸)进喷枪,从其喷嘴喷出,撞击工件表面的铁锈,使其脱落除去的一种除锈方法,使工件表面强化并具有一定的粗糙度。比手工除锈和动力工具除锈效率高,质量好,劳动强度低,

①喷丸(砂)除锈系统。由压缩空气及配气、喷丸(砂)设备、铁丸回收、通风除尘等部分组成,如图 8-1 所示。压缩空气经油水分离后进入配气罐,一部分输入喷丸缸,一部分经空气过滤器,供操作人员呼吸。喷丸缸内铁丸,在压缩空气推动下,经导管进入喷枪,从喷嘴射向工件表面。喷出的丸粒,经筛网落入丸坑,经回收处理后,输入喷丸缸再用。筛网上的废物转入废物箱。喷丸室的含尘气体和丸粒回收装置中的粉尘通过风机吸进除尘设备除尘,然后排向大气。

喷丸(砂)除锈系统特点是:可以采用自动化程度较高的高效喷丸(砂)机;系统工作时产生的粉尘不会污染环境;丸粒自动回收、分选,减轻了工人的劳动强度,提高了丸粒的利用率;系统工作不受环境影响。

喷丸(砂)除锈系统在港口设备制造企业中已普遍采用。

②喷丸(砂)机。作为喷(砂)除锈系统组成部分,也可单独用它对工件进行喷砂处理。它以压缩空气为动力,将弹丸加速到50m/s以上的速度,通过喷枪对工件实施表面处理。

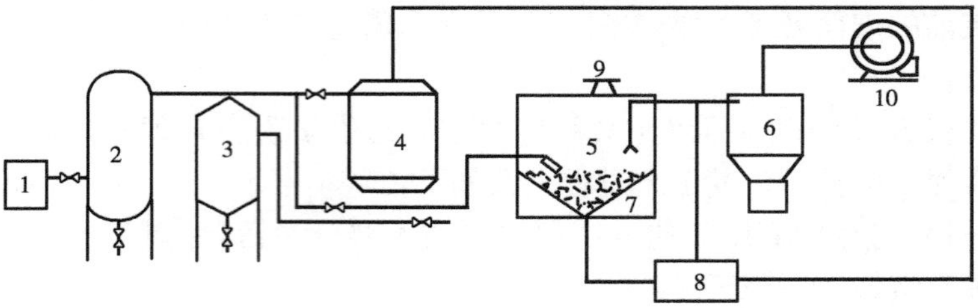

图8-1　喷丸(砂)除锈系统示意图

1-压缩机;2-油水分离器;3-空气过滤器;4-喷丸(砂)机;5-喷丸(砂)室;6-除尘设备;7-集丸(砂)坑;8-丸粒回收装置;9-进风口;10-风机

喷丸(砂)机的特点是:可以任意使用金属或非金属弹丸,以适应处理工件表面的不同要求;处理的灵活性大,容易清理复杂工件的内外表面,并且不受场地限制,可将其移至特大型工件附近进行处理;设备结构较简单,整机投资低,易损件少,维修费用低;必须配备大功率的空气站或空压机,消耗能量较大;新处理的表面易有湿气,容易再生锈;处理效率低,操作人员多,劳动强度大。

喷丸(砂)机在港口设备制造及维修涂装中得到广泛的应用。

(4)湿喷砂除锈。湿喷砂可以克服干喷砂劳动条件差,操作人员易得矽肺病的缺点。常有湿法喷砂与水喷砂。

①湿法喷砂。用很细的砂子和水混合成泥浆状,用泵连续搅拌,防止泥浆沉降,利用高压空气使其通过喷嘴射出。湿喷砂不仅可用于除锈,而且大量用于金属的表面精整。

②水喷砂。利用专门的喷枪,使水和砂子分别进入喷嘴并在出口处汇合,在高压空气作用下,水和砂子高速喷出,水在砂子周围形成严密水罩,防止粉尘飞扬。

(5)真空喷丸除锈。利用压缩空气将丸粒从一个特殊喷嘴喷射到工件表面,同时又利用真空原理吸回喷出的丸粒及产生的粉尘,经分离、过滤除去粉尘,丸粒循环再用,整个过程都在密封条件下进行。它既保留喷丸除锈的特点,又避免粉尘飞扬,改善了劳动条件。

(6)抛丸除锈。利用抛丸机的叶轮在高速旋转时产生的离心力,将磨料以很高的线速度抛向被处理的钢材表面,产生打击和磨削作用,除去钢材表面锈迹与氧化皮,让钢材表面露出金属本色并呈现一定的粗糙度,以利于涂料的粘附。

抛丸处理效率很高,可在密闭的条件下进行,配以自动化涂漆装置则可达到除锈——车间底漆喷涂一体化的自动流水作业,用于对钢材原材料进行表面预处理,并涂上临时保养用的车间底漆。

用抛丸方法不仅可以除去工件表面的锈迹、氧化皮,而且可使钢工件表面强化,消除残余应力,提高耐疲劳性能和抗应力腐蚀性能。

抛丸预处理流水线在港口设备企业中被广泛采用。

(7)高压水除锈。利用高压水射流的动能对工件表面的附着物产生冲击、水楔、疲劳和气蚀等作用,使其脱落而除去。

高压水除锈的特点是:锈尘少,不会妨碍操作人员的健康;生产效率高,劳动强度低,成本低,不损伤基本金属和好的涂层,特别适于构件的二次除锈。但易产生水锈,因此,应在水中添加适当的缓蚀剂,且除锈后应及时涂上底漆。

3. 磷化

将钢构件放入磷酸盐溶液中，在一定条件下，可获得一种磷酸盐的保护膜，这种方法称磷酸处理，简称磷化。其目的主要是提高钢铁表面的防锈蚀能力，并作为以后涂装的底层，可以显著地提高涂层的附着力和耐蚀性能。一般可分为：高温磷化（90～98℃）中温磷化（50～70℃）低温磷化（20～30℃），工艺过程大致如下：

除油—水洗—酸液除锈—水洗—中和—水洗—表面调整—磷化—水洗（60～80℃）—常温水洗—去离子水洗—烘干或直接转入涂装工序。

磷化后为了获得更好的效果，可以用铬酸盐进行钝化，使之封闭磷化处理后金属表面磷化膜上的针孔，防止空气氧化。

经磷化后的材料表面在空气中不能放置太久（不超过1～2天），应尽早进行涂装。

港口设备制造中常对小型结构件采用磷化处理。

三、二次除锈与表面清理

经预处理并涂上车间底漆的原材料，经过划线、落料、加工、装配、焊接等工序组成港口机械的各种构件，这些构件通常在总装前进行涂装。

经过预处理的钢材组成构件后，总有一部分钢材表面的车间底漆由于切割、焊接、机械加工或自然原因受到破坏，导致钢材表面的重新腐蚀。这些构件正式涂装前，往往需要再进行一次表面处理，这相对于原材料预处理来说是第二次除锈，在港口设备涂装工程中称之为“二次除锈”。

港口设备钢结构件的二次除锈，通常采用喷射磨料（喷丸或喷砂）处理或动力工具打磨处理两种方式，也有这两种方式兼而用之的。

经二次除锈的钢结构件表面或原有涂层表面，在其上面进行涂装时，为确保涂料与被涂表面的附着力，还需对它们进行彻底的表面清洁处理，这称之为“涂装前的表面清理”。

表面清理的主要工作内容为：除水、除尘、除盐、除油以及去除其他杂物、污垢。

表面清理可针对清理对象的不同，采用布团擦拭、清水冲洗、毛刷刷去或压缩空气吹除等方法进行。

在某些涂层配套系统中，重涂涂料涂覆之前，还需对原涂层用砂纸进行打磨，以适当提高原涂层的表面粗糙度，增加涂层之间的附着力。

第五节　港口设备的涂装设计

一、港口设备钢结构件的涂装特点

所谓涂装，即是将涂料涂覆于基底表面形成具有防护、装饰或特定功能涂层的过程，又叫涂料施工。

为使涂料良好地附着于被涂物的表面，则应对被涂表面进行认真的表面处理。目前，在港口设备制造业，将涂料涂覆和涂覆前的表面处理的整个工艺方法与过程以及与此相关的技术上、管理上的全部活动统称为港口设备涂装工程。

港口设备由于结构庞大、运输不便，从制造到总装，经历了工厂制造、预装配、拆卸、运输、现场安装、调试等环节，其涂装不同于一般设备的涂装，也不同于一般钢结构件的涂装，有其自身的特点。

1. 涂装贯穿于港口设备整个建造过程

港口设备钢结构件的制造一般要经历原材料预处理、放样切割、拼装、焊接、机加工、组成部件、二次除锈、正式涂装、港口设备总装、总装后的局部补漆及完工时最后涂覆面漆等过程。显然,港口设备钢结构件从原材料落料加工前开始,直至交用,整个过程均贯穿着涂装。因此,港口设备钢结构件的涂装要与整台设备的建造工艺相适应,在每一个工艺阶段确定其相应的涂装工作内容。

2. 涂装工作量大

港口设备的钢结构件的重量一般占港口设备总重量的60% ~75%,其涂装工作量及涂装成本约占整机建造总工时及总成本的8% ~10%。不仅如此,由于港口设备的庞大,其钢构件往往也都是些庞然大物。如一台超巴拿马型的岸边集装箱起重机,其最大单件钢结构长度达60m以上,重量可达50t以上,涂装面积达2000m^2,而其整机的涂装面积则要超过1万m^2。

3. 施工条件差

庞大的钢结构件决定了它只能在钢结构车间,甚至在露天场地进行涂装,而不可能在密封的专用漆房进行涂装;箱形构件的内,空间狭窄、通风条件差,施工人员操作困难;常常高空作业,有一定的危险。

4. 涂装管理复杂

由于港口设备钢结构件的涂装贯穿于设备建造的全过程,且工期长,因此,必须合理地安排涂装作业,做到既要保证涂层的质量,又要很好地与其他工种衔接起来;既要抓紧时间涂装施工,以满足设备建造总进度的要求,又要符合涂装工艺的要求以确保施工质量。因此,需要对钢结构件工艺程序安排、涂料的准备与合理应用、涂层的保护、涂装工器具的配置、涂装劳动力的使用与平衡、涂层质量的检查与验收以及涂装作业的安全与卫生等进行系统的科学管理。

5. 涂装安全问题突出

在涂装施工中,大都使用易燃、易爆和挥发出有害气体的高分子涂料;涂装常常要在狭小的通风不良甚至几乎密闭的构件内进行;由于各工种的交叉作业,不可避免地会在涂装施工区域同时进行电焊、切割、火工校正等明火作业;高空涂装等。因此,港口设备涂装安全施工问题比较突出,应予以充分重视,要制订必要的安全操作规程和安全施工规章制度。具体作业时应采取有效的安全技术措施,做到防患于未然,确保防尘、防毒、防火、防爆、防高空坠落,创造一个良好的涂装环境,避免事故的发生。

二、港口设备涂装工程的现代化

以前,港口设备涂装一向不被重视,没有严格的工艺程序,没有一定的质量标准,设备、工具简陋,涂装质量长期处于较低的水平。

从20世纪80年代中期开始,我国的港口设备工业出现了历史性的转折,一些大型企业,有的承接国外港口设备供应商的钢结构件分包业务,有的承建出口港口设备。以此为契机,国外港口设备先进的设计、制造技术和管理方式不断得到引进、消化、吸收,港口设备涂装的新技术、新工艺、新装备、新材料和新的设计、生产和管理模式不断地得到采用。

但是,涂装工程现代化进程,在各个制造与使用企业中发展极不平衡,一些中小制造企业及几乎所有使用企业对钢结构件的表面处理和涂装作业的水平还比较低,有的甚至还沿用着很原始的方法。因此,需要在以下几方面有所突破。

(1)大力推广钢铁材料预处理和涂装车间底漆的新工艺。

(2)在中小港口设备企业中推广喷丸、喷砂除锈。

(3)港口设备使用部门对设备钢结构的维修涂装应尽量采用环保型喷射处理设备和大力推广无气喷涂工艺。

(4)制订一批适于港口设备涂装特点的专业技术标准。

(5)应用计算机来辅助涂装工程设计、施工和管理。

(6)不断探索科学的涂层系统,采用防腐性能更好、施工更方便、安全的新涂料。

(7)研究涂装机器人应用于港口设备涂装。

三、现代港口设备涂装设计

1. 港口设备钢结构件的涂装工程

港口设备钢结构件涂装的特殊性及涂装对于设备建造成本、周期和产品质量的重要性,决定了港口设备涂装不是一项单纯的工艺过程,而是集设计、工艺、技术、管理于一体的系统工程。该工程应是港口设备建造中一项重要工作,它的内容包括以下诸方面。

(1)结构件涂装在其制造过程中的工序安排。

(2)钢材或结构件的表面处理方式及其所需的设备和工具。

(3)涂料的选用与涂层系统的设计。

(4)涂料涂覆方法及其所需的设备和工具。

(5)表面处理与涂膜质量要求与检测方法、检测仪器。

(6)涂装施工及材料、工时、环境、安全卫生、质量管理等。

2. 港口设备涂装设计的任务

港口设备涂装设计的任务是:根据港口设备使用环境条件和港口设备的防腐要求,选择合适的涂料与涂层系统及与之相应的钢材和结构件的表面处理等级、处理方法和相应的涂装方法,以最经济的手段和最短的生产周期,获得最满意的涂层效果。

3. 港口设备涂装设计工作的内容

1)选择涂料品种

一般来说,港口设备所选用的涂料应具有下列各项特点:

(1)涂膜对所接触的腐蚀介质(日光、雨水、含氯离子浓度较高的湿气等),有高度的化学稳定性;

(2)涂层必须有良好的抗渗性、附着力、优良的抗冲击性;

(3)一次涂装能达到较大的膜厚;

(4)必须能在常温下干燥,且干燥速度快;

(5)应适用于高压无气喷涂。

2)确定钢材和结构件的表面处理质量等级与处理方法

对于提高涂层的保护性能来说,底材表面处理越彻底、除锈质量等级越高越有利。但是,随着表面处理质量等级的提高,处理所需的费用也越大。为了以较小的投入保证较高的涂层质量,对于不同的涂料、不同的部位,应当有一个合理的表面处理质量等级要求。

4. 涂装工艺设计

1)钢结构涂装工艺程序

港口设备钢结构件涂装工艺程序,所规定的是钢结构从钢材落料开始直至整机总装后涂装的总流程。该工艺流程，既要考虑涂装本身的需要，又要与港口设备整个建造工艺相适应。科学、合理的工艺程序对于确保涂装质量、降低涂装成本、缩短涂装工期都是至关重要的。

大型港口设备钢结构一般的涂装工艺流程，如图8-2所示。

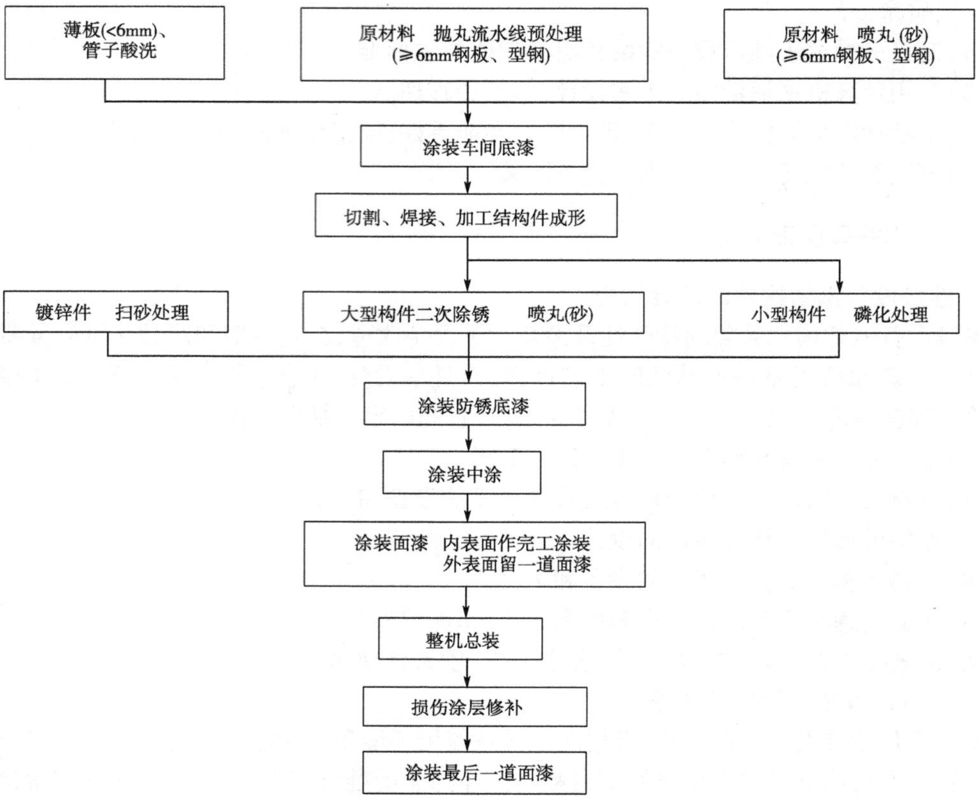

图8-2 港口设备钢结构涂装工艺流程图

2)焊缝区域的涂装工艺

由于焊缝本身总有些凹凸不平；与母材之间有咬边现象；有飞溅、烟尘、焊渣；涂有车间底漆的钢材，焊缝周围会有烧损的涂膜等，使焊缝区域容易发生腐蚀，因此，焊缝区域必须用喷丸(砂)或动力工具进行彻底的二次除锈和表面清理工作，然后进行防锈底漆涂覆。

3)高强度螺栓连接部位的涂装工艺

高强度螺栓连接不同于普通螺栓连接，是依靠钢板接触面间的摩擦传力。显然，接触面的摩擦系数越大则该处螺栓连接的传力也越大，因此，接触面经喷丸(砂)处理后，即应进行连接安装。

4)结构件装配处缝隙涂装工艺

结构件装配部位会不可避免地存在缝隙，如不作适当处理，便会发生缝隙腐蚀，一般可在隙缝嵌填腻子。由于港口设备在作业时会产生震动，因此对腻子的要求除了能防水汽渗入外，还应有：

(1)足够的附着力，不致因设备震动而脱落；

(2)足够的弹性，不致因钢结构热胀冷缩而开裂；

(3)易干，特别是内层；

(4)黏度合适，垂直面上应保证不流挂；

(5)要与底漆、面漆配套。

嵌填腻子干燥后打磨至钢材同一平面后,方可涂覆涂料。

5)涂层修补工艺

钢结构件在制造、搬运、装配过程中难免会发生局部涂层损伤,应及时进行修补。损伤部位用动力工具打磨,达到规定的表面处理要求后,按该部位的涂装要求进行涂装。

修补的涂层与未受损的涂层应充分重叠,重叠范围一般不小于50mm,并要有过渡面。当破坏面积较小时,修补的面积应比被破坏的面积大一倍以上。

6)计算整机钢结构件涂装面积

计算整机钢结构件的涂装面积的目的,在于为涂装订货的品种与数量及涂覆施工所需工时提供依据。同时也便于今后设备涂装估算涂料数量和工程量。

由于设备各部位的涂料要求不同,所用涂料也不尽相同。因此,整机钢结构要分部件,分内、外表面积分别计算。

7)编制涂料和辅助材料的订货清单

涂料和辅助材料的订货清单是材料准备的依据。订货清单应包括如下一些内容。

(1)材料规格:牌号(或型号)、名称、颜色(色卡号);

(2)订货数量;

(3)建议材料供应商;

(4)分批进货的品种、数量和期限。

第六节　港口设备钢结构的防腐设计

一、概述

1. 钢结构防腐设计的意义

港口设备钢结构件的防腐,目前主要是靠涂料的保护。但是,涂料只是考虑材料与环境作用可能产生的腐蚀而采取的措施。从近年来发展起来的设备综合工程学的观点看,设备的管理必须以价值工程的观点,从设备寿命周期求得最佳的设备综合效率。这就要求把设备从研究、设计、制造、安装、使用、维修、更新或报废,当作一个有机的全过程来加以考虑。防腐管理也是如此。腐蚀虽然主要出现在设备的使用阶段,但其产生的原因却蕴育于各个阶段之中,因此,有必要在各个阶段采取措施来防止或延缓腐蚀的发生。

设备的设计是整个过程的第一步。目前在设备的设计过程中,往往只注意设备的功能设计,即设备性能是否达到要求的速度、质量、效率,以及结构刚度、稳定性和强度等,而忽视材料选用、结构形状和强度等在防止腐蚀方面是否合理。如果设计阶段对腐蚀问题考虑不足,以后的使用中,必然会产生过量腐蚀,或者给涂装施工、涂装维修造成困难。

因此,合理的结构防腐设计对于提高设备的耐腐蚀能力及涂装的可施工性、可维修性是十分重要的。

2. 防腐设计的基本内容

结构防腐设计包括材料的选择、防腐蚀结构设计、防腐蚀强度设计、涂装工艺性与可维修性设计、制造加工方法等。

(1)材料的选择。正确地选择材料对于任何一台设备来说,都是非常重要的一环。钢结构材料包括制成构件的钢材及焊接材料,要选用耐蚀性相对较好的材料。

(2)防腐结构设计。结构的设计对腐蚀,特别是局部腐蚀,如缝隙腐蚀、电偶腐蚀等关系很大。应采用对防止腐蚀有利的结构设计。

(3)防腐强度设计。强度设计和校核是钢结构设计中的重要步骤。在腐蚀介质下,一般地考虑安全系数和许用应力有时是不够的,还要考虑腐蚀对强度的影响,并进行必要的校核,特别是存在腐蚀疲劳破坏、应力腐蚀等场合。由于腐蚀会降低材料的机械性能,在确定钢材的厚度时,某些地方应加上一定的数值,此即为“腐蚀裕度”。

(4)制造加工方法。在设计时,要对制造加工过程提出技术要求,尤其是钢结构的焊接工艺,尽量减少焊接应力,且剩余应力也应设法消除。

(5)涂装工艺性设计。结构件的设计应有良好的涂装工艺,不仅在制造时方便涂装,也应方便今后的维修涂装。

二、港口设备钢结构设计中的防腐要求

1. 材料的选择

港口设备结构件由于经常承受变化载荷和冲击载荷,因此所选用的材料必须具备以下几点要求:强度高,塑性、韧性好,易于加工制造,焊接性能好,价格相对便宜。目前,较多选用的是普通低碳钢和低合金钢。

低碳钢在自然条件下的耐蚀性是较差的,但在低碳钢中加入少量的 Cu、P、Cr、Ni 等元素后能提高耐大气腐蚀的性能,其中以铜的作用为最突出。16MnCu 即是一种适合钢结构应用的耐蚀低合金钢。

2. 涂装施工对结构设计的要求

(1)非密封的箱形梁至少应在梁的两端各设置一只可拆的人孔,内部筋板也应开有人孔,以便涂装施工时进行通风和人员进出。人孔的位置应使涂装人员能方便进出,如水平梁面板,人孔应开设在其上部。

(2)由角钢或槽钢组成的构件,应尽量避免采用“┘└”、“][”、“╪”形式断面,必须采用时,应在组合构件之间留出不少于 120mm 空隙,以便涂装施工,当不能满足这一要求时,应采用可靠的措施将间隙加以封闭。

(3)结构上不能涂装的部位,如钢轨、垫片、加工的配合面、工作面、摩擦面等,应在设计图纸中注明。

(4)对于布置在设备高处的结构件,为便于今后维修涂装,应考虑设置脚手架的架设点,如有可能最好安装有永久性的维修涂装脚手架。

(5)对于垂直布置的非密封性柱、梁,其内部应设有涂装维修人员上下的爬梯。

3. 防腐结构设计

防腐结构设计中的一般原则包括以下方面。

(1)结构越简单越好,尽可能地减少外露部位的面积。尽量采用密封结构。

(2)水平布置的非密封性构件,应在其底面开有疏水孔。疏水孔的数量、布置、大小应以构件内不积水为准。设在构件上的人孔,其盖板应有密封措施,以防雨水等浸入。

(3)斜杆的腐蚀速度为水平杆的 80% ~90% ,而垂直杆件则为水平杆的 50% ~60% ,因此,杆件应尽量垂直布置。

(4)为减轻腐蚀和便于维护,应选择截面周长与面积比为最小的形式。

(5)要避免形成缝隙和造成表面粉尘、液体沉积的几何构形。

(6)尽量以焊接来代替铆接或螺栓连接。

(7)重要的构件焊缝应采用连续焊,焊缝最小高度和主要构件的最小厚度不应小于6mm。

(8)不同材料采用螺纹连接时,应在螺栓和连接构件之间采取适当的绝缘隔离措施。

(9)要保证结构件有足够的耐蚀强度,在强度计算时,应适当考虑腐蚀折减系数。在容易产生应力集中的部位,应适当加强该部位的截面面积或改变结构形式,使应力分布均匀,以避免由于应力不同而造成的腐蚀。

(10)机房内应设置通风除尘装置,以保证室内空气干燥、洁净。

4. 防腐结构设计示例

(1)避免死角。结构设计时要避免易造成粉尘沉积和液体排不尽的死角,如图8-3所示的各种情况。

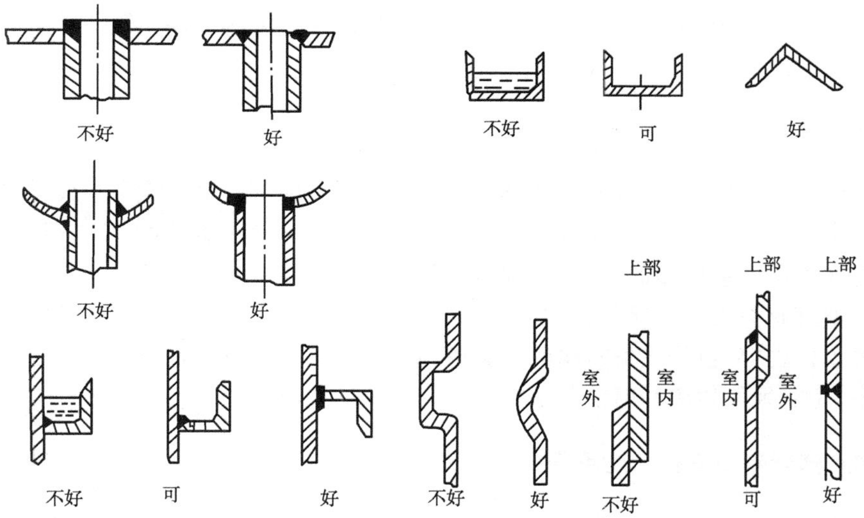

图8-3 避免死角

(2)避免间隙。结构件存在间隙则容易产生缝隙腐蚀,良好的结构设计是防止缝隙腐蚀最好的办法。如图8-4所示的各种情况。

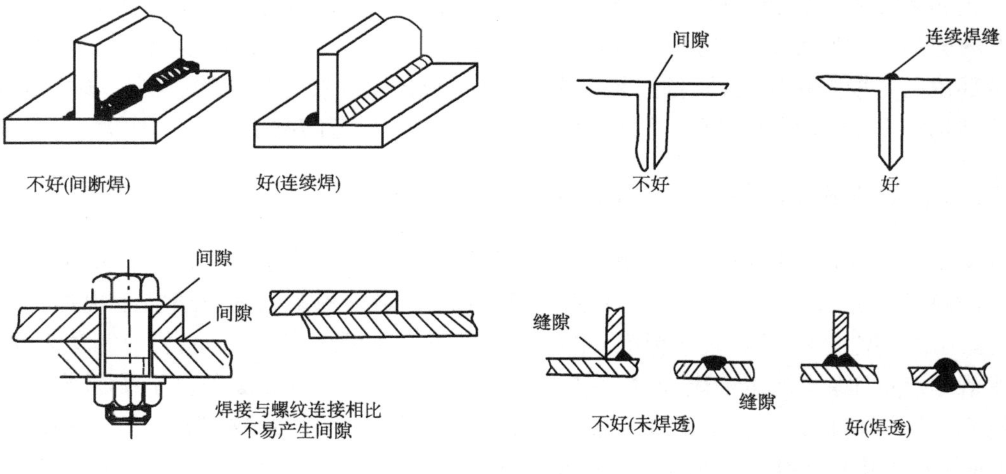

图8-4 避免间隙

(3)避免异种金属接触。异种金属接触，或者同一种金属接触但合金成分不同，都会由于它们在电解液中不同的电极电位而引起电偶腐蚀。结构设计中如必须采用不同金属的连接，则应加以妥善处理，以避免电偶腐蚀的发生，如图 8-5 所示。

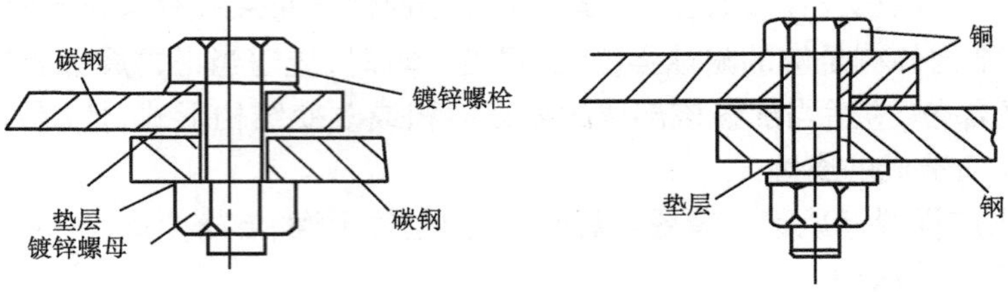

图 8-5　避免异种金属接触

第七节　港口设备腐蚀的防范措施

一、概述

腐蚀虽然主要出现在设备的使用阶段，但其产生的原因却蕴育于设备自设计、制造至更新报废前的各个阶段之中。因此，设备腐蚀的防范措施也应在各个阶段加以实现。本节主要阐述在设备防腐方面着重要做的工作，亦即所要采取的腐蚀防范措施。

制订一整套有关设备防腐的管理制度和技术标准、建立完整的有关技术档案，是设备防腐管理重要的工作内容，也是设备防腐的基本措施。此外，还须在设备购置、使用、维修等环节的具体工作中，切实采取相应的腐蚀防范措施。

二、建立健全港口设备防腐管理各项规章制度

港口设备防腐管理是港口设备管理的一项不可或缺的工作，应制订一系列的管理制度并认真执行。要将港口设备防腐的各项工作规范起来，落到实处，从而达到减缓设备腐蚀，延长设备使用寿命的目的。港口设备的防腐管理制度应根据港口设备使用部门的实际情况来制订。常用的制度主要有：新置港口设备在技术规格书编制、设计审查和建造现场监理等阶段有关防腐内容的工作制度；在用港口设备的日常防腐保养制度；设备钢结构涂层保护制度；设备易腐蚀部位的定期点检制度；设备涂装维修工程管理制度；涂装材料采购、保管、领用制度；设备涂装现场安全、卫生管理制度；闲置设备防腐保养制度；设备防腐工作责任制等。

三、编制港口设备防腐技术规程(技术标准)

港口设备防腐技术规程(技术标准)是防腐管理工作的技术依据，应尽量采用当前国内外先进的防腐理论、涂装设计、涂装材料和涂装施工技术，制订一系列的防腐技术规程(技术标准)。常用的典型技术规程(技术标准)主要有：《设备涂层更新标准》、《涂装前钢材表面预处理技术规程》、《旧涂层涂装前表面处理技术规程》、《涂料选用与涂层配套系统标准》、《涂装施工技术规程》《港区现场涂装施工安全卫生技术规程》、《涂装质量检查及验收技术标准》、《涂料进货质量验收标准》、《在用设备防腐保养技术规程》、《在用设备防腐点检技术规程》、《港区设备涂层色彩标准》等。

四、建立港口设备防腐管理技术档案

设备防腐管理技术档案是港口设备使用部门技术档案的组成部分。设备防腐管理技术档案产生于设备购置至报废前的全过程,因此,应注意及时收集、保管、整理、归档。防腐管理技术档案是购置新设备和设备维修涂装的重要参考资料,充分利用这些资料,从中进行比较、选择,可以不断改进和提高设备防腐水平。常用的典型防腐技术档案资料大致有下面各项:新置设备的涂装说明书、涂装质量证明书、涂装质量检查和验收测试报告;在用设备维修涂装工程计划、工程内容、实施结果;涂装施工监造记录、重大质量事故报告及处理结果等。

五、新置港口设备钢结构防腐的前期工作

港口设备钢结构设计、制造阶段所赋予的防腐功能,是防范腐蚀最根本的措施。这一阶段如果考虑欠周或马虎从事,则会给防腐造成"先天不足",带来无穷后患。因此,港口设备钢结构的腐蚀防范措施要"从头做起",即从港口设备的设计、制造时做起。也就是说,新置的港口设备其钢结构应具备良好的防腐性能和方便的维修涂装性能。

防腐前期工作的内容包括:提出对所采购设备的防腐要求、审查设计资料中有关的防腐内容及制造阶段的监造与防腐质量的竣工验收。

1. 技术规格书

技术规格书是产品设计与制造的技术依据。港口设备采购,在技术规格书中,应有对其钢结构防腐要求的章节,通常必须有下述一些内容:

(1)对钢结构原材料(包括钢材及焊接材料)防蚀性能的要求;

(2)钢材表面预处理、除锈、除油、构件的二次除锈及其执行的标准与应达到的质量等级;

(3)各部位涂层系统及各涂层所选用的涂料型号、品种和涂料供应厂商;

(4)各部位涂层系统总膜厚及各层膜厚要求;

(5)各部位涂装施工方法;

(6)涂层的外观质量及涂层性能质量要求与检测标准;

(7)一些特殊部位的涂装要求,如高强度螺栓连接部位、结构件连接处的缝隙处理、异金属接触处的绝缘隔离、密封型构件内表面处理等;

(8)整机各部位面层涂料的颜色;

(9)整机涂层系统的防腐寿命年限要求;

(10)为今后维修涂装的方便性提出结构设计要求,如人孔、脚手架架设点、永久性脚手架构件等;

(11)有关涂装的设计审查资料、文件项目与竣工资料、文件项目。

上述有关钢材的表面处理、涂层与涂料型号、品牌、膜厚、防腐寿命年限等要求,提出时应考虑:设备使用的环境、作业条件;在设备防腐方面过去所积累起来的经验与教训;设备涂装所需的一次性投资与以后经年维修投资的测算比较;设备某些部位定期检查与维修涂装的可能性;是否有必要的装饰性;整机最后一道面漆是否需要在港口现场涂装等。

2. 设计审查

有关防腐方面的设计审查是设备整个设计审查工作的组成部分,不可偏废。审查的目的是:设计是否满足了技术规格书上载明的要求。审查包括两方面的内容,即结构的防腐设计与涂装设计。

审查时首先应具有齐全的审查资料、文件，然后逐项进行认真审查。

3. 监造

钢结构与涂装施工的监造是设备防腐前期工作的重要环节。设备的质量，包括涂装质量是设计出来的、制造出来的，主要是靠供货方精湛的技术与科学的管理，但这并不意味着监造可有可无。监造的意义在于两个方面：一是使制造质量更有保证；二是通过监造，可使设备使用者加深对设备防腐功能的了解，熟悉设备的防腐特点，使日后的维护和维修更加心中有数。

设备防腐施工监造的依据是业经审查认可的设计资料、制造厂的有关工艺文件、质量标准文件、质量管理文件等。

设备防腐施工监造大体有如下一些内容：

(1)钢结构所用的材料牌号、规格、材料质量证明文件；

(2)涂料的型号、品牌、合格证书；

(3)钢材预处理生产线的工艺参数是否规范，预涂车间底漆涂装质量；

(4)除油、酸洗、磷化工艺参数及效果检验；

(5)结构件二次除锈及表面清理质量，第一道防锈底漆涂覆的及时性；

(6)施工用涂料品质检查；

(7)施工规范性检查，包括施工环境、工艺装备，涂料搅拌、混合与熟化，稀释剂的添加，涂装间隔，无气喷涂工艺参数，膜厚管理等是否符合涂料使用说明书(或作业指导书)及制造厂有关工艺文件的规定；

(8)各层膜厚检查、涂层性能检查和涂膜的外观质量检查；

(9)完工后涂层保护措施的落实情况及实际效果检查等。

设备防腐施工监造方法可归纳为看、查、测、记四个字。

看：看重要施工环节的操作过程，构件的工艺流转情况、涂膜外观质量情况等。

查：查原材料的质量证件、施工工艺参数、测试仪器的完好性、有效性等。

测：测涂料的技术指标、涂膜厚度、涂层性能、密封构件的气密性等。

记：记录监造中的重要事项与数据，记下发现的问题，及时与制造方交涉。

设备的监造也可委托专业相近的中介机构，如监理公司、船舶检验部门(船级社)进行。

4. 竣工验收

港口设备钢结构防腐竣工验收主要有两方面工作：其一，钢结构涂层质量；其二，有关的竣工资料完整、齐全、规范性。

1)涂层质量竣工验收主要内容

(1)整机涂层外观质量、各部位颜色检视；

(2)审查涂层膜厚测试报告；

(3)审查涂层性能测试报告；

(4)密封构件的气密性试验报告审查。

2)竣工资料主要项目

(1)设备涂装说明；

(2)各项材料质量证明文件；

(4)各项检验、测试报告；

(5)各项检验合格报告；

(6)设备钢结构分部位涂装面积表；等等。

六、在用港口设备钢结构防腐维护

再优良的涂层也有其一定的寿命，这是因为：涂层会在日光的紫外线作用下老化；涂层会因其表面的水、油而溶胀使体积增大，此时如产生的应力大于涂层的附着力，则生成气泡，进而使涂层剥落；大气中的水气、氧气及各种腐蚀介质会穿透涂层与钢铁接触，并不断腐蚀钢铁，最终导致涂层大面积脱落，这称作为涂层的膜下腐蚀；涂层还会不可避免地受机械损伤而产生裂纹，甚至脱落等。

因此，为了减缓钢结构的腐蚀速度，延长钢结构涂层的防腐寿命，对涂层的维护和保养是非常必要的。维护保养的主要工作内容有以下方面：

(1)经常保持设备钢结构表面洁净、干燥，及时清理掉钢结构上面的油污、粉尘、水渍、回丝、纸片等污物；

(2)在进行有腐蚀性货物作业后及时用淡水冲洗设备被污染的部分；

(3)对容易积水的部位要经常注意擦干，采取防止雨水侵入的措施及开疏水孔，不使该部位积水；

(4)为保持室内部位空气流通、干净，应定期对通风除尘装置进行检查、维护。如已损坏，要及时修复；

(5)设备的腐蚀状况要定期检查，特别是对非密封型箱形结构内部的检查，易受腐蚀的部位应列入设备点检项目中；

(6)维修或改造设备时，应注意对涂层的保护，尽量避免涂层被损伤。如有损伤，应及时予以修补；

(7)涉及设备钢结构的维修或改造项目，应注意新结构的防腐设计。完工后应按规范的涂装要求进行涂装，保证新结构应有的防腐功能；

(8)闲置设备在封存前，应采取适当的防腐措施，如彻底擦拭干净设备，对已锈蚀的钢结构进行一次除锈和油漆等。闲置期间也要定期检查和保养。

七、港口设备钢结构的维修涂装

为了保持港口设备结构良好的技术状态和美观的机容机貌，有必要对港口设备钢结构适时进行局部或全面的维修涂装。

维修涂装是港口设备钢结构防腐管理的一项重要工作，也是防止钢结构加速腐蚀的一项重要防范措施。

1. 维修涂装时期的确定

维修涂装分局部修补涂装与全面更新涂装两种情况。前者一般是指人为因素造成的小范围涂层损伤而进行的涂装；后者则是由于自然因素造成的大部分甚至整机涂层失去或即将失去其应有功能而进行的涂装。修补涂装范围小、费用少、工期短，易于实施，应及时安排进行。更新涂装工程量大、费用高、工期长(一台大型港口设备的全面更新涂装工作量约需一个月左右)，往往需停产进行，难以安排维修。由于钢结构涂层有其适宜的更新期，超期维修，不仅使涂膜加剧老化和锈蚀，而且要耗费大量人力和经费用于对旧涂层及基材表面的修整，从经济核算上来说也是不利的。并且，对锈蚀的基材，只有喷射处理才能彻底处理。而在现场进行更新涂装的情况下，这种处理几乎做不到，大多只能采用人工除锈或辅以动力工具除锈的方法，不可能彻底除去锈蚀，而只好在残留有锈蚀的表面上进行涂装，这样就很难获得满意的涂装效果，表8-4为钢材表面除锈处理方法与涂层耐久性的关系。更为严重的是，更新涂装时期拖得太久，钢结构的某些部位，腐蚀将十分严重，甚至影响结构的强度，酿成机损事故。因此，“提前”进行更新涂装是可取的。所谓“提前”，即是趁着钢结构件涂膜老化和锈点还仅限于局部范围，但却又是随处可见的情况发生时期。

除锈处理方法与涂料耐久性关系 表8-4

处理方法	涂层耐用年限(年)	处理方法	涂层耐用年限(年)
钢丝刷除锈	2.5	喷砂除锈	10.5
酸洗除锈	9.5		

注：涂层为2道底漆，2道面漆。

2. 维修涂装的设计与施工

1）维修涂装的特点

（1）涂装是在设备作业现场进行的；

（2）因为在现场进行，所以施工条件差，高空作业、箱形梁内作业量大，劳动强度大，安全性差；

（3）现场作业大多无法对被涂表面进行喷射处理，除锈不能彻底，有些是在旧涂层上进行重涂；

（4）受现场环境及设备条件的限制，一般无法进行喷涂，通常只能采用刷涂和辊涂。

2）表面处理

维修涂装时旧涂层有两种情况：一是局部严重老化、锈蚀；一是旧涂膜还较完好，特别是底层涂膜。对于这两种情况的表面处理要求应是不同的。

严重老化、锈蚀的情况：应彻底去除旧涂层，并对钢材进行除锈，一般采用手工工具或动力工具打磨，尽量使其露出金属光泽。

如有条件，最好对旧涂层采用喷砂处理，这样可以得到较为理想的除锈效果。

喷砂处理的效果虽好，但在现场维修涂装中却难以推广，这是因为：

（1）喷砂除锈需要压缩空气作气源，而港区一般没有空压站，只能在港口设备旁配备空压机，提供气源，这就限制了喷枪只数和作业人数，延长了除锈作业工期；

（2）因为在港口设备现场施工，无遮无拦，喷砂除锈粉尘飞扬，污染环境，也污染设备本身；

（3）喷砂除锈相对人工除锈费用较高，一般要高出3～4倍；

（4）受传统的维修涂装观念束缚，设备管理人员大多已习以为常，喷砂除锈作为一种新颖的表面处理工艺还没有为人们所认识、所接受。

旧涂膜还较完好的情况：先用碱液清洗涂层表面的油污和盐分，再用清水冲洗，然后用干净的布料擦干，接着用手工工具或动力工具除去附着不牢或已粉化的旧涂层，保留完全附着牢固的涂层。

完全附着的旧涂层，它并不影响维修涂装的效果，因为旧涂层仍保持着防蚀功能，可以利用。并且由于旧涂层经长年累月而硬化，具有良好的耐溶剂性，重涂时，不容易发生咬底现象。但是，旧涂层与重涂涂层之间的附着力会降低，为此，可以采用砂纸或电（气）动钢丝刷打磨的办法将旧涂层表面搞粗糙。

3）涂料选择与涂层系统

维修涂装采用的涂料，最好与原涂层同一品种或同一系统的涂料，尤其是用在保留旧涂层的场合。但是从更新后的涂层耐久性和更新费用角度考虑，当然也可以采用不同种类、不同系统的涂料，但此时必须注意涂料之间的配伍性。

由于现场涂装，钢材表面处理不能很彻底，因此，应尽量选用对表面处理要求不高、且能适合于刷涂和辊涂的涂料。除此之外，维修用涂料应具备以下几项技术特性：

(1)有充分的耐湿性；

(2)渗进钢材表面的涂层有湿润基材金属的性能；

(3)对钢、锈层和氧化皮表面有良好的附着力；

(4)透水性、透湿性和氧的渗透性要小；

(5)应具有耐温度变化和耐锈层微量膨胀的柔软性；

(6)涂刷性和成膜性良好，且干性快。

修补涂装，由于基材表面除锈困难，有时不得已要在带锈的表面上进行涂装，此时可采用一种被称为带锈防锈漆的涂料，它能直接涂覆于轻度均匀锈蚀或经手工除锈的钢铁表面，同时具有稳定锈蚀、抑制锈蚀、并将锈蚀转化为有益的保护层的作用。

维修涂装的涂层系统，可以按设备原来的涂层系统修复，也可重新设计。重新设计的涂层系统可参见本章第五节中所述的大型港口设备涂装设计。

4)维修涂装施工

维修涂装施工与制造涂装施工原则上是一样的，但由于维修涂装有其自身的特点，因此，特别要注意下述各点：

(1)要尽可能选择在好的气候环境下进行涂装：

①一般情况下，涂装施工环境温度不得低于5℃，相对湿度应不大于80%；

②涂装及干燥过程，漆膜不能在烈日下曝晒，被涂件表面温度不得超过60℃；

③雨、雪、雾天及风力超过4级时，不得施工；

④被涂物表面如有结露不得施工；

(2)由于在现场涂装，周围环境中的粉尘及沿海港口空气中的海盐颗粒污染较重，所以在表面处理后应迅速进行涂料涂覆；

(3)在维修设备附近如有散货装卸作业，则维修涂装要注意风向，避免散货粉尘污染涂膜；

(4)由于维修涂装一般采用刷涂与辊涂，因此要特别注意膜厚的检测；

(5)在非密封的水平梁内维修时，如发现有积水现象，要酌情钻孔排水；

(6)维修涂装应从设备最高处开始逐渐往下有序进行，最后一道面漆应在其他工作做完后统涂；

(7)打开需要维护涂装的非密封箱形梁所有人孔，以利通风。待涂层验收后，加盖密封；

(8)在箱形梁内施工时，内部照明应用蓄电池作电源和防爆型照明灯，电压等级应符合GB3805规定。施工人员要带好送风面罩或防苯口罩，且相互进行监护；

(9)禁止明火带入涂装区域，尤其是箱形梁内。作业区域要准备好消防器材；

(10)高处作业要设牢固的脚手架或吊篮，施工人员要系好安全带；等等。

3. 维修涂装工程管理

港口设备钢结构全面维修涂装投资较大、工期较长，是一项不小的维修工程。尤其需停产进行维修，时机难得，必须加强对工程的管理，以确保维修涂装优质、高效、低耗、安全。

维修涂装工程管理，主要有以下几方面工作。

1)编制工程计划

工程计划的内容包括：

(1)工程内容与要求；

(2)工程费用；

(3)项目主管、协管部门与责任人；

(4)施工地点(设备锚定位置)；

(5)工程起止日期及作业进度表；

(6)施工单位与项目负责人、现场联络人等。

2)施工单位选择

大部分港口设备使用部门没有专门的涂装施工队伍,需要委外维修。施工单位选择得好坏,是维修工程成败的关键所在。施工单位应具备的基本条件是：

(1)具有国家主管机关颁发的营业执照与有效资质证书；

(2)作业人员应持有专业上岗证件、高空作业证件、有限空间作业许可证;(3)具有良好的质量信誉。

3)工程施工条件准备

工程施工条件包括机上供电、供水、作业用脚手架(或吊篮)、表面处理与涂装用设备、工具、涂料与辅助材料及有关安全和个人保护用物品等。

上述各项准备应在工程合同中明确甲、乙双方各自所负责的内容与完成的日期。

4)工程质量监理

工程质量监理的内容及做法与本节第五项“新置设备钢结构防腐的前期工作”中所述的相仿。由于维修涂装在现场设备上进行,施工部位很多在高处和箱形梁内,施工困难,有一定的危险性,监理也同样。因此,要求监理人员既要有一定的涂装专业知识,更要有认真负责、吃苦耐劳的精神。目前也有些港口设备使用部门,考虑到专业人员的条件问题,而将涂装监理工作委托给有资格的监理单位或涂料供应商去做。

5)工程施工环境与安全卫生管理

(1)适宜的涂装施工环境应包括以下内容：

①采光与照度。在涂装施工区域内要有适当的亮度,且亮度应均匀。

②合适的温度与湿度。空气的温度与湿度对涂层性能影响很大,涂料施工时较合适的温度一般为10~35℃,相对湿度在70%以下。不同涂料由于它们挥发性和施工性能不同,要求涂装时的温度、湿度也不同。

③空气的清洁度。涂装施工区域的空气应保持干燥、清洁、少尘或无尘。空气中的尘埃粘附在漆膜上不但影响外观质量,还使涂层性能降低,应严加控制。

④通风良好。良好的通风,不仅可以加速涂层的干燥,而且也可以稀释涂装作业区域内有毒气体的浓度,改善作业卫生条件。

(2)涂装施工安全卫生要求。

防腐涂料90%是有机溶剂型的,溶剂含量达40%~70%。许多溶剂有一定毒性,且易燃易爆。因此,在涂装施工中必须加强对作业现场的安全、卫生管理。通常必须注意下述几个方面：

①选用安全型涂料,如采用水性涂料、无溶剂或少溶剂涂料、高固体分涂料等。

②采取防毒安全措施,如加强通风、减少空气中有毒物质的浓度。

③采取防火防爆措施,如设置通风设备、灭火器材等。

④加强个人防护措施,如穿戴送风面罩和防苯口罩、液体手套、防苯手套等,高空作业搭建牢固的脚手架,作业人员系好安全带等。

施工单位应认真按要求执行,监理人员应严格把关。

6)竣工验收与工程资料归档

工程竣工后,由港口设备使用部门会同施工单位、监理单位组成验收工作小组,对工程质量进行验收。竣工验收后,及时地将该工程施工、监理记录、检验、测试报告及工程管理有关资料整理齐全,一并归档。

思考题

1. 港口设备防腐管理的意义和任务是什么?
2. 港口设备防腐管理的主要内容有哪些?
3. 港口设备常见的腐蚀有哪些?
4. 涂料的定义是什么?
5. 涂料的作用具体体现在哪里?
6. 可用作金属材料防腐底漆的涂料有哪些?
7. 港口设备钢结构涂层常用涂料有哪几种? 各自具有哪些特点?
8. 大型港口设备钢结构钢材涂装前表面处理的目的和任务是什么?
9. 钢材涂装前表面处理的方法有哪些? 应如何合理地选择这些方法?
10. 什么叫"二次除锈"? 港机钢结构件为什么需要二次除锈? 有哪些处理方式?
11. 大型港口设备钢结构件的涂装特点是什么?
12. 港口设备涂装现代化的发展方向是什么?
13. 大型港口设备钢结构件的涂装工程的内容主要包括哪些方面?
14. 港口设备涂装设计的任务是什么?
15. 港口设备涂装设计工作的主要内容是什么?
16. 为什么焊缝区域是容易发生腐蚀的部位? 应如何处理?
17. 大型港口设备钢结构防腐设计的意义体现在哪里?
18. 大型港口设备钢结构防腐设计的基本内容如何?
19. 港口设备钢结构件的设计中对防腐有怎样的要求?
20. 在用港口设备钢结构涂层维护保养工作的主要内容是什么?

第九章　港口设备状态监测与故障诊断

第一节　港口设备的故障管理

港口设备在使用和运行过程中,由于某种原因,使设备或其构成的零部件丧失了原来规定的性能时,称设备发生了故障。它包括三种情况:完全不能工作;性能劣化,超过规定的要求;工作有安全隐患。

港口设备故障的发生受多种因素的影响,如设计、制造、安装、使用、使用与维护人员素质等。港口设备的故障管理就是对已发生的故障进行记录、统计、分析、研究,以采取有效措施控制故障的发生。

故障管理的任务就是要采取一系列措施对港口设备故障进行全过程的综合管理,其内容包括:利用先进的检测手段和方法,对港口设备故障进行全方位的监控,掌握故障机理及规律,避免突发故障、控制偶发故障,确保港口设备安全、可靠、经济地运行,提高港口经济效益。

一、故障模式与故障机理

每一种故障表现出的主要特征称为故障模式,如振动、磨损、腐蚀、断裂、失稳等。零部件、设备发生故障的物理与化学过程称为故障机理。

影响港口设备故障发生的因素很多。设备受工作条件、环境条件等因素综合作用,超过了它所能承受的极限而发生故障,这些工作条件和环境条件称为故障外因,如工作载荷、电压、电流、温度、操作失误等。作为故障体的零部件、设备,其自身的强度、特性、功能以及内部应力和缺陷等,在外部因素影响下,对故障的诱发也起着重要作用,即故障内因。同一故障外因可诱发出两种以上的故障机理,如热应力可使材料机械性能降低,同时使零件表面产生裂纹。不同故障外因导致不同的故障机理,形成多种故障模式。例如蠕变破坏可使零件破裂,而疲劳载荷加上热影响也可造成破断和磨损。有时故障模式相同,造成故障的原因和机理却不相同。因此在分析研究设备的故障模式和故障机理时,必须综合考虑故障件本身设计制造过程中的各种外因作用、使用与保养情况等。

二、故障机理的研究

1. 系统研究

系统研究即把一台港口设备看成是一个系统,研究其出现故障的概率与时间的关系,揭示故障发生规律,一般应由设计、制造和使用部门共同进行。设计和制造部门给用户提供多项运行技术条件,以监督系统的运行。用户根据运行情况,记录有关参数,修正与完善技术条件,提出适合本单位的管理措施(包括诊断方案),以减少故障发生。

2. 表面层状态变化研究

港口设备的很多故障都是从元件表面层开始的,分析表面层物理、化学变化就可以解释故障的性质和机理。如表面层受环境影响而腐蚀、表面层间摩擦、表面层与外界介质发生黏着等。

3. 局部研究

观察元件一个微小单元的力学、物理学、化学和金相学的变化，研究其应力与应变、金属合金成分、显微组织、晶界结构的变化规律，推广到表面层，以至于整个元件。

三、港口设备故障分类

1. 渐发性故障和突发性故障

按设备故障发生的进程，故障可分为渐发性故障和突发性故障。

1）渐发性故障

渐发性故障是由于组成设备的某些零部件技术指标逐渐恶化，最终超出许可范围而引起，发生的概率与设备已经工作的时间有关，使用的时间越长，故障发生的可能性就越高。这类故障与零部件的磨损、腐蚀、疲劳等密切相关。港口设备大部分故障属于此类，其主要特点是：

（1）多发生在有效寿命的后期，有规律性，可预防；

（2）通常不会突然发生，可以监控；

（3）与设备使用时间有关，使用时间越长，发生故障的概率就越高，损坏的程度也就越大。

2）突发性故障

突发性故障是由于多种内在不利因素以及偶然外部因素共同作用超出了其所能承受的极限而突然发生的故障。这类故障往往经过一个不确定的时间间隔发生，其主要特点是：

（1）发生故障的概率与设备已使用的时间无关；

（2）事先并无任何征兆，突然发生。

一般把事先能觉察到征兆的故障归为渐发性故障，而事先很难觉察到征兆的故障归为突发性故障。但这两者之间是一个量变与质变的关系，如磨损是渐发性故障，但发展到一定程度，就会导致突发性故障。

2. 功能性故障和参数性故障

按故障产生的后果不同，故障可分为功能性故障和参数性故障。

1）功能性故障

功能性故障是指设备失去了本身应有的功能，例如：减速箱不转；行走机构不动；内燃机不能起动；控制信号不能传输等。

2）参数性故障

参数性故障是指设备的性能参数达不到规定值，如：起重机起重能力降低；发动机达不到额定功率等。产生这类故障的设备还能继续运行，但效率不高，影响生产，危及安全。

3. 潜在故障和实际故障

按故障产生的表现不同，故障可分为潜在故障和实际故障。

1）潜在故障

港口设备在使用过程中，其性能会逐渐劣化，通过事先修理和调整，就可有效遏止劣化趋势，恢复性能，防止故障发生，这类尚未表现的故障就是潜在故障。

2）实际故障

港口设备在使用过程中，实际已发生的故障称为实际故障。

严格执行各类设备操作规程，加强维护保养，就可降低设备劣化速度，减少潜在故障转化为实际故障的可能，最大限度地防止实际故障的发生。

四、港口设备故障发生趋势及监控

港口设备是由许多不同零件、部件组成的复杂系统，其故障的发生、发展都有其客观规律，在使用寿命周期内的故障变化大多如图 9-1 所示。其曲线呈两头高、中间低形状，俗称“浴盆曲线”。

从图可见，故障发生的概率是时间的函数，纵轴表示故障率，横轴表示经历时间。它描述了设备自开始使用至报废，故障率随时间的变化规律。从使用时间上看，曲线明显呈现出三个不同时期，即早期故障期、偶发故障期和耗损故障期。

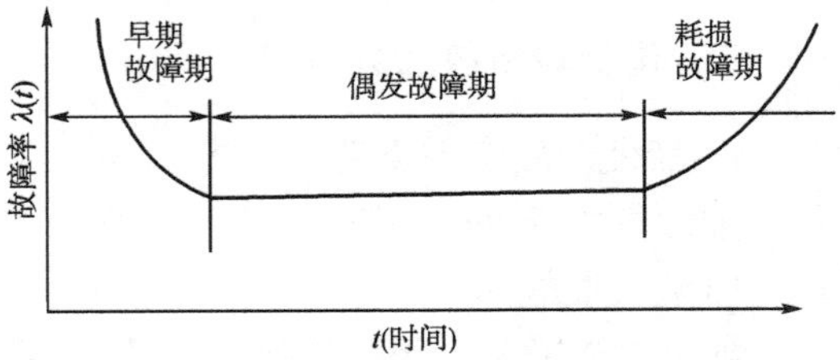

图 9-1　故障率曲线

1. 早期故障期

这一时期，新设备(或大修后的设备)处于投产初期磨合阶段，由于设计、制造中的缺陷，零部件加工质量以及对设备管理、操作和维护尚未全面熟练掌握等原因，致使这一阶段多发生设备自身非正常磨损及人为失误，设备突发性故障较多，但随着时间的推移，这种现象会迅速减少。当不再出现较大波动时，表明设备已进入稳定工作阶段。对于新投入运行的港口设备或修复件，都须进行试运转，加强设备调整、润滑等保养工作，使新元件的配合副之间得到良好磨合，以减少故障的发生。

2. 偶发故障期

随着设备各运动件充分磨合和对设备管理、操作、维护工作的强化，设备进入正常磨损阶段故障明显减少，设备进入正常工作状态。这一阶段所发生的故障，一般是偶发故障，故障率低而稳定。

在偶发故障期内，无法预测设备什么时候发生故障，既不能通过延长磨合期来消除故障，也不能由定期更换故障元件来预防，但通过提高使用管理、操作、维护水平，加强日常检查与状态检测，可以使故障率降低到最低限度，延长设备正常使用时间，推迟进入耗损故障期。

3. 耗损故障期

随着设备使用时间的延长，各部零部件开始因疲劳、磨损、腐蚀、老化等加剧而日趋失效，致使故障增多，生产效能下降，排除故障的难度与时间逐渐增加，维修费用上升。

防止耗损故障期发生的最好办法，就是在设备进入耗损故障期前，将劣化零件予以更换或维修，把上升的故障率降下来，以延长设备的有效寿命期。

但是，并不是所有港口设备都具备三个故障期。有些设备只有其中一个或两个故障期，少数质量低劣的设备的偶发故障期很短，甚至在早期故障期后立即进入耗损故障期。

五、港口设备故障分析方法与故障处理

1. 港口设备故障分析方法

为了探索故障原因与机理、判断故障发生率及故障后果及研究预防故障对策等而对港口设备进行分析与调查的技术活动和管理活动，称为故障分析。其目的是为了预防与消除故障，以提高港口设备的可靠性。

1)因果图分析法

把故障结果与造成故障的技术上、管理上原因之间的关系用图表示出来，就是因果图分析法。以带式输送机中输送带跑偏故障为例，其故障因果图如图 9-2。

故障因果图的绘制方法：

(1)明确需要分析的故障名称或特征。

(2)召集尽可能多的有关人员(例如机械队长、班长、操作人员、维修人员、技术人员等)参加讨论，充分发扬民主，各抒己见，集思广益，群策群力地探讨故障发生的各种原因，并记录在图上。

(3)在尺寸大小适当的纸中间部分画一条带箭头的主干横线，箭头指向右端，将需要分析的故障名称或特征写在箭头右旁。这个主干横线就是要研究的故障。

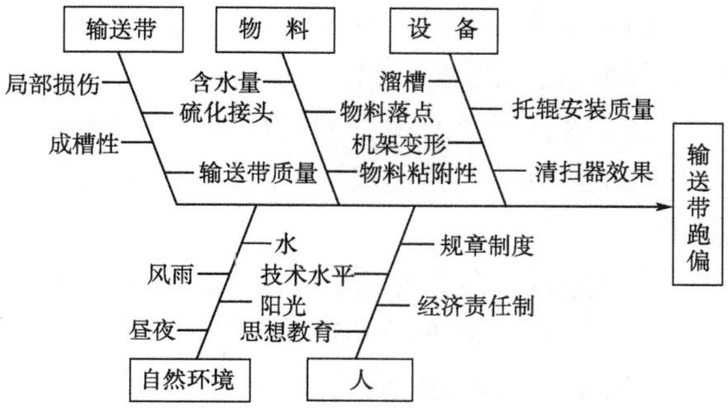

图 9-2 输送带跑偏故障因果图

(4)把产生故障主要影响因素按设备、材料、方法、环境和人分别用箭头排列在主干横线两侧。然后围绕这五大因素展开分析，按原因的主次，用长短不等的箭头线画在图上，逐级分析展开，直到能采取措施为止。

(5)讨论分析主要原因，把主要的、关键的原因分别用粗线或其他颜色的线标出，或者加上框框，并进行现场验证。

(6)记录必要的有关事项，如参加讨论的人员、绘制日期、绘制者以及其他可供参考查询的事项。

绘制故障因果图要避免的事项：

(1)确定的故障名称或特征不具体，或者在一张因果图上包含几个故障，致使无法进行针对性的原因分析。

(2)原因分析展开不充分，各原因之间层次不清；因果关系颠倒；两类原因混淆；主要原因未确定。

(3)没有发动有关人员充分讨论、分析，而是依靠少数人“闭门造车”。

(4)画法不规范，如箭头方向不按原因至结果；箭头方向错误等。

2)归纳法

从原因出发，调查这些原因会产生哪些故障结果的分析方法，主要有故障模式影响与严重度分析(FMECA)法。

FMECA 是故障模式分析(Fault Model Analysis，FMA)、故障影响分析(Fault Elect Analysis，FEA)和故障严重度分析(Fault Class Analysis，FCA)三者的结合。FMA 是把设备分成若干部分，如果各部分发生故障，就分析属于什么故障模式，例如：设备主轴的故障为折断、偏心或弯曲等。FEA 是分析各构成部分在各种故障模式发生时，对设备或系统有什么影响。FCA 是评价各种故障影响是否致命，并按严重度分级，制订对策，改进设计。

FMECA 主要用于大型港口设备的研制、试验、使用阶段，用来评价故障的影响大小，从而对港口设备进行改进。

3)演绎法

从故障结果向引起故障的原因来进行分析的方法。主要有 PM 分析法和故障树分析法(FTA)。

PM 分析来自如下英文单词：现象(phenomena)，物理性的(Physical)，机理(Mechanism)以及相关的设备、人、材料(Machine、Man、Material)，取这些单词的头一个字母称 PM。PM 分析是由以下阶段构成。

(1)根据现象的表现方法、状态、发生部位等来进行层次分析。如果层次分析的不充分就作出判断,便可能发生错误。

(2)用物理学的观点来解释现象和原因。

(3)运用科学原理、法则来分析产生现象的条件,只要具备这样的条件,该现象就一定会发生。

(4)探讨与这些条件关联的设备、工索具、装卸工艺、材料等因素,并罗列出来。

(5)对各因素进行调查,提出存在的问题。

(6)对各种问题,确定改进的方案,并予以实施。将问题进行排列,首先抓住重点实施改进,然后再依次解决其余问题,直至将故障率降低至最小限度。

故障树分析法(Fault Tree Analysis,FTA)是一种将设备系统故障形成的原因,由总体至部分按树枝状逐级细化的分析方法,是对复杂设备系统发生故障进行分析的工具,其目的是判明基本故障、确定故障的原因、影响和发生概率。

2. 港口设备故障处理

1)临时性故障的处理

港口设备在运行中发生故障,应尽快排除,不得带病作业。

运行中发生故障需停机半小时以内时,由操作人员自行就地排除后继续作业。如不能排除,应及时报告机械调度员调换机械,以保证装卸生产的正常进行。

运行中发生故障需停机半小时以上时,应及时报告机械调度员调换机械,同时向机械队报告。机械队接到报告后,应立即派员到现场处理。重大故障还应报告本单位设备技术主管部门。运行中发生的故障,操作人员必须将发生的时间、地点、原因及采取的措施,认真填写在"机械运行日志"中。

2)重复多发性故障的处理

在故障分析的基础上,根据故障原因和性质提出对策:对于一般重复性故障采取项目修理来解决局部问题,对于严重的多发性故障,予以大修、更新或报废,对于设计;制造、安装质量不高,选购不当等先天不足的港口设备,予以技术改造或更换零部件;对于因操作失误、维护不良等引起的故障,应加强对操作人员的培训、教育;对于因修理质量不高而引起的故障,应加强对维修人员的技术培训与考核、改进专用维修工具。

总之,在故障处理问题上,应当从长远考虑,采取有力的技术和管理措施加以根除,使港口设备技术状况经常处于良好状态,更好地为装卸生产服务。

第二节　港口设备状态监测与故障诊断

一、概述

通过对港口设备零部件的振动、温度、噪声、压力等进行监测,了解港口设备的技术状况称为港口设备状态监测（以后简称为状态监测),其目的是随时监视港口设备的技术状况,掌握劣化规律,合理安排维修计划,防止发生突发故障,确保其正常运行。设备运行过程中,一切有发展过程的故障(包括有规则的和随机的)均可采用状态监测技术。目前应用较为普遍的主要有:振动监测、红外线监测、应变电监测、超声波监测、油样分析技术等。

故障诊断技术就是在港口设备运行中或基本不拆解的情况下,通过测定其振动、温度、噪声、压力等，来判断设备是否有故障、产生故障的原因与部位，并预测故障发展。常用的诊断方法主要有直观经验诊断与仪器设备诊断。

港口设备的状态监测技术与故障诊断技术区别与联系在于：监测技术是对设备的某些特征参数进行测试，并与正常值比较，以判断设备是否正常工作，而诊断技术不仅要对设备的状态是否正常做出判断，更重要的是对设备故障的原因、部位及其严重程度做出评估。

二、港口设备状态监测与故障诊断技术的应用原则

1. 原则

是否采用状态监测与诊断技术，必须考虑以下几个方面：

(1)港口设备有哪些突发性故障；

(2)这些故障是否影响到安全；

(3)有没有发现故障的有效方法；

(4)与事后维修比，采用是否经济。

根据设备的重要程度、技术和经济状况进行分析，以决定采用状态监测与故障诊断技术的等级。

2. 应用

状态监测与故障诊断技术一般适用于以下设备：

(1)港口生产中的大型、关键设备，没有备用的工艺流程设备等；

(2)由于技术、环境等方面的原因，不能接近或解体检查的重要设备；

(3)维修困难、维修成本高的港口设备；

(4)没有备品备件、或备品备件昂贵的港口设备；

(5)考虑人身安全或环境保护等因素，必须采用状态监测与故障诊断技术的设备。

三、港口设备状态监测与故障诊断主要方法及选用

1. 直观经验法

直观经验法是技术人员依靠简易的工具，通过感官系统把设备运行时感受到的各种信息输入大脑，与自己长期实践所积累的知识与经验进行分析和判断，得出正确的结论。直观经验法常有以下方法。

1)通过手摸触觉判断零部件的间隙、松动和温度情况

判断轴和孔配合类零件在自然磨损中其配合性质有无变化：可用手晃动(或撬动)检查松动情况，一般可感觉出0.20~0.30mm间隙。

判断动配合摩擦面的温度：当动配合面进入快速磨损阶段时，能量基本消耗在摩擦面的发热上。当零部件的表面温度超过正常时，预示着零件可能失效。

判断设备的振动：虽然人的感觉系统对振动很难做出量化的反映，但对经常监测的设备，还是可以感觉出相对的变化量。如用手指按住设备某部位，可以感觉到与以往的振动强弱不同。

2)通过眼睛视觉观察设备，检查零件润滑、清洁情况

通过对设备的观察，可以查看零部件是否齐全、装配是否正确、零件有无松动、裂纹损伤和零部件表面颜色是否变化，有无干摩擦和跑、冒、滴、漏现象。通过查看油箱底部沉积的污垢，就可判别相关零件磨损情况。

3）通过听觉感知设备的响声和噪声

不便触摸和观看的零部件就可听其声响。正常的港口设备，运行时发出的声音是平稳、和谐的，一旦听到重、杂、怪、乱等异常噪声时，表明内部有可能出现松动、碰撞、不平衡等故障。

4）应用嗅觉感受异常气味

有的设备发生故障时，会产生一股异常气味，如制动器调整不当、电器设备绝缘层过热急剧老化，都会发出一股焦糊味。

2. 仪器设备法

由于现代港口设备向大型化、自动化、高精度化发展，仅靠传统的感官检查很难全面发现故障的预兆和发展趋势，必须将现代测试技术用于港口设备的在线监测，以诊断分析并预测故障。

1）温度法

港口设备在运行过程中，一旦零部件（如轴承、汽缸、齿轮箱等）存在润滑不良、失圆、裂纹或其他缺陷时，温度将有所上升，用仪器仪表对这些零部件的温度变化进行测量，便可确定其是否正常以及损坏的程度。

用于温度监测的仪器、仪表的种类繁多，它们的工作原理也不同，按测温方式可分为接触式测温和非接触式测温。接触式测温仪器、仪表必须与被测物体间有良好的接触，且被测温度应相对稳定，其特点是可以检测物体内部的温度，但测温范围窄，且易产生测量误差。而非接触式测温仪器、仪表是利用物体的热辐射来进行测量的，要求知道被测物的辐射率，且应消除周围环境的信号干扰，其特点是测温范围宽，能测运动中被测物的瞬态温度、微小物体和小热容量物体的温度、既可测被测物的绝对温度又可测其相对温度，但它仅能测量被测物体的表面温度。

目前得到广泛应用的是红外测温仪，由光学系统、红外探测器、电子处理系统和指示器组成。其中光学系统收集被测物体的热辐射能量，红外探测器是把红外辐射能量转成电信号，电子处理系统是将微弱的电信号放大并进行线性化处理，指示器是将所测得的信号用数字或指针显示。红外测温仪被广泛地用于港口设备的轴承、齿轮箱、电动机和电气设备的温度检测。

2）振动法

当港口设备内部发生异常时，一般都会随之出现振动加剧和工作性能下降的变化。在不停机和不解体的情况下，对设备振动进行测量，就可分析其劣化程度和故障性质。

港口设备的状态监测中，常遇到的振动多为周期振动、准周期振动、窄频带随机振动和宽频带随机振动以及其中几种的组合。对振动监测仪器最重要的要求就是能够在足够宽的频率范围内测量包括所有主要分量在内的信号，其中包括那些与失衡、不同轴、滚珠及滚道损伤、齿轮啮合、叶片共振、轴承元件径向共振等有关的频率成分。

利用振动信息进行故障诊断，一般是出于以下考虑：

（1）设备运行必然产生振动，故障信息包含于振动信号之中；

（2）以振动加剧为征兆的故障事故率极高，尤其是高速、重载设备的振动问题十分突出；

（3）许多常见故障的振动征兆都有明显的特征，易于识别；

（4）测试手段、方法、理论相对比较成熟，易于在线监控和诊断。

振动法诊断的实质是对采集的动态信号，在三维图上的时域、幅域和频域进行分析和随机数据处理，从而找出故障的原因和部位。

振动测量仪器通常是由测振传感器、测振放大器和记录显示装置等部分组成。测量传感器按所测参数来分，主要有位移传感器、速度传感器和加速传感器。测振放大器和记录仪是测振系统的重要组成部分，测振传感器的输出信号一般都很微弱，经放大器放大后才能推动记录仪器。测振放大器不仅对信号有放大作用，还有积分、微分和滤波等功能。

3）油液分析法

在设备润滑系统或液压系统中，一对相互接触的金属表面，其不同的磨损方式和速度产生不同特征（形态、尺寸大小、表面形貌、数量、分布）的磨损微粒；不同材料成分的零部件磨损时产生不同化学成分的磨损微粒。上述磨损微粒、外来切屑、尘土、水分、添加剂消耗后的残余物等杂质混入油品，使油品受到污染并劣化。经过对油液中携带的这些信息进行综合与分析，最终对润滑系统、液压系统的状态作出诊断，这就是油液分析法。

（1）油液性能监测与诊断。

当油液劣化或受到污染后，其理化性能和使用性能均有所变化，通过对油液性能变化的监测来了解润滑系统的状态，以便在润滑故障发生前对港口设备及时采取必要的维修措施（如更换油品、清理润滑系统、更换油滤清器等）。

为评定油液质量，应制订油品理化性能指标（如粘度、粘温性、酸值、水溶性酸和碱、水分、机械杂质、闪点、凝点、腐蚀性、残炭等）及使用性能指标（抗氧化性、抗磨性、抗乳化性等）并有标准的测试方法。

（2）油液中不溶性微粒监测与诊断。

油液中不溶性微粒来源于磨损微粒和污染物（如砂尘、油漆剥落碎片、添加剂消耗后的残渣等），它们随润滑油进入润滑部位，加速磨损，堵塞润滑油路，导致润滑状态恶化。

油液中的不溶性微粒，尤其是磨损微粒，包含着有关零部件磨损状态、设备工况以及系统污染程度等丰富信息。通过对油液中磨损微粒的监测，不停机、不拆解就可推断出设备发生异常磨损的趋势、部位及原因，从而预报并控制故障的发生。监测油液中不溶性微粒主要方法有以下几种。

①光谱监测技术。光谱监测技术就是采用光谱分析的方法对油液中各种物质进行元素与含量分析。由于润滑油液中磨损元素的浓度与零部件的磨损程度有关，通过光谱监测结果即可判断零部件磨损状态及发展趋势，诊断港口设备故障。

用于油液分析的光谱技术目前主要是原子吸收光谱技术，其工作原理是：把检测油样送入燃烧器使其原子化，让某元素灯发出辐射光，穿过油样已原子化的火焰，这时，辐射光就被油样中的相应元素的原子吸收，其吸光量与油样中该元素浓度成正比，通过标准油样标定后，即可准确测定油样中该元素的浓度值。

②红外光谱分析。润滑油性能的好坏主要取决于基础油的各种添加剂的性质。润滑油的劣化和失效主要是由于添加剂在摩擦热的作用下发生了氧化、酸化、降解而相应生成了氧化物、酸化物、硝化物、树脂、积炭等有害物质，导致基础油和添加剂的化学成分及分子结构发生了变化。这些变化均属化学变化，一般的理化分析是无法检验的，而利用红外光谱检验是最直接、最有效也最快速的方法。

红外光谱的主要原理是不同的化合物，其分子结构也不相同，在红外光谱上都会出现特定位置的吸收峰，通过典型峰位和峰面积的积分计算，即可对油品的某些特性进行定量的或半定量的变化趋势分析。

③铁谱监测技术。铁谱监测技术是利用铁谱仪从检测油样中分离、收集磨损微粒并进行检测与分析的一种磨损分析技术。其工作原理是：利用高梯度磁场装置使油样中的磨损微粒

以一定的分布规律沉积在基片上,制成铁谱片,对铁谱片进行定量和定性分析。它可方便地确定磨损微粒的形状、大小、数量和成分,从而判断异常磨损部位、磨损发展趋势、磨损类型和原因。常用有直读铁谱仪和分析铁谱仪。

直读铁谱仪可以测定油中的大颗粒(直径大于5μm)与小颗粒(直径小于5μm)的相对含量,通过测试不同时间所取油样的直读铁谱仪值,即可了解设备的磨损程度、磨损量和磨损的变化趋势。实践证明,直读铁谱仪对异常磨损的反应十分敏感,是早期故障诊断的有效手段。但直读铁谱仪存在两个缺陷:一是数据离散性大,所以测试的误差也较大;二是测量的金属磨损颗粒含量中可能混有非金属污染杂质,因此还应结合使用分析铁谱仪弥补上述缺陷。利用分析铁谱仪可将金属磨粒从油液中分离出来,制成专门的铁谱片,利用光学或金相显微镜直接观察磨粒的颜色、含量、尺寸、形状及数量等,得出一组定量的磨损指标,将这些指标与监测基准相比较后,即可判断磨损类型及失效部位。

一般先用直读铁谱仪来完成大量油样的磨损微粒浓度测定工作,建立监测基准线,一旦发现磨损急剧发展,再使用分析铁谱仪。

④颗粒计数技术。颗粒计数技术是把油样外部污染物和内部污染物生成的颗粒进行粒度测量,并按预选的粒度范围进行计数,从而得到颗粒粒度分布方面的重要信息。

⑤磁塞技术。磁塞就是一种传感器,它由一个永久装在润滑系统中的主体和一个磁性探头组成,主体内有一个自闭阀,当取出磁性探头检查时,自闭阀可自动堵塞油路。定期取下磁性探头,装上新的磁性探头,把它放在显微镜下观察,可得到磨损微粒形状、尺寸信息。根据磨损微粒数量与通过油量之比,可计算出油液中磨损微粒含量(浓度),由此判断零件磨损的程度和磨损微粒产生的部位和原因。

4)超声探测法

超声探测法是指由电振荡在探头中激发高频超声波入射到构件后,若遇到构件缺陷,超声波就会被反射、散射或衰减,再经探头接收变成电信号并放大显示,根据显示波形来确定缺陷的部位、大小和性质的方法。主要用于锻件、金属结构件以及焊缝的探伤。

5)电测应力(应变)法

电测应力(应变)法是利用电阻应变片,测出受力构件的表面应变,再根据应力-应变的关系来确定构件的表面应力状态的一种分析方法,主要用于金属结构强度的测量。通常由应变片、应变仪、记录仪及计算分析设备等四部分组成。它的基本原理是:将应变片按构件的受力情况,合理地固定在被测构件上,当构件受力变形时,应变片的电阻值就发生相应的变化,把测得的电阻值(电流或电压)的变化换算成应变值,从而得到应力、应变值与其他物理量。

电测应力(应变)法传感元件小,适应性强,测试精度高,但只能测量构件表面应变,而内部应力只能借助力学的理论分析。

第三节　港口设备液压系统状态监测与故障诊断

液压技术具有一系列独特的优点,如液压系统体积小、重量轻、结构紧凑;工作平稳,能在大范围内实现调速;易于实现遥控并且惯性小,操作方便;易于实现过载保护;液压元件能自行润滑,使用寿命较长等,因此在港口设备中应用十分普遍。

要想使液压系统的优点在港口设备上得到充分的发挥,保证较高的完好率,必须搞好状态监测与故障诊断,采用以设备状态监测为基础的维修方法,及时、准确地掌握设备状态,开展预防维修,减少或避免故障的发生,使液压设备技术状况随时处于正常状态,保证港口生产的安全和高效。

一、港口设备液压系统的故障规律

液压系统同其他机械、电气系统一样,从投入运行开始,就会发生各种各样的故障。在设备使用寿命期内,故障的发生同样遵循"浴盆曲线"规律。

1. 初期

安装、调试后的试运行时期的故障,主要由于液压系统设计不完善、元件选用不当或质量低劣、管道酸洗及元件清洗不彻底、管道布置不当、系统安装质量差等原因,造成管路振动过大、泄漏、元件阻尼孔(节流小孔)及滤清器被堵、系统压力不稳定及执行元件运动速度不稳定等故障。这一时期的故障率相对较高。

2. 中期

继"初期"之后较长的一段时期,70%以上的故障是由于油液受到污染及氧化变质而引起的,如:油液中的杂质颗粒、水分、气体及氧化变质产生的焦粒和糊状物等。中期故障率最低,而且没有较大的波动,如果建立良好的维护管理制度并严格执行,确保油液尽可能少的受到污染,及时按质换油,就可有效地延长这一时期,使设备在生产中创造最大的效益。

3. 后期

随着使用时间的推移,相对运动部件之间的磨损加剧,动密封处密封件的磨损、其他密封件的老化,系统效率大大下降,故障率呈明显上升趋势。

二、港口设备液压系统的故障预兆

液压系统的故障一般不会突然发生,其元件的磨损、性能下降,都有一个过程,还会伴随着一些预兆,主要有如下几个方面。

1. 噪声过大

液压系统的噪声是由固体、液体、气体的运动造成的。从噪声产生机理上分析,主要有以下几种。

(1)机械振动:油箱、油泵、原动机、联轴节、轴承、管道等的不正确布置与安装都会引起共振。

(2)系统压力脉动及压力急剧变化:流量脉动、油泵困油及压力急剧变化等。

(3)气穴及气蚀,产生气穴噪声。

(4)液压冲击。

2. 油温过高

液压系统的工作温度一般以30~55℃为宜,油温过高将会引起一系列问题。

(1)油液黏度显著下降,使元件泄漏增加、效率下降;油液通过流量控制元件时流量不稳定;滑动部分因黏度下降而使油膜破坏,造成相对运动副磨损增加,又进一步导致发热、温升。

(2)膨胀系数不同的运动副之间的间隙发生变化,或泄漏增大,或运动件动作受阻。

(3)加速油液氧化,使用寿命降低。实践表明,当油温升高到55℃以上时,油温每上升8℃,其寿命减低一半。

(4)使密封件加速老化、失效。

3. 气穴及气蚀

在液压系统中,高压区域中的空气在油液中的溶解度较大,低压区域中的空气在油中的溶解度较小,在低压区域中溶解的空气随油液流到高压区域体积就会大为缩小或消失,造成局部真空,因而产生气穴。而在高压区域中的溶解的空气随油液流到低压区域,油中超过溶解度的多余空气形成小气泡析出,当气泡撞到执行元件内壁而破裂时,瞬时压力可达到1750MPa,导致金属表面局部剥落,产生气蚀。气穴及气蚀现象在溢流阀、节流阀及油泵吸油管道中都可能发生。

产生气穴和气蚀的原因通常为:密封不良,出现内泄、液气串通和外漏;油箱内的液面过低;吸油滤清器堵塞,造成油泵吸油不足;维修工艺不完善,拆装后排气不彻底。

液压系统进入空气,油箱内的液压油透明度降低,回油口处形成泡沫,外载荷变化时,油泵或安全阀偶尔发生异响,同时,执行机构(油缸或马达)出现蠕动或跳动,

4. 泄漏

液压系统的泄漏分为内部泄漏和外部泄漏,外部泄漏显而易见,但内部泄漏一般需要丰富的管理经验和辅助仪器监测才能确定。产生泄漏的原因有以下几个方面。

(1)设计、制造及安装欠妥。

(2)维护管理人员失职,造成欠保、欠修。

(3)更换的元器件质量不合格。

(4)操作不当。

泄漏控制不及时,会引发系统压力调不高、执行元件速度不稳定、系统发热、效率下降、污染环境、控制失灵等问题。

三、港口设备液压系统的状态监测与故障诊断方法

1. 液压系统的状态监测

1)直观经验监测

直观经验监测指凭借操作、维修及管理人员的经验,依靠简易的仪器、工具,通过感觉器官观察液压系统状况。直观经验是操作、维修、管理人员在长期的工作过程当中积累起来的宝贵财富,在日常监测中非常重要。

2)仪器设备监测

仪器设备监测指维修及管理人员利用各种较复杂的精密仪器,对液压系统的压力、流量、温度、噪声等能量指标进行状态监测。简单的液压系统测试仪是由一个或几个压力表、流量计和加载阀等组成,有两个管接头,可与被测油路连接,利用它可测量系统中各主要元件的内泄漏量,也可检查与调定有关溢流阀的压力调整值,还可判定流量分配阀的工作性能,判断系统中哪个元件发生了故障。

3)液压系统状态监测的内容与要求

(1)系统的点检。

由操作工人进行日常点检,主要利用感官检查系统状态。当发现异常现象时,若经过简单调整、紧固、修理可以解决的,由操作工人自行处理;若操作工人不能处理时,由巡回检查的维修工人及时反映给专业维修人员,由他们解决。有些不影响生产正常进行的缺陷或劣化问题,可留待定期修理时解决。

由维修人员或设备管理员进行定期点检,这是一种计划性检查,除利用感官外,还要使用一些监测仪器。点检周期要与生产计划协调,并根据以往的维修记录、生产情况、系统的实际

状态和经验加以修改，使其更加趋于合理。定期点检中发现的问题，可以处理的应立即处理，不能处理的可列入计划维修或改造计划。

（2）系统的状态监测。

由于日常点检和定期点检，不能定量地测出系统的各种参数，确切地反映故障征兆、隐患部位、严重程度及发展趋势。因此，对重点生产设备必须实施在线状态监测和故障诊断技术，为预知维修提供依据。

不同的监测项目，可采用不同的方法和仪器，如表 9-1 所示。

液压系统状态监测内容与技术 表 9-1

内容	监测技术	应　用
直观监测	通过人的感官直接观察，根据经验判断状态 借用车载压力表，温度计等判断	需要有丰富的实践经验，目前仍被广泛的采用
温度监测	接触型：采用普通温度计、热电偶、测温贴片、测温笔、热敏涂料直接接触物体表面进行测量 非接触型：采用较先进的红外测温仪等遥测	用于系统运行中发热异常的元件的监测
振动监测 噪声监测	采用各种便携式脉冲测试仪、测振仪测量振动 采用噪声测量仪、声级仪测量噪声，从而诊断元件的磨损和故障	振动和噪声是应用最多的诊断信息。首先是强度测定，确认有异常时再作定量分析，如振动量级，频率和模式等
油液分析	铁谱分析仪 光谱分析仪	用于监测零件磨损。检查和分析油液中的残余物形状、大小、成分，判断磨损状态、机理和严重程度，掌握零件磨损状态
压力监测 流量监测	可采用由一个或几个压力表、流量计和加载阀等组成的液压系统测试仪与被测油路连接，从而判断系统中哪个元件发生了故障	用于监测油泵的内泄漏量和溢流阀的调整值，若泵的泄漏量≥50%，则必须更换

2. 液压系统的故障诊断

1）直观经验诊断法

（1）“四觉”诊断。

利用视、听、触、嗅觉来判断液压系统的故障，是操作、维护人员的日常工作。其准确性很大程度上取决于诊断人员的责任心和实际经验。

①视觉诊断：就是通过观察液压系统压力表、温度计、真空表的数值是否正常；执行元件动作是否平稳；油位是否正常、油液是否清洁、滤清器清洁度指示器的位置、油液表面是否有泡沫、油液颜色是否正常；有没有外漏等来进行判断。

②听觉诊断：就是察听液压系统和油泵的噪声是否过大，溢流阀等压力控制阀是否有尖叫声；换向时的冲击声是否过大；油泵是否有因内部零件损坏而引起的敲击声。

③触觉诊断：用手来摸油泵等元件的外壳是否烫手；执行元件运动时及管路的振动情况。

④嗅觉诊断：鼻闻液压油是否发臭、变质；有否因油液过热引发密封圈发出异味。

（2）系统原理图分析诊断法。

液压系统原理图同电气原理图有着类似的作用，是排除系统故障的关键，设备交付使用之前，生产厂家必须提供完整的液压系统原理图及工况说明，便于使用者对设备的维护。

遇到系统发生故障时，首先对照原理图及工况说明，对故障的范围进行排查，再结合运行记录，把故障点压缩到最小的范围，从而快速作出判断。

(3)液压系统常见故障与排除方法，见表9-2。

液压系统常见故障与排除方法 表9-2

故障现象	产生原因	排除方法
系统中压力不足或完全没有压力(突然升压、降压或失压)	一、检查油泵是否： 1. 转向错误 2. 进油或排油管泄漏 3. 油泵零件磨损或损坏	1. 改正油泵转向 2. 保证管路连接处密封 3. 修复或更换
	二、检查溢流阀是否： 1. 压力调整不当 2. 溢流阀阀芯被赃物卡住 3. 回位弹簧折断 4. 电磁换向阀是否得电(电磁溢流阀)	1. 根据负荷重新调整额定压力 2. 拆卸阀芯、清洗 3. 更换弹簧 4. 手动换向试验，分清电、液故障
	三、检查油缸是否活塞密封失效	更换密封圈
	四、检查压力表是否失灵	更换压力表
	五、检查蓄能器是否漏气	修复漏气处、充气
工作机构运动速度不够或完全不动	一、齿轮泵磨损或损坏，内泄过大	修复或更换
	二、变量泵排量减小	调整变量机构增大流量
	三、负荷增大，超出额定压力	润滑运动机构，调整溢流阀压力
	四、因漏油造成油箱存油不足	加油到标准刻度
	五、油泵转速不足	检查原动机和联轴器有无故障
	六、控制元件故障	检修，分清电、液原因分别排除
系统产生噪声和振动	一、油泵故障： 1. 齿轮泵磨损，啮合精度不高 2. 叶片泵的叶片配合不良，卡死或断裂 3. 柱塞泵的柱塞移动不灵活或卡死	1. 修复或更换 2. 修复或更换 3. 修复或更换
	二、油泵吸空 1. 补油泵供油不足 2. 油泵进油管漏气 3. 油箱液面过低 4. 油泵进油截止阀开度变小	1. 检查补油泵 2. 紧固、防漏 3. 补油至标准高度 4. 检查截止阀并锁紧
	三、机械振动 1. 油管振动 2. 联轴器异常 3. 底座螺栓松动	1. 适当加设支承并紧固 2. 检修联轴器、更换损坏弹性垫 3. 紧固螺栓
	四、系统进入空气	排出系统中的空气

续上表

故障现象	产生原因	排除方法
工作机构产生爬行现象	一、空气进入系统产生气阻	排出系统中的空气
	二、液压元件故障： 1. 节流阀性能不好，最小流量不稳定 2. 板式阀内部串腔 3. 油缸拉毛 4. 回油背压阀失灵	 1. 更换节流阀 2. 检修、排除 3. 修磨油缸 4. 检修背压阀
	三、机构变形	机械整形、加油润滑
油温过高	一、油压调整不当、过高 二、油泵内泄过大，容积率降低 三、执行元件泄漏过大 四、油箱内容量不足 五、冷却器功能失效 六、加热器工况转换不当	一、合理调整系统的压力 二、修理或更换 三、修理或更换 四、加油 五、修复冷却器 六、检查、修理
换向性不良	一、换向阀想卡住（间隙过小）导致换向可靠性差 二、换向阀关闭不严；导致换向不平稳 三、换向控制油路压力偏低；导致换向灵敏性差 四、换向阀配合间隙过大，内部泄漏严重，导致换向准确性差	检查油质（污染、粘度）、配合间隙等（阀芯与阀体的配合、阀体端盖密封等）

2）仪器设备诊断法

利用仪器设备监测诊断系统故障，大都是从压力、流量、污染、噪声等能量指标着手。

（1）压力监测仪器：波登管式压力计、精密无液式压力计、电测式压力计等。

（2）流量监测仪器：容积式流量计、节流式流量计、涡轮式流量计等。

（3）污染测试仪器：便携式液压油污染度测定仪、激光遮蔽式自动监测仪、超声波式污染颗粒监测仪、电子式自动监测仪等。

（4）噪声监测仪器：声电传感器、声级计等。

3）仪器诊断应用示例

在港口设备中，使用较多的是液压系统测试仪，有直通式和旁通式两种，直通式测试仪串联接入油路，旁通式则并联接入系统油路。现以图9-3的叉车液压系统原理图（工作装置及转向装置）为例进行测试。

（1）油泵的测试。

如果油泵转速正常，噪声较大，则泵的主要故障是泄漏问题。油泵的测试如图9-4所示。

将油泵排油管与其他元件断开并与测试器进油口连接，测试器出口通过软管接到油箱。测试器可同时测出流量、压力和油温。测试器内装有负载控制阀，把负载控制阀打开，使油泵在空载下运行，达到额定转速，并使液压油达到工作温度，测出油泵的供油压力、流量、温度和转速。由此得到泵的空载流量，一般可以将此时测得的流量近似作为泵的理论流量。然后，慢慢关闭负载控制阀，使泵出口压力逐渐升高，直至升到额定工作压力，测得此时泵的流量，该流量与空载流量之比即为泵的容积效率，而两者之差即泵的内泄漏量。

一般认为：若泵流量减少25%，则该泵技术状态已达故障状态；若减少达50%，则该泵必须更换。

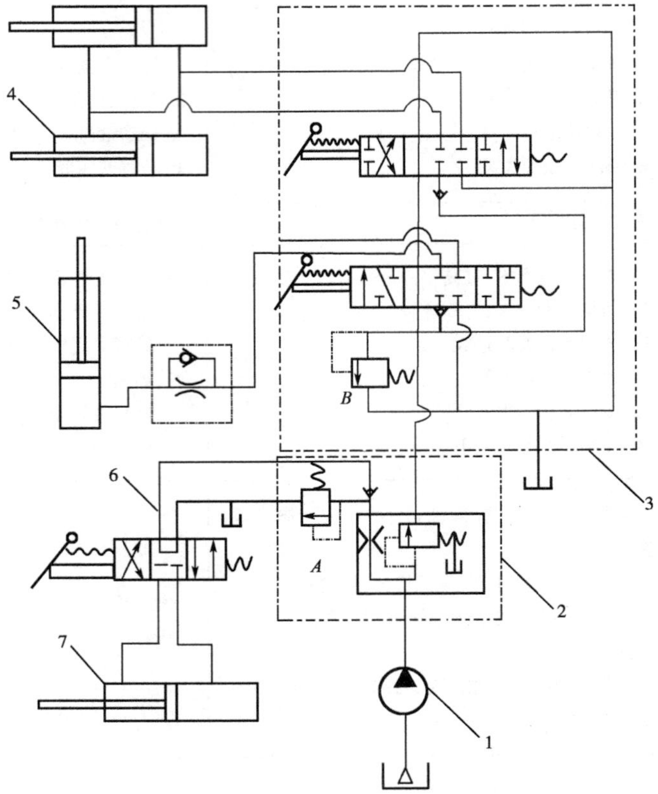

图9-3 叉车液压系统

1-液压泵；2-流量分配阀；3-主控制阀；4-倾斜缸；5-起升缸；6-转向阀；7-转向助力缸；*A*、*B*-溢流阀

(2)流量分配阀及溢流阀的测试。

如图9-5所示，此项测试的目的是确定溢流阀A调压是否正确和转向回路的油量供给是否正确。测试时，先旋松加载阀，使油温、转速达到额定值，然后，慢慢关闭测试仪上的加载阀，当流量为零时，检查测试仪上的压力表读数是否为6MPa，若是，则说明阀*A*调压正确；若不是，则应重新调整。因为阀*A*调压是否正确直接影响转向装置的工作可靠性。

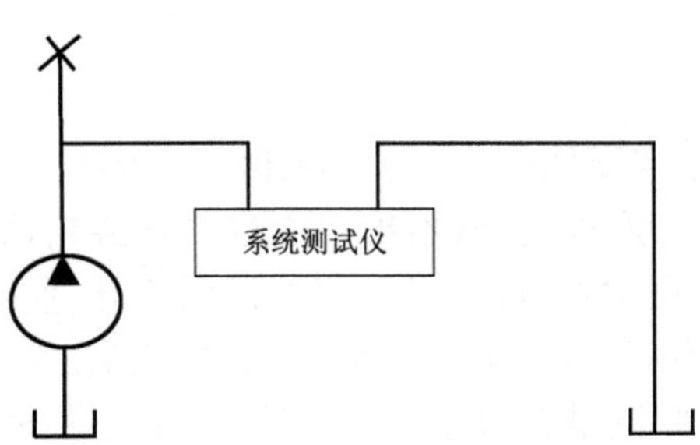

图9-4 油泵测试回路图

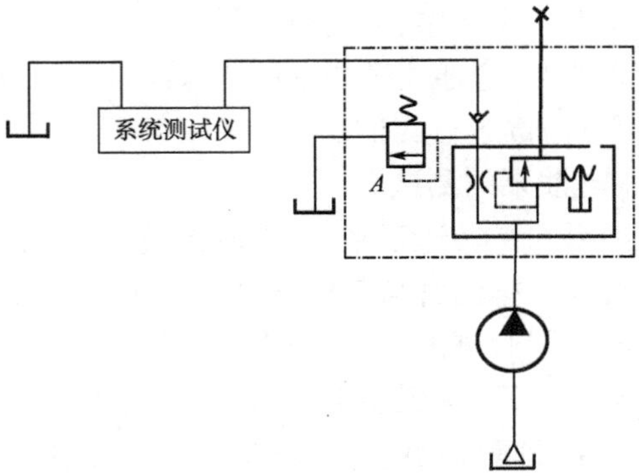

图9-5 溢流阀A及流量分配阀的测试

若令发动机从怠速到额定转速范围内变挡运转,并将测试仪上的加载阀压力调到6MPa,观察流量计读数是否稳定在设计值上,若基本稳定,则说明分配阀工作正常;若波动大,则说明该阀有故障。

利用液压系统测试仪,既可测量系统中各主要元件的内泄漏量,又可检查与调定溢流阀,还可判定流量分配阀的工作性能。总之,可以判断系统中哪个元件发生了故障。

四、港口设备液压系统常见故障诊断实例

液压系统是由动力元件(各种液压泵)、执行元件(液压缸和液压马达)、控制元件(各种液压阀)和辅助元件(油箱、油管、滤油器等)组成的,其常见故障诊断分别介绍如下。

1. 液压泵常见故障诊断

液压泵分齿轮泵、柱塞泵、叶片泵、摆线转子泵等,其故障诊断与排除方法见表9-3~表9-6。

齿轮泵常见故障与排除方法 表9-3

故障现象	产生原因	排除方法
排量不足、压力提不高	1. 径向间隙或轴向间障磨损过大 2. 吸油管或滤清器堵塞 3. 溢流阀失灵 4. 进油管截止阀开口变小,形成节流 5. 原动机转速失常	1. 修复或更换 2. 排除脏物 3. 检修溢流阀 4. 开口调大,并锁紧 5. 检修原动机
噪声过大	1. 联轴器异常 2. 系统混入空气 3. 齿轮磨损 4. 油箱缺油 5. 底座螺栓松动引起谐振	1. 检修联轴器,保证不同轴度误差在0.1mm以内 2. 排气 3. 修复或更换 4. 补油 5. 紧固螺栓
过热	1. 油液变质 2. 执行元件内泄,功率损失过大 3. 溢流阀失常	1. 换油 2. 修复执行元件 3. 检修、调整溢流阀

摆线转子泵常见故障与排除方法 表9-4

故障现象	产生原因	排除方法
压力波动大	1. 泵体与前、后盖偏心距误差太大 2. 内、外齿轮(转子)齿形误差大 3. 内、外齿轮径向及端面跳动量大 4. 内、外齿轮齿侧间隙太大	1. 修复,保证偏心距误差在+0.02mm范围以内 2. 将内、外齿轮对研修整 3. 修复 4. 更换内、外齿轮,保证间隙在0.07mm以内
输油量不足	1. 内外齿轮齿侧间隙太大,致使高低压腔互通,容积效率显著下降 2. 轴向间隙太大 3. 吸油口密封不严,有空气混入 4. 溢流阀失灵	1. 更换内外齿轮,保证齿侧间隙在0.07mm范围以内 2. 重配轴向间隙,使之在0.02~0.05mm范围内 3. 紧固吸油管接头 4. 清洗、调整

续上表

故障现象	产生原因	排除方法
发热及噪声大	1. 外齿轮与泵体配合间隙不当 2. 内外轮齿的齿侧间隙太小 3. 齿形精度不高 4. 轴承精度下降或损坏 5. 吸油不畅	1. 修复,保证外齿轮与泵体孔间的配合间隙在0.05~0.08mm范围内对研修整 2. 更换内外齿轮,使其齿侧间隙不超过0.07mm 3. 对研修整 4. 更换轴承 5. 清洗滤油器

轴向柱塞泵常见故障与排除方法

表9-5

故障现象	产生原因	排除方法
排油量不足,执行机构动作迟缓	1. 吸油管及滤油器堵塞或阻力太大 2. 油箱缺油 3. 泵体内没有充满油,有残存空气 4. 柱塞与缸体或配油盘与缸体间磨损 5. 柱塞回程不够或不能回程,引起缸体与配油盘间失去密封 6. 变量机构失灵,达不到工作要求 7. 油温不当或有漏气	1. 排除油管堵塞,清洗滤油器 2. 补油 3. 排除泵内空气 4. 更换或修研 5. 检查、更换弹簧 6. 检查、调整 7. 紧固、防漏,选择合适的油液
压力不足或压力脉动较大	1. 吸油口堵塞 2. 油液粘度下降,泄漏增加 3. 缸体与配油盘之间磨损,失去密封,泄漏增加,柱塞与缸体磨损 4. 变量机构偏角太小,流量过小,内漏相对增加 5. 变量机构不协调	1. 清除堵塞 2. 控制油温,并找出原因解决 3. 更换、修磨 4. 加大变量机构的偏角 5. 若偶尔脉动,可更换新油;若经常脉动,应拆下研修
噪声较大	1. 泵内有空气 2. 滤油器被堵塞 3. 油液不干净 4. 油液粘度过大 5. 缺油或漏气 6. 泵与电机安装不同心,使泵增加了径向载荷 7. 管路振动	1. 排除空气 2. 清洗滤油器 3. 换油 4. 更换粘度较小的油液 5. 补油或紧固防漏 6. 重新调整,使在允许范围内 7. 采取隔离消振措施
内部泄漏	1. 缸体与配油盘间磨损 2. 中心弹簧损坏,使缸体与配油盘间失去密封性 3. 轴向间隙过大 4. 柱塞与缸体间磨损	1. 修整接触面 2. 更换弹簧 3. 重新调整轴向间隙 4. 更换柱塞或重新配研
外部泄漏	1. 传动轴上的密封损坏 2. 各接合面及管接头松动或密封损坏	1. 更换密封圈 2. 紧固、更换损坏密封件
液压泵发热	1. 内部漏损较大 2. 有关相对运动的配合接触面有磨损	1. 检修密封配合面 2. 修整或更换磨损件

续上表

故障现象	产生原因	排除方法
变量机构失灵	1. 在控制油路上，可能出现堵塞情况 2. 变量头与变量体磨损 3. 伺服活塞、变量活塞及弹簧芯轴卡死	1. 净化油，必要时冲洗 2. 刮修，使其配合良好 3. 研修、换油
液压泵不转	1. 柱塞与缸体卡死 2. 柱塞球头折断 3. 滑靴脱落	1. 换油 2. 更换 3. 更换或修复

叶片泵常见故障与排除方法 表 9-6

故障现象	产生原因	排除方法
噪声较大	1. 压力冲击较大，配油盘上三角槽堵塞 2. 定子曲面有伤痕 3. 空气进入泵内 4. 叶片侧面与顶面不垂直度及配油盘端面跳动过大 5. 联轴器异常	1. 检修、清洗 2. 修整抛光定子曲面 3. 排除泄漏隐患 4. 检查、修整 5. 检查、调整、紧固
泵不吸油或无压力（执行机构）	1. 电机转向有错 2. 油箱缺油 3. 配油盘刚度不够或盘与泵体接触不良 4. 泵磨损造成内泄过大	1. 调整电机转向 2. 补油到标准液面 3. 更换或修复 4. 更换油泵
排油量及压力不足，表现为执行机构动作迟缓	1. 连接部位密封不严，空气进入泵内 2. 配合零件的径向或轴向间隙过大 3. 定子曲面与叶片接触不良 4. 配油盘磨损较大 5. 吸油有阻力 6. 叶片移动不灵活	1. 检修、紧固，更换密封 2. 检修，使其达到设计要求 3. 进行修磨 4. 修复或更换 5. 清洗滤油器 6. 对不灵活的叶片应单槽配研

2. 压力与方向控制元件常见故障诊断

1）压力控制阀

它包括溢流阀、减压阀等。其常见故障的诊断及排除方法如表 9-7 和表 9-8 所示。

减压阀常见故障与排除方法 表 9-7

故障现象	产生原因	排除方法
不起减压作用	1. 阻尼孔堵塞 2. 回油孔的螺塞未拧出，油液不通 3. 滑阀移动不灵	1. 疏通阻尼孔 2. 拧出螺塞，接通回油管 3. 清理污垢，研配滑阀，保证滑动自如
压力波动	1. 油液中侵入空气 2. 滑阀移动不灵或卡住 3. 阻尼孔堵塞 4. 弹簧刚度不够，有弯曲、卡住或太软 5. 锥阀安装不正确，钢球与阀座配合不良	1. 排气 2. 清理 3. 清洗阻尼孔 4. 检查并更换弹簧 5. 调整、更换锥阀或钢球
输出压力较低	1. 锥阀与阀座配合不良 2. 阀顶盖密封不良，有泄漏	1. 拆检锥阀，配研或更换 2. 拧紧螺栓或拆检后更换纸垫

溢流阀常见故障与排除方法 表9-8

故障现象	产生原因	排除方法
压力调不高或调不低	1. 弹簧折断 2. 阻尼孔阻塞,造成主阀关不死 3. 先导阀阀口密封不好,造成主阀始终开启 4. 进出油口装反 5. 主阀芯因毛刺或油污卡死	1. 更换弹簧 2. 疏通阻尼孔,检查油的清洁度 3. 配研阀芯与阀座或更换零件 4. 纠正方向 5. 拆出、检查、修整
压力不稳定,常伴有噪声和振动	1. 主阀芯与阀体配合间隙过大,阻尼作用减小 2. 阀芯与阀座接触不良 3. 主阀动作不良 4. 弹簧弯曲或太软 5. 阻尼孔阻塞 6. 和其他阀体产生共振 7. 出口油路中有空气 8. 流量超过允许值	1. 更换零件 2. 配研阀芯与阀座或更换零件 3. 拆检、清洗 4. 更换弹簧 5. 疏通阻尼孔 6. 检修、紧固 7. 排除空气 8. 更换额定流量大的阀

2)方向控制阀

方向控制阀按其用途可分为单向阀和换向阀两大类,其常见故障与排除方法见表9-9和表9-10。

换向阀的常见故障与排除方法 表9-9

故障现象	产生原因	排除方法
阀芯不动作	1. 阀芯表面及阀体内孔划伤,阀芯因脏物卡住弯曲 2. 阀芯与阀体内孔配合间隙过大 3. 弹簧太软,阀芯不能回位 4. 电磁换向阀的电磁铁损坏 5. 液压控制的换向阀两端的节流阀或单向阀失灵 6. 控制液动换向阀阀芯移动的压力油油压太低 7. 油温太高,阀芯热变形卡住 8. 阀体变形	1. 清洗、研修 2. 更换或修复 3. 更换弹簧 4. 更换或修复电磁铁 5. 清除阻塞物 6. 调高油压 7. 找出油温高的原因,降温 8. 更换
电磁铁线圈烧坏	1. 线圈绝缘不良 2. 电磁铁铁芯轴线与阀芯轴线同轴度不良 3. 电压太高 4. 阀芯被卡住,电磁力推不动阀芯 5. 回油口背压过高	1. 更换线圈 2. 拆卸电磁铁,重新装配 3. 纠正供电电压 4. 修复或更换 5. 找出原因,采取措施
出现噪声	1. 电磁铁推杆过长或过短 2. 电磁铁铁芯的吸合面不平或接触不良	1. 修整或更换推杆 2. 拆开电磁铁,修整吸合面,清除脏物

单向阀常见故障与排除方法　　表9-10

故障现象	产生原因	排除方法
发出尖叫声	1. 流量过大 2. 与其他元件发生共振 3. 在高压立式液压缸中,无卸荷装置的液控单向阀也易产生噪声	1. 调节流量或更换流量大的阀 2. 改变弹簧刚度或额定压力 3. 换成有卸荷装置的单向阀或补充卸压装置的回路
泄漏	1. 阀座锥面密封不严 2. 钢球(或锥面)不圆或磨损 3. 油中有杂质,使锥面或钢球损坏 4. 阀芯或阀座拉毛 5. 配合的阀座损坏 6. 螺纹连接的结合部分没有拧紧或密封不严	1. 拆下重新配研 2. 拆检、更换钢球或锥阀 3. 换油、更换损坏的元件 4. 重新配研 5. 更换或配研修复 6. 紧固
单向阀失灵	1. 阀芯卡死 ①阀体变形 ②阀芯有毛刺 ③阀芯变形 ④油液污染 2. 弹簧折断或漏装 3. 锥阀(或钢球)与阀座完全失去密封作用 4. 把背压阀当作单向阀使用,因背压阀弹簧刚度大,而单向阀弹簧较软	1. 检修阀芯 ①研修阀体内孔 ②磨光阀芯 ③研修阀芯外径 ④更换油液 2. 更换、补充弹簧 3. 配研阀座与锥阀 4. 更换弹簧或换成单向阀

第四节　港口设备电控系统状态监测与故障诊断

一、港口设备电控系统的状态监测与故障诊断技术的概况与发展

电气控制系统是港口设备的核心组成部分,电气控制系统出现故障会对港口生产造成严重影响。近年来,港口设备电气控制系统的状态监测与故障诊断技术得到了飞速发展,由继电器、接触器的辅助连锁触点、限位开关和指示灯等组成的简易诊断装置,发展到当今计算机检测与诊断系统,从而完善了状态监测及故障诊断手段和功能,缩短了故障排查时间,不仅给港口设备的使用、维护和查找故障带来了很大的方便,而且通过先进的科技手段,能够对整个生产过程实施有效的监控。

现代港口设备电气控制系统主要包括电动机驱动控制系统、PLC 控制系统(可编程控制系统)、数据传输系统及外围电气元器件等。

1. 电动机驱动控制系统的状态监测与故障诊断技术

港口设备使用的电动机,都必须调速驱动,这些驱动系统都设有对系统本身(包括电动机)的状态检测及故障诊断装置,这些装置通常具备以下功能:系统功能选择;数据输入、设

定;系统自检及结果显示;在线实际状态检测——包括较直观的电机转速及电枢电流显示等;系统自身及相关部位的故障诊断及故障类型(或故障编号)显示;具体的故障部位显示;详细的故障可能性分析;故障时间、部位、原因等的存储、记忆、打印。

2. 控制系统及外围设备的状态监测与故障诊断

随着计算机和通信技术的发展,更多的港口设备都采用了PLC控制系统及相应的远程数据传输(通信)系统。这种控制系统集成化高、运行可靠稳定、线路保护功能更强、外围元件及电气线路大大减少;状态监测及故障诊断功能更为强大;便于进行人机对话。

这种控制系统通常具备以下状态监测及故障诊断功能:系统自检;自身及外围部分在线状态监测;故障报警;故障显示;故障部位及故障原因显示;故障点强制;故障存储、查询打印;程序编制、修改等功能。

3. 起重机管理系统

起重机管理系统是具有监控、诊断、数据采集、控制、编程等功能的全特征控制系统,它不仅能实现状态监测、故障诊断等功能,而且具有以下特征。

(1)各机构运行数据的跟踪、检索。

(2)各机构即时运行画面显示。

(3)装卸作业数据的统计报表。

(4)整机维修保养计划管理。

(5)备品、备件计划管理。

(6)中央控制室实时状态监控。

起重机管理系统能够适用于单台起重机管、用、养、修的全过程管理。而且随着光纤技术及无线数据传输技术的发展,可以将每台岸边起重机或堆场起重机的所有可采集的信号,通过光纤或无线调制解调器传输到中央控制室,从而实现对整个装卸生产过程的集中管理。

4. 电控系统状态监测与故障诊断的发展趋势

1)系统状态监测与故障诊断功能分散与集中相结合

一方面对各种电控设备(微机、控制装置、电机驱动装置、数据传输装置)充实自我监控与诊断功能,实现诊断功能分散化,另一方面也强化系统各级的集中状态监测与诊断功能,从而在整体上使系统的状态监测与诊断功能得到完善和加强。

2)诊断系统与运行管理系统的综合化

由于诊断系统的监视功能与设备运行的监视功能有关,而故障处理、设备异常预知预测又与设备维修计划、备品备件管理有关,因此状态监测及故障诊断系统与设备运行管理系统二者综合为一的设备监控管理综合系统的完善应用,已成为当前发展的趋势。

3)开发智能化专家系统

为实现故障原因探求,解析信号处理的结果,预测设备工况,达到诊断系统全部功能,智能化的专家诊断系统正在研发。

二、港口设备电控系统常用的故障检测装置

港口设备电控系统的故障检测装置有很多种,由于设备种类、机型及生产年份的不同,其故障检测装置也有很大差异。早期生产的门座起重机、岸边集装箱装卸桥、轮胎式集装箱龙门

起重机等设备大多采用模拟量控制方式，因而其故障诊断装置构造较为简单，功能也较为单一。而近期生产的港口设备，无论驱动系统还是电控系统均采用全数字量控制，其故障诊断装置功能较为强大，手段也更加先进。

1. 零位故障检测灯

港口起重机的起升、变幅、旋转、小车、大车机构均设有零位连锁保护装置。采用模拟量控制的起重机，为检查零位连锁回路各接点的状况，在电气房低压控制屏上，分别设有各机构故障检查选择开关及指示灯，操作选择开关逐点检查零位连锁触点的故障情况，根据指示灯亮或灭来判断故障点的部位，如表 9-11 为 L 形链斗卸船机操作台元件说明；表 9-12 为故障显示板功能及报警一览表；表 9-13 为 L 形链斗卸船机模拟盘元件表。

L 形链斗卸船机操纵台元件表 表 9-11

代号	含　义	代号	含　义
101	主令控制器、大车行走/L 机头旋转	211	刮水器
111	灯开关	212	按钮防碰旁路开关
112	灯开关	213	带灯按钮，预选门架皮带机位置 1
113	试灯按钮	214	带灯按钮，预选门架皮带机位置 2
114	故障显示复位按钮	215	带灯按钮，预选门架皮带机位置 3
115	夹轨器信号灯打开	216	带灯按钮，启动门架皮带机
116	锁销信号灯	217	带灯按钮，主开关接通
117	旋转开关，在半自动位置	218	主开关断开按钮
118	旋转开关，手动/半自动 1/半自动 2	219	带灯按钮，皮带机接通
119	电位器，在半自动中作速度调整	220	按钮，皮带机断开
120	按钮，坐标设定位置 1	221	旋转开关，主司机室/副司机室/遥控
121	按钮，坐标设定位置 2	222	旋转开关，司机室/机旁操作主旋转
122	按钮，坐标设定位置 3	223	液压过滤网堵塞信号灯
123	按钮，坐标设定位置 4	224	下游皮带机运行信号灯
124	差动单元	225	紧急停止按钮
125	调零仪表	226	锁定按钮，夹轨器锁上
201	主令控制器，变幅/主旋转		

故障显示板功能及报警一览表 表 9-12

序号	故障部位及原因		序号	故障部位及原因	
	机构	故障性质		机构	故障性质
1	风速仪	大风停车	19	起升	直流电动机失磁
2	变压器	变压器过热	20	大车运行	
3	起升/大车	起升/大车综合故障	21	小车运行	
4	小车/俯仰	小车/俯仰综合故障	22	俯仰	
5	起升	运行故障	23	起升	极限限位动作
6	大车运行		24	小车	
7	小车运行		25	吊具油泵电机过载	
8	俯仰			防摇油泵电机过载	
9	起升	超速		左右倾,左右旋电机过载	
10	俯仰			吊具油泵堵塞	
11	起升	直流电动机过载		防摇油泵堵塞	
12	大车运行			吊具各电磁阀故障	
13	小车运行		26	起升超负荷	
14	俯仰		27	起升电机风机故障	
15	起升	直流电动机过热	28	起升磁场变流器风冷故障大车运行	
16	大车运行		29	机房通风机故障	
17	小车运行				
18	俯仰				

L 形链斗卸船机模拟盘元件表 表 9-13

代号	含　义	代号	含　义
401	信号灯,L 机头向右旋转	414	信号灯,门架皮带机运行
402	信号灯,L 机头向左旋转	415	信号灯,超风速指示
403	信号灯,链斗提升机运行	416	信号灯,过载
404	信号灯,臂架下降	417	信号灯,皮带跑偏
405	信号灯,臂架上升	418	信号灯,速度故障
406	信号灯,臂架右旋转	419	信号灯,紧急停止
407	信号灯,臂架左旋转	420	信号灯,高度故障
408	信号灯,臂架皮带运行	421	信号灯,液压故障
409	信号灯,大车右行	422	信号灯,溢流(生产率超限)
410	信号灯,大车左行	423	信号灯,拉线开关
411	信号灯,门架皮带机位置 1	424	信号灯,碰撞故障
412	信号灯,门架皮带机位置 2	425	俯仰幅度指示器
413	信号灯,门架皮带机位置 3		

2. 岸边集装箱起重机故障检测显示装置

1)采用模拟量控制的岸边集装箱起重机

除零位故障检测灯外,还另设专门的故障检测显示系统并伴以相应的音响报警,以便电气系统发生故障时,指示故障性质及部位,以利于维修人员判断故障。

通常情况下是在驾驶室的联动操作台上设有综合故障指示灯及报警蜂鸣器,以显示故障类别,各灯显示范围见表9-14。电气房低压控制屏上设有故障显示板,板上设有故障显示灯及音响报警器。显示板上各故障显示灯所对应的故障部位见表9-12。

操作台信号灯显示范围一览表　　表9-14

<table>
<tr><th>序号</th><th colspan="2">故 障 类 别</th><th>检测及连锁</th><th>备注</th></tr>
<tr><td rowspan="3">1</td><td colspan="2" rowspan="3">变流器故障显示(过电压)</td><td>起升/大车综合故障</td><td rowspan="3">左操作台</td></tr>
<tr><td>小车/俯仰综合故障</td></tr>
<tr><td>起升电动机磁场电源故障</td></tr>
<tr><td rowspan="2">2</td><td colspan="2">大风报警指示</td><td rowspan="2">风速仪</td><td rowspan="2">左操作台</td></tr>
<tr><td colspan="2">大风报警停机</td></tr>
<tr><td rowspan="2">3</td><td colspan="2">100%负荷显示</td><td rowspan="2">电子秤</td><td rowspan="2">右操作台</td></tr>
<tr><td colspan="2">110%超负荷显示</td></tr>
<tr><td rowspan="23">4</td><td rowspan="23">各机构综合故障显示</td><td>起升运行故障</td><td>功能板</td><td rowspan="23">左操作台</td></tr>
<tr><td>起升超速故障</td><td>离心开关</td></tr>
<tr><td>起升极限限位动作</td><td>重锤式限位开关</td></tr>
<tr><td>起升超负荷动作</td><td>电子秤</td></tr>
<tr><td>起升电动机过热</td><td>电机温度继电器或热继电器</td></tr>
<tr><td>起升电动机风机过热</td><td>热继电器</td></tr>
<tr><td>起升电动机过载</td><td>电枢电流变换器</td></tr>
<tr><td>起升电动机失磁</td><td>磁场电流变换器</td></tr>
<tr><td>起升磁场变流器风机故障</td><td>热继电器</td></tr>
<tr><td>大车运行故障</td><td>功能板</td></tr>
<tr><td>大车电动机过热</td><td>电机温度继电器或热继电器</td></tr>
<tr><td>大车电动机过流</td><td>电枢电流变换器</td></tr>
<tr><td>大车电动机失磁</td><td>磁场电流变换器</td></tr>
<tr><td>小车运行故障</td><td>功能板</td></tr>
<tr><td>小车电动机过热</td><td>热继电器</td></tr>
<tr><td>小车电动机过流</td><td>电枢电流变换器</td></tr>
<tr><td>小车电动机失磁</td><td>磁场电流变换器</td></tr>
<tr><td>小车极限限位动作</td><td>限位开关</td></tr>
<tr><td>俯仰运行故障</td><td>功能板</td></tr>
<tr><td>俯仰电动机超速</td><td>超速开关</td></tr>
<tr><td>俯仰电动机过热</td><td>电机温度继电器或热继电器</td></tr>
<tr><td>俯仰电动机过载</td><td>热继电器</td></tr>
<tr><td>俯仰电动机失磁</td><td>磁场电流变换器</td></tr>
</table>

续上表

序号	故障类别		检测及连锁	备注
4	各机构综合故障显示	主变压器过热	温度继电器	左操作台
		大风报警显示	风速仪	
		大风报警停机	风速仪	
		吊具故障	泵阀	
		机房通风机故障	热继电器	

由于生产厂家及用户要求的不同,各种岸边集装箱起重机的故障显示灯的安装部位及形式也略有不同。如上海港口机械厂生产的 ZQ26/30 型岸边集装箱起重机在电气房低压控制柜上有 30 个显示灯,可以直接显示具体故障;同时另有 4 个旋转显示开关,分别用以显示起升、大车、小车、俯仰 4 个主要机构的故障标号,维修人员根据所显示的故障标号查阅图纸即可得知具体的故障部位。而日本住友公司生产的 RJ46 型装卸桥,在机器房内单独设置了一个故障显示屏,上面装设了 28 个标有故障名称的显示灯,出现故障时则相应的显示灯亮,并伴有蜂鸣报警,维修人员可据此进行故障诊断。

2)全数字量控制(PLC 控制)的岸边集装箱起重机

岸边集装箱起重机采用 PLC 控制,不仅节省了大量的外围元器件和电气线路,使运行更加可靠,而且加强了对电气故障的检测和诊断功能,极大地方便了使用和维修。其故障检测显示装置通常包含以下几个部分。

(1)司机室左、右操作台显示灯:可直接显示某部位的故障及状态,通常可显示:控制电源关、断;开、闭锁及吊具着箱显示;吊具长度(20′/40′)显示;起升、大车、小车、俯仰机构正常显示(灯灭则不正常);吊具油泵电机启动及停止显示;俯仰水平显示;俯仰 70°显示;大车压轨(顶轨)油泵电机启动及停止显示;大车锚定显示;故障蜂鸣报警器及紧停按钮和旁路开关等。这种显示装置比较直观,司机可根据指示灯的亮或灭直接判断相关机构正常与否。

(2)输入输出模块(或框架)状态显示:输入输出(I/O)模块(框架)通常由通信线与 PLC 的总线接口相连,可实现远程通信;其输入输出端口直接与外围设备相连,既可采集各类信号传送到 PLC,也能将 PLC 的指令传递到外围执行元件,如直接驱动各动作机构接触器线圈及指示灯。I/O 模块(框架)优点很多,如降低安装费用、可实现高级诊断线路保护、配置灵活等等。维修人员通过其面板上的状态指示灯(通常是发光二极管)亮或灭即可判断外围各电气元器件的状态。

(3)低压电气柜液晶故障显示屏:通过接口与 PLC 相连,可直接显示故障名称如"大车制动器故障"、"起升电机故障"等,并配有较详细的故障手册以供查询。如振华港机生产的 J15 型集装箱装卸桥,可直接在显示屏上显示 538 条故障。在无故障时,则显示"系统正常"。维修人员可根据故障显示直接检查相关部位,以便迅速排除故障。

(4)驱动控制柜液晶故障显示屏:装卸桥的起升/大车与小车/俯仰分别共用一套驱动装置,每套驱动装置均有各自的液晶显示屏,驱动系统出现故障时,则显示相应的故障代码,并配有较详细的故障查询手册,根据代码查阅手册即可得知故障原因。如 GE 公司生产的 DC300 直流可调速驱动器,可显示 100 条故障,而在系统正常运行时,显示电机转速和电枢电流的即时比率值。

(5)微机:微机通过专用接口板与 PLC 相连,可以实现对整机各个机构的在线监控和故障诊断。通过通讯线和 I/O 模块,既可对所有外围电气元件的状态进行监控、诊断,还可进行在线强制以及控制程序的编写、修改；而且还可以对驱动系统的故障进行诊断。

3. 采用 PLC 可编程序控制器的故障检测显示装置

1）PLC 的故障检测显示装置的优点

（1）可实现整机系统的保护、故障诊断、检测显示及报警。

（2）故障检测点的数量大大增加，并可对所有检测点进行有效监控。

（3）显示直观、快捷，可实现故障存储及打印。

（4）因为可直接参与系统控制，所以不仅可实现在线监控，还具备在线强制功能。

2）PLC 的故障检测显示装置的组成

（1）驾驶室操作台综合故障显示和报警，可显示控制电源故障、起升故障、大车故障、变幅故障、小车故障及吊具故障（岸边集装箱起重机或轮胎式集装箱龙门起重机）、旋转故障（门座起重机）、柴油机故障（集装箱轮胎式龙门起重机）以及其他特殊机种的主要机构故障。

（2）电气房控制柜门上的故障显示屏，可显示已编制好的控制系统及驱动系统的故障条目，通常根据设计需要可显示具体故障名称或故障代码，而且都随机配有故障查询手册，对故障代码有较详细的原因分析及判断。通过操作相应旋钮（或按动触摸屏）还可调出当前时间以前的某一特定时段内所发生的所有故障，并可通过打印机打印所有显示内容。

（3）利用微机查找故障。微机通过专用接口板与 CPU 相连，可实现对整机系统的故障诊断及状态监测显示。通常有多种故障查找方式：既可根据前后逻辑关系进行查找，也可根据故障代码直接进行查找。特点是准确、快速直观。具有编程简易，修改方便的特点。不仅可对所有检测点进行在线监控，而且可以进行在线强制，即对某些出现故障的电气元件，不必替换或调整，而直接在控制逻辑中改变其输入或输出点的状态，使起重机能继续工作，待装卸作业完成后，再进行彻底维修。从而最大限度的减少了突发故障对生产的影响。

另外，现在越来越多的起重机采用了起重机管理系统，使 PLC 不仅参与各机构工作过程的控制及故障诊断，而且能用其实现管理功能，如单机作业量、总作业量、工作时间的统计，以及保养计划、备件计划的管理，同时随着软、硬件功能的不断增强，还可以即时显示各机构的工作画面，使状态监测及故障显示更为直观准确。并且可通过光纤或无线调制解调器将整机所有信息传送至中央控制室，从而实现对起重机群的集中控制。

4. 采用微机对晶闸管控制设备进行故障诊断

随着港口各类码头专业化的不断提高，港口设备的电气控制技术也得到了飞速的发展，特别是全数字化晶闸管调速控制装置在港口设备上得到了普遍应用。随着可编程控制器 PLC 的采用，不仅使装置的体积大大减小，工作更加可靠，而且使传动控制系统具有了一定的智能性和高品质的调速特性，特别是对于交流变频调速系统表现尤为突出。同时由于使用了以微处理器为基础的软件，通过调整内置参数，可以使电机驱动器适应特定的硬件，也能使维修人员能够根据实际需要对驱动器进行恰当的调整。

晶闸管控制设备的微机故障诊断系统的主要功能如下：

（1）人机对话：跟踪检测运行数据，显示打印在线运行模拟量、数字量数据表。故障时可显示、打印、查询故障数据细节。

（2）在线监测：对晶闸管传动控制系统主要模拟量、数字量信号实现在线监测、存储和刷新。

（3）离线诊断：得到故障信号后，自动转向离线诊断。自动显示故障类别及具体部位。自动保存故障数据，可供查询、研究细节以便现场人员对故障进行分析、判断和确认。

(4)故障信号自动分类处理:可自动识别不同的故障类别,并分别加以处理。

采用微机对晶闸管控制设备进行故障诊断的另一个突出优点就是可用外接终端对整个系统进行状态监测和故障诊断——不仅可以在系统工作时观测到各个机构的运行状况,而且由于故障检测点的增多,在故障时,可以迅速准确的查找到故障部位甚至初始故障点。

三、港口设备电控系统常见故障

电控系统故障的种类繁多,就其表现形式,基本上可分为两种,一种称为"硬故障",即某一机构不动作,或刚一动作就断电保护(俗称"跳闸"),或只能单方向动作;要么系统电源送不上或送上就"跳闸"。此类故障通常是外围电气线路的问题,如电源线路有故障,或某安全保护装置动作及某些动作条件不满足等。此类故障通常较易判断故障点。另一种称为"软故障",即机构可以动作,但在动作过程中经常出现"跳闸"现象,而通过复位便可消除故障,继续工作。此类故障通常是由于通信问题、接触不良或环境条件不满足而造成的,因故障时有时无,且不易掌握规律,因而给故障的查找和排除带来较大难度。

1. 采用模拟量控制的门座起重机常见电气故障

1)起升机构

(1)操作无任何动作,喇叭不响:控制回路熔断丝烧断或熔断丝浮接,应调换或拧紧熔断丝。

(2)起升机构无动作,但喇叭响:检查继电器电压回路。若运行继电器无动作,应检查主令控制器零位触头、时间继电器延时闭合常闭触头、过电流继电器常闭触头接触是否良好;运行继电器线圈有否短路或烧坏,各接线头是否松动脱落。若运行继电器正常,应检查其常闭触头闭合是否良好;延时闭合常闭触头接触是否良好,有无损坏。

(3)上升正常,下降无动作:检查下降接触器的线圈回路。下降深度限位开关是否被碰掉,常闭触头是否接触不良或接线松脱等;主令控制器触头接触是否良好;各连锁触头、下降接触器本身及接线是否良好。

(4)下降工作正常,上升无动作:检查上升接触器线圈回路。超负荷限位开关、上升高度限位开关、常闭触头是否损坏、接触不良或接线是否松脱;主令控制器触头接触是否良好;各连锁触头、上升接触器本身及接线是否良好。

(5)起升过行程:起升高度限位器失灵,可能是钢丝绳出槽,行程开关位置移动,或行程开关内部短路。

(6)自动切阻工作完全正常,用手动切阻时,电动机转速起不来:故障出现在中间继电器上,可能已经损坏,线圈断路,引出线断开等,或是虽能动作,但其常开触头接触不良,造成加速接触器线圈不能得电。

(7)手动切阻时工作正常,但自动切阻时振荡电路不工作:应检查振荡回路,可能的故障原因有:接触器常闭辅助触头接触不良,最后一级加速接触器常闭辅助触头接触不好;中间继电器常开触头接触不良;时间继电器线圈断路,或触头接触不良,接线松动等。

(8)起升机构电机能正常工作,但其中一台电机过热:主要原因可能是无阻起动,检查过热电机的转子滑环是否短路,最后一级加速接触器的主触头是否熔焊住。

(9)起升机构电机堵转:主要原因是熔断器熔断,致使电力液压制动器松不开,造成电机堵转。另外,主令控制器触头接触不良,造成制动器接触器线圈不得电,制动器松不开。

(10)一台电机只能起动到某一挡速度:加速接触器本身可能存在故障,如线圈内部断路,引出线断开或线头松动。另外，最后一级加速接触器常闭辅助触头接触是否良好或前一级加速接触器常开辅助触头闭合接触是否良好。

2）变幅机构

（1）操作变幅手柄时，不能进行增幅或减幅：先将手柄放在零位，检查电压继电器是否动作，若无动作，应检查电压继电器线圈回路中的两个行程开关常闭触头接触是否良好，电压继电器线圈是否断路，线头是否折断，各接线螺丝是否松动；若电压继电器能动作，但一经操作就失电，那么是自锁触头接触不良。

（2）只能减幅，不能增幅：增幅限位开关常闭触头接触不良，增幅接触器线圈有故障，如断路等；还应检查手柄前推时能否抵住增幅限位开关推行，位置是否移动，其常开触头接触是否良好，各线头有否松动。

（3）只能增幅，不能减幅：减幅限位开关常闭触头接触不良，减幅接触器线圈断路，减幅操作开关固定螺丝松动移位，触头损坏，线头松动。

（4）操作变幅时，突然失电，不能动作：可能是过流继电器动作。若过流继电器未动作，按下按钮时，主接触器不动作，则应检查接触器线圈是否损坏，停止按钮触头接触是否良好，接线是否松动，过流继电器常闭触头是否损坏，接触是否良好。

3）旋转机构常见电气故障

（1）旋转无动作：可能是电压继电器线圈失电，应检查主令控制器零位触头接触是否良好，过电流继电器常闭触头损坏或接触不良；行程开关常闭触头损坏或接触不好；电压继电器线圈损坏、线头断开或接线松动。

（2）正常操作时旋转太快，电机过热：最后一级加速接触器主触头“咬死”，或电机转子滑环短路，造成无阻起动。

（3）操作旋转机构，开始时机身激烈振动，声音难听，但以后运转正常：主要原因可能是最后一级起动电阻某一段有断裂，造成转子回路某一段断路。当最后一级加速接触器动作时，主触头将其短接，电机又恢复正常。

（4）旋转电机转速低，不能加速到额定转速：主要原因是电阻不能切除，应检查各级加速接触器是否都动作，主触头闭合是否良好。若有某一只接触器不工作，则应检查前一级加速接触器的常开辅助触头闭合是否良好或时间继电器延时闭合常开触头是否动作，以及接触器线圈本身有无问题。

（5）只能单方向旋转：检查相应的接触器线圈有否断路，电气联锁触头接触是否良好，以及主令控制器相应的触头接触是否良好。

4）行走机构电气常见故障

（1）行走电机缺相，有堵转的声音：接触器有一相接触不好或线头松动；中心受电器有一相滑环与电刷接触不好或线头松脱。若只是单方向缺相，应检查接触器主触头是否完好。

（2）按下正反转起动按钮时，正反转接触器都不动作：可先按下强迫收缆按钮，再按一下起动按钮，观察接触器能否动作。若能动作，则可能是电缆限位开关接触不好，或连接电缆限位开关的滑环与电刷接触不良，以及接线松动等；若不能动作，则可能是接触按钮接触不良，或是过电流继电器微动开关触头损坏。

2. 岸边集装箱起重机常见电气故障

绝大部分岸边集装箱起重机均为全数字量控制，并且越来越多先进的计算机软硬件控制技术被采用在岸边集装箱起重机上，因而岸边集装箱起重机电控系统（特别是 PLC 控制系统）

的故障检测变得越来越容易，尤其对外围电气线路的故障检测，不仅可以通过各类指示灯、故障显示屏直接获知故障部位，而且可以通过编程器方便快捷地查找故障原因。这里以常规牵引式单小车岸边集装箱起重机（直流驱动）为例进行介绍。

1）控制电源故障

（1）按下控制复位按钮，指示灯不亮。通常问题出在欠压保护回路，如极限限位动作或损坏，紧停按钮被按下或短路，超速开关动作等。或者控制回路其他保护联锁动作，如手柄不在零位。

（2）按下控制复位按钮，指示灯闪烁。主要因为两个驱动器中的一个有故障，致使其停止继电器动作，有可能是因为该驱动器控制回路有问题，如熔断器熔断，线路板故障等。

（3）按下控制复位按钮，指示灯亮一下就立即灭掉。可能的原因有：控制回路有接地或短路；通信故障，如模块丢失；强制风冷部分的风机故障，如熔断器熔断、电机损坏等。

2）起升机构电气故障

（1）上升正常，下降不动作，主要原因有：下降终点或极限限位动作或短路，或相关模块输入点损坏；触箱限位全部动作或短路，或相关模块输入点损坏；手柄编码器有问题。如果下降慢速，则可能是下降减速限位动作或短路以及相关模块输入点损坏，或者操作手柄微动按钮短路。

（2）下降正常，上升不动作，主要原因有：上升终点或极限限位动作或短路，或相关模块输入点损坏；手柄编码器有问题；超重保护动作或重量传感器损坏。如果上升慢速，则可能是上升减速限位动作或短路以及相关模块输入点损坏，或者操作手柄微动按钮短路。

（3）起升、下降均不动作，可能是吊具的联锁保护动作，如既不在20ft也不在40ft状态，可能是限位不到位或损坏；至少有一个吊具上下架限位动作或线路断开（某些设计）；既不在开锁状态也不在关锁状态，应检查吊具油泵是否工作、转锁及限位是否到位等。另外可能是交、直流侧熔断器熔断或接地保护动作，也可能是手柄编码器损坏或给定信号丢失。

3）大车行走机构电气故障

（1）左行正常、右行不动作，或右行正常、左行不动作：左、右行防撞限位动作或损坏。如果行走慢速，应检查减速限位是否动作或短路、相关模块输入点是否损坏、手柄给定信号是否正常。

（2）左右行均不动作，应检查下列部位：压轨装置动作是否正常、限位是否到位、损坏；锚定限位是否到位或损坏；高压电缆过紧联锁保护是否动作。另外应检查交、直流侧熔断器是否熔断或接地保护是否动作及手柄编码器是否损坏。

4）小车机构电气故障

（1）后行正常，前行不动作：前终点、极限限位或大梁升起小车前终点限位动作或短路，也可能是小车位置编码器或手柄编码器故障。

（2）前行正常，后行不动作：后终点、极限限位动作或得电，也可能是小车位置编码器或手柄编码器故障。

（3）前后行均不动作，手柄给定信号丢失或手柄编码器故障；小车过下横梁保护动作；小车牵引钢丝绳或电缆拖架钢丝绳的松绳限位动作或短路；大梁不在水平位置或水平限位动作；驱动器交、直流侧过流保护熔断器熔断。

5）俯仰机构电气故障

（1）单方向不动作：该方向的终点或极限限位动作或损坏。如果钩区限位动作或短路，俯仰下降也不动作。

(2)俯仰上升、下降均不动作:小车不在停车位置或停车位置损坏或断路;手柄给定信号丢失或手柄编码器故障。

如果推动各机构操作手柄,控制电源立即断开,则应先检查各制动器及其回路、相关模块输入点是否损坏,也有可能是由于驱动器内部硬件损坏或软件保护动作,如失磁保护、磁场过流保护、电枢瞬时过流保护、电枢热过流保护、电枢电流变化率保护等等所引起的。

第五节　港口设备典型零部件的故障诊断

随着技术发展,港口设备越来越大型化、高速化,运行过程中,各零部件受到力、热、摩擦、化学腐蚀等多种作用,其工作状态更加恶劣,一旦发生故障,往往会导致严重后果。有必要在设备发生故障之前予以发现,查明原因并消除,保证港口设备的安全运行。

一、滚动轴承的故障诊断

1. 滚动轴承的故障形式

滚动轴承是港口设备中应用最广的零件之一,在运转过程中可能会由于各种原因引起损坏,如装配不当、润滑不良、水分和异物侵入、腐蚀和过载等都可能会导致轴承过早损坏。即使在安装、润滑和使用维护都正常的情况下,经过一段时间运转,轴承也会出现疲劳剥落和磨损而不能正常工作,故障原因十分复杂,主要故障形式与原因如下。

1)疲劳剥落

滚动轴承的内外滚道和滚动体表面既承受载荷又相对滚动,由于交变载荷的作用,首先在表面下一定深度处(最大剪应力处)形成裂纹,继而扩展到接触表面,使表层发生剥落坑,最后发展到大片剥落,这种现象就是疲劳剥落。疲劳剥落会造成运转时的冲击载荷、振动和噪声加剧。通常情况下,疲劳剥落往往是滚动轴承失效的主要原因,一般所说的轴承寿命就是指轴承的疲劳寿命,轴承的寿命试验就是疲劳试验。试验规程规定,在滚道或滚动体上出现面积为 $0.5mm^2$ 的疲劳剥落坑就认为轴承寿命终结。滚动轴承的疲劳寿命分散性很大,同一批轴承中,其最高寿命与最低寿命可以相差几十倍乃至上百倍,这从另一角度说明了滚动轴承故障监测的重要性。

2)磨损

由于尘埃、异物的侵入,滚道和滚动体相对运动时,会引起表面磨损,润滑不良也会加剧磨损,结果使轴承游隙增大,表面粗糙度增加,降低了运转精度,因而也降低了机器的运动精度,振动及噪声也随之增大。对于精密机械轴承,往往是磨损量限制了轴承的寿命。

此外,还有一种微振磨损。在轴承不旋转的情况下,由于振动的作用,滚动体和滚道接触面间有微小的、反复的相对滑动而产生磨损,在滚道表面上形成振纹状的磨痕。

3)塑性变形

当轴承受到过大的冲击载荷或静载荷时,或因热变形引起额外的载荷,或有硬度很高的异物侵入时都会在滚道表面上形成凹痕或划痕。这将使轴承在运转过程中产生剧烈的振动和噪声。而且一旦有了压痕,压痕引起的冲击载荷会进一步引起附近表面的剥落。

4)锈蚀

锈蚀是滚动轴承最严重的问题之一,高精度轴承可能会由于表面锈蚀导致精度丧失而不能继续工作。水分或酸、碱性物质直接侵入会引起轴承锈蚀。当轴承停止工作后，轴承温度下降到凝露点，空气中水分凝结成水滴附着在轴承表面上也会引起锈蚀。此外，当轴承内部有电流通过时，电流有可能通过滚道和滚动体上的接触点处，很薄的油膜引起电火花而产生电蚀，在表面上形成搓板状的凹凸不平。

5）断裂

过高的载荷可能会引起轴承零件断裂。磨削、热处理和装配不当都会引起残余应力，工作时热应力过大也会引起轴承零件断裂。另外，装配方法、装配工艺不当，也可能造成轴承套圈挡边和滚子倒角处掉块。

6）胶合

在润滑不良、高速重载情况下工作时，由于摩擦发热，轴承零件可以在极短时间内达到很高的温度，导致表面烧伤及胶合。所谓胶合是指一个零部件表面上的金属粘附到另一个零部件表面上的现象。

7）保持架损坏

由于装配或使用不当可能会引起保持架发生变形，增加它与滚动体之间的摩擦，甚至使某些滚动体卡死不能滚动，也有可能造成保持架与内外圈发生摩擦等。这一损伤会进一步使振动、噪声与发热加剧，导致轴承损坏。采用振动诊断可以很好地对其故障进行预测和诊断。

2. 滚动轴承的故障诊断

1）振动信号分析诊断

用滚动轴承的振动信号来分析诊断故障的方法可分为简易诊断法和精密诊断法。简易诊断的目的是初步判断滚动轴承是否出现了故障；精密诊断的目的是进一步判断其故障类别及原因。

（1）简易诊断法。

①振动信号简易诊断法。

a. 振幅值诊断法。通过将实测的振幅值（峰值、均值以及均方根值）与判定标准中给定的值进行比较来诊断。

峰值 Xp 反映的是某时刻振幅的最大值，因而它适用于像表面点蚀损伤之类的具有瞬时冲击的故障诊断。对于转速较低的情况（如 300r/min 以下），也常采用峰值进行诊断。

均值 $\overline{X}$（对于简谐振动为半个周期内的平均值，对于轴承冲击振动，为绝对值处理后的平均值）诊断效果与峰值基本一样，但较峰值稳定，一般用于转速较高的情况（如 300r/min 以上）。

均方根值（有效值）$Xrms$ 是对时间平均的，因而它适用于像磨损之类的振幅值随时间缓慢变化的故障诊断。

b. 波形因数诊断法。峰值与均值之比（$Xp/\overline{X}$）为波形因数。当 $Xp/\overline{X}$ 值过大时，表明滚动轴承可能有点蚀；而 $Xp/\overline{X}$ 值过小时，则有可能发生了磨损。

c. 波峰因数诊断法。峰值与均方根值之比（$Xp/Xrms$）为波峰因数。它不受轴承尺寸、转速及载荷的影响，也不受传感器、放大器等一、二次认错表灵敏度变化的影响，适用于点蚀的诊断。通过对 $Xp/Xrms$ 值随时间变化趋势的监测，可以有效地对滚动轴承故障进行早期预报，并能反映故障的发展变化趋势。当滚动轴承无故障时，$Xp/Xrms$ 为一较小的稳定值；一旦轴承出现了损伤，则会产生冲击信号，振动峰值明显增大，但此时均方根值尚无明显的增大，故 $Xp/Xrms$ 增大；当故障不断扩展，峰值逐步达到极限值后，均方根值则开始增大，$Xp/Xrms$ 逐步减小，直至恢复到无故障时的大小。

d. 概率密度诊断法。正常工作的滚动轴承，其振幅的概率密度曲线是典型的正态分布曲线；若出现故障，则概率密度曲线可能出现偏斜或分散的现象。

②冲击脉冲法（SPM 法）。

滚动轴承运行中有缺陷（如疲劳剥落、裂纹、磨损和混入杂物）时，就会发生冲击，引起脉冲性振动。由于阻尼的作用，脉冲性振动是一种衰减性振动，因而冲击脉冲的强弱反映了故障的程度。

当滚动轴承无损伤或有极微小损伤时，初始脉冲值 dBi（dB 值）很小；当轴承工作表面出现损伤时，实际产生的脉冲值 dBsv 与初始脉冲值 dBi 之差，称为标准冲击能量 dB_N，根据 dB_N 值，可以将轴承的工作状态分为三个区域进行诊断：$0 \leqslant dB_N < 20dB$ 为绿区，轴承工作状态良好，是正常状态；$20dB \leqslant dB_N < 35dB$ 为黄区，轴承有轻微损伤，是警告状态；$35dB \leqslant dB_N < 60dB$ 为红区，轴承有严重损伤，处于危险状态。

冲击脉冲法在实际使用中，往往由于经验不足、对设备工况条件考虑不周造成诊断失误。因此采用此方法进行诊断时应注意以下几方面问题。

a. 传感器的安装：对于固定式安装的 SPM 传感器，经常会由于机器本身的结构限制，无法完全达到 SPM 传感器的安装标准，造成信号衰减。

b. 设备安装条件：由于轴不对称和轴弯曲，使轴承产生不均匀载荷，影响轴承油膜的形成，加剧了轴承工作状态的恶化，造成轴承冲击增大，形成误报警。因而对其报警极限值适当放宽。

c. 对于辅助传动轴承，由于经常处于从动轻载状况，其冲击值比其正常载荷下获得的标准值小得多，同时容易受其他轴承或齿轮冲击值影响，使其冲击值快速增高，因此，对此类轴承应放宽其下限。

（2）精密诊断法。

通过简易诊断发现有故障后，还应对其进行精密诊断以判明故障的类别和原因。精密诊断的任务就是要通过适当的信号处理方法将特定的频率成分分离出来，从而指示特定的故障。常用的精密诊断方法有下面几种。

①低频信号分析法：低频信号是指频率低于 1kHz 的振动。由于在这个频率范围内易受机械及电源干扰，并且在故障初期反映的故障频率能量很小，信噪比低，检测灵敏度差，应用较少。

②中、高频信号绝对值分析法：中频信号的频率范围为 1 ~ 20kHz，高频信号的频率范围为 20 ~ 80kHz。加速度传感器获得的加速度信号经过电荷放大器后，可直接通过下限截止频率为 1kHz 的高通滤波器去除低频信号，分析高频信号，找出信号的特征频率。

2）油液分析诊断

滚动轴承失效的主要原因是润滑问题。通过对在用润滑油进行系统的理化分析、污染度测试、吸收光谱分析、红外光谱分析、铁谱分析，就可了解轴承的润滑与磨损状态，并对各种故障隐患进行早预报，查明产生故障的原因和部位，及时采取措施，防止事故发生。

（1）理化指标检测：对设备用油进行理化指标测试，连续跟踪其质量指标的变化，当劣变至一定程度时，及时更换。润滑油基本的质量指标有黏度、闪点、氧化安定性、总酸值或总碱值、水分等。

（2）污染度测试：润滑油液经过使用后，不可避免地会受到来自内、外部污染源的污染（油液在摩擦热作用下氧化,产生树脂类不溶物、胶质、高聚物、积炭等污染杂质,运动的摩擦副也会产生固体金属颗粒等),使油液性能劣化、设备磨损加速,因此,必须经常监测油液的污染程度,判断污染产生的原因并加以解决,确保油液的高清洁度。

据油液品种、工作条件、对清洁度要求的不同,油液污染程度检测常采用定性、半定量和定量三种方法。如对内燃机机油常用定性的方法即可满足要求,而对液压系统用油,多数情况下选用定量或半定量的方法。

(3)吸收光谱分析:润滑油中的金属元素来自三个方面:油液中的添加剂,如钙、钡、锌等;外界污染混入的杂质,如钡、钠等;磨损颗粒中的金属成分,如铜、铬、铅、铁等。港口设备在投用之前,用吸收光谱检测新润滑油中金属元素的种类及数量,并做好记录,随着设备运行时间的延长,润滑油中金属元素的种类和数量均会发生改变,根据这些变化趋势,就可以判断设备产生磨损的部位和状态。

(4)红外光谱分析:润滑油性能取决于基础油的各种添加剂,劣化和失效主要是由于添加剂在摩擦热的作用下化学成分及分子结构发生了变化。通过红外光谱即可对油品的某些特性进行定量的或半定量的变化趋势分析。

(5)铁谱分析:铁谱分析可以直接观察润滑油液中颗粒的尺寸、几何形态、颜色、数量及分布状态等。若将铁谱分析和吸收光谱分析两种方法结合起来,对润滑油液中金属元素既可进行定性分析又可进行定量分析,既可分析小尺寸颗粒又可分析大尺寸颗粒,既可监测设备正常磨损的变化趋势,又可监测异常磨损的状态,使状态监测和故障诊断更趋完整和准确。

二、齿轮箱的失效与诊断

1. 齿轮故障的常见形式

齿轮由于结构形式、材料与热处理、操作运行环境与条件等因素不同,发生故障的形式也不同,常见的齿轮故障有以下几类形式。

1)齿面磨损

润滑油不足或油质不清洁,会造成齿面磨粒磨损,使齿廓改变,侧隙加大,以至由于齿轮过度减薄而导致断齿。一般情况下,只有在润滑油中夹杂有磨粒时,才会在运行中引起齿面磨粒磨损。

2)齿面胶合和擦伤

对于重载和高速齿轮传动,齿面工作区温度很高,一旦润滑不良,齿面间的油膜便会消失,一个齿面的金属会熔焊在与之啮合的另一个齿面上,在齿面上形成垂直于节线的划痕状胶合。新齿轮未经磨合便投入使用时,常在某一局部产生这种现象,使齿轮擦伤。

3)齿面接触疲劳

齿轮在实际啮合过程中,既有相对滚动,又有相对滑动,而且相对滑动的摩擦力在节点两侧的方向相反,从而产生脉动载荷。载荷和脉动力的作用,使齿轮表面层深处产生脉动循环变化的剪应力,当这种剪应力超过齿轮材料的疲劳极限时,接触表面将产生疲劳裂纹,随着裂纹的扩展,最终使齿面剥落小片金属,在齿面上形成小坑,称之为点蚀。当"点蚀"扩大连成片时,形成齿面上金属块剥落。此外,材质不均匀或局部擦伤,也容易在某一齿上首先出现接触疲劳,产生剥落。

4)弯曲疲劳与断齿

在运行过程中承受载荷的轮齿,如同悬臂梁,其根部受到脉冲循环的弯曲应力作用最大,当这种周期性应力超过齿轮材料的疲劳极限时,会在根部产生裂纹,并逐步扩展,当剩余部分无法承受传动载荷时就会发生断齿现象。齿轮由于工作中严重的冲击、偏载以及材质不均匀也可能会引起断齿。断齿和点蚀是齿轮故障的主要形式。

齿轮故障还可分为局部故障和分布故障。局部故障集中在一个或几个齿上,而分布故障则在齿轮各个轮齿上都有体现。

2. 齿轮故障的原因

产生上述齿轮故障的原因较多,但从大量故障的分析统计结果来看,主要原因有以下几个方面。

1)制造误差

齿轮在制造过程中形成齿轮(一般为旋转体)的几何中心和旋转中心不重合,齿轮的实际齿距与公称齿距偏差,齿廓也有误差。

2)装配不良

装配时,齿轮轴之间装配不平行,齿轮与轴装配不正,使轮齿在齿宽方向只有一端接触,齿宽方向所承受的载荷不均匀,局部载荷增加,传力不平稳,有可能造成断齿。

3)润滑不良

对于高速重载齿轮,润滑不良会导致齿面局部过热,造成色变、胶合等故障。导致润滑不良的原因是多方面的,除了油路堵塞、喷油孔堵塞外,润滑油中进水、润滑油变质、油温过高等都会造成齿面润滑不良。

4)超载

对于工作负荷不平稳的齿轮驱动装置,经常会出现过载现象,如果没有适当的保护措施,就会造成轮齿过载断裂,或者长期过载导致大量轮齿根部疲劳裂纹、断裂。

5)操作失误

操作失误通常包括缺油、超载、长期超速等,都会造成齿轮损伤、损坏。

表9-15列出了齿轮的一些主要损伤形式及产生原因等。

齿轮损伤形式及产生原因 表9-15

损伤形式	损伤原因	损伤特征	损伤结果
齿面烧伤	齿面加工精度差,齿面剧烈磨损,齿隙不足,润滑不当,超负荷,超高速运行	有腐蚀性点蚀的特征	齿面局部软化,疲劳寿命随之降低
色变	齿面硬度低,温度高,润滑状态恶劣	齿面有变色现象	产生胶合的前兆
早期点蚀	齿面局部凸起,局部承受较大载荷,受高频交变应力作用	发生于轮齿节线附近的齿根表面上,有点蚀形貌	非进展性点蚀,对齿轮损坏影响不大
破坏性点蚀	局部点蚀引起动载荷加大,齿面硬度低,齿面粗糙,润滑油不良	蚀点尺寸大,齿形被破坏	蚀坑往往成为疲劳源,最终导致轮齿疲劳断裂
剥落	轮齿的表面和次表面的缺陷以及热处理产生的过大内应力等	凹坑比破坏性点蚀大而深,凹坑断面较为光滑,发生于齿顶或齿端部	产生范围较广的齿面疲劳损坏

续上表

损伤形式	损伤原因	损伤特征	损伤结果
塑性变形	受冲击载荷作用，啮合不良致使齿面屈服和变形，齿面硬度低，润滑油粘度低	齿顶或齿端部都产生飞边或齿顶揉圆，主动轮在齿面分度圆附近出现凹坑，从动轮产生凸起	通常在齿面上产生，疵点处齿面被破坏，然后轮齿其余部分产生严重的塑性变形，进而齿轮报废
中等磨损	轮齿承受大载荷，润滑不良	主动轮发生在齿顶，从动轮发生在齿根	降低使用寿命，噪声增大
过度磨损	轮齿啮合节圆处的滑动受阻，润滑不良	工作状态恶化，齿形改变	可能导致点蚀和塑性变形，寿命显著降低
磨料磨损	外界的微粒进入轮齿啮合面，润滑油过滤网损坏	齿面滑动方向上出现彼此独立的沟纹	降低使用寿命，润滑条件进一步恶化
胶合撕伤	载荷集中于局部的接触面上，油膜破坏，接触载荷过大	沿齿面滑动方向上形成沟槽，在齿根和节圆附近被挖成凹坑，使齿形破坏	导致齿轮早期损坏
干涉磨损	设计、制造不当，组装不良	主动轮的齿根被挖伤，从动轮齿顶严重破坏	增大噪声，最终导致一对啮合齿轮全部报废
腐蚀磨损	由于空气中的潮湿气体、酸或碱性物质造成润滑油的污染，润滑油中的极压添加剂选用不当	在共轭面上产生腐蚀斑点	降低使用寿命
剥片	热处理工艺不当，齿面硬化层过薄或心部硬度低，已不足以承受高的接触应力而产生拉伸屈服	小而薄的金属从齿面剥下，严重时可在润滑油中看到大量的金属剥片	增大噪声，导致齿轮损坏
波纹	润滑不当，载荷循环中的高频振动以及滑动摩擦促使齿面屈服	在齿面上形成波纹状损伤，以渗碳的双曲线小齿轮为常见	噪声增大
隆起	载荷过大，润滑不良	常见于渗碳的双曲面小齿轮或青铜齿轮，以横贯齿面的斜线或隆起的形式表现，也有像鲱鱼背脊骨或鱼尾的形状	产生塑性变形，若齿面加工硬化不充分，齿面将完全破坏
疲劳断裂	设计不当，载荷过大，组装不良，偏载，轮齿表面层下的缺陷引起应力集中	部分轮齿或整齿折断，在断口上可见一连串的贝壳状轮廓线；其中心有一个清晰的“眼”	引起齿轮早期损坏、报废
过载断裂	组装不当，载荷集中于轮齿一端，突然停止或换向，轴承损坏，轴弯曲或啮合面被异物咬死，冲击过载	硬、脆材料断口为丝状，韧性材料断口模糊，纤维状材料断口呈撕拉状	瞬发性严重故障，使齿轮报废

续上表

损伤形式	损伤原因	损伤特征	损伤结果
淬火裂纹	热处理不当，齿根曲率半径过小，刀具在齿根不连续切削残留下的痕迹	沿齿顶或齿根的径向发生，轮齿端部有时也有不规则裂纹	引起疲劳断裂迅速发生的疲劳源
磨削裂纹	磨削不当，热处理不当	裂纹形如网状	引起疲劳断裂的疲劳源
裂痕	局部接触应力集中，油膜被破坏	齿面在滑动方向出现撕裂状的裂纹或呈田垄状的外观	降低使用寿命，增加噪声

2. 齿轮箱的振动检测

1）测定方法

常用振频诊断法来测定齿轮振动强度并判别是否处于正常工作状态。根据判定指标和标准的不同，又可以分为绝对值判定法和相对值判定法。

（1）绝对值判定法。利用在齿轮箱同一测点部位测得的振幅值直接作为评价运行状态的指标，采用这种判定标准进行判定称为绝对值判定法。

用绝对值判定法进行齿轮状态识别，必须制订相应的绝对值判定标准，以使不同的振动强度对应不同的工作状态。

（2）相对值判定法。在实际中，对于尚未制订出绝对值判定标准的齿轮，可以充分使用现场测量的统计资料，制订适当的相对判定标准，采用这种标准进行判定称为相对值判定法。

相对判定标准要求，将齿轮箱同一测点不同时刻测得的振幅与正常状态下的振幅相比较，当测量值和正常值相比达到一定程度时，判定为某一状态。比如，当相对值判定标准规定实际值达到正常值的 2 倍时要引起注意，达到 4 倍时则表示危险等。

2）测定部位

进行齿轮监测时，每次都应将传感器安装在同一平整光洁的测定部位，以保证测定值的可比性。同时尽可能地沿水平、垂直和轴向三个方向进行测定。

3）传感器的安装方法

振动测定常用加速度传感器，可测定的频率范围较宽。安装时应注意传感器与被测物之间的绝缘，垫上有绝缘性能的专用垫片，否则就会产生同机械振动毫无关系的电噪声，使振动波形与实测不符，造成诊断上的错误。

4）测定周期

测定周期太长，不利于及时发现问题；周期太短，又不经济。一般地，正常时保持一定的固有周期，当振动增大，缩短测定周期，同时，增加测定的齿轮数。

第六节　大型港口设备金属结构故障诊断

一、概述

金属结构是港口设备的骨架，用以装置各种机构、电气设备等，承受和传递作用其上的各种载荷。由于港口门座起重机的额定起重量大、幅度大、工作速度高，臂架结构受到很大的交变冲击载荷，极易因疲劳、失稳而折断（屈曲），此时，港口设备会失去其功能，甚至给人身及其他相关设备、设施带来巨大的安全事故。因此，金属结构的故障诊断具有十分重要的意义。

1. 起重机械金属结构的故障现象

在港口起重机械中,常见的起重机金属结构件的故障现象,主要有以下几种。

(1)构件折断(屈曲),如港口门座起重机的臂架、象鼻梁、大拉杆、小拉杆、支承圆筒、转台主梁等均会发生弯折、断裂。

(2)连接焊缝开裂。不少港口设备的金属构件转折处以及其连接焊缝产生裂纹。

(3)结构件的连接销轴严重磨损,最终导致连接螺栓剪断或拉断。

(4)箱形结构件的翼缘板、腹板出现局部失稳现象。

2. 起重机械金属结构的故障原因

(1)设计考虑不周,结构力流不畅。有的箱形结构,在集中载荷作用处,对支承加劲筋板设计不合理,筋板单薄,自身刚度及稳定性较差,达不到传力及加强作用,导致结构受载后面板产生严重的局部变形;有些结构断面变化急剧,力流不畅,造成局部应力集中而变形或开裂;有些受压板件的高厚尺寸比(或宽厚比)太大,受载后产生局部失稳;部分构件未能起到应有的承力作用,改变了截面的几何特性,使截面上应力重新分布,与设计的理想状态不符,导致结构破坏;有些结构的几何尺寸设计不合理,刚度偏小,使结构工作不正常。

(2)制造安装质量不好。结构件在制造时,责任心不强,甚至偷工减料,不能满足设计要求;焊缝质量不符合相关规范,存在漏焊、假焊、气泡、夹渣等现象;腹板及翼缘板未校平,不平度太大,引起局部失稳,丧失了应有的承载能力;制造、安装精度达不到设计要求,使结构件在工作过程中承受较大的冲击载荷。

(3)使用维护不当。违规操作,经常使设备超负荷工作;缺乏应有的检查,维修保养不及时、不到位;安全保护装置失灵等。

3. 起重机金属结构的故障诊断

为了及时发现和防止金属结构件发生故障,就需要对金属结构件进行监测与诊断。其方法有直接经验法与仪器设备法两种。

1)直接经验监测、诊断的工作内容

(1)金属结构的铰接点、连接部位等,在作业过程中工作是否平稳、灵活,有无异常响声和卡阻现象,润滑是否良好,磨损是否严重,心轴有无窜动等。

(2)各铆接、螺栓连接处,有无松动现象。

(3)各主要连接件、构件焊缝处及其附近有无油漆打皱、剥落或焊缝开裂等现象。

(4)各构件是否发生整体或局部变形,是否有弯、折、扭、损伤等现象。

(5)安全装置是否齐全,性能是否可靠。

2)电测应力(应变)法的工作内容

(1)静应力测试。测试金属结构件在静载荷作用下,承载能力是否符合设计和有关标准要求。静应力检测的测点,应布置在设计者提供的计算应力较大,受力较大和受力较复杂的构件断面,以及构件截面的突变处、变形或损伤处。

(2)动应力测试。检测承受动载荷的金属结构件的承载能力是否满足要求。根据静应力测试结果,其测点选择在静应力值较大的截面,以及各主要构件中承受动载荷最大的截面。

通过动态应力测试,可以得出结构件的最大动应力(应力幅峰值)、动载荷系数及结构的振动频率,从而得到结构的动态响应参数。

(3)刚度测试。检测金属结构件在外载荷作用下,其变形是否在设计允许范围内,是否满足作业要求。刚度的测试点,根据机械的不同类型及作业特点,应选择在构件变位较大,而又必须加以控制的点，如门座起重机的臂架端部、人字架头部、转台后部，桥架类型起重机的主梁下侧等。

在结构应力检测中，应对检测数据进行认真的分析、整理，注意检测数据的重复性、线性性。对异常数据要进行分析，必要时，要重新检测，这样才能得出比较科学的结论和判断。

二、起重机械金属结构故障案例

1. 门座起重机箱形臂架折断（屈曲）

1）臂架折断的现象

（1）多数臂架弯折点在变幅拉杆铰接点前后 1.5m 范围内。

（2）大多数臂架折断发生时，现场均未发生明显超载情况。

（3）臂架开始弯折到最后稳定下来有一个时间过程，一般为 1 ~ 2min，个别的甚至达到10min。

（4）折断前，臂架受压一侧腹板或翼缘板将会出现凹凸波浪变形。

2）臂架折断（屈曲）的原因

（1）设计问题。

设计时未充分考虑受力构件的力流，尤其是各种节点、关节部位，受力状态复杂，力流弯折，传力构件刚度分配不合理，使某些部位应力集中，疲劳强度不够。如图 9-6 是某门座起重机的臂架头部结构，其内侧板的结构设计就存在着力流不合理的问题，容易发生开裂。

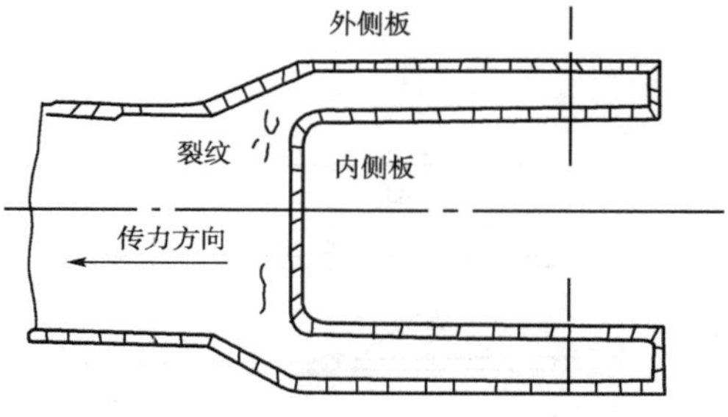

图 9-6

（2）制造问题。

①在切割、拼装、焊接过程中，人为的缺陷破坏了金属构件原有的刚度和疲劳强度，致使构件出现早期疲劳、失稳，甚至折断。图 9-7a）和图 9-7b）因切割不良和拼缝不良，导致结构受力后由于应力集中而产生裂纹；图 9-7c）因拼装不良产生应力集中导致焊缝开裂；图 9-7d）则是焊接不良造成应力集中而导致的裂纹。然而焊缝不良导致开裂更多地出现在图 9-7e）所示的情况，即在焊缝与母材交界处出现尖角式凹陷，致使力流急骤弯折而产生较大的应力集中，导致早期破坏。图 9-7f）因焊缝包角不良或未进行包角，焊缝开裂将首先从尖角开始。

②腹板或翼缘板的波浪度也是造成起重臂弯折的原因之一。由于板表面不平整，致使整体结构失去连续性，改变了其受力和传力路线。图 9-8 是某起重臂的横断面下翼缘出现凹陷后的应力分布情况，平整面应力分布均匀，而凹陷面只在靠近腹板部位可以传力，中间凹陷部位应力几乎等于零，下翼缘板所受的总应力重新分配，使靠近腹板部位应力过大，其强度、刚度超过各项许用值而发生失稳变形，继而整个构件弯折。

③施工过程中，工艺处置不当也会使金属构件产生裂纹。为了使钢板板面平整或使焊缝就位，常会对构件采取一些临时性的强制夹持措施，或为了便于施工而在构件上设置临时吊耳，这些临时措施任意设置，去除时野蛮敲击，随意切割，对结构件主体产生严重损伤，造成结构件断裂。

（3）使用维护不当。

①使用不当。野蛮操作，会使设备工作不平稳而产生很大的动载荷，加剧了对金属构件的冲击力。超负荷作业，虽然觉察不到不良后果，但已对金属构件埋下“内伤”隐患。

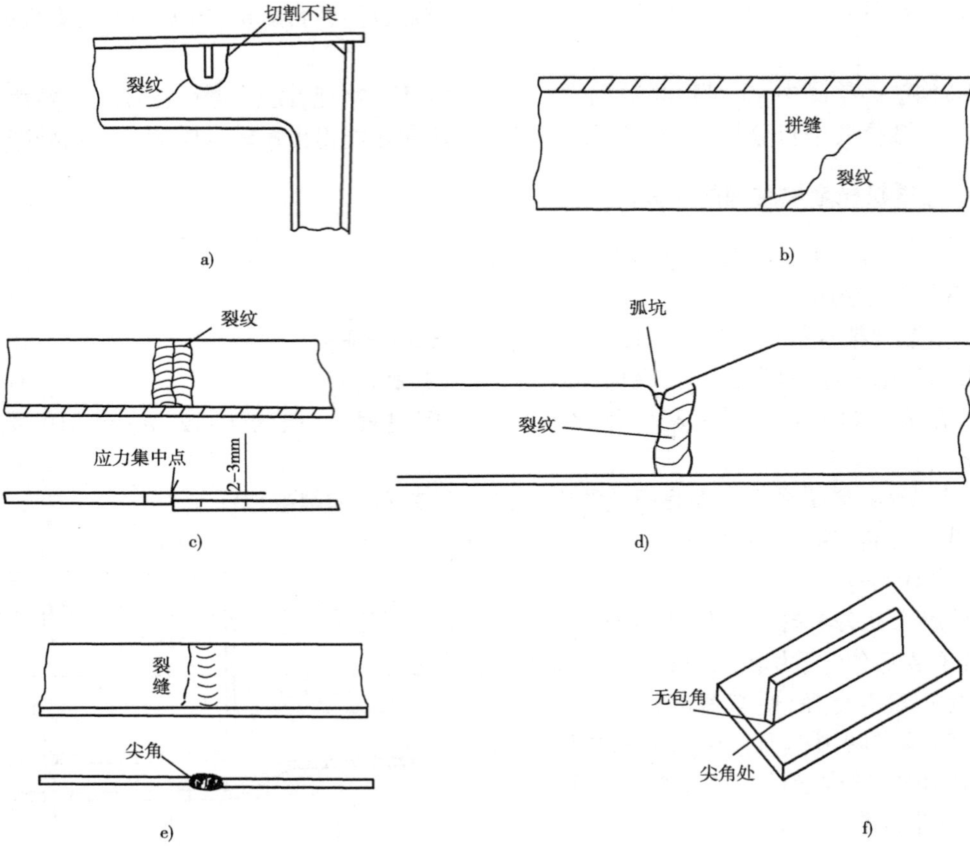

图 9-7　金属结构缺陷

②维护不当。没有及时润滑,使金属结构的铰接点构件活动不灵活甚至卡滞,加剧磨损;没有及时更换已磨损的轴套,使结构工作时产生很大的冲击;不经常检查,结构件及其焊缝开裂没有及时被发现或者处理不及时,造成臂架断裂。

3)防范臂架折断的三个关键

(1)在设计上防范。

对臂架结构,必须合理选型,合理设计。在刚性四连杆臂架结构中,臂架是支撑象鼻梁的主要构件,其下端用铰轴与转台上的臂架支座相连,中间部分与变幅驱动构件及臂架平衡系统的小拉杆相铰接。因此在回转平面内是一个悬臂构件,而在变幅平面内是一个带中间支座的压弯构件。由于要在变幅平面内连接活动配重的拉杆和变幅驱动构件,须将连接点布置在臂架上翼缘板,设计时,必须充分考虑该铰接处受力情况,对臂架刚性及稳定性予以特别重视。对于臂架内部,要合理地进行结构加劲肋的设计,以减小臂架结构的初始缺陷。

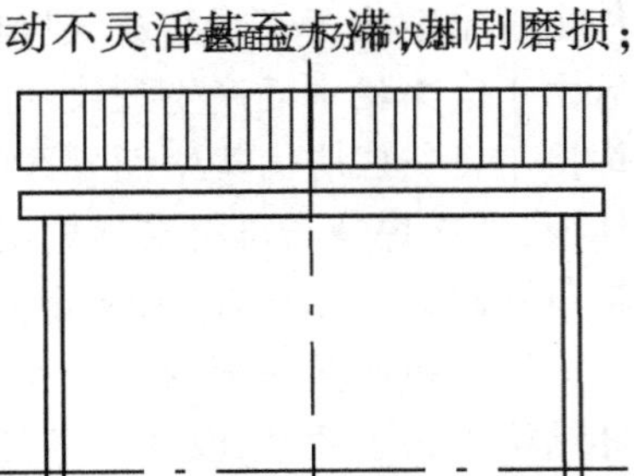

图　9-8

(2)在制造中防范。

起重臂作为重要的受力构件，施工中，外部焊缝质量一般都比较好，而内部施焊质量较差，尤其是横隔板的对接焊缝以及纵向加筋肋板的对接焊缝包角没有处理好，常发生开裂。封箱前要严格把关，封箱后还要进行箱体内外焊接质量的检查，特别注意变幅铰接点前后部位的焊接质量，绝对不能低于设计的图纸要求。

(3)在使用中防范。

使用中要严格遵守《门座式起重机安全技术操作规程》，禁止野蛮操作与超负荷，定期进行安全检查和维护保养，尤其注意臂架内部的横隔板、加强肋以及翼缘板(腹板)表面凹凸情况，一旦发现问题，应马上采取防范措施。

2. 装船机尾车杆件折断案例

1)故障现象

某装船机在作业过程中，尾车金属结构连接处出现屈服(残余)变形。

2)原因分析

该尾车金属结构简图如图9-9所示，为桁架结构。尾车前支撑杆为直径Φ299mm，壁厚8mm，长13m的薄壁圆钢杆，两端沿轴向焊接长614mm、宽300mm、厚度为10mm的钢板，通过高强度螺栓与焊在结构上的钢板紧固搭接，如图9-10。从图中可以看出，此连接方式在静载受压的理想工况下，由于上下压力不在同一条直线上，因而在连接钢板上将产生附加弯矩，其大小为$F \cdot \delta$(F为杆件压力，δ为两钢板中心距)。把支撑钢板简化成矩形板，其受力如图9-11所示，在理想情况下，薄板搭接受压可以考虑成两端固定的压板，由于载荷偏心，使支撑薄板内的两端力矩大为增加，导致薄板内应力增大。设计者在设计中忽略了此种连接会产生附加弯矩。况且本装船机生产能力为6000t/h，而其尾车的结构相对单薄，正常作业情况下，钢板根部的最大应力已远远超过材料的屈服极限，导致钢板产生屈服变形，而偏心所引起的弯曲应力过大，则是产生屈服的主要原因。这个案例充分说明尾车折断是由于设计失误而造成的。

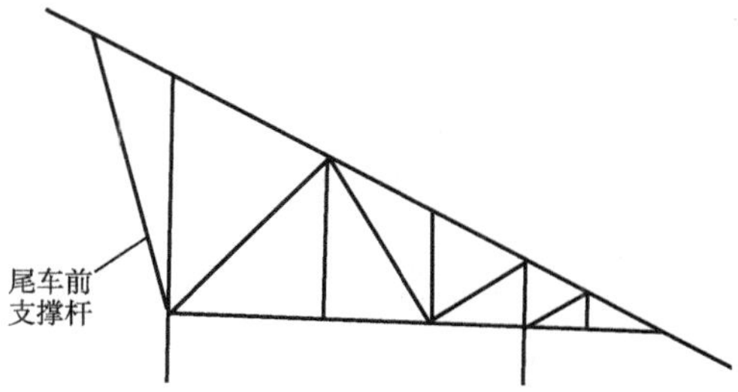

图9-9　尾车结构简图

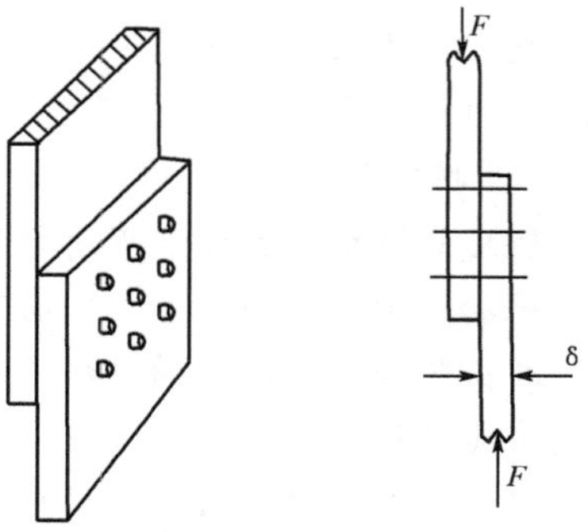

图9-10　钢板连接方式简图

3)改进措施

由于原钢板搭接形式造成局部失效的主要原因是偏心载荷产生的弯曲应力过大，故此，要考虑尽量增大连接处的局部抗弯截面模量，将连接方式改为如图9-12所示的连接，即在原钢板两侧分别焊接厚10mm，宽80mm的扁钢，使其成为工字型截面，以获得较大的抗弯能力，从而解决了此类型故障。这种薄板搭接形式是大型桁架连接的常用方式，但从这一案例中可看出：设计时不单要考虑结构的整体刚度及外载、振动对结构的影响，还要考虑连接部位派生的弯矩，不然将会导致严重的后果。

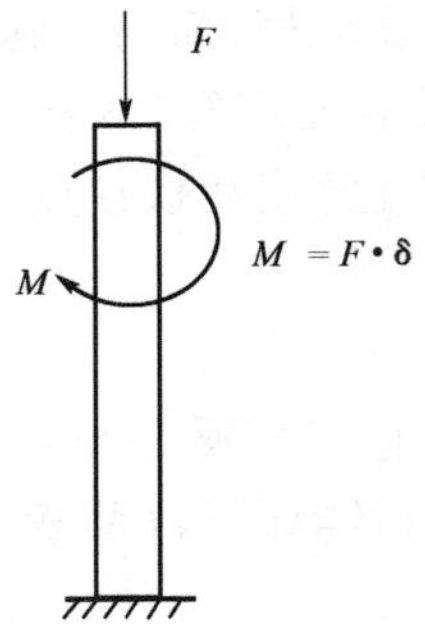

图 9-11　钢板受力简图

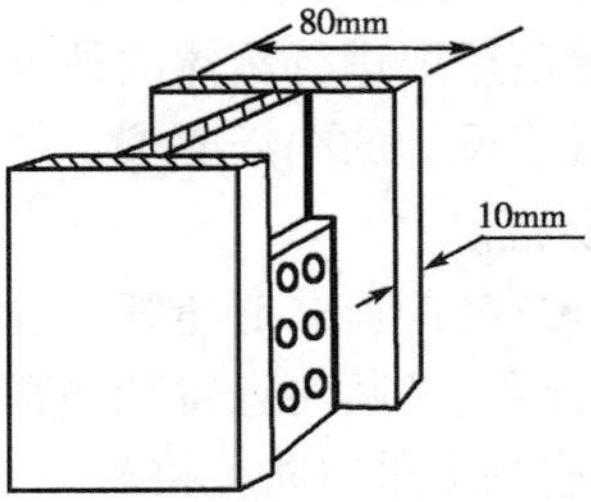

图 9-12　连接部位改造后的截面形式

思考题

1. 什么是设备故障？属于设备故障的情况有哪些？
2. 设备故障管理的任务是什么？
3. 什么是故障模式？什么是故障机理？
4. 什么是渐发性故障？其特点是什么？
5. 什么是突发性故障？其特点是什么？
6. 什么是设备“浴盆曲线”？所有设备都遵循这个规律吗？
7. 试用因果分析图法分析某门课程你没学好的原因。
8. 港口设备的状态监测技术与故障诊断技术的区别与联系是什么？
9. 港口设备状态监测与故障诊断主要方法有哪些？选用时要注意什么问题？
10. 为什么能利用振动信息进行故障诊断？
11. 通过对油液进行分析也能判断设备状态吗？常用哪些分析方法？
12. 电测应力法的基本原理是什么？
13. 液力系统中，空气对设备有什么危害？
14. “直观经验诊断法”中的“四觉”诊断法指什么？
15. PLC 故障检测显示装置有什么优点？
16. 滚动轴承失效的基本形式有哪些？各是什么原因引起的？
17. 冲击脉冲法诊断滚动轴承故障的原理是什么？
18. 减速器的齿轮失效形式有哪些？各是什么原因引起的？
19. 起重机金属结构的失效形式有哪些？各是什么原因引起的？
20. 起重机金属结构的故障监测常用什么方法？包括哪些内容？

第十章　港口设备管理信息系统

第一节　概　　述

一、计算机辅助港口设备管理的作用

1. 计算机辅助港口设备管理

通过计算机对港口设备一生进行综合管理、科学归纳、及时处理港口设备管理日常工作中的各种信息，一方面可根据生产指令，及时提供一系列相关的设备状态信息，作为确定生产组织方案，调配港口设备的决策参考依据，尽快实现生产目标；另一方面可通过有效的管理途径，合理地规划、控制港口设备使用中的各种消耗，达到提高生产效率和质量，保障安全，降低生产成本的目的。

2. 计算机辅助港口设备管理的作用

现代港口设备效能高、功能多、投资大，检修费用昂贵，故障停机损失大，这就要求对港口设备管理与维修工作同步实现现代化。设备前期管理中的技术经济论证；设备使用期的正常运行、定期检查、计划预修、状态监测、维修技术、备件管理、润滑管理、防腐管理等；设备使用后期的改造或报废决策都需要存储大量信息。因此，应用计算机建立比较全面的设备管理信息系统是非常重要的。

(1)港口设备管理信息系统必须在以下几个方面提供管理：

①提高设备使用率；

②产生准确的设备维修计划，达到优化维修资源的目的；

③控制维修费用；

④提高维修服务水平。

(2)港口设备管理信息系统应具备以下功能：

①前期管理；

②使用期管理；

③使用后期的技术经济分析；

④各种图形的显示；

⑤备件管理。

以上各子系统既相对独立，又密切联系，形成一个整体，共存于港口设备管理信息系统之中。系统不但能为港口设备主管部门随时提供必要的信息资料，而且还要为港口企业中不同层次的决策者提供大量港口设备管理与维修方面的信息，以供决策之用。

港口设备管理活动既是一个信息传递和处理的系统，又是一个负反馈的控制系统，在此系统中，港口设备相当于被控对象，而后继分析则是反馈环节，它能反映港口企业港口设备管理水平的高低及效果，由于计算机具有信息输入、输出、存储、计算和逻辑判断等功能，因此可用

来辅助港口设备管理人员进行港口设备的综合管理,提高港口设备管理水平和效率。

二、计算机辅助设备管理的现状与发展趋势

1. 计算机辅助设备管理的现状

1)应用范围

(1)计算机辅助设备管理信息系统的应用。

以前,设备管理通常是一种静态管理。日常管理工作主要是报表、折旧、制订维修计划、到期报废、定期大、中修,出现故障突击维修等。维修期间全线停车造成很多人、财、物的浪费,设备维修以治为主。

设备管理信息系统的应用和故障诊断技术的开发,改设备静态管理为动态管理。推广预知维修制度,以防为主,不仅可以提高设备使用率,还可以降低设备使用成本,实现增收节支,科学地管理和使用设备。

(2)计算机辅助设备管理信息系统已在国民生产各行业得到普遍应用。

自1987年7月28日国务院正式公布了《全民所有制工业交通企业设备管理条例》以来,计算机辅助设备管理已得到应用,并已取得较好的效果,产生了巨大的经济效益。

2)应用效果

建立设备管理信息系统或应用计算机辅助设备管理,其根本目的是提高经济效益。

(1)计算机辅助设备管理出效益的途径:

①增加设备的运转台时,减少停机时间;

②通过维护保养和技术手段延长设备的使用寿命;

③控制和减少设备维护保养的作业时间和材料消耗费用;

④控制和降低设备管理的综合成本;

⑤通过技术改造保值增值。

(2)应用计算机进行设备管理的效益表现在:

①提高设备管理的工作效率。计算机强大的信息存储和处理能力可快速地完成日常报表制作、分类、分析、统计、比较等工作,因而提高工作效率,减轻了工作人员的工作负荷;

②提高工作质量和管理水平。计算机对管理工作的标准化、规范化的要求,可以促进管理工作水平和工作质量的提高;如果计算机的应用深入到现场作业管理,建立从现场到科室管理的动态信息反馈体制,可有力地提高管理工作的科学化水平;

③保障作业计划的准确性和科学性,减少维护保养修理的次数和工时数,提高设备的利用率;

④直接控制或降低设备管理作业的成本费用。在计算机管理中,所有作业的记录都要求完整和准确,这就为费用的核算从而进行作业成本控制提供了量化的条件;

⑤综合利用设备管理的数据信息,监控设备的寿命周期和效益表现,为设备投资和技术改造提供技术工艺标准和技术经济分析,保持最佳的设备投资利润率。

2. 发展趋势

自20世纪80年代到90年代初期,我国应用的计算机辅助设备管理系统都只局限于信息管理中的一种日常管理。它只是简单地提高工作效率和作业的信息反馈。随着企业管理水平的提高会逐步由日常管理到综合管理过渡,增强设备的规范化管理,提高经济效益。

随着计算机技术的不断发展,新的计算机将逐渐应用到设备管理中来。目前,随着通信技术的不断发展,对于不断扩大的跨国集团来讲,为了正确地了解公司各地设备运行情况,及时处理设备的各种异常,建立基于互联网的计算机辅助设备管理信息系统和远程诊断系统,将成为设备管理的一大趋势。为了正确掌握企业设备运行工况,同时为了得到设备在各种条件下的不同工作状况,建立设备运行模型,对设备工况进行模拟和模拟处理设备运行中的异常情况也将作为计算机辅助设备管理的另一趋势。随着设备管理体制的不断变化,日常管理和维修业将正式脱钩,在这种情况下,建立设备管理有关的咨询和决策机构将成为一种必然,建立相应的计算机系统也将作为设备管理的又一趋势。另外,作为国家基础行业的制造业正在向着高度集成化、智能化、自动化方向发展,建立相应完备的设备管理信息系统也会为提高生产效益起到至关重要的作用。

第二节　港口设备管理信息系统的应用

一、港口设备技术经济管理系统

1. 港口设备技术经济管理主要内容

1)港口设备投资分析

(1)投资原因分析;

(2)技术选择分析;

(3)财务分析;

(4)资金来源分析;

(5)设备租赁、外购和自制的技术经济分析。

2)港口设备购置管理

港口设备购置可以分为两种情况:

(1)对于价值较低的单台通用设备,一般只经过调研、选型分析后,直接向制造厂或经销商订货;

(2)对于专用设备和价值较高的单台通用设备,应采用招标方式,经过评议确定,与中标单位签订订货合同。

3)港口设备台账管理

港口设备台账管理是指对港口设备台账的收集垫付、登记建账、复制保管、借阅等环节的管理。它是港口设备管理主要技术、经济活动的真实记录,是开展港口设备综合管理的重要依据。

4)设备更新、改造与报废管理

2. 港口设备技术经济管理系统

1)功能

(1)港口设备投资分析;

(2)港口设备购置合同管理;

(3)港口设备更新、改造与报废管理;

(4)港口设备台账管理。

2)数据库

(1)设备投资库；
(2)产品成本库；
(3)性能评分库；
(4)设备合同库；
(5)到货设备暂存库

3)系统特点

首先根据技术经济分析选定港口设备机型，然后进行港口设备购置的合同管理。港口设备投入使用后，根据港口设备总使用成本确定是否对港口设备进行大修理、更新、改造或报废，是对港口设备一生的经济效益进行管理。

二、港口设备状态监测及故障诊断系统

1. 港口设备状态监测及故障诊断主要内容

通过各种测试手段检测设备信息特征，从而判断设备状态，进一步诊断其存在的性质、程度、类别、部位、原因及发展趋势，为港口设备管理的决策提供依据。

(1)信号检测：根据不同的监测对象，采取不同的检测手段，提取能反应设备状态变化和故障特征的原始信号。

(2)信号处理：利用现代信号分析和数据处理方法把原始信号转换为能表达设备状态变化征兆的特征量。

(3)状态识别：将待检的特征量与样板特征量比较，进行状态分类、故障模式识别。为此要建立判别函数，规定判别准则，力争使误判率最小。

(4)诊断决策：根据判别结果采取相应对策，对港口设备进行必要的干预。干预措施包括调整、控制、维修等。

以上四个环节，可综合为港口设备状态监测与故障诊断的主要内容，用图 10-1 表示。

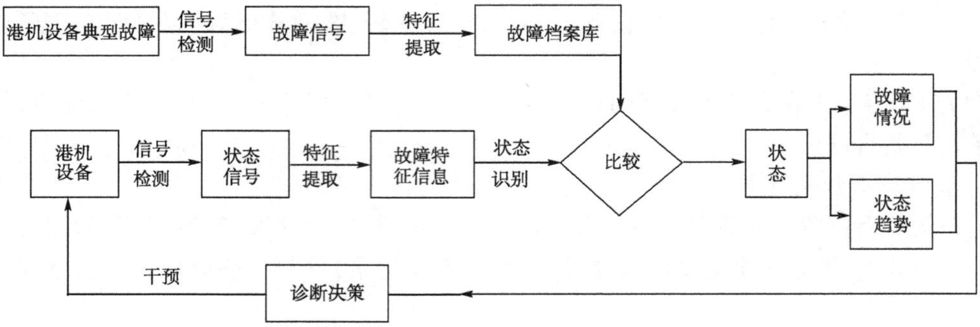

图 10-1　港口设备故障诊断技术的主要内容

2. 状态监测及故障诊断系统

1)系统的分类及功能

(1)按监测诊断系统的功能所达到的智能水平来分。

①简易诊断系统：直接用监测参数值对设备状态作出是否正常、有无故障的判断。检测仪器简单、成本低、操作容易。

②精密诊断系统：需要使用较复杂的信号检测及处理设备，配备专业人员对非正常设备的

故障进行诊断,对故障类别、性质、部位、程度及趋势进行判断。系统成本适中,操作技术水平较高。

③专家诊断系统:信号检测设备与精密系统相似,诊断工作主要依靠智能软件和计算机,多为非实时诊断系统,适用于已有较成熟诊断经验的专门问题诊断,需要专业人员与领域专家共同建立。一旦建立成功,成本低,使用操作不难。

④神经网络智能诊断系统:基于精密诊断测试设备,故障诊断主要靠神经网络软件及计算机实现,适用于已有较完整诊断案例库的诊断问题,需要专业人员建立、开发,成本较低。

(2)按监测诊断系统的工作方式来分。

①在线监测系统:适用于对生产影响极大,故障率较高的重要设备,依靠监测设备实时或自动地巡检设备状态。可由单机或多机组成系统,成本较高,系统维护工作量大。典型硬件结构框图如图10-2。

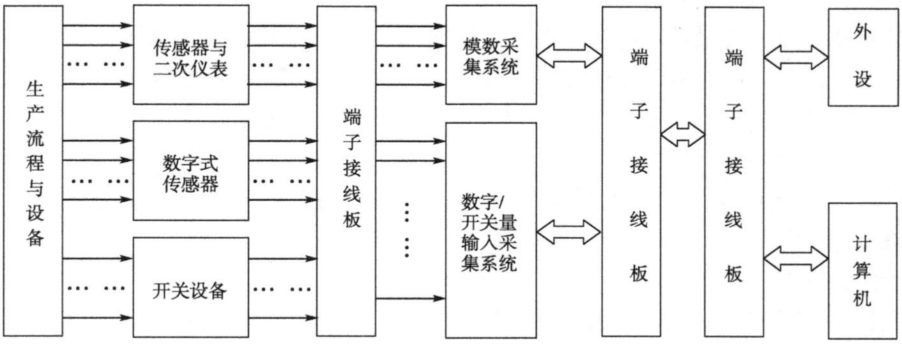

图10-2 计算机辅助状态监测及诊断系统典型硬件结构框图

②离线监测系统:可完成定期或不定期的设备状态巡检工作。一套检测系统可监测多台和多类型设备,监测范围广,有不同形式的检测系统可供选择,能完成设备状态监测和故障诊断的任务。离线监测的几种方式如图10-3所示。

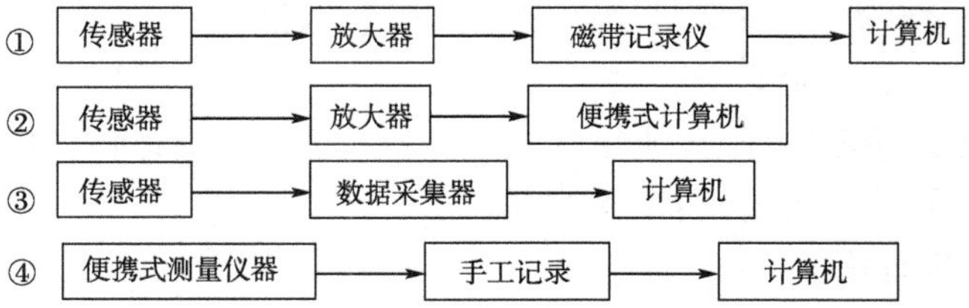

图10-3 几种离线监测系统

图10-3中,方式①仪器价格昂贵,体积大,数据存储量大,现场测试操作不方便,使用技术要求高;方式②价格适中,操作较复杂,一般将便携式计算机带到现场,如环境条件不好,现场使用就不方便,一般需要2人以上共同完成工作;方式③价格便宜,操作简单,携带方便,一人就可完成全部测试及分析工作;方式④过于简单,只能完成简单的设备状态监测任务。

2)系统的主要硬件

(1)传感器。传感器的作用是采集并转换设备运行中的各种信息并传输给仪器或计算机加以处理、显示、记录和分析。它是监测系统中的首要环节,占有重要地位。没有稳定可行、精确灵敏的传感器就谈不上有效的监测和准确的诊断。监测系统常用的传感器有如下几种。

①振动传感器:压电加速度传感器,磁电式速度传感器、涡流式位移传感器等。其中压电加速度传感器性能优越,使用方便,价格适中,应用广泛。

②力传感器:动态应变仪、拉力传感器、压力传感器、扭矩传感器等。

③转速传感器:光电转速传感器等。

④温度传感器:接触式、非接触式等。

(2)前置处理器,又称二次仪表。一般情况下,传感器测得的信号比较微弱,不能直接送到记录仪或计算机中处理,需用二次仪表进行放大、整形、调幅、调频等各种处理。如:压电加速度传感器配备电荷或电压放大器,应变片配备应变仪等。传感器与二次仪表一般都有较为固定的搭配。

(3)磁带记录仪。磁带记录仪是记录、存储测试信号的一种装置。优点是存储密度较高,存储信息容量较大,记录数据以电信号形式重放,磁带可反复使用。缺点是存取速度慢,操作复杂,价格较贵,对工作环境有要求。

(4)数据采集器。数据采集器是用于工业现场设备状态检测的便携式仪器。它集测试、存储、控制、分析于一体,提供现场频谱分析的功能。它可以配接检测振动、相位、转速等多种传感器。其最大优势是可以采集、存储现场的大量数据,并通过与计算机联机,对信号作进一步分析处理和建立设备状态数据库。

(5)计算机。便携式计算机可现场作测试,台式机速度快,存贮量大,可与数据采集器是和磁带机配合使用。

3)系统的软件

(1)数据采集程序。数据采集程序的作用是将传感器测取的模拟信号转换为数字信号。采集参数有采样频率、采样数据总个数、设备名称及测点等。

(2)信号处理程序。信号处理程序是设备状态监测与故障诊断系统中最丰富的部分,主要作用是排除原始信号中的干扰,提取故障征兆。常用的信号处理程序有:

①时域统计分析:均值、均方根、方差、概率密度函数;

②时域相关分析:自相关函数、互相关函数、相干函数;

③频域分析:自功率谱、互功率谱、细化谱、倒频谱、双谱;

④时间序列分析:AR 模型自回归谱;

⑤轴承和齿轮故障诊断程序、金属结构应力分析及疲劳寿命评估分析;

⑥其他:模态分析、小波分析、包络检波等。

(3)故障模式识别程序。

①故障模式的统计识别法:从原始信号中用统计的方法提取故障征兆组成待检模式,然后用各种距离函数与样板模式比较判别。常用的距离函数有欧氏距离、加权欧氏距离、马氏距离、明氏距离、角度相似性指标、相关系数、信息距离等。

②在某种函数关系,则在获得特征元素后就可算出相应的故障状态。

③逻辑识别方法:针对逻辑特征量进行故障识别的机械故障诊断法。首先建立特征向量与故障向量的以故障树形成的逻辑关系,再利用模糊数学的最小最大割集运算法则判别。

④模糊识别方法:运用模糊数学理论,先建立征兆与故障之间模糊关系矩阵,又称隶属度矩阵,再测取待检状态的征兆参数向量矩阵,然后求解关系矩阵,从而得出合理的诊断结论。

⑤神经网络识别方法:神经网络模型是在现代神经生理学和心理学的研究基础上,模仿人的大脑神经元结构特性而建立的一种非线性动力学网络系统,它由大量的简单的非线性处理单元高度并联、互联而成,具有对人脑某些基本特性的简单数学模拟能力。神经网络在故障诊断领域中的应用主要集中在三个方面:一是模式识别角度应用神经网络作为分类器进行故障诊断,二是从预测角度应用神经网络作为动态预测模型进行预测,三是从知识角度建立基于神经网络的诊断专家系统。

三、港口设备润滑管理系统

1. 港口设备润滑管理的主要内容

1)润滑管理的内容

(1)用理论指导港口设备润滑工作;

(2)设置专职部门安排专职人员做好港口设备润滑管理;

(3)建立设备润滑档案,掌握港口设备的润滑要求;

(4)掌握各种润滑材料的性能和用途,正确使用润滑材料;

(5)加强港口设备润滑状态管理,实施润滑"五定"制度,保证港口设备润滑条件;

(6)推广采用润滑新技术、新材料、新装置,改善港口设备润滑状态;

(7)合理润滑,节约材料,提高润滑管理的经济性;

(8)治理泄漏,回收废油,保护环境,节约资源。

2)润滑管理的过程

(1)制订润滑计划,由润滑管理人员确定设备润滑部位和定额;

(2)润滑材料管理;

(3)润滑计划的实施与材料消耗统计;

(4)油质化验及分析报告;

(5)润滑图表及卡片管理。

2. 港口设备润滑管理系统

1)功能(图 10-4)

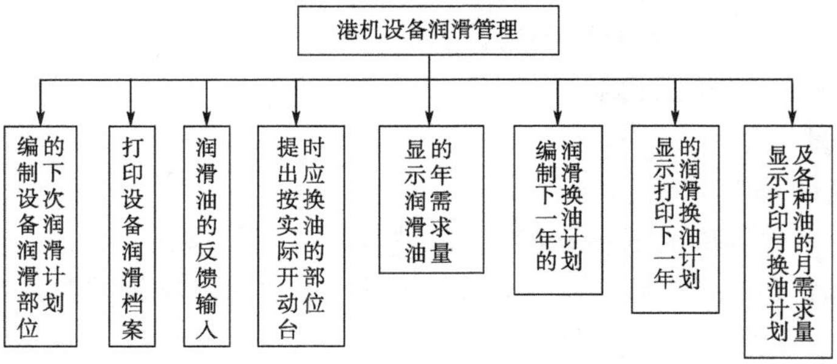

图 10-4 港口设备润滑管理系统功能图

2)框图(图 10-5)

3)数据库

(1)润滑档案库;

(2)年度润滑换油计划库;

(3)各种油的年需求量库。

4)系统特点

本系统能自动排出下一次的润滑计划，能按港口设备的实际开动台时进行换油报警，每次换油后，要对所换油部位进行换油后的反馈输入。

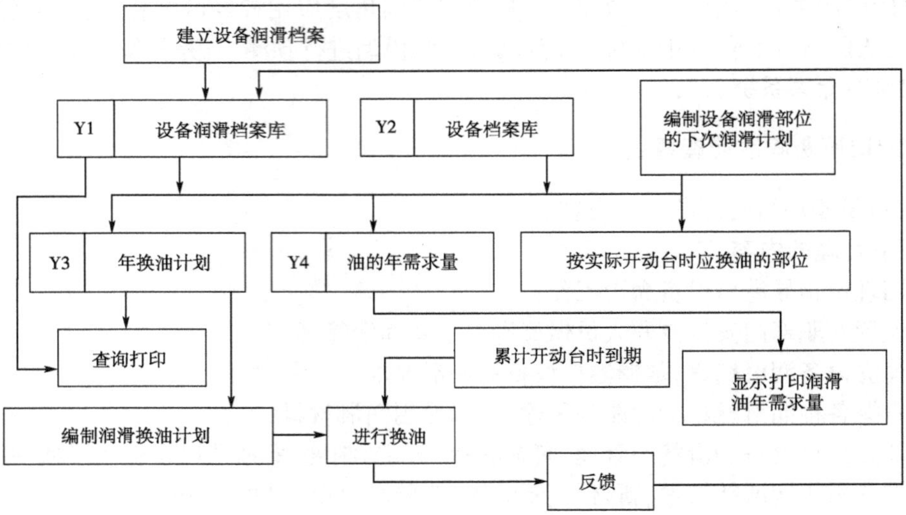

图 10-5　港口设备润滑管理系统框图

四、港口设备备件管理系统

1. 港口设备备件管理主要内容

1)备件的技术管理

技术管理包括备件图纸收集、测绘、整理、备件图册的编制；各类备件统计卡片和储备定额等基础资料的设计、编制及备件卡的编制工作。

2)备件的计划管理

(1)年、季、月自制备件计划；

(2)外购备件年度及分批计划；

(3)铸、锻毛坯件的需要量申请、制造计划；

(4)备件零星采购和加工计划；

(5)备件的修复计划。

3)备件的库房管理

库房管理包括备件入库时的质量检查、清洗、涂漆防锈、包装、登记上卡、上架存放；备件收、发入库房的清洁与安全；订货点与库存量的控制；备件的消耗量、资金占用额、资金周转率的统计分析和控制；备件质量信息的收集等。

4)备件的经济管理

经济管理包括备件库存资金的核定、出入库账目的管理、备件成本的审定、备件消耗统计、备件各项经济指标的统计分析等。

2. 港口设备备件管理系统

1)功能(图 10-6)

2)框图(图 10-7)

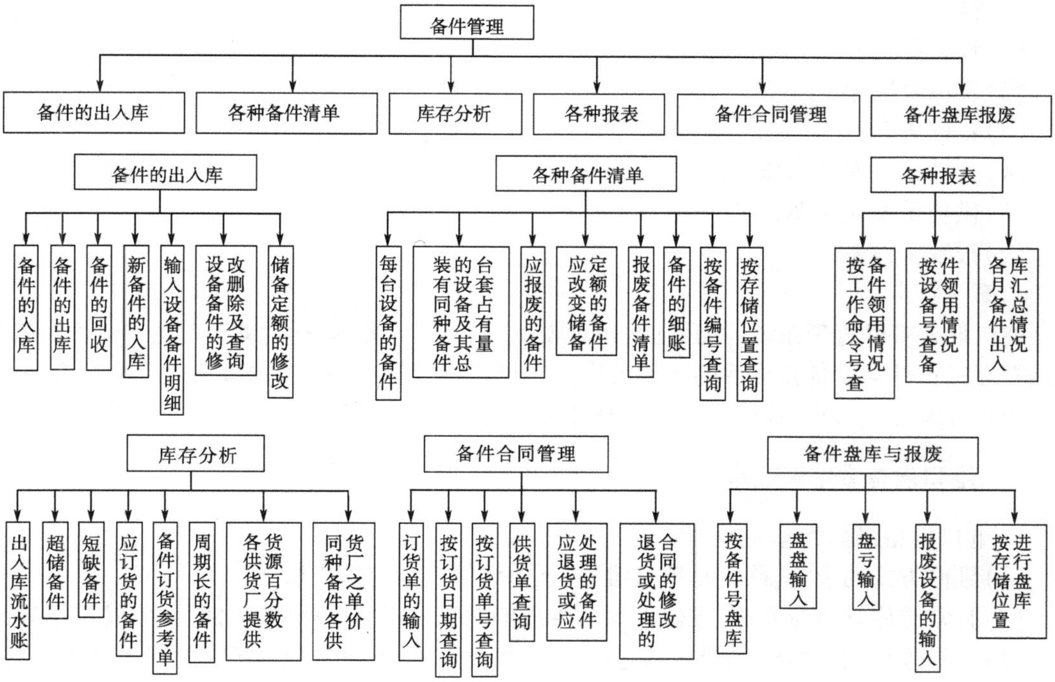

图 10-6　港口设备备件管理系统功能图

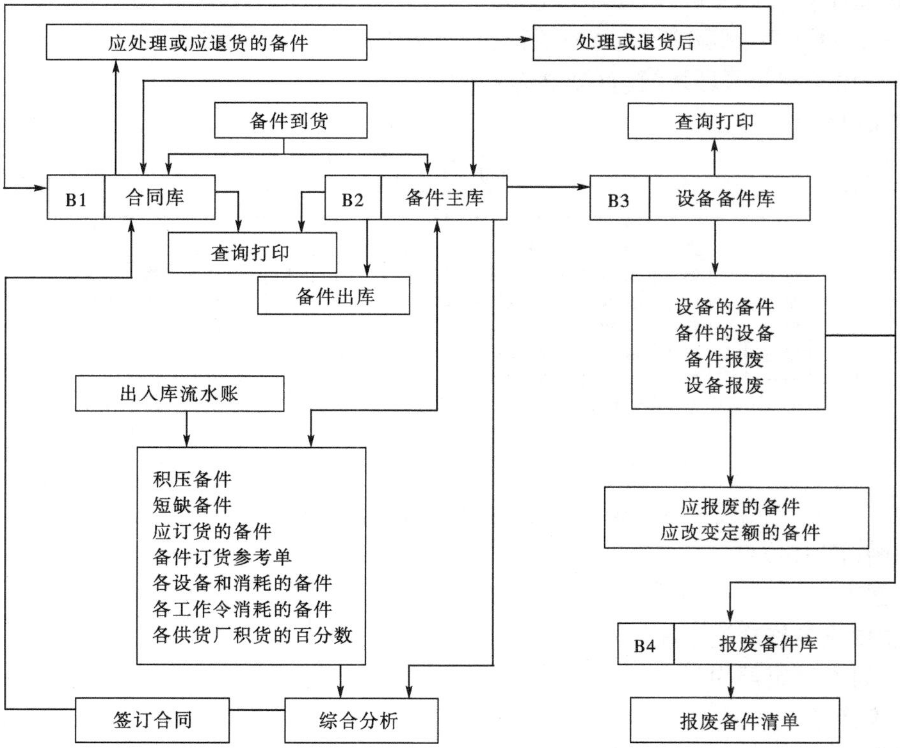

图 10-7　港口设备备件管理系统框图

3)数据库

(1)设备备件库;

(2)备件合同库;

(3)备件主库;

(4)备件出入库流水账库;

(5)供货单位代号库;

(6)报废备件库。

4)系统特点

港口设备备件管理系统,其独立性相对较高,主要工作分为三类:即备件的出入库、备件的合同管理和备件与设备相连后的管理工作。它与物质管理有许多相同的地方,凡设备备件有统一的物资编号,系统可根据备件的编号对备件进行分类处理。

五、港口设备维修管理系统

1. 港口设备维修管理主要内容

(1)维修方式的设定:确定是事后维修、预防维修还是定期维修;

(2)日常维修计划及实施:维修计划的生成依据来自设备维修周期、故障、维修记录等;

(3)大修理计划及实施:编制的依据为设备大修理周期、事故故障记录及设备技术状况;

(4)维修费用管理:统计单台设备维修工时、维修费用等;

(5)大修理成本管理:统计单台设备大修理的材料费、工时费等;

(6)设备维修统计分析:修理计划完成情况、修理停歇时间、修理耗用工时、修理成本及对常用备件一次摊销费、外购备件、材料消耗、劳务协作费所占比重等进行分析。

2. 港口设备维修管理系统(计划预修管理)

1)功能(图10-8)

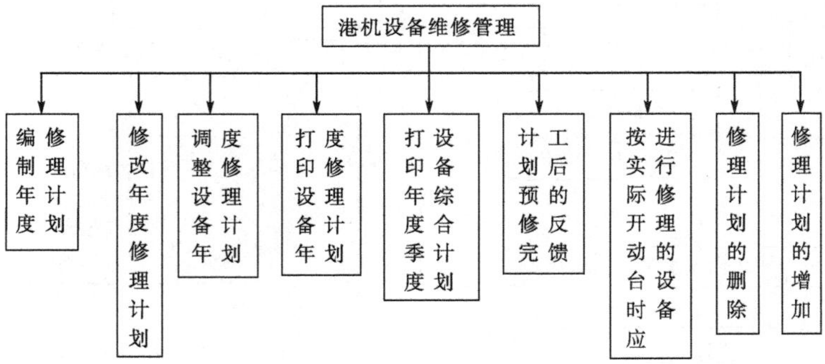

图10-8 港口设备维修管理系统功能图

2)框图(图10-9)

3)数据库

(1)主要设备修理记录库;

(2)工时费用定额库。

4)系统特点

根据修理周期和工时、费用定额先编排一个粗略的修理计划,再根据设备实际情况调整修理计划。反复修改、调整后,形成一个比较理想的设备年度大修理计划。

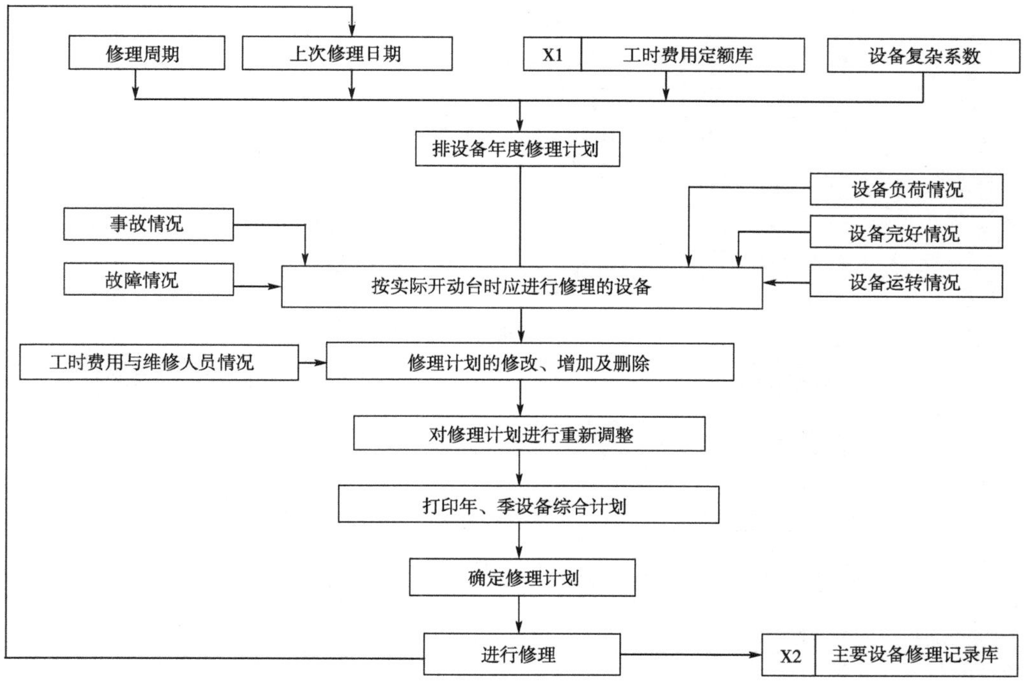

图 10-9　港口设备维修管理系统框图

六、港口设备资产与技术资料管理系统

1. 港口设备资产与技术资料管理内容

1)港口设备资产管理系统

港口设备资产管理系统分:港口设备前期管理和港口设备台账管理两部分。

(1)设备前期管理包括市场信息、设备选型、设备购置计划、原始凭证等四个方面的管理,主要是为了设备选型。

(2)设备台账管理主要包括设备转入固定资产后的分类与编号、设备基本数据(设备名称、型号、规格、制造单位、出厂编号、出厂年月、进账年月、耐用年限、原理、分类等级)、使用部门、安装地点等方面的管理。

2)港口设备技术管理系统

港口设备技术资料管理系统是针对港口企业设备档案、技术资料进行管理,包括:

(1)资料登录:进行设备技术资料的添加、删除和修改;

(2)技术资料管理:对录入的设备技术资料可按设备编码快速检索、浏览;

(3)公用资料:设备管理常用的工具资料。

2. 港口设备资产管理系统

1)功能(图 10-10)

2)框图(图 10-11)

3)数据库

(1)设备固定资产库;

(2)新到设备暂存库;

(3)设备固定资产报废库。

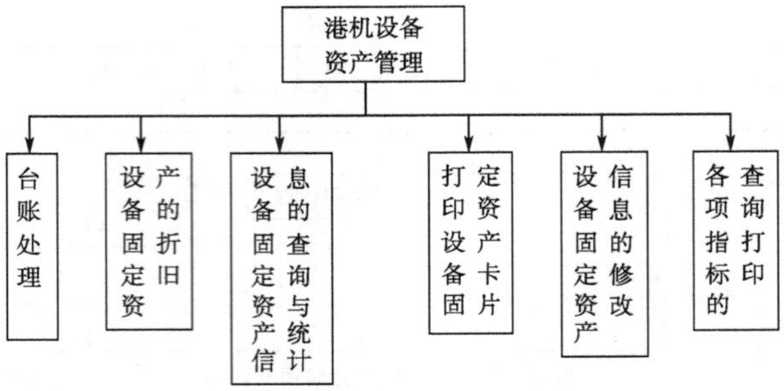

图 10-10　港口设备资产管理系统功能图

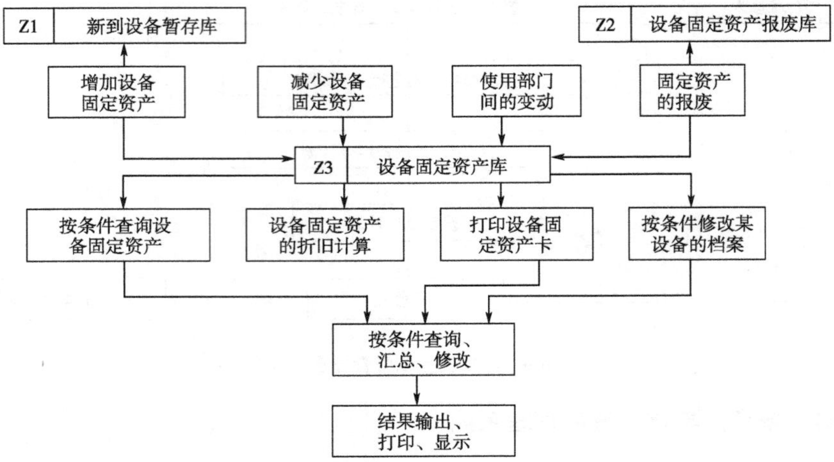

图 10-11　港口设备资产管理系统框图

4）系统特点

建立设备固定资产库，实现入账、移装、调拨、封存、租赁、报废的动态管理，提高数据运算的速度和可靠性。

3. 港口设备技术资料管理系统

1）功能（图 10-12）

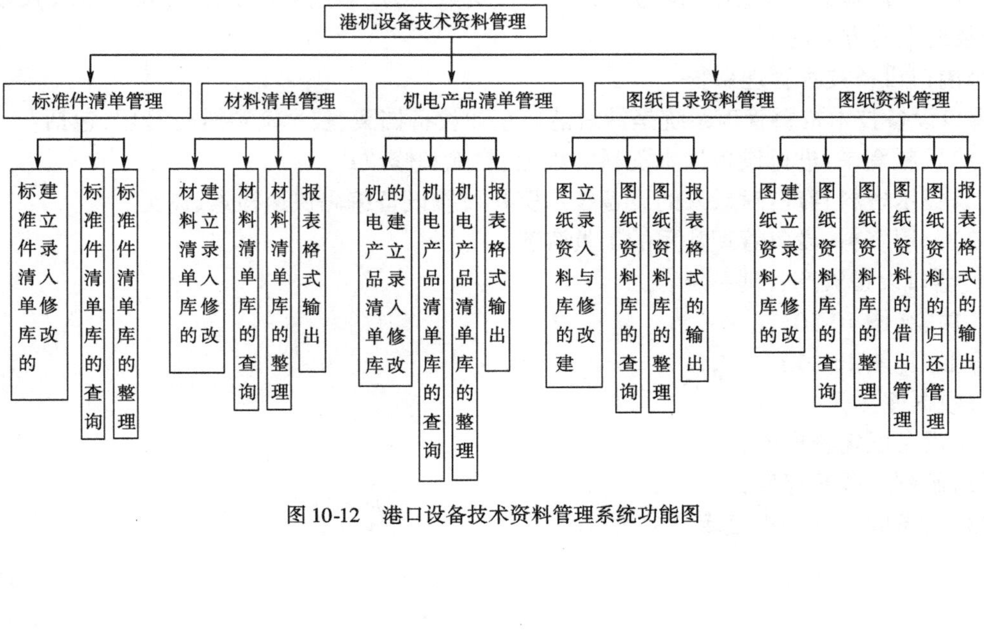

图 10-12　港口设备技术资料管理系统功能图

2)框图(图 10-13)

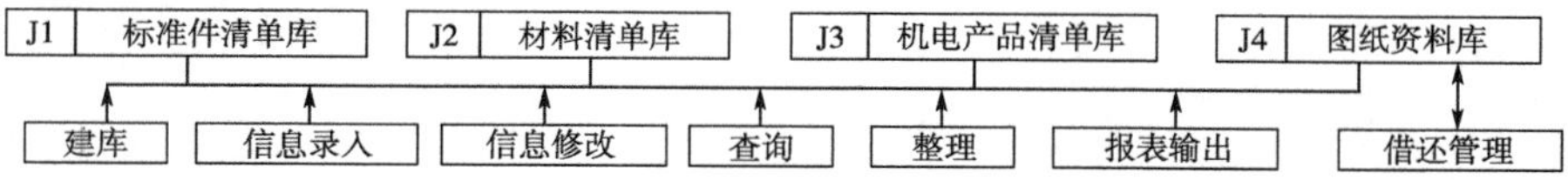

图 10-13　港口设备技术资料管理系统框图

3)数据库

(1)标准件清单库;

(2)材料清单库;

(3)机电产品清单库;

(4)图纸资料库。

4)系统特点

将港口企业设备各类技术资料分类别予以管理,能迅速方便地将设备资料的主要内容呈现给设备管理人员。

第三节　港口设备管理典型系统

一、港口设备综合管理系统实例简介

某港口建成了一套既面向例行业务的港口设备管理信息系统,又面向管理决策的港口设备管理决策支持系统。

1. 系统功能

该系统管理模式按统一化和规范化的要求,根据设备管理三级管理方式划分为三个层次:局(技术处)、公司、队。对公司一级分解为门机队、机械队、灌包队、技术科、物资站等子模块(如图 10-14(A)所示)。而这些子模块再分解为数据登录编辑、统计处理、输出、查询、系统维护等功能模块,这些功能模块最后又细分为更小的模块(如图 10-14(B)所示),可处理某一类数据,以达到某种功能,如输入、查询某一类数据,作某一个统计表等。

2. 系统框图(图 10-14)。

3. 系统的特点

从面向维修业务处理的系统方面,系统较好地解决了特殊性和通用性的问题。一方面充分满足港口设备管理各项信息上的要求;另一方面,重视系统的适用性和通用性,系统的结构菜单、数据输入、查询、打印报表、数据统计图形等都实现了软件程序自动生成或通用程序包。这样,在建立新的类似的管理信息系统时,约占整个管理信息系统开发工作量 30% 的程序设计阶段工作量大大减少,使计算机在管理中的应用前景更加广阔、现实。

二、旋转式大型港口设备的回转支承装置故障诊断与检测系统

1. 旋转式大型港口设备回转支承装置概述

回转支承装置是旋转式大型港口设备的一个承上启下的重要部件,它尺寸大、负荷重、回转速度慢、维修更换困难、修理周期长、费用高。它一直是港口企业港口设备管理的重点,对它进行状态监测和趋势预报,避免突发性故障的发生,做到预防维修,可获得较大的经济效益。

- 港机设备管理信息系统（A）
  - 技术处分系统
    - 事故管理
    - 机修厂考核管理
    - 主要设备运行管理
    - 科技情报资料管理
    - 设备维修费用管理
    - 设备管理优秀单位申报管理
    - 能源消耗管理
  - 装卸公司分系统
    - 技术科子系统
      - 各队经济技术数据汇总
      - 工具队机床运行管理
      - 能源消耗月报
      - 装卸生产能源消耗统计
      - 设备台账及重核年限
      - 装卸机械技术分类
      - 设备折旧统计
      - 经济技术汇总库拷贝
    - 机械队子系统{……
    - 门机队子系统{……
    - 灌包队子系统{……
  - 物资站分系统
    - 各类物资数据录入
    - 流水账汇总
    - 消退流水账汇总
    - 日度汇总
    - 月度汇总
    - 生产主要物资统计
    - 统计物资使用方向
    - 新机电收支统计
    - 月份材料余额表
    - 库存资金增减统计
    - 月度各单位领料汇总

- 港机设备管理信息系统（B）
  - 点检信息管理系统
    - 点检数据管理
      - 登录、修改
      - 查询检索
      - 统计打印
    - 点检运行管理
      - 日常点检作业检索
      - 定期点检计划自动生成
      - 精密点检计划自动生成
    - 维修管理
      - 登录、修改
      - 技术经济统计
      - 查询修改
      - 故障部分编码管理
    - 劣化分析
      - MTBF 分析
      - 点检异常分析
      - 精密点检异常分析
      - 劣化趋势预测
      - 劣化趋势预测图形输出
  - 维修决策支持系统
    - 维修方式决策
      - 评分标准
      - 分类处理
      - 决策
    - 维修类型决策
      - 精检标准
      - 权值处理
      - 决策及输出
    - 维修计划
      - 编制、修订计划
      - 查询、输出
      - 增加删除
  - 前期决策支持系统
    - 装卸机械有关参数及生产能力计算
    - 装卸机械拥有量计算
    - 敏感分析
    - 经济分析模型
    - 投资方案，经济效果评价
  - 更新决策支持系统
    - 权修改
    - 预估新设备使用年限
    - 计算使用年限评估分
    - 计算能源消耗评估分
    - 计算大修间隔评估分
    - 计算修购费率评估分
    - 计算故障率评估分
    - 设备技术经济分析决策方案

图 10-14　系统框图

1）结构特点与工作特点

回转支承装置有三种常见的结构形式：交叉滚柱型、四点接触型和三排滚柱型。由于上部结构的倾覆作用和相对运动，回转支承中各滚动体及滚道受力不均匀，加上运动元件的滑动，运动状态不平稳。门机回转支承装置的回转速度很低，一般为 1 ~ 1.5r/min；斗轮堆取料机回转速度更慢,约为0.12~0.17r/min。对于某些港口设备,回转支承装置经常在一定角度范围内工作,易造成局部过度磨损,故障增多。

2)故障类别

回转支承装置由于设计、制造、安装及使用维护不当所造成的故障有:

(1)回转支承支承部位刚度不够,造成转台与回转支承连接处开裂或变形;

(2)大车运动轨道不平或由于轴承安装不当及制造精度原因造成的滚道变形;

(3)滚柱与滚道装配径向间隙过大,造成在倾覆力矩的作用下回转支承过平衡位置时异常窜动;

(4)滚子安装过密,在局部载荷作用下,滚子间互相挤压摩擦;

(5)回转支承支承筋板开裂;

(6)回转支承连接螺栓断裂;

(7)滚子或滚道磨损、剥落;

(8)滚道压坑或变形;

(9)滚子压碎;

(10)滚道下沉引起其他结构碰撞;

(11)缺少润滑脂造成干摩擦;

(12)煤灰或矿粉等杂质侵入堵塞滚道。

2. 回转支承装置故障分析及测试技术

1)回转支承装置故障分析

回转支承装置故障分析思路可用图10-15表示。

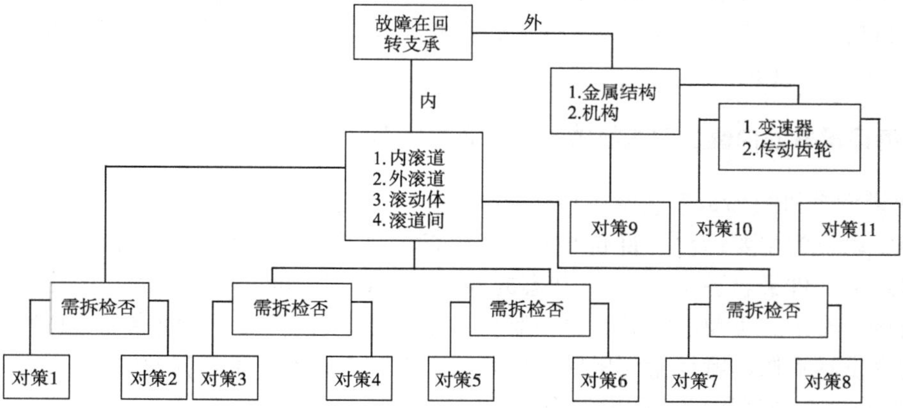

图10-15 回转支承故障诊断思路与对策

2)回转支承装置测试技术

回转支承装置振动诊断使用的主要测试分析仪器有:振动传感器、放大器、磁带机和计算机。

中、低频测试时,至少记录回转支承回转一圈的振动信号,最好能多记录几圈。高频测试时,可根据具体情况而定。

测点通常布置在动圈和定圈上,有时需布置在转台结构部位上。可多测点同时测试,以便作相关处理或进行其他分析。

对回转支承装置进行的状态监测，有时仅做振动分析是不够的，还需用其他方法，如铁谱、光谱技术以及电参数分析技术等，以提高诊断准确率。

3）回转支承装置故障诊断实例

某海港有一台 M16-33 型门机在回转过程中间断地发出较大异响，给管理者和使用者造成很大压力。开始曾认为是回转支承滚子或轨道损坏而决定拆检修复，但拆检后却未发现回转支承及滚道有任何缺陷存在。为查出异响产生的来源，在现场作了振动检测，分别选择了门机在最小幅度与最大幅度（重载）全速回转两种测试工况，并在定圈和动圈上分别布置了三个测点，同时记录三个测点的振动加速度信号。信号分析表明，在异响出现位置，三个测点振动有效值同时增大且重复性很好，但相应的峭度因子则没有明显变化，说明异响与滚动缺陷关系不大，或者说滚道本身缺陷并未达到严重程度。干摩擦、严重滑动摩擦也可产生异响，但一般声音更为尖锐（即频率更高），振动波形上也未见此种故障的特征。比较动圈测点，发现动圈三测点振动有效值均明显大于定圈测点。初步判定声音来源于上部结构。

为进一步判定异响声音的来源是上部支承结构还是回转支承动圈部分，又认真地对振动信号作了相关分析。由于测量的振动波是一种应力波，其在固体介质中传播速度极快，每秒可达数千米，再加上回转支承所发出的异响是一个频变系统，于是采用高速测试系统，并对测试信号进行了一定的分频处理，然后作出各测点间的相关分析。通过相关分析发现，门机回转过程中两个最大异响发生时，定圈测点振动峰值前沿到达时间先后在测点间会发生改变，而在动圈测点中振动峰值前沿在测点间到达的先后次序不变，这说明，其声源不但在上部结构中，而且两个位置发生的异响，其声源是同一个。经过计算，最后得出结论，主要是上部金属结构刚度变化不均匀，转台后部支承板发生弹性变形，导致应变能的积聚与释放而发出异响。这种现象对回转支承和金属结构极易造成损伤，诱发结构裂纹。根据上述结论，在当时对转台支承相应部位进行检查时就发现了裂纹，证明上述检测结果（结论）是准确的。由于及时采取了措施，避免了重大机损事故。

三、港口设备的内燃发动机故障振动诊断检测系统

1. 内燃发动机故障诊断技术概述

内燃发动机的主要运动部件包括活塞-汽缸套、连杆组体、曲轴组体、燃油系统和气阀机构。这些运动部件最容易出故障，其状态的好坏直接影响整机的可靠性和安全性，对这些部件的监测与诊断有十分重要的意义。振动监测技术具有诊断速度快、诊断准确率高的特点，但是在确定内燃发动机振动特征量与机械磨损量的判据时遇到不少难点，归纳如下：

（1）对众多频率范围的激励力的识别；

（2）运动件多而复杂，这些运动件又包在机身里面，在工作状态下难以接近；

（3）在内燃发动机的不同部件中，激励力的传递途径及其对表面振动贡献的识别；

（4）当内燃发动机的运动部件出现不同程度的机械故障时，相应的激励力是如何变化的，能否从表面振动信号中检出；

（5）邻缸对本缸以及本缸各运动部件相互干扰的区别；

（6）敏感测点的选择及其判据的确定。

2. 内燃发动机故障振动诊断检测框图

内燃发动机振动诊断常用的测试仪器有压电加速度传感器、电荷放大器、磁带记录仪、频谱分析仪、计算机、转速仪、汽缸压力传感器等，主要仪器测试框图如图 10-16 所示。

3. 内燃机故障振动诊断实例

1)4105 柴油机缸内部件的监测诊断

柴油内燃发动机缸内部件(活塞组、汽缸套)是其最容易产生故障的部件之一。利用机身表面振动信号可以判断缸内部件的机械磨损状态。

(1)测试有关参数。

①发动机技术参数:4105 型柴油内燃发动机,水冷,标定工况转速为 1200r/min,额定工况输出功率 53kW,点火顺序 1-3-4-2。

②测试仪器:YD-4 型加速度传感器测取振动信号,经电荷放大器放大后记录在磁带记录仪上。处理时由磁带记录回放信号输入 B&K 动态分析仪。测点布置如图 10-17 所示,在机身共布置了 1#、2#和 3#测点。

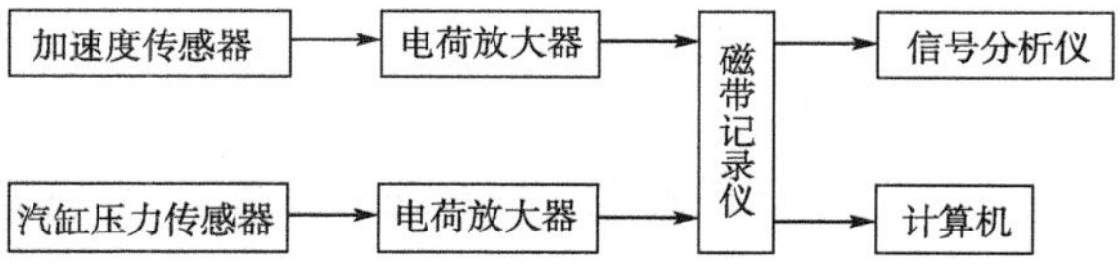

图 10-16　内燃发动机故障振动诊断测试系统框图

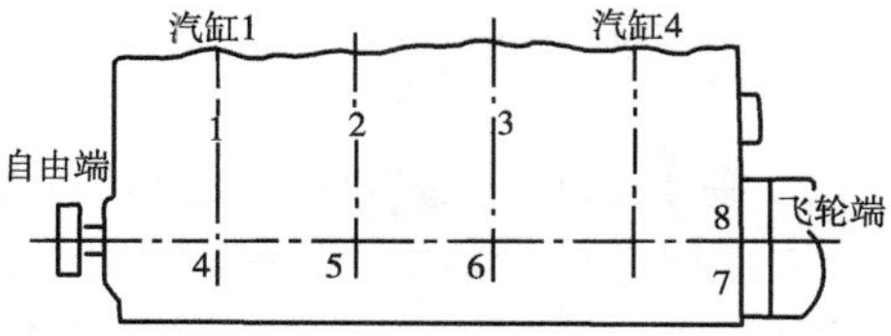

图 10-17　测点布置图

(2)振动监测分析。

柴油机机身表面振动是内部各种激励力共同作用的结果,主要激励源有气体压力;活塞横向撞击脉冲;气体压力和活塞往复惯性力通过连杆、曲轴而产生的周期性激励以及曲轴本身由于各种原因产生的激励;气阀机构运动冲击,其他机构激励及若干随机激励。其中机身表面振动的主要激励源是活塞横向撞击,其特征反映活塞-汽缸之间的间隔状态。

通过对 4105 型柴油内燃发动机长达 2 年的振动监测和相应的模拟试验,得到了其正常和磨损状态下测试及分析的各种结果。

四、用于 PLC 控制的港口设备状态监控系统

1. 可编程序控制器的基本原理及基本结构

可编程序控制器是微机技术与继电器常规控制技术相结合的产物,是在顺序控制器和微机控制器的基础上发展起来的新型控制器,逻辑功能强、可在线修改控制程序、远程通信联网、易于与计算机接口、能对模拟量进行控制、高速计数与位置控制、扩展性好。以其可靠性高、应用灵活、操作方便、标准化的硬件和软件设计、通用性强、体积小、重量轻、性能价格比高、省电等特点,广泛运用于港口机械中。

PLC 主要由中央处理单元 CPU、存储器;输入输出接口(I/O)、编程器等部分组成。

1)PLC 的结构框图(图 10-18)

2)PLC 的基本工作过程

(1)输入现场信息:在系统软件的控制下,顺次扫描各输入点,读入各输入点的状态;

(2)执行程序:顺次扫描用户程序中的各条指令,根据输入状态和指令内容进行逻辑运算;

(3)输出控制信号:根据逻辑运算的结果,输出状态寄存器向各输出点并行发出相应的控制信号,实现所要求的逻辑控制功能。

上述过程执行完后,又重新开始,反复地进行。

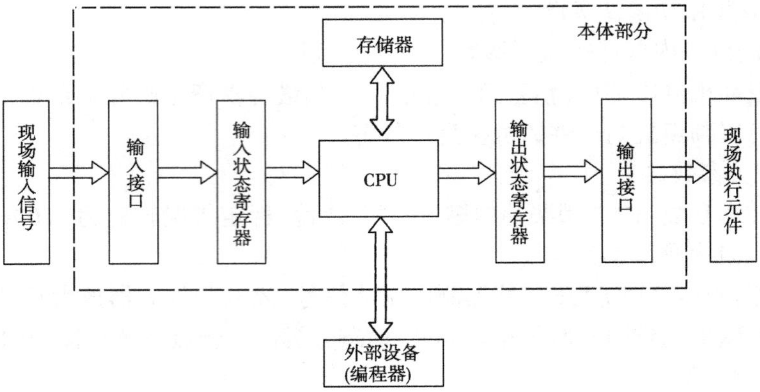

图 10-18　PLC 基本结构框图

2. 基于 PLC 的港口设备状态监控系统

在现代港口设备中,几乎都使用 PLC 控制技术。PLC 除控制功能外,还可显示设备故障,与其他计算机远程通信。单台设备的 PLC 可与全港区的计算机系统联网,设备管理人员可及时了解设备的状态,大大提高港口设备管理水平。

基于 PLC 的港口设备状态监控系统主要有如下几种。

(1)各港口设备的 PLC 通过无线传输方式与港区计算机网络系统联系。设备上的无线数据发射装置还可将其他检测仪器采集的信息一并发射到计算机网络中(图 10-19)。

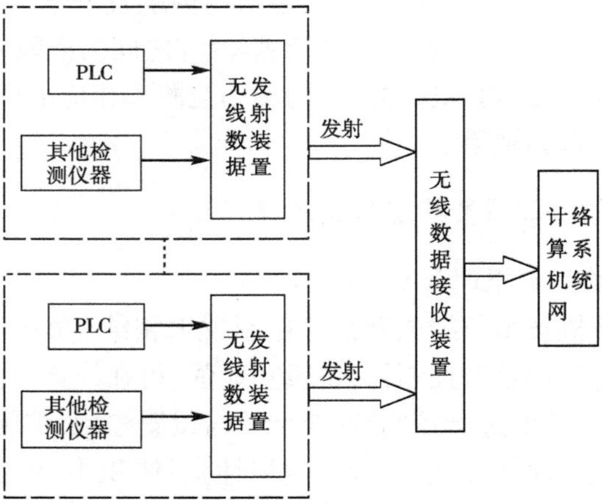

图 10-19　无线传输港口设备监控系统

管理人员通过该系统能快速准确地掌握各台设备的状态和装卸生产中出现的各种问题,及时采取应对措施,大大提高港口设备管理效率。此系统存在的问题主要是信号传输中的干扰问题。系统设计人员应充分了解港区复杂环境,保证信号传输通畅。

(2)各港口设备的 PLC 通过光缆与港区计算机网络通信,设备上的其他检测装置收集的信息数据同样可通过光缆一并送入计算机网络。

某港焦炭码头,有斗轮机 3 台,装船机 2 台,带式输送机 20 台,2 个变电所。由变电所里的 PLC 控制带式输送机、磁分离器、排水器、除尘器等。整个码头港口设备状态监控系统如图 10-20 所示。

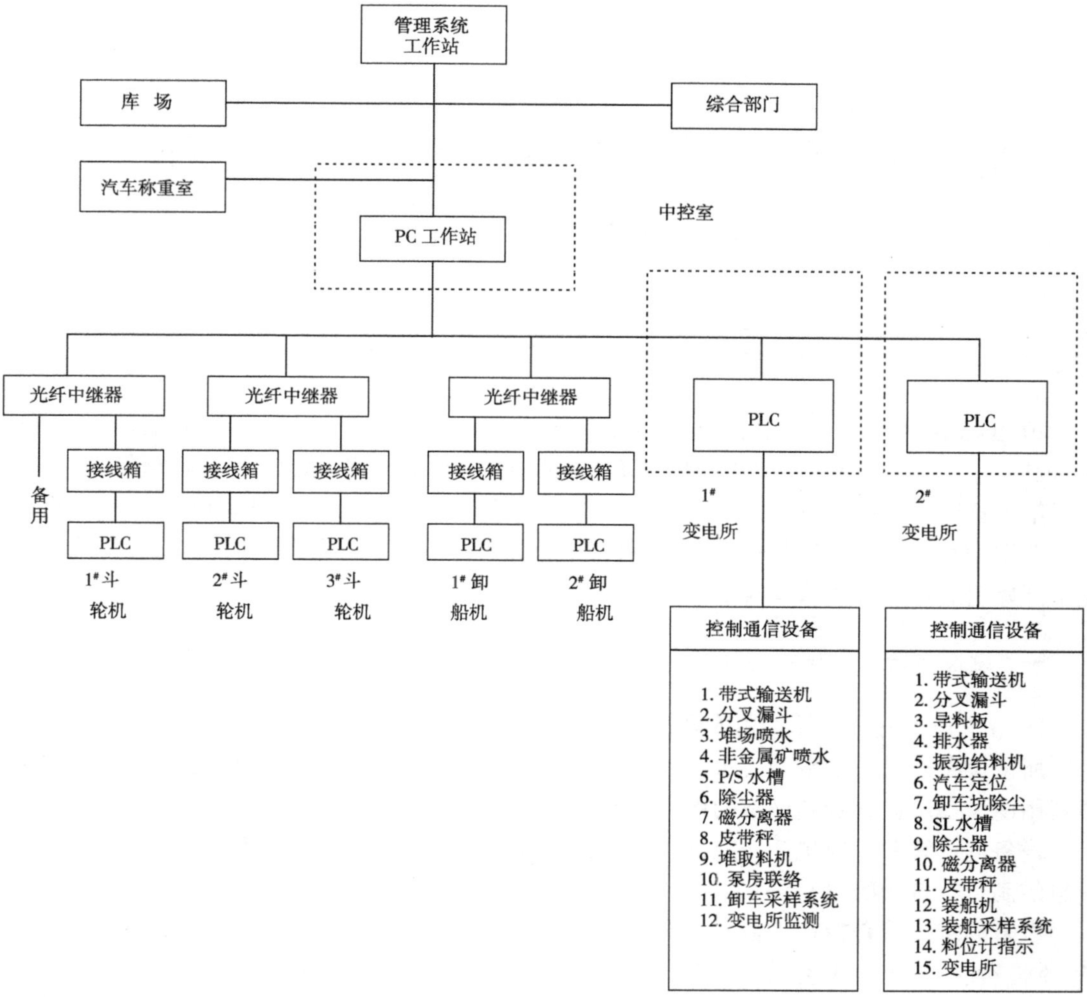

图 10-20　某港口焦炭码头港口设备状态监测系统

思考题

1. 什么是港口设备管理？什么是计算机辅助港口设备管理？
2. 港口设备管理中为什么要采用计算机辅助管理？
3. 计算机辅助设备管理的发展趋势如何？
4. 港口设备技术经济管理系统的特点是什么？
5. 港口设备状态监测及故障诊断主要内容是什么？其基本环节包括哪些？
6. 港口设备润滑管理系统的主要内容是什么？系统特点如何？
7. 港口设备备件管理系统的主要内容是什么？系统特点如何？
8. 港口设备维修管理系统的主要内容是什么？系统特点如何？
9. 港口设备资产与技术资料管理系统的主要内容是什么？系统特点如何？

第十一章　几种典型的设备管理理论与维修模式介绍

第一节　设备综合工程学

20 世纪 70 年代初，英国的丹尼斯 · 巴库斯(Dennis Parkes)提出了设备综合工程学(Terotechnology)。此后，经欧美、日本等国家不断的研究、实践和普及，成为一门新兴学科。英国工商部给设备综合工程学下的定义是："设备综合工程学是一门为了追求有形资产经济的寿命周期费用，而把有关的工程技术、管理、财物及业务进行综合的学科"。1979 年，我国在机械工业中开始引进这一现代管理科学。

一、设备综合工程学的主要内容

1. 寻求设备寿命周期费用最经济

所谓设备寿命周期费用(Life Cycle Cost，简称 LCC)，是指设备一生的费用。设备寿命周期费用由设备的设置费和设备的维持费两部分组成。

设备的设置费一般包括研究、设计、试验、制造、运输、安装、调试以及设备使用和维修技术资料的制作等费用的总和。

设备的维持费是指在设备整个寿命周期内维持设备正常工作必须支出的费用。包括能源费、维修费、操作工人工资以及与设备有关的各种杂费，如保管、安全、保险、环保费等。

研究表明，有些设备的设置费较高，但维持费却较低；而另一些设备，其设置费较低，但维持费却较高，有的甚至高于设置费的几倍、几十倍。因此，应对设备一生的设置费和维持费作综合权衡，以寿命周期最经济为目标进行综合管理。

研究资料表明，设备一出厂就已经决定了设备整个寿命周期的总费用。设备的价格决定着设置费，而其可靠性又决定了其维持费。一台机械性能优、可靠性高、维修性好的设备，它在保持较高的工作效率的同时，在使用中的维修、保养及能源消耗费用都会减少。因此，设备使用初期的决策，对整个寿命周期费用的经济性影响甚大，应给以足够的重视。对于企业来说，在选购设备时，不能只考虑设备的购置费，还应该要考虑后期使用期间的各种费用支出，从设备寿命周期总费用最低的角度，经济地全面地评价设备的优劣。

2. 设备综合管理的三个方面

常规设备管理工作包含下述内容：设备规划、选型和购置；设备安装和调试；设备验收和移交生产；设备分类和档案管理；设备封存和调拨；设备报废和更新；设备管理机构设置；维修体系的建立；目标管理；人员管理；各种责任制；使用维护管理；维修管理；故障管理；事故管理；备品、配件管理；润滑管理；动力、容器管理；设备技术和精度管理；材料管理；文件资料管理等，无不关系着工程技术、财务经济和管理方法这三个方面的内容。

1)技术是基础

设备是科学技术的产物,涉及科学技术的各领域。工程技术涉及的学科包括机械工程、工程力学、电气电子技术、可靠性工程、维修工程、故障诊断理论、摩擦理论、润滑理论、存储论、信息技术及环保技术等。随着科学技术的不断深入发展,设备综合管理将越来越依赖于技术和管理科学。

2)管理是手段

在组织管理方面,设备管理中运用了管理工程、运筹学、质量控制、价值工程等科学管理技术和方法。设备从制造、使用到报废的全过程都应运用科学的管理手段,也只有应用科学管理才能搞好设备综合管理。

3)经济是目的

企业的经营目标是提高经济效益,设备管理也应为这个目的服务。设备综合工程就是以最经济的设备寿命周期费用,创造最好的经济效益。一方面,要从设备整个寿命周期综合管理,严格计算和控制与设备有关的各种费用,合理选择与确定设备维修、更新与改造的经济界限,降低费用,提高设备的经济效益;另一方面,要努力提高设备的利用率和工作效率。

设备综合管理就是从工程技术、组织管理、经济三方面对设备进行综合管理。

3. 把可靠性和维修性设计放到重要位置

设备综合工程学是在维修工程的基础上形成的。它把设备的可靠性和维修性问题贯穿到设备设计、制造和使用的全过程。在设计、制造阶段就争取赋予设备较高的可靠性和维修性,它把设备先天素质的提高放在首位,将设备管理工作立足于最根本的预防,使设备在以后的使用中,长期可靠地发挥其功能。这一思想无疑是对传统设备管理思想的变革。

4. 以设备的寿命周期为设备管理范围

设备的整个寿命周期是:研究—设计—试制—制造—选购—安装调试—使用—维修—改造—更新—报废。设备综合工程学就是对设备整个寿命周期进行系统管理,从每一个工作环节的优化到整个系统的优化,达到花钱少,效率高的最佳效果。

5. 注重设计、使用、费用的信息反馈

信息反馈包括设备设计制造企业信息反馈和设备使用企业内信息反馈。设计制造企业要听取使用企业的意见,甚至回收报废的零件。同时应随时收集本地区以及跨国同类设备的信息,在研制下一代新设备时从设计、制造等方面加以改革。

设备综合工程学的创立,开创了设备管理学科的新领域,从理论方法上突破了设备管理的狭义概念,把传统的设备管理由后半生扩展到设备一生的系统管理,并协调设备一生的各个环节,有目的地系统分析、统筹安排、综合平衡,充分发挥各环节的机能,实现设备寿命周期最经济。

二、设备综合工程学的若干技术问题

1. 关于寿命周期费用问题

设备的寿命周期费用也称全寿命费用,等于设备设置费加上设备维持费。

1)设置费

设置费分为自行设计制造设备的设置费和购置设备的设置费两种。

自行设计制造设备的设置费包括:

(1)研究费——规划、调研、试验材料、器材、设备、动力能源费及工资等;

(2)设计费——设计硬件、软件、人工、协作、资料及专利使用费等;

(3)制造费——制造加工、原材料、包装、库存、操作指南编印、人员培训费等;

(4)运输安装费——设备搬运、定位、安装、调试、调整等;

(5)试运行费——能源、材料、操作费;

(6)其他设置费——与设备设置相关的道路、建筑物、构筑物及港口的建设费等。

购置设备的设置费包括:调研、考察、投标、通信、购置设备、运输、搬运、安装调试及验收检验费等。

2)维持费

维持费即保持设备正常运行所需要的费用,包括:

(1)能源费——电、气、煤、油、其他燃料、蒸汽、水、空气调节费等;

(2)维修费——日常保养、维修、技术改造所发生的材料、备件、劳务、停机损失费和人员培训费等;

(3)后勤支援费——仓库保管、图样资料编制、保险、安全设施、环境保护设施、固定资产税等;

(4)操作工人工资;

(5)报废设备处理费——出售工作费用、拆除费等。

对设备寿命周期费用的研究主要集中在其评价方面。例如对于资金时间价值的研究,复利的计算,在每年维持费相等条件下,利用现价法或年价法对寿命周期费用的评价,寿命周期费用曲线的描述和不同寿命周期费用曲线的比较研究,以及应用寿命周期费用曲线进行设备投资决策等。

2. 关于设备效率

如果不考虑设备效率问题,仅仅研究其寿命周期费用是没有多大意义的。也就是说,假如设备寿命周期费用较高,但是其效率更高,则购置这样的设备也是合理的。假如设备的效率很低,即使其寿命周期费用再低,往往也是不合算的。

第二节　后勤工程学

一、概述

后勤工程学(Logistics)是美国20世纪60年代在经典军事后勤学的基础上,汲取寿命周期费用、可靠性及维修性等现代理论而发展形成的,是研究武器装备存储、供给、运输、修理、维护的新兴学科。

1. 后勤工程学的定义和产生背景

后勤工程学在军事上和工、商业上有不同的定义。在军事上的定义为:计划和执行军事力量移动和维修的科学。在工业、商业上的定义为:材料流通,产品分配、运输、采购、存储及技术服务的科学。按照后勤工程学的基本思想,设备在设计阶段就必须考虑其可靠性、维修性及其必要的后勤支援方案。设备制造厂作为设备用户后勤支援的部门,要从满足用户后勤支援的要求出发,强调对设备的系统管理。设备出厂后,要在图样资料、技术参数、检测手段、备件供应以及人员培训方面为用户提供良好的、周到的服务,以使用户达到设备寿命周期费用最经济的目标。因此,在设计制造设备(或系统)之时,应同时考虑向设备的用户提供以下的支持:提供操作、使用、管理方面的指导性文件；提供设备维修保养措施；提供适时、方便的备品备件；为用户培训操作、维修、管理方面的人员；提供设备可靠性、维修性和服务年限的科学实验数据。

2. 后勤工程学的若干基本用语

1）后勤保障

后勤保障是指为了使系统在计划的寿命周期内，具有有效和经济的保障所需要考虑的全部内容。

（1）维修规划。维修规划应贯穿在系统设计、制造、使用的各个阶段。以维修规划为中心，把相关的后勤保障统筹起来。

（2）供应保障。主要指备件、配件、消耗品的管理，软件试验，保障设施、运输装卸设备、培训资料、技术文件的筹集，仓储业务，原材料及零配件的采购和分配，维修人员的提供。

（3）试验和保障设备。各种工具、监测设备、诊断检验设备、计量校准设备、维修工作台等。

（4）运输和装卸。全部运输和装卸设备、容器、包装材料和设备、存储运输设备及其设备工作本身。

（5）人员和培训。安装、检查、运行、装卸和维修的全部人员的培训。对作业人员工作量和水平，对维修工作量和难度都要进行量化。

（6）设施。工厂、房地产、房屋、车间、实验室、修理设施、基建设施、活动建筑及公共设施（如热、电、水、能、环境、通信等）。

2）综合后勤保障

综合后勤保障是指管理职能，即向服务对象提供规划、资金和手段上的支持，保证其获得满意性能的设备，并在寿命周期内能高效、经济地得到后勤保障。

3）后勤保障分析

后勤保障分析是指在系统研制初期，采用定量的方法对后勤保障的方案、内容、维修、寿命周期费用进行分析，并对用户使用过程中后勤保障能力进行评定。这种分析是反复进行的，旨在不断的反馈和优化。

4）维修等级

维修等级是根据作业复杂程度、对人员技术水平的要求及所需设施来划分的，共分三级。

（1）使用部分维修，即用户的现场维修，如定期检查，清扫、维护、调整、局部更换零件、部件等。这是初级的基本的维修、维护。

（2）中间维修，由固定的专职的部门和设施，以流动或半流动方式对设备进行专业化维修。一般带测试仪器、维修工具及备品、备件的专用车到现场进行维修服务，能较快排除故障，恢复设备的功能。中间维修对维修人员的技术水平要求较高。

（3）基地维修。这是最高级的维修。由基本固定的专业修理厂进行设备的维修，这些厂一般配备先进的复杂设备和备件，修理工作效率较高，甚至可以流水作业。维修人员的专业素质一般比较高。维修质量和效率均比较好。

3. 后勤工程学的特点

（1）以追求产品、机构、程序、设备等周期性成本的经济性为目的；

（2）使产品、机构、设备等从出厂经过流通到使用者手中为止的整个过程的实际总成本减少到最低限度，并达到最适宜的有效程度；

（3）强调设备的可靠性和维修性；

(4)着重于全过程的后勤学支援;

(5)是综合了经营管理、工程学及其他技术科学学科的技术方法的一门综合工程学。

后勤学强调设备选型标准化、强调预防维修和故障维修并重,适用范围涉及各种资源的整个周期过程,包括系统管理、系统设计与开发、生产支援、流通过程的管理与服务。

二、系统全寿命周期中的后勤

1. 系统全寿命周期中的后勤的内容

系统全寿命周期中的后勤包括系统的规划、分析、设计试验、生产、分配、用户使用期的维护和保障及系统的淘汰。它在各个阶段的主要功能见表11-1。

寿命周期各个阶段的主要功能 表11-1

寿命周期各阶段	后勤的主要功能
确定用户需求	了解用户对系统功能的要求以及以往系统的缺陷
规划与初步设计	市场分析、可行性研究、任务要求分析、使用要求、维修方案、设计准则、后勤计划
预研与初始系统设计	系统分配、系统分析、优化、综合、技术设计、设计保障预测及初始后勤保障分析、方案确定
细节设计与研制	系统细节设计、设计物质保障分析、设计评审、后勤保障分析、后勤保障要素的供给;系统试验与鉴定;资料数据的收集、分析与反馈
生产与施工	系统生产与施工;原材料采购、流通与库存;包装、储存、分配、运输、交通管理、通讯、数据处理、用户服务、后勤管理;后勤包装要素的供给、能力评价;数据收集、分析与反馈
系统使用与寿命周期保障	系统使用;维修包装——供应保障、测试与保障设备、人员培训、设施、运输与安装、用户服务及后勤管理;后勤保障能力评价;数据收集、分析与反馈
系统淘汰	系统淘汰决策、系统回收与处理及后勤保障要求、原材料供应终止

2. 系统全寿命周期中的费用效果

费用效果指系统是否能够完成其规定功能,由系统有效度和全寿命周期费用来衡量。

所谓的系统有效度(System Effectiveness),是系统可能完成预定功能的程度,常用以下一个或多个指标来度量。

(1)系统性能参数(System Performance Parameters),如动力设备的功率、额定速度;车辆行驶的性能与车辆的运输能力等。

(2)利用率(Availability),系统在得到任务要求之后,进入可工作状态的程度。它是工作时间和停机时间的函数。

(3)可依赖性(Dependability),系统在运行中某一时刻或若干时刻的工作状态的度量。它也是工作时间和停机时间的函数。

以上各个指标的综合,构成了系统的有效度。

3. 系统全寿命周期中的经济性

经济性主要体现在对设备寿命周期费用的研究和分析上。设备系统寿命周期费用的构成包括以下内容。

(1)研制费用:系统管理、规划、研究;工程设计;编制设计文件;编制系统软件;系统试验鉴定。

(2)生产与施工费用:生产/施工管理;工程管理分析;制造(设备、材料、生产装配、检验);

设施(设备环境);质量控制;初始后勤保障。

(3)使用与维护费用:设备寿命周期管理;系统使用;系统分配;备件与物质保障;操作与维修工培训;技术文件资料;系统技术改造。

(4)淘汰与处理费用:不可修复件处理;系统淘汰;编制文件。

三、后勤工程学中维修方案的确定和保障分析

1. 维修方案的确定

维修方案主要指维修的级别、维修策略和各种维修的职责。

1)维修级别

按照维修的地点和任务,维修被分为分队级、中继级和基地级。

(1)分队级维修也称设备现场维修,它所包含的任务一般由设备使用者自己完成。其主要任务是设备的定期检测、目视检查、清洗擦拭、外部、润滑保养及拆卸更换某些易损零件等。

(2)中继级维修也称中间维修,是由机动的、半机动的专业化维修机构组成。与分队级维修比较,这一级的人员的素质、技术装备、可承担的维修任务技术难度都较高。中间维修要对待修设备作更多拆卸及零部件的更换或修理。一般中继站设有固定车间,装备有测试维修设备及帐篷的维修流动车。固定车间用来加工配件,修复某些零件,支援现场维修,流动车用于奔赴各设备现场处理设备故障。

(3)基地级维修也称基地维修,是最高等级的维修。基地多为某种专业化的维修厂或某设备制造厂。基地有专门的具有较高技能的维修人员,有专门化的检测和维修设备。凡超出中间维修能力范围所能解决的设备维修问题,均由基地维修加以保障。维修基地甚至配备有某种易损零部件的流水线加工设备。

基地维修可以完成的主要内容有:彻底大修、翻修、设备校准及其他高难度的维修任务。此外还承担稳定的零配件供给工作。

2)维修策略

所谓的维修策略,是指从一定的技术经济因素考虑,对设备或其零部件所进行的维修方式和程度的规定。在实施具体的维修策略之前,可以先列出若干可行的维修策略,然后按照它对设备性能的影响,从经济、技术等各方面作综合考虑,加以评价,选择最优方案实施。

按照维修策略的要求,产品可以设计成不可修复的、局部可修复的和全部可修复的。不可修复的产品,一般成本较低、结构简单,使用一定时间即自行报废。局部可修复的产品,可以通过各种灵活方式进行,如修补、部分零件更换、部分线路及元器件更换、部分修复等。全部可修复的系统则要求产品从外到内,从部件到元器件均可以作无替换修复。反过来,由产品的维修特性,所实施的维修策略可以从不同的方案中进行选择。

2. 后勤保障分析

所谓的后勤保障分析(logistic support analysis)是对后勤保障能力的综合分析,是为解决问题而对各种分析技术的综合运用。以设备系统一生的实际过程为基础,遵循一定的逻辑顺序,得到科学的分析结果,然后反馈到设备系统一生的管理之中。

1)问题的确定

首先明确问题的要点。在某些场合,问题可能十分明显,但在另一些场合,问题的性质可能十分不明显,弄清问题本身可能就是十分困难的工作。

2)确定可行的候选方案

列出所有解决问题的方案,删除那些明显不可行的方案,只剩下少数可供评定的候选。

3)选定评定准则

评定准则随着问题的性质、层次及其复杂性而有所不同。例如,对于设备系统最高层次的评定,可以用费用——效果、系统有效度、后勤效能、全寿命费用、工作利用率等准则来评定。更深层次的评定可能是可靠性、可维修性及互换性、标准化等。

4)分析技术的应用

分析技术即分析模型或一些模型的组合。这些模型应该是简单易懂、便于应用;模型既应突出主要矛盾,又应全面周到;同时,模型的设计应尽可能考虑未来的修改扩充。

5)数据的收集及处理

有了分析模型,还要有一定的数据作为支持。要充分利用现有的各种数据库、各种样本分析方法、经验公式、前期规划设计指标及其各种工程试验、验收数据,同时,还应有针对性的收集某些相关数据。

6)分析结果

利用分析技术处理各种数据,得到的分析结果包括:维修力量分配、测试与保障设备、备件与库存要求、人员与培训、技术资料、运输、其他必要公共设施及与可靠性相关的参数。这些结果囊括了后勤保障的基本要求。

7)敏感性分析

在分析过程中,可能会有若干关键参量很难确定,于是提出:这些关键参量对分析结果到底有多大影响?分析人员可以用一个作为基准的输入数据代入模型求解,然后再分别改变不同的关键参量值,重新输入模型求解,观察它们对输出结果的影响。根据这些参量对系统的不同敏感程度,可以帮助决策者更审慎地选择有关参数值。

8)意外情况分析

分析人员应该对初始标准或条件的意外变化有所准备,并在变化了的新情况下,对后勤保障要求作出合理的预测。

9)风险与不确定

任何评定都存在一定的风险和不确定性,我们的目标是把这种风险和不确定性降低到最低水平。

10)分析的有效性

这是对分析的最终审核。为了确定分析的有效性,我们可以对所作的假设、模型、各种参量关系、分析包容和排斥的内容及最后的结论提出若干问题,然后逐项加以审核。还可以设计相应的审核表,辅助这一审核工作。尽可能全面地对分析的有效性进行度量。

四、系统设计中的后勤

系统设计大体分成以下三个阶段,即初步设计、初始系统设计、细节设计。

初步设计是设计项目的起点,包括可行性研究、建议的初始技术参数、使用要求及说明、系统维修方案及初始的系统分析。初始系统设计也称预研,它是从初步设计的原始构架开始,研究设计出详细的定性和定量设计特性。细节设计则是从初始的系统设计结构展开,对各层次结构研究设计出具体可以实现系统功能的硬件和软件来。系统设计涉及可达性、互换性、标准化、安装方法、安全及其维修特性等,与后勤工程有密不可分的关系。因此,在系统设计之初,就应该把后勤工程纳入系统设计的总体框架中加以综合考虑。

作为兼顾后勤保障的设计,应考虑以下各个因素。

1. 应用良好的设计准则

良好的设计准则涉及的范围有:可达性、装配性、互换性、运输性、标准化、操作者的工作环境及其他许多因素。这些准则是为了保障系统设计具有必要的特性,从而符合系统将能获得最佳后勤保障的目标。

2. 分析与综合平衡

因为设计往往是考虑多个目标的,要有一个多目标优化平衡的问题。这种平衡还可能要在不同层次上进行。例如:部件上几种安装元件方案的选择,面板上是否安装指示灯或仪表的选择,部件故障后是修复还是报废的选择。标准件或非标件的选择,备件库存级别的选择等。

3. 可靠性设计

可靠性设计的任务是在设计过程中,从可靠性的角度确保产品最终达到使用要求,其涉及的范围有以下方面。

(1)可靠性分配。在为系统确定了一个可以接受的可靠度或故障率以后,就必须在各个子系统、单机、部件之间进行可靠性的分配和平衡,以保证系统的整体可靠性的优化。

(2)可靠性模型。利用串联模型、并联模型、局部冗余模型或备用冗余模型,对待选设计方案进行分析,确定最佳的可靠性方案。

(3)零部件的可靠性选择。零部件在不同的使用条件下可能具有不同的可靠性,因此要进行匹配性的选择。要选择那些已知其可靠性是符合系统要求的零部件和原材料。对于未知可靠性的零件或材料,应经过鉴定才能确定使用。

(4)故障模式和影响分析。这一过程应在设计工作的早期进行。故障模式和影响分析是用以确定会影响产品性能的故障模式和后果。列出可能具有危害性的故障模式,指导设计人员改进设计方案。

(5)关键使用寿命分析 。"关键使用寿命项目"是那些寿命较短的器件。在产品设计阶段,对于这样的关键器件及其寿命就应明确列出,以便对维修、人员配备及备件进行规划。如果从无维修设计角度出发,应尽可能消除这些"关键使用寿命器件"。

(6)可靠性设计。在取得必需的工程数据之后,即可进行可靠性设计了。

(7)贮存、包装、运输及搬运的影响。在设计时,还应考虑储存、包装、搬运及运输对可靠性造成的影响。

4. 维修性设计

从可靠性的各项指标出发,优化维修程序,减少寿命周期费用,保障设计要求。它牵涉到维修性的分配、维修性的估计、后障分析及其他有关分析内容。

5. 涉及人的因素的设计

在系统设计中,应从设备使用和维修的角度,综合人体测量学的各因素,如人的感官(视觉、触觉、听觉)因素、生理因素、心理因素等,进行有效的设计。

6. 外加工厂商的选择

在设计进行到一定阶段,会遇到某些部件是自己制造还是外加工的问题。这就存在一个选择决策问题。

7. 设计辅助手段的利用

在形成最后设计之前,设计者还可利用模型制作、仿真等不同辅助设计手段协助完成设计。

五、生产与施工中的后勤

所谓生产与施工中的后勤,主要体现在两个方面:一是对于后勤保障各个要素的生产与分配,也就是后勤保障分析中各个指标的具体实现;二是为实现上述后勤保障目标而涉及的工业后勤问题,如材料选取、物料流程、库存管理、贮存及包装运输等。

1. 生产与施工要求

生产与施工要求来源于产品预研制、初步设计及经系统设计进一步修正的数据。其基本资料包括:要生产项目的详细说明(技术条件),产品数量、交付时间地点及运输等说明。

2. 企业经营与管理分析

企业的经营与管理体现在其生产能力、开发能力上。它可以划分为以下几大类的活动。

(1)设备工程学,涉及各种生产设备、设施的设计、开发、施工、使用、维护、运输及故障排除和预防维修能力。

(2)制造工程学,涉及为实现设计要求而进行的厂内加工、厂外加工决策、材料选择、工艺流程确定、人机系统运用、工、夹模具的选择及检测手段和设备的运用等。

(3)方法工程学,涉及生产作业中的方法、时间表、费用估计、加工人员技术要求和数量、局部装配和总装作业的设计等。

(4)生产控制,要求涉及生产投料批量、加工设备的计划安排、原材料和外购件的库存采购周期、生产调度系统等。

3. 质量管理

产品设计的可靠性、维修性等要求,是需要优秀的产品质量作为保障的。否则再好的设计也可能给产品用户带来麻烦,如频繁的故障和维修,或者虽可用但达不到用户的功能要求等。产品质量管理主要为:

(1)建立质量检验制度,制定质量标准和验收标准,明确各种质量数据。

(2)与设备工程学、制造工程学、方法工程学、生产管理等措施同时推进,严格执行质量检验制度。随着制造、管理水平的提高,不断提高质量水平和标准。

4. 生产管理

生产管理是指为完成设计要求,在生产加工过程中的全部管理工作。其主要内容包括以下方面。

(1)主设备的加工、装配、检验和试验。这里牵涉各种不同内容如原材料的检验、加工工艺、装配、检验、包装、搬运等。

(2)与产品使用相关的后勤保障项目的制备,如备件、使用训练器材、软件、技术说明书、维修手册、产品测试和调整设备及辅助运输设备等。

5. 结构变更控制

结构变更是指产品在生产过程中所作的设计更改。结构变更或因产品缺陷,或因修订生产工艺引起。一方面,为减少不利影响,尽可能少作结构变更;另一方面,产品的进步和变更又是不可避免。在产品结构变更时,应注意相应后勤保障内容的变更,如测试、调整设备、维修手册、备件、产品技术说明、与其类似产品的备件互换及相容性等。

6. 投入使用

产品投入使用也包括一系列活动,如包装、入库、贮存、运输、搬运、安装、检测、验收与用户服务等。

六、系统使用中的后勤

系统使用中的后勤是整个后勤工程中的重要一环。制约系统使用中后勤保障的主要因素有：后勤要素与主要设备不匹配（如测试、调整设备、维修工具不适用等）；后勤能力不足（如维修人员人数、技术不够，备件品种不能满足需要等）；后勤能力过剩，引起浪费；后勤各个要素之间不匹配（如不同维修级别与相应的设备、人员及分布上的不匹配等）。

良好的后勤保障应做到：根据后勤保障分析的结果，制订后勤策略、计划；优化后勤的组织结构、制订维修级别的组合和分布；搜集与分析运行、维修数据；不断对实际后勤工作进行评价和修正。

后勤保障管理是对后勤工程各个环节的计划、组织、指挥和控制。这种管理职能应自始至终，讲求实效。管理的职责从系统设计之初和后勤规划的早期直到设备退役为止。按阶段划分为：初步设计阶段（同时开始后勤保障的早期规划）；预研阶段（制订初始后勤保障规划）；细节设计与研制阶段（正式制订后勤保障计划）；生产与施工阶段（同时生产测试、调整设备、备件训练器材、软件技术资料）；使用阶段（同时对后勤保障各要素进行分配部署，以保障设备正常使用）；退役阶段（作退役的决策处理）。

第三节　常见的设备维修模式

一、事后维修（BM）

事后维修也称故障维修或损坏维修（Breakdown Maintenance），是机械出了故障或损坏后进行的维修。目的是把机械从故障或损坏状态修复到具有规定功能的可使用状态，如机械在运行中的各种小修。

事后维修的优点是充分地利用了零部件或系统部件的寿命，最大限度地延长了设备的利用时间；修理费用较低，往往是最经济的维修策略；对修理管理的要求也低；可缩小维修组织。但事后维修是非计划性维修，在修理计划、修理内容、修理时间及修理安排上存在很大的随机性。事前不知道故障在什么时候发生，缺乏修前准备，设备停工修理时间也比较长。此外，因为修理是无计划的，常常打乱生产计划，所以事后维修须充分准备人力、工具备件等维修资源。

事后维修不适用于对生产影响较大的设备。一般适用范围有：故障后再修理不会给生产造成严重损失的设备（如系统中的照明器）；修理技术不复杂而又能及时提供配件的设备；一些利用率较低或有备用的设备；某些复杂设备虽有故障，但其许多零部件仍保持良好的基本功能以致无法预测故障的发生；某些复杂设备缺乏适用的检测手段、参数和临界参数；某些设备不具备实施检测的条件，所以只能在故障发生后再进行维修。事后维修是生产维修体系常采用的模式之一。

二、预防维修（PM）

预防维修（Preventive Maintenance）也称事先维修或定时维修，预防维修是以时间为依据（Time Based）的维修，它根据生产计划和经验，按规定的时间间隔进行停机检查、解体、更换零部件，以预防损坏、继发性毁坏及生产损失。这种维修是设备能正常运行状态下进行的保护性技术活动，在设备未出现故障或损坏前进行的维修。目的是为了使设备能更长时间地处于正常状态,具有正常的使用功能,避免设备发展到需要进行修复的状态,防止发生故障,通过事先维修主动积极地消除潜在隐患,减慢功能失效。这种维修方法也就是目前所普遍采用的计划维修或定期维修,如大、中、小修等。其优点是通过采取各种预防性措施,将故障消灭在萌芽状态,改变了事后维修缺乏计划性的被动局面。可以减少非计划的故障停机损失,减少因故障引起的批量质量损失,减少安全事故,避免潜在故障在发展为功能故障过程中产生的多米诺骨牌式连锁损坏,因而可以降低维修换件费用;预防维修可以使设备检修从技术和备件上更有准备,从而大大减少设备停机待修和检修时间。但预防维修制存在一定的局限性,主要表现在三个方面:一是维修工作以直接经验作为指导,只能提出一般性的维修原则,缺乏针对性;二是只着重解决维修中的具体技术问题,忽视了维修的整体内涵,缺乏对维修管理的研究。由于受设备检查手段和检查人员经验的制约,事先很难预料大量的随机性的故障,预防维修时间的准确性不易把握,预防维修计划可能不准确,尽管做了许多的预防性维修工作,仍会造成维修的过剩或不足,很难获得预期效果;三是刻板地实行定时定程维修的离位分解检测维修,有时不可避免地使维修工作出现频繁分解拆卸的现象,导致维修工作针对性差、工作量大、耗时多、费用高,而且还会因拆装可能埋下一些新的故障隐患,大大降低了机械设备的可靠性。

三、计划维修(PPM)

计划预修制(Planning Preventive Maintenance)是预防性维修的主要表现形式,依据设备组成单元的磨损规律按照计划对设备进行周期性修理。其主要内容有以下方面。

(1)确定修理工作的类别。各类设备的计划修理有:大修理、中修理、小修理、预防性检查。

(2)编制设备修理计划,进行有计划的修理并监督其实施。

(3)确定各类设备的修理周期结构。修理周期结构是指在一个大修理周期内,把设备的维修类别按照规定的时间间隔,依据一定顺序进行的排列。它是根据机器零件的磨损规律和修理工作量确定的,不同类型的设备其修理周期结构不同。

(4)确定各类设备的修理复杂系数。修理复杂系数是设备修理难易程度的一个假定单位,计划预修制度中的计算、测定和考核都是以设备修理系数为基础的。该系数主要用于制定各种修理定额,如修理工作的劳动量定额、停歇时间定额、材料消耗定额和修理费用定额等。

(5)组织修理业务,包括组织机修车间、各车间机修站、修理组,准备必要的设备及配备管理人员和劳动力。

四、生产维修(PM)

生产维修 (Productive Maintenance)是以预防性维修为中心,兼顾生产和设备设计制造而采取的多样、综合的设备管理方法,由事后维修、预防维修、改善维修、维修预防四部分组成。

生产维修要求以提高企业生产经济效益为目的来组织设备维修,根据设备重要性选用维修保养方法。重点设备采用预防维修;对生产影响不大的一般设备采用事后修理;经常发生故障的设备和部位进行改善性维修;不断把设备使用的实际状况反馈给设备的设计、制造部门,使新一代的设备能够避免重复性故障,提高设备的可诊断性和可维修性,称之为维修预防。

五、改善维修(CM)

改善维修(Corrective Maintenance)又称纠正性维修,目的是通过改进设计,不断地利用先进的工艺方法和技术，改正设备的某些缺陷和先天不足，提高设备的先进性、可靠性及维修性，提高设备的利用率。

改善维修即通过零件更换、表面改性、精度恢复、重新成型、调直、校准、对中等技术手段，使设备修复到所要求的功能和精度。改善维修所牵涉的技术包括焊接、表面喷涂、电刷镀、镶套、热处理改性、零件更换、对中、平衡、精度恢复、参数调整等。改善维修以设备性能恢复性修复为主，允许小的设备改造或者再制造，可以不拘泥于原有设备的设计和结构，其指导思想是：设备并不是完美无缺的。

对故障发生过分频繁以及修理或更换费用很大的设备，可以通过改善维修，改进设计，对设备进行小的改造或者再制造，一次性解决故障频发问题。

六、维修预防（MP）

维修预防（Maintenance Prevention）就是把设备运行中出现的故障问题反馈给设备的设计、制造和技术改造部门，通过新一代的设计制造使原来的故障问题得到避免，使设备运行更加可靠，主要包括以下几个方面的内容。

（1）重复性的故障多数是先天不足，生产现场把设备重复性故障问题反馈到设备的设计、制造部门，在设备的技术改造或下一代的设计制造时，通过新的设计方案或者加工工艺加以消除。

（2）在新一代的设备设计时，通过附加“把潜在问题显示化”的手段，如自诊断系统，自带故障字典等，提高设备的可诊断性（透明性）。

（3）在新一代的设计中让设备更具有可维修性（Maintainability），如增加透明可视部分，减少拆卸、组装难度，易损部分甚至可以采用“弃件法”维修，以减少设备停机损失。

（4）在新一代的设计中导入“无维修设计”（Maintenance free）思想，让设备各主要零部件的耗损周期同步，零件报废周期趋近于设备的寿命周期。

维修预防实际就是可维修性设计，提倡在设计阶段就认真考虑设备的可靠性和维修性问题，从设计、生产上提高设备性能和质量，从根本上防止故障和事故的发生，减少和避免维修。

七、预知维修（PM）

预知维修（Predictive Maintenance）也称预测性维修，在设备运行时，对它的主要部位进行定期（或连续）的状态监测和故障诊断，预测设备状态未来的发展趋势，依据设备的状态发展趋势和可能的故障模式，预先制订预测性维修计划，确定设备应该修理的时间、内容、方式和必需的技术和物资支持。

预知的主要过程是通过传感器或仪器仪表，来感知或检测设备的潜在故障信息，提取有用信息，通过人工或者计算机分析处理，对设备进行诊断和故障定位，最后进行维修决策，因而减少了维修的盲目性，提高维修的准确性、有效性，明显地解决维修过剩或者维修不足的问题，有效地提升设备的可利用时间，同时又可以避免设备的非计划停机损失。

八、状态维修（CBM）

随着监测手段的进步和计算机的发展，形成了以状态为基础的维修体制，即状态维修（Condition Based Maintenance）或状态监测维修。其定义为：在设备出现了明显的劣化后实施的维修策略，而状态的劣化是由被监测的机器状态参数的变化反映出来的。如果检测手段落后，设备的劣化不能及时、准确地诊断，也就无法进行有效的状态维修。

状态维修要求对设备进行各种参数测量，随时反映设备实际状态，测量的参数可以在足够的提前期间发出警报，以便采取适当的维修措施。

这种预防维修方式的维修作业一般没有固定的间隔期，维修技术人员根据监测数据的变化趋势作出判断，再确定设备的维修计划。这里，设备诊断技术的应用就十分重要。

在状态维修体制中，对每一台设备都应有一套监测或状态检查方法。检查可以是定期的，也可以是连续的。检查手段可以是多种多样的。只有数据表明必须进行维修时才安排维修。而且，由于故障状态是可以预知的，维修是周密计划和有准备的，可以大大提高维修效率，减少维修停机时间。

状态检查可以将测量值与允许的极限值进行比较，以确定维修计划；还可以进行趋向管理，即对测出的数据进行推测，以便预测其可能超出允许值的时间，提前安排维修。

状态维修适用于：属于耗损故障的机件，且有如磨损那样缓慢发展的特点，能估计出量变到质变的时间；难以依靠人的感官和经验去发现故障，又不允许对机械设备任意解体检查；对那些机件故障直接危及安全，且有极限参数可监测；除本身有测试装置外，必须有适当的监控或诊断手段，能评价机件的技术状态，指出是否正常，以便决定是否立刻维修。

状态维修的优点是可以充分发挥机件的潜力，提高机件预防维修的有效性，减少维修工作量及人为差错。而缺点则是费用高，要求有一定的诊断条件，根据实际需要和可能来决定是否采用状态维修。状态维修将成为设备技术进步和发展的必然趋势，具有广泛和深远的意义。

九、全员生产维修（TPM）

全员生产维修（Total Productive Maintenance）即全体人员参加的生产维修、维护体制，要求从领导到工人，包括所有部门都参加，并以小组活动为基础的生产维修活动。全员生产维修涉及到设备终生、各部位的维护保养及整个工作环境的改善，目的是提高设备的综合效率。

1. 全员生产维修的内涵

以最高的设备综合效率为目标；确立以设备一生为目标的全系统的预防维修；设备的计划、使用、维修等所有部门都要参加；从企业的最高管理层到第一线职工全体参加；实行动机管理，即通过开展小组的自主活动来推进生产维修。

2. 全员生产维修的特点

全员生产维修与原来的生产维修相比，主要突出一个“全”字，“全”有三个含义，即全效率、全系统和全员参加。所谓的全效率，是指设备寿命周期费用评价和设备综合效率；全系统即指生产维修的各个侧面均包括在内，如预防维修、维修预防、必要的事后维修和改善维修；全员参加即指这一维修体制的群众性特征，从公司经理到相关科室，直到全体操作工人都要参加，尤其是操作工人的自主小组活动。全员、全系统、全效率，三个“全”之间的关系是：全员是基础；全系统是载体；全效率是目标。

3. 全员生产维修体制中的5S活动

5S也是全员生产维修的特征之一。所谓的5S是5个日语词汇的拼音字头。这5个词是：整理、整顿、清洁、清扫、素养。这些看起来有些重复繁琐的单词，恰恰是TPM的基础和精华。5S活动是一项基本活动，是现场一切活动的基础，是推行TPM阶段活动前的必需的准备工作和前提，是TPM其他各支柱活动的基石。

1）整理

首先，把要与不要的事、物分开，再将不需要的事、物处理掉。这些不需要的物品包括垃圾、料头、废品、多余的工具、报废的设备等。最后把有用的物品按一定秩序摆放好。对工作场所进行整理之后有如下好处：可以使现场无杂物，道路通畅，改善、增大了作业面积，提高了工作效率；减少了碰撞，保障了生产安全，提高了产品质量；消除了混料差错；有利于减少库存，节约资金；使心情舒畅，提高工作情绪。

2）整顿

把有用的物品加以定量、定位，按照其使用频率和目视化准则，科学、合理地布置，摆放整齐，以便快速取用。整顿时注意以下三点：固定地点，一般不要经常变动；使用频率高的靠近操作者，使用频率低的远离操作者，摆放合理；目视化、色彩标记化，即摆放得使操作者容易寻找，一目了然。

3）清扫

把工作场所周围打扫得干干净净。清扫灰尘、铁屑、垃圾，擦去油污，创造明快舒畅的环境。在清扫时应注意以下几点：自己扫，不依赖清洁工；把设备的点检、保养、润滑结合起来；边清扫，边改善设备状况。

4）清洁

清除所有的废水、粉尘、废气污染源，创造一个环保、健康的工作环境。是前几项的深入。

5）素养

5S 活动的核心是素养，工人应有良好的个人卫生、礼貌和作风，遵守制度。

4. TPM 的小组活动

推行 TPM，起决定作用的是小组自主活动，不受上级命令、指示，而由在车间里从事工作的同事中的少数人组成小组，并且为了完成计划，保证质量，降低成本，按期交货，确保安全，防止公害等各项工作而进行活动。小组活动是 TPM 最活跃、最有特色的团队行为。小组自主活动体现了全员生产维修中的全员参加特征，把以前由专人或少数人做的事情变成全体人员的自觉行动。

小组活动的主要内容是：根据企业 TPM 的总计划，制订本小组的努力目标；提出减少故障停机的建议和措施，提出个人完成的目标；认真填写设备状况记录，对反映出的设备实际状况进行分析，相互切磋研究；定期开会，评价目标完成情况。一旦完成，经小组研究可向上级汇报；评价成果并制订新的目标。

TPM 小组活动在各个阶段有所侧重。TPM 实施初期，以清洁、培训为主；中期以维修操作为主；后期以小组会议、检查和自主维修为主。

5. TPM 的发展现状

近年来，全员生产维修又有了新发展，主要有以下几个方面。

1）更加重视操作者自主维修

全员生产维修的目标是“通过改善人和设备的素质改善企业素质”来实现的。机器人化、自动化、柔性化等所谓工厂自动化（Factory Automation，简称 FA）的发展，必须培训适应 FA 时代要求的关键人员，即为自动化设备配备能手，应做到：操作人员要学会自主维修的本领；维修人员应提高维修机械电子设备的本领；设计制造人员使自动化设备不断接近“无维修设计”。

为了在改善“人”的素质的同时改善“设备”的素质，要做到：靠改善现有设备的素质提高设备效率；把通过改善现有设备素质所取得的经验和信息收集起来，向设备的规划阶段反馈，以期实现设备寿命周期费用设计与配置的改善。

2)提高设备效率

日本就设备现场管理提出提高设备效率,是指如何从时间和质量两方面掌握设备的开动动态,增加能够创造价值的时间和提高产品的产量。其手段有:从时间上增加设备的开动时间;从质量上增加单位时间内的产量,即通过减少废次品来增加合格品的数量。

提高设备效率的最终目标是如何充分发挥和保持设备的固有能力,即维持人—机的最佳状态—极限状态,也就是"使故障为零,使废次品为零"的人—机极限状态。

3)推行质量维修

质量维修就是为了确保产品和加工件的完全合格,必须树立保持设备完好这一基本观念。规定不产生质量不良的设备条件,对这些条件进行点检和测定,通过确认这些确定值在标准值之内以预防质量不良,通过观察测定值的变化预知发生质量不良的可能性并采取对策。

4)开发自制专用设备,推行设备一生管理

从设备综合工程学的观点出发,为了使设计、制造和使用相结合,真正推行对设备一生的管理,其主要途径之一是实施自制设备。

5)进一步发展维修业

随着企业经营环境的变化,设备维修部门所处地位日益提高,随着设备自身素质和量的变化,设备维修技术也需有质的变革,要求设备维修能尽快有质的转变。设备维修主要发展方向为:

(1)向预防维修过渡的设备诊断技术将日益扩展,努力开发成本性能好的设备仪器,开发设备诊断技术的适用范围,准确预测部件寿命,提高设备可靠性,向预防维修过渡;

(2)研究确定维修效果的定量评价方法;

(3)推进计算机维修计划管理,提高维修管理水平;

(4)开发设备维修的新技术;

(5)以预防维修体制为基础,建立综合设备维修管理体系;

(6)进一步普及和推进 TPM 的思想和观点。

十、可靠性为中心的维修(RCM)

以可靠性为中心的维修管理(Reliability Centered Maintenance)是维修管理的具有代表性的模式。这一设备管理模式强调以设备的可靠性、设备故障后果作为制定维修策略的主要依据。按照以可靠性为中心的维修管理模式,首先应对设备的故障后果进行结构性评价、分析,并综合出一个有关安全、运行经济性和维修费用节省的维修策略。另外,在制订维修策略时,自觉地以故障模式的最新探索成果作为依据,也就是说,以可靠性为中心的维修管理是综合了故障后果和故障模式的有关信息,以运行经济性为出发点的维修管理模式。

1. 可靠性为中心的维修(RCM)的基本原理

RCM 的定义是根据设备的可靠性状况,以最少的维修资源消耗,运用逻辑决断分析法来确定所需的维修内容、维修类型、维修间隔期和维修级别,制定出预防维修大纲,从而达到优化维修的目的。概括为以下原理。

(1)以时间为基础的维修对复杂设备的故障预防作用不明显。

RCM 研究了设备故障率曲线发现,原来认为设备使用时间越长磨损越严重,而且会使故障率迅速上升,这种观点不一定正确。对于某种故障模式起主导作用的设备,故障率可能与使用时间长短有关。而对于大多数设备而言,使用时间长短对于设备可靠性的影响不大。也就是说，经常修理设备或定期大修，不一定会防止故障发生，反之可能将初期的高故障率引入稳定的系统之中，增加设备总故障率。设备的定期大修只有在故障后果严重且无法准确预测的情况下才必要。有条件则尽可能采取预测维修，一般情况下则可采用日常维护保养及润滑等措施。

(2) RCM 提出设备潜在故障概念，可以让设备在不发生功能故障的前提下得到充分地利用，达到既安全，又经济的目的。

所谓的潜在性故障，指故障发生前的一些预兆，是可以识别的物理状态，它表明一种可能的故障即将发生。功能性故障是设备已丧失了某种规定功能。预防维修是在设备进入潜在故障期，但尚未发展成功能故障时进行的维修活动。

以可靠性为中心的维修管理的最大特点，是以后果评价选择维修方法。对潜在故障使用强制性的预防维修：通过在线或周期故障检查来寻找故障；对危害安全的故障使用强制性的预防维修方法；如果没有可以使故障灾害降低的维修方法，则应考虑设备或部件的重新设计；运行和非运行的经济性故障，则根据经济合理性来决策到底使用何种维修方式；对于那些找不到可行的预防维修方法所能解决的问题，可采取技术改造、重新设计和改装的方式解决。以可靠性为中心的维修管理所使用的故障检测方法主要为状态监测技术。

(3) 检查和排除隐蔽功能故障是预防多重故障严重后果的必要措施。

隐蔽功能故障的内涵为：正常运转情况下工作的设施，对于使用设备人员是不明显的故障（如动力设备的火警探测器，不着火时难以发现问题）；正常运转情况下不工作的设施，使用时是否良好，对于设备使用人员不明显（如配合火警系统的灭火装置，只有在灭火时才可发现问题）。

多重故障是由连续发生的两个或两个以上独立故障所组成的故障事件。多重故障发生举例如下：

①火警探测系统故障发生，对于正常情况下是不明显的，直到火灾发生或有人去检查时才可能发现。

②正常情况下，自动灭火的火警探测系统故障不产生直接后果，只有当火灾发生时，才产生直接后果。

③在无人情况下，火灾发生，以上两个隐蔽功能故障构成多重故障，后果严重。

④在有人情况下，如果人工控制系统也失灵，则三个隐蔽功能故障共同构成多重故障，后果严重。

降低隐蔽功能故障发展成为多重故障可能性的措施：一是适当增加检测的频率，使隐蔽功能故障及时发现；二是改进设计，增加冗余保护，把多重故障概率降低到可以接受的水平。

(4) 预防性维修仅能保持设备固有可靠性，不能改善设备可靠性。如果要改善设备可靠性，只能采用重新设计等策略。

RCM 特别注重设备可靠性、安全性的先天性。如果设备的固有可靠性与安全性水平不能满足使用要求，那么只有修改设计和提高制造水平。因此，想通过增加维修频数来提高这一固有水平的做法不可取。维修次数越多，不一定会使设备越可靠、越安全，甚至会增加故障概率。

(5) 预防性维修能降低故障发生频率，但不能改变故障后果，只有通过改变设计才能改变故障后果。

(6) 预防性维修是根据故障后果，本着既要技术可行又要有效果的原则进行。否则，放弃预防性维修，考虑更改设计。运用可靠性维修原理，可以大大减少预防性维修的项目，逐渐以视情(状态)维修、改善维修或主动维修取代大量盲目的预防性维修项目。

(7)设备使用前的初始预防性维修大纲制定后,需要在使用期间搜集使用数据资料,不断修订,逐步完善。

一般传统维修,初始预防性维修大纲是在设备投入使用后才去制订,一旦制订,一般可长期使用,不再修订。而根据 RCM 原理,初始预防性维修大纲是在设备使用之前的研制阶段就着手制订,然后在使用中不断修订,逐步完善。

(8)预防性维修大纲只有通过使用维修部门和研制部门长期共同协作才能逐步完善。

根据传统维修观念,其完善的预防性维修大纲可以单独由使用、维修或研制部门制订出来,而 RCM 其完善的预防性维修大纲不能单独由使用、维修或研制部门制订,只有通过各方长期共同协作才能完成。

2. 制订预防性维修大纲

RCM 的重要环节是制定预防性维修大纲。所谓的预防性维修大纲,就是根据设备固有可靠性水平,以最小的维修资源消耗,运用逻辑决断分析法优化出预防性维修的项目、维修类型、维修间隔期及维修级别等。

预防性维修大纲的制订、分析步骤如下。

(1)确定重要功能项目。仅限于具有以下故障后果的项目:安全性或环境性后果、隐蔽性后果、使用性后果或有重大经济损失后果。

(2)故障模式及影响分析。分析逻辑过程如下:划分"功能块";找出各"功能块"的失效模式和影响;分析失效原因,通过必要的测试和理化分析,查明失效因素;进行各失效模式的危害性评估,一般按危害程度定性地分成 4 个等级,见表 11-2。

危害程度分级 表 11-2

失效等级	危害损失
1	系统功能丧失,损失重大,影响安全与环境
2	系统功能丧失,损失较大,无安全与环境影响
3	系统功能下降,损失较小
4	不影响系统功能,仅需要计划外维修

(3)提出预防措施。根据故障后果,危害性分析,提出改进设计方案,增加相关配置,提高检测频率和功能,配备防护设施等对策。

(4)填写 FMECA 表格,如表 11-3。

作为应用逻辑判断图确定预防性维修工作方式的依据 表 11-3

<table>
<tr><td colspan="9">失效模式、影响和危害性分析(FMECA) 第 页</td></tr>
<tr><td colspan="9">系统 填表人 日期</td></tr>
<tr><td rowspan="2">子系统模块(项目)号</td><td rowspan="2">失效模式</td><td rowspan="2">判定原因</td><td colspan="2">影响</td><td rowspan="2">检测方法</td><td rowspan="2">危害性分析</td><td rowspan="2">改进措施</td><td rowspan="2">备注</td></tr>
<tr><td>本单元</td><td>系统</td></tr>
<tr><td></td><td></td><td></td><td></td><td></td><td></td><td></td><td></td><td></td></tr>
</table>

(5)应用逻辑判断图确定预防性维修方式。对于仅属于非使用性故障后果的设备部件、零件,RCM 主张仅作事后维修。RCM 注重四种基本维修工作,包括定时维修(RW)、定时报废(DS)、视情维修(OC)和隐患检测(HT)。我们可以进一步把维修模式扩展,包括改善维修

(CM)和主动维修(PRM,即立足于永久消灭故障的设备改造),各种预防维修方式的组合即预防性维修(SPM)。对于每一故障模式,都可以通过逻辑判断图选择适宜的工作方式。

(6)确定预防性维修工作间隔期及维修级别。维修工作间隔期及维修级别的确定,应根据设备部件和零件劣化规律、修复的复杂性、故障后果及以往维修经验来确定。视情维修无维修间隔期概念,以可检测到的潜在故障为依据。以改变设计为主的改善维修或主动维修则应该根据设备劣化情况,结合设备利用的忙淡季节进行随机性安排。

十一、全面计划质量维修(TPQM)

全面计划质量维修(Total Planning Qualitative Maintenance),是一种以设备整个寿命周期内的可靠性、设备有效利用率以及经济性为总目标的维修技术和资源管理体系。其内涵是:维修范围的全面性——对维修职能作全面的要求;维修过程的系统性——提出一套发挥维修职能的质量标准;维修技术的基础性——根据维修和后勤工程的原则,以维修技术为工作的基础。

它与TPM虽然有着相似的总目标,但侧重点不同。TPQM强调质量过程、质量规定和维修职能的发挥。其重点在于选择最佳维修策略,然后有效地应用这些策略达到高标准的质量、安全、设备可靠性、有效利用率和经济的资源管理。

1. 综合维修管理

TPQM提出维修职能的10项要素。然后对这些要素实行综合的、一体化的、整体性的管理。也就是说,其中一个要素改变了,其他相应要素也应随之变化,以保持过程的整体性。

(1)工作控制。对工作计划、进度安排和具体实施过程加以控制。

(2)管理与组织。建立合理的组织机构及相应的职责规定。

(3)质量考核标准。整个维修过程及各项要素均制定质量考核标准,加以严格管理。

(4)维修技术。维修人员应能保证正确地使用维修工具、执行维修工艺,准确地评价维修计划执行的效果。

(5)维修任务。把需要执行的预防维修、改善维修、恢复性维修和闲置设备维修等任务的范围、频次和责任者均作出明确规定。

(6)后勤保障。对保障维修的后勤项目如零件修理、专用工具、测试设备、技术工人和计算机软、硬件作出明确规定和有效管理。

(7)组态管理。依据设备的实际状况、功能特性以及设备鉴定的技术文件作综合性的管理。

(8)技术文件。把图纸、技术说明书、合同、程序等与维修活动有关的技术文件加以有效的管理。

(9)人事。保证维修人员在培训后能够掌握维修任务中规定的各项要求。

(10)维修管理信息系统。计划与调度、设备跟踪与记录、维修效果与质量标准的比较及数据报告等项目的手工或计算机管理。

2. TPQM的实施过程

TPQM的实施过程实际上也是计划(Plan)—实施(Do)—检查(Check)—调整(Adjust)的PDCA循环过程。目标是为了达到规定的质量体系标准。这里,过程应有明确的界限;过程中要不断进行评价;要对过程加以合理调整;维修职能的10项要素要融合在整个过程之中。

TPQM实施过程可以分成以下单元:

(1)管理单元。对维修职能、目的作出规定,提出总目标和分目标,提出设备使用与维修的基本规定,设置组织机构,提出人员安排,提出有关维修职能和实施过程的所有方针、政策和程序。

(2)选择单元。规定维修数量、范围,制定设备组态,划分系统层次结构,确定关键设备,提出维修管理要求。

(3)开发单元。通过以可靠性为中心的技术,寻求系统临界状态,确定所有维修项目的寿命周期。

(4)实施单元。将维修任务变成可执行的控制安全、质量和性能的工作程序。

(5)执行单元。对维修活动实行计划、进度安排和有效的控制。

(6)评价单元。对维修过程和结果进行评价,不断改进。

(7)反馈。为改进工作提出的方法、措施。

十二、适应性维修(AM)

随着企业设备不断朝着大型化、高速化和自动化方向发展,设备在生产上的重要性日益增大。如何使企业的生产活动适应市场形势的变化,成为一个重要课题。从设备管理方面来看,随着产量的变化、设备劣化的发展、诊断技术的进步及周围各种条件的变化,其体制、方式、方法也应作适应性的变化。为此,以日本某些钢铁企业为首,提出为迎接21世纪挑战的适应性维修(Adaptive Maintenance)概念。

这一新管理模式的核心是把综合费用降到最低。综合费用为维修费用与生产损失之和。如图11-1给出了随着维修方式的变化,维修费用和生产损失费用曲线也随之升或降的趋势。而综合费用曲线作为上述两种费用之和,呈下凹状。也就是说,我们可以找到一个最低点,在这一点综合费用最低。适应性维修是以最小综合费用为目标,综合生产、设备劣化、诊断技术的进步各种因素来制定维修策略的管理模式。

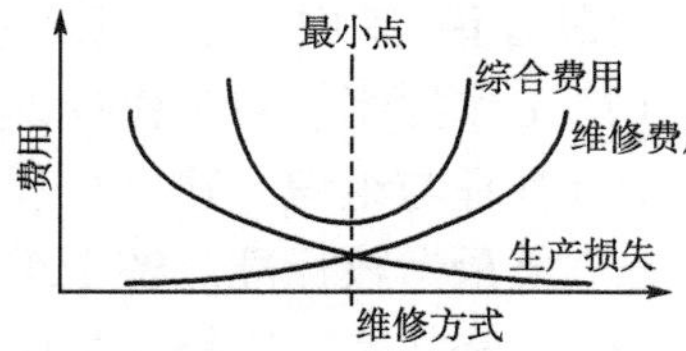

图11-1 维修方式与综合费用的关系图

为找到综合费用的最小点,必须解决好三个问题:把设备故障造成的生产损失、维修费用定量化;确定计算综合费用的经验公式或理论公式;确定能够反映不同时期的环境、条件变化因素。

十三、以利用率为中心的维修(ACM)

以利用率为中心的维修(Availability Centered Maintenance),是把设备利用率放到第一位来制订维修策略的设备管理方式。ACM管理方式先按利用率对设备排序,然后结合生产实际、停机损失、维修成本选择适当的维修方式。

ACM与可靠性维修的差异即把利用率的损失放到更重要的地位制订维修策略。它和以可靠性为中心、适应性维修体制有相似之处,但也有自己的特点。

1. 维修方式分类

以利用率为中心的维修把设备维修方式分成五类。

(1)定期维修,通常也称计划维修,是按照一定周期进行维修的传统体制。这种维修体制的优点是可以有计划地利用生产空隙离线操作,人力、备件均可以有充分的准备。对于故障特征随时间变化的设备,这种维修方式仍不失是一种可利用的方式。但对于复杂成套设备、故障无时间规律的设备,这种维修方式就不适合。

(2)视情维修,通常也称状态维修,是根据状态检测出的故障模式决定维修策略。状态监测的主要内容是状态检查、状态校核和趋势监测。这些方式一般都是在线的。

(3)事后维修,是无需任何计划的维修,但必须在人力、备件、工具上有一定准备和保障。成本较低。可以当作最后考虑的一种维修策略。

(4)机会维修,是与视情维修和定期维修并行的一种维修体制。当有些设备或部件按照状态监测结果需要排除故障或已达到定期维修周期,对于另外一些设备或部件也是一次可利用的机会。主要是为了提高费用有效度。

(5)改进维修,对那些故障发生过于频繁或维修费用过大的某些设备部件,可以采用改进部件的方式解决问题,力求根除故障。

2. 维修规划

(1)关键设备。它主要按照停机后的影响来确定,并根据其生产中增加的费用比例,以生产量、需要量的影响,延长生产周期的损失,停机一次生产损失和废品、能源等二次损失等确定。

(2)近似的利用率评估。可利用率的评估主要靠故障次数和停机时间这两个数据。停机时间应包括维修占用的时间。两年内一台反射炉故障发生 10 次,共停机 2208h;而一台浇铸机故障发生 55 次,共停机 75h。从可靠性来分析,浇铸机较差,其失效概率几乎是每两周一次;反过来,它每次故障的平均修理工时仅为 1.6h,每周无法利用的时间不到 1h。显然,浇铸机是低可靠性高利用率的。从这个例子可以看出,利用率应作为更主要的设备排序指标,见表 11-4。

不同设备可靠性和利用率比较 表 11-4

设备名称	停机次数(两年内)	停机时间(h)	对利用率的影响	对可靠性的影响
反射炉	10 次	2208	大(重要)	小(次要)
浇铸机	55 次	75	小(次要)	大(重要)

(3)对关键设备零部件故障模式和维修项目进行评估。首先,按照设备是否关键对它们加以排序,再按照其利用率由小到大进行排序,下面再寻找的就是关键零部件了。关键零部件可以用其故障频率来决定,即零件故障频率越高则越关键。严格来讲,零部件的评价也应从其利用率角度考虑。有些零件故障频率高但修复容易、消耗工时短,而有些零件则恰恰相反,虽然故障频率小,而一旦发生故障,维修、更换造成的停机时间较长。因此后者应更关键。

(4)选择适当的维修方式。根据故障特征、类型、故障间隔、维修费用选择适当的维修模式。如果故障特征是以磨损为主,而状态监测又比较困难或费用大,而平均故障间隔期较长,应首选定期维修,依次可选事后维修、视情维修和改进维修;如果同样是磨损故障,或者是状态监测较容易、费用小,或者是平均故障间隔期较短,则应把视情维修放在第一位,依次再定期维修、事后维修和改进维修。对随机故障为主的故障,如果平均故障间隔期较长,则应依次选择视情维修和事后维修;如果故障发生频繁,则应首先考虑改进维修,再依次选择视情维修和事后维修。对于处于耗损故障期、影响设备寿命的问题,不论平均故障间隔期长短,都应首先考虑改进维修,其中平均故障间隔期较长的故障,还可依次选择事后维修、视情维修;而频繁发生的故障,可依次选择事后维修、视情维修。

(5)编制单台设备维修计划。根据生产安排和维修模式的选择,编制单台设备维修计划。

(6)编制成套设备的维修规划。制订成套设备的维修规划需要考虑生产空隙时间的选择、维修资源的准备及维修方式的选配等因素,往往需要反复推敲,争取选出最佳方案来。

以利用率为中心的维修体制需要两方面的条件,一是由于需要维修数据、故障模式作为支持,这个体制更需要加强对设备的了解,加强设备的维修数据统计记录。另一方面,由于需要选择以监测为主的视情维修、以改进设计为主的改进维修、以充分利用生产空隙为主的机会维修以及传统的定期维修和事后维修,无论从管理上还是从技术上,都需要更多的技巧和经验。

近年来随着计算机应用的普及,使得以利用率为中心的维修体制,在数据记录、统计、分析方面更加快捷方便。

十四、风险维修(RBM)

1. 概述

风险维修(Risk Based Maintenance)是基于风险分析和评价而制订维修策略的方法。风险维修也是以设备或部件处理的风险为评判基础的维修策略管理模式。

所谓后果是指健康、安全与环境的危害,设备、材料的损失以及影响生产和服务损失。风险分析要回答三个问题:什么地方可能出现问题?即故障的定位、描述及原因分析;有多大可能出现问题?即故障出现的概率;故障会造成什么后果?即故障造成的有形和无形影响、危害。

风险维修在制订维修策略时,要综合考虑下列成本:直接成本(包括日常维护成本、预测与预防维修成本以及改善维修成本);间接成本(包括组织、管理、后勤支持成本);故障后果成本(包括健康、环境与安全成本,生产、服务的延误成本,设备、材料损坏成本以及信誉损失成本)。风险维修旨在这些成本的综合之中,寻求最小值来确定维修策略。

2. 风险维修的作用

(1)每个设备都可以辨识其风险优先序;

(2)减少工艺和需求的保守性;

(3)使维修和降低风险的目标一致;

(4)降低设备寿命周期费用;

(5)减少设备事故和故障,减少不必要的检查。

3. 风险维修的应用

(1)静态设备,主要为管道、容器和结构件等。主要无损检测手段有:磁粉探伤;超声波试验; X 射线试验;涡流试验。在检测方面的主要成果为检测方法的优化,检测周期的优化,检测成本的降低,以及检测可靠性和效率的提高。风险维修的检测应用在保护仪器上,主要为报警装置、误差检测仪器等。主要检测的故障是根据实际需要而确定的。检测的方法是功能试验,取得的成果为检测周期的优化、降低成本,可靠性和效率的提高等。

(2)运动设备,主要为转动设备、过程仪表、发电机、电动机等。可检测的明显症状为振动、磨损、滴漏等等。主要检测方法为 RCM(可靠性为中心的维修)分析、风险分析、成本—效益分析等。主要成果为潜在风险排序和维修效益水平分析,维修程序优化等。

参考文献

[1] 交通部水运司.港口起重运输机械管理手册[M].北京:人民交通出版社,2002.

[2] 洪孝安,杨申仲.设备管理与维修工作手册(修订本)[M].长沙:湖南科学技术出版社,2007.

[3] 盛兆顺,尹琪岭.设备状态监测与故障诊断技术及应用[M].北京:化学工业出版社,2003.

[4] 李葆文.简明现代设备管理手册[M].北京:机械工业出版社,2004.

[5] 李葆文.设备管理新思维新模式(第二版)[M].北京:机械工业出版社,2003.

[6] 邵泽波,陈庆.机械设备管理技术[M].北京:化学工业出版社,2005.

[7] 汪德涛.润滑技术手册[M].北京:机械工业出版社,1999.

[8] 董浚修.润滑原理及润滑油[M].合肥:安徽科技出版社,1998.

[9] 徐敏.设备故障诊断手册[M].西安:西安交通大学出版社,1998.

[10] 郑国伟,文德邦.设备管理与维修工作手册[M].长沙:湖南科学技术出版社,1992.

[11] 陈克兴,李川奇.设备状态监测与故障诊断技术[M].北京:科学技术与文献出版社,1991.

[12] 孙国正.港口起重机金属结构故障诊断[M].武汉:武汉交通科技大学出版社,1997.

[13] 明仁雄,李臻鑫,等.装卸机械液压液力传动及故障诊断[M].大连:大连海运学院出版社,1993.

[14] 范祖尧.现代机械设备手册[M].北京:国际翻译出版社,1996.

[15] 汪国平.船舶涂料与涂装技术[M].北京:化学工业出版社,1998.

[16] 叶扬祥,潘肇基.涂装技术实用手册[M].北京:机械工业出版社,1999.

[17] 陈德元.计算机辅助设备管理[M].西安:西北工业大学出版社,1993.

[18] 薛华成.管理信息系统.北京:清华大学出版社,1993.